नाथ सम्प्रदाय

नाथ सम्प्रदाय

हजारीप्रसाद द्विवेदी

लोकभारती प्रकाशन

लोकभारती प्रकाशन
पहली मंजिल, दरबारी बिल्डिंग, महात्मा गाँधी मार्ग
प्रयागराज-211 001
वेवसाइट : www.lokbhartiprakashan.com
ईमेल info@lokbhartiprakashan.com
शाखाएँ : 1-बी, नेताजी सुभाष मार्ग, दरियागंज
नयी दिल्ली-110 002
अशोक राजपथ, साइंस कॉलेज के सामने
पटना-800 006 (बिहार)

प्रस्तुत संस्करण : 2023

मूल्य : 600

जे.के. आर्ट प्रेस
प्रयागराज द्वारा मुद्रित

NATH SAMPRADAYA
by Hazari Prasad Dwivedi

ISBN : 978-81-8031-564-0

स्वर्गीय गुरुदेव को

दूसरे संस्करण की भूमिका

नाथ सम्प्रदाय का यह दूसरा संस्करण प्रकाशित हो रहा है। इसका प्रथम संस्करण हिन्दुस्तानी एकेडेमी की ओर से प्रकाशित हुआ था। जिन दिनों यह पुस्तक लिखी गयी थी उन दिनों इस विषय पर कोई पुस्तक नहीं थी। इसके विभिन्न अंगों पर विद्वानों ने कुछ-कुछ लिखा अवश्य था पर सम्पूर्ण सम्प्रदाय का परिचय उनसे नहीं मिलता था। इधर इस दिशा में अनेक शोधी विद्वान् प्रयत्नशील हुए हैं और बहुत-कुछ लिखा जा रहा है। फिर भी नित्य आते रहनेवाले पत्रों से लगता है कि जिज्ञासु पाठक इसकी आवश्यकता अनुभव करते हैं। हिन्दुस्तानी एकेडेमी ने कृपापूर्वक इसके नये संस्करण के प्रकाशन का अधिकार नैवेद्य-निकेतन (वाराणसी) को दिया है। अब यह वहीं से प्रकाशित हो रहा है। इस नये संस्करण में कुछ नयी जानकारियाँ बढ़ायी अवश्य गयी हैं पर यथासम्भव पुस्तक के पुराने ढाँचे को ज्यों-का-त्यों रहने देने का प्रयत्न किया गया है।

जैसे-जैसे नाथ सम्प्रदाय के विस्तार और प्रभाव की जानकारी प्राप्त होती जा रही है वैसे-वैसे इसका असाधारण महत्त्व भी स्पष्ट होता जा रहा है। भारतीय धर्मसाधना के इतिहास में इस सम्प्रदाय का बहुत महत्त्वपूर्ण स्थान रहा है। भक्ति आन्दोलन के पूर्व यह सर्वाधिक महत्त्वपूर्ण धार्मिक आन्दोलन रहा है और बाद में भी पर्याप्त शक्तिशाली रहा है। आधुनिक भारतीय भाषाओं में से प्रायः सबके साहित्यिक प्रयत्नों की पृष्ठभूमि में इसका प्रभाव सक्रिय रहा है। आधुनिक भारतीय भाषाओं के साहित्य की प्रेरक शक्तियों का अध्ययन इस सम्प्रदाय के अध्ययन के बिना अधूरा ही रह जायेगा।

पुस्तक के प्रथम संस्करण का विद्वानों ने स्वागत किया है। प्रायः इसके विषय में उत्साहवर्द्धक पत्र मिलते रहे हैं। मैं उन सहृदय विद्वान् पाठकों के प्रति हार्दिक कृतज्ञता प्रकट करता हूँ जिन्होंने इसे प्रेमपूर्वक अपनाकर इसका गौरव बढ़ाया है।

19-12-66

हजारीप्रसाद द्विवेदी

विषय-सूची

1
नाथ सम्प्रदाय का विस्तार

1. नाम

साम्प्रदायिक ग्रन्थों में नाथ सम्प्रदाय के अनेक नामों का उल्लेख मिलता है। 'हठयो प्रदीपिका की टीका' (1-5) में ब्रह्मानन्द ने लिखा है कि सब नाथों में प्रथ आदिनाथ हैं जो स्वयं शिव ही हैं—ऐसा नाथ सम्प्रदायवालों का विश्वास है। इस यह अनुमान किया जा सकता है कि ब्रह्मानन्द इस सम्प्रदाय को 'नाथ सम्प्रदाय' ना से ही जानते थे।[1] भिन्न-भिन्न ग्रन्थों में बराबर यह उल्लेख मिलता है कि यह म 'नाथोक्त' अर्थात् नाथ द्वारा कथित है। परन्तु सम्प्रदाय में अधिक प्रचलित शब्द है सिद्ध मत (गो.सि.सं., पृ.12) सिद्ध-मार्ग (योगबीज), योगमार्ग (गो.सि.सं.,पृ.5 21), योगसम्प्रदाय (गो.सि.सं., पृ.58), अवधूत मत (पृ.18) अवधूत सम्प्रदा (पृ.56) इत्यादि। इस मत के योग मत और योगसम्प्रदाय नाम तो सार्थक ही है क्योंकि इनका मुख्य धर्म ही योगाभ्यास है। अपने मार्ग को ये लोग सिद्धमत सिद्ध मार्ग इसलिए कहते हैं कि इनके मत से नाथ ही सिद्ध हैं। इनके मत अत्यन्त प्रामाणिक ग्रन्थ 'सिद्ध सिद्धान्त पद्धति' है जिसे अट्ठारहवीं शताब्दी अन्तिम भाग में काशी के बलभद्र पण्डित ने संक्षिप्त करके सिद्ध सिद्धान्त संग्र नामक ग्रन्थ लिखा था। इन ग्रन्थों के नाम से पता चलता है कि बहुत प्राचीन का से इस मत को 'सिद्धमत' कहा जा रहा है। सिद्धान्त वस्तुतः वादी और प्रतिवा द्वारा निर्णीत अर्थ को कहते हैं, परन्तु इस सम्प्रदाय में यह अर्थ नहीं स्वीकार कि जाता। इन लोगों के मत से सिद्धों द्वारा निर्णीत या व्याख्यान तत्त्व को ही सिद्धा कहा जाता है (गो.सि.सं., पृ. 18), इसीलिए अपने सम्प्रदाय के ग्रन्थों को ही लोग 'सिद्धान्त ग्रन्थ' कहते हैं। नाथ सम्प्रदाय में प्रसिद्ध है कि शंकराचार्य अन्त नाथ सम्प्रदाय के अनुयायी हो गये और उसी अवस्था में उन्होंने 'सिद्धान्त-बिन् ग्रन्थ लिखा था। अपने मत को ये लोग 'अवधूत मत' भी कहते हैं। 'गोरक्ष सिद्धा संग्रह' में लिखा है कि हमारा मत तो अवधूत मत ही है (अस्माकं मतं त्ववधूतमे पृ.18)। कबीरदास ने 'अवधू' (=अवधूत) को सम्बोधन करते समय इस मत ही बराबर ध्यान में रखा है। कभी-कभी इस मत के ढोंगी साधुओं को उन्होंने 'कच

---

1. आदिनाथः सर्वेषां नाथानां प्रथमः, ततो नाथसम्प्रदायः प्रवृत्त इति नाथ सम्प्रदायिनो वदन्ति।

सिद्ध' कहा है।[1] गोस्वामी तुलसीदास जी ने 'रामचरितमानस' के शुरू में ही 'सिद्ध मत' की 'भक्ति-हीनता'[2] की ओर इशारा किया है। गोस्वामी जी के ग्रन्थों से पता चलता है कि वे यह विश्वास करते थे कि गोरक्षनाथ ने योग जगाकर भक्ति को दूर कर दिया था।[3] मेरा अनुमान है कि 'रामचरितमानस' के आरम्भ में शिव की वन्दना के प्रसंग में जब उन्होंने कहा था कि, ''श्रद्धा और विश्वास के साक्षात् स्वरूप पार्वती और शिव हैं, इन्हीं दो गुणों (अर्थात् श्रद्धा और विश्वास) के अभाव में 'सिद्ध' लोग भी अपने ही भीतर विद्यमान ईश्वर को नहीं देख पाते'',[4] तो उनका तात्पर्य इन्हीं नाथपन्थियों से था। यह अनुमान यदि ठीक है तो यह भी सिद्ध है कि गोस्वामी जी इस मत को 'सिद्ध मत' ही कहते थे। यह नाम सम्प्रदाय में भी बहुत समादृत है और इसकी परम्परा बहुत पुरानी मालूम होती है। मत्स्येन्द्रनाथ के 'कौल ज्ञान निर्णय' के सोलहवें पटल से अनुमान होता है कि वे जिस सम्प्रदाय के अनुयायी थे उसका नाम 'सिद्ध कौल सम्प्रदाय' था। डॉ. बागची ने लिखा है कि बाद में उन्होंने जिस सम्प्रदाय का प्रवर्तन किया था उसका नाम 'योगिनी कौलमार्ग' था। आगे चलकर इस बात की विशेष आलोचना करने का अवसर आयेगा। यहाँ इतना ही कह रखना पर्याप्त है कि यह सिद्ध कौल मत ही आगे चलकर नाथ-परम्परा के रूप में विकसित हुआ।

'सिद्ध सिद्धान्त पद्धति' में इस सिद्ध मत को सबसे श्रेष्ठ बताया गया है, क्योंकि कर्कशतर्कपरायण वेदान्ती माया से ग्रसित हैं, भाट्ट मीमांसक कर्म-फल के चक्कर में पड़े हुए हैं, वैशेषिक लोग अपनी द्वैतबुद्धि से ही मारे गये हैं तथा अन्यान्य दार्शनिक भी तत्त्व से वंचित ही हैं, फिर सांख्य, वैष्णव, वैदिक, वीर, बौद्ध, जैन, ये सब लोग व्यर्थ के कष्टकल्पित मार्ग में भटक रहे हैं; फिर, होम करनेवाले बहु दीक्षित आचार्य, नग्नव्रतवाले तापस, नाना तीर्थों में भटकनेवाले

---

1. कच्चेन सिद्धेन माया प्यारी।—बीजक, 69वीं रमैनी।
2. (1) लियोनार्ड ने अपने 'नोट्स आन दि कनफटा योगीज' नामक प्रबन्ध में दिखाया है कि गोरक्षनाथ भक्ति मार्ग के प्रतिद्वन्द्वी थे। देखिये इ.ए., जिल्द 7, पृ.299।
   (2) नाथ योगियों और भक्तों की तुलना के लिए देखिये—कबीर, पृ.153-4।
3. बरन-धरम गयो आस्त्रम निवास तज्यो
   त्रासन चकित सो परावनो परो सो है।
   करम उपासना कुबासना बिनास्यो, ज्ञान
   बचन बिराग बेष जतन हरो सो है।
   गोरख जगायो जोग, भगति भगायो लोग
   निगम नियोग ते सो केलि ही छरो सो है।
   काय मन बचन सुभाय तुलसी है जाहि
   रामनाम को भरोसो, ताहि को भरोसो है। —कवितावली, उत्तरकाण्ड, 84।
4. भवानीशङ्करौ वन्दे श्रद्धाविश्वासरूपिणौ।
   याभ्यां बिना न पश्यन्ति सिद्धाः स्वान्तः स्थमीश्वरम्।।

पुण्यार्थी बेचारे दुःख-भार से दबे रहने के कारण तत्त्व से शून्य रह गये हैं,— इसलिए एकमात्र स्वाभाविक आचरण के अनुकूल सिद्धमार्ग का आश्रय करना ही उपयुक्त है।[1] यह सिद्धमार्ग नाथ मत ही है। 'ना' का अर्थ है अनादि रूप और 'थ' का अर्थ है (भुवनत्रय का) स्थापित होना, इस प्रकार 'नाथ' मत का स्पष्टार्थ वह अनादि धर्म है जो भुवनत्रय की स्थिति का कारण है। श्री गोरक्ष को इसी कारण से 'नाथ' कहा जाता है।[2] फिर 'ना' शब्द का अर्थ नाथ-ब्रह्म जो मोक्ष-दान में दक्ष हैं, उनका ज्ञान कराना है और 'थ' का अर्थ है (अज्ञान के सामर्थ्य को) स्थगित करनेवाला। चूँकि नाथ के आश्रयण से इस नाथ-ब्रह्म का साक्षात्कार होता है और अज्ञान की माया अवरुद्ध होती है इसीलिए 'नाथ' शब्द का व्यवहार किया जाता है।[3]

2. बौद्ध और शाक्त मतों का अन्तर्भाव

यह विश्वास किया जाता है कि आदिनाथ स्वयं शिव ही हैं[4] और मूलतः समग्र नाथ सम्प्रदाय शैव है। सबके मूल उपास्य देवता शिव हैं। गोरक्ष सिद्धान्त संग्रह (पृ.18) में शंकराचार्य के अद्वैत मत के पराभव की कहानी दी हुई है। पराभव एक कापालिक द्वारा हुआ था। कहानी कहने के बाद ग्रन्थकार को सन्देह हुआ है कि पाठक कहीं कापालिक के विजय से उल्लसित होने के कारण ग्रन्थकार को भी उसी मत का अनुयायी न मान लें, इसलिए उन्होंने इस शंका को निर्मूल करने के लिए

---

1. वेदान्ती बहुतर्ककर्कशमतिर्ग्रस्तः परं मायया।
भाट्टाः कर्मफलाकुला हतधियो द्वैतेन वैशेषिकाः।
अन्ये भेदरता विषादविकलास्ते तत्त्वतोवञ्चिता—
स्तस्मात् सिद्धमतं स्वभावसमयं धीरः परं संश्रयेत् ।
सांख्या वैष्णव वैदिका विधिपराः संन्यासिनस्तापसाः।
सौरा वीरपरा प्रपंचनिरता बौद्धा जिनाः श्रावकाः।
एते कष्टरता वृथा पथगता ते तत्त्वतोवञ्चिता—
स्तस्मात् सिद्धमतं.।
आचार्या बहुदीक्षिता हुतिरता नग्नव्रतास्तापसाः।
नानातीर्थनिषेवका जिनपरा मौनेस्थिता नित्यशः।
एते ते खलु दुःखभागनिरता ते तत्त्वतोवञ्चिता—
स्तस्मात् सिद्धमतं.।

2. राजगुह्य में—नाकारोऽनादि रूपं थकारः स्थाप्यते सदा।
भुवनत्रयमेवैकः श्री गोरक्ष नमोऽस्तुते।

3. शक्ति संगम तन्त्र में—श्री मोक्षदानदक्षत्वात् नाथब्रह्मानुबोधनात् ।
स्थगिताज्ञान विभवात् श्री नाथ इति गीयते।।

4. देदीप्यमानस्तत्त्वस्य कर्ता साक्षात् स्वयं शिवः
संरक्षन्तो विश्वमेव धीराः सिद्धमताश्रयाः।। —सिद्ध सिद्धान्त पद्धति
शक्ति संगम तन्त्र बड़ौदा सीरीज (91) के ताराखण्ड में आदिनाथ और काली के संवाद से ग्रन्थ आरम्भ होता है। ये आदिनाथ स्वयं शिव ही हैं।

कहा है कि ऐसा कोई न समझे कि हम कापालिक मत को मानते हैं। मत तो हमारा अवधूत ही है। किन्तु इतना अवश्य है कि कापालिक मत को भी श्री 'नाथ' ने ही प्रकट किया था, क्योंकि 'शाबरतन्त्र' में कापालिकों के बारह आचार्यों में प्रथम नाम आदिनाथ का ही है और बारह शिष्यों में से कई नाथमार्ग के प्रधान आचार्य हैं।[1] फिर शाक्तमार्ग, जो तन्त्रानुसारी है, उसके उपदेष्टा भी नाथ ही हैं। नाथ ने ही तन्त्रों की रचना की है क्योंकि षोडश नित्यातन्त्र में शिव ने कहा है कि मेरे कहे हुए तन्त्र को ही नवनाथों ने लोक में प्रचार किया है।[2] शाक्त मत के अनुसार चार प्रधान आचार हैं :—वैदिक, वैष्णव, शैव और शाक्त। शाक्त आचार भी चार प्रकार के हैं :—वामाचार, दक्षिणाचार, सिद्धान्ताचार और कौलाचार। अब, 'षट् शाम्भव रहस्य' नामक ग्रन्थ में बताया गया है कि वैदिक आचार से वैष्णव श्रेष्ठ है, उससे गाणपत्य, उससे सौर, उससे शैव और शैव आचार से भी शाक्त आचार श्रेष्ठ हैं। शाक्त आचारों में भी वाम, दक्षिण और कौल उत्तरोत्तर श्रेष्ठ हैं और कौलमार्ग ही अवधूतमार्ग है। इस प्रकार तन्त्र ग्रन्थों के अनुसार भी कौल या अवधूतमार्ग श्रेष्ठ है, इसलिए शाक्त तन्त्र भी नाथानुयायी ही हैं (गो.सि.सं., पृ.19) यह लक्ष्य करने की बात है कि इस वक्तव्य में शाक्त तन्त्र को ही नाथ मत का अनुयायी कहा गया है। शाक्त आगम तीन प्रकार के हैं। सात्त्विक अधिकारियों को लक्ष्य करके उपदिष्ट आगम 'तन्त्र' कहे जाते हैं, राजस अधिकारियों के लिए उपदिष्ट शास्त्र 'यामल' कहे जाते हैं और तामस अधिकारियों के लिए उपदिष्ट शास्त्र को 'डामर' कहा जाता है। फिर तान्त्रिकों के सर्वश्रेष्ठ कौलाचार को ही अवधूतमार्ग बताया गया है। 'गोरक्ष सिद्धान्त संग्रह' (पृ.20) में तान्त्रिक और अवधूत का अन्तर भी बताया गया है। कहा गया है कि तान्त्रिक लोग पहले बहिरंग उपासना करते हैं और अन्त में क्रमशः सिद्धि प्राप्त करते हुए कुण्डलिनी शक्ति की उपासना करते हैं जो हू-ब-हू अवधूतमार्ग की ही उपासना है।

इस प्रकार नाथ सम्प्रदाय के ग्रन्थों की अपनी गवाही से ही मालूम होता है, कि तान्त्रिकों का कौलमार्ग और कापालिक मत नाथ मतानुयायी ही है। यहाँ यह ध्यान देने की बात है कि कौलज्ञान निर्णय में अनेक कौल मतों में एक योगिनी कौल मत

---

1. कापालिकों के बारह आचार्य ये हैं—आदिनाथ, अनादि, काल, अतिकाल, कराल, विकराल, महाकाल, कालभैरव नाथ, वटुकनाथ, वीरनाथ और श्रीकण्ठ। इनके बारह शिष्यों के नाम इस प्रकार हैं—नागार्जुन, जड़भरत, हरिश्चन्द्र, सत्यनाथ, भीमनाथ, गोरक्ष, चर्पट, अवद्य, वैरागी, कन्थाधारी, जालन्धर और मलयार्जुन। स्पष्ट ही इस सूची में के अनेक नाम नाथ-योगियों के हैं।
2. कादिसंज्ञा भवेद्रूपा सा शक्तिः सर्व सिद्धये।
   तन्त्रं यदुक्तं भुवने नवनाथैरकल्पयन्।।
   तथा तैर्भुवने मंत्रं कल्पे कल्पे विजृम्भते।
   अवसाने तु कल्पानां सा तैः सार्द्धं व्रजेच्च माम्।।

का उल्लेख है (सप्तदश पटल)। गोरक्षनाथ के गुरु मत्स्येन्द्रनाथ का सम्बन्ध इसी योगिनी कौलमार्ग से बताया गया है।[1] यह मार्ग कामरूप देश में उद्भूत हुआ था। इस प्रकार नाथपन्थियों का यह दावा ठीक ही जान पड़ता है कि कौलाचार उनके आचार्यों द्वारा उपदिष्ट मार्ग है। त्रिपुरा सम्प्रदाय के अनेक सिद्धों के नाम वे ही हैं जो नाथपन्थियों के हैं। प्रसिद्ध है कि दत्तात्रेय ने त्रिपुरातत्त्व पर अठारह हजार श्लोकों की 'दत्तसंहिता' लिखी थी। परशुराम नामक किसी आचार्य ने पचास खण्डों में तथा छह हजार सूत्रों में इसे संक्षिप्त किया था। बाद में यह संक्षिप्त ग्रन्थ भी बड़ा समझा गया और हरितायन सुमेधा ने इसे 'परशुराम कल्पसूत्र' नाम से पुनर्बार संक्षिप्त किया। इस ग्रन्थ की दो टीकाएँ उपलब्ध हुई हैं और दोनों ही गायकवाड़ संस्कृत सीरीज में (नं. 22, 23) प्रकाशित हो गयी हैं। प्रथम टीका उमानन्दनाथ की लिखी हुई 'नित्योत्सव' नामक है। इसे अशुद्ध समझकर रामेश्वर ने दूसरी वृत्ति लिखी। उमानन्दनाथ ने प्रथम मंगलाचरण के श्लोक में 'नाथ परम्परा' की स्तुति की है।[2] इस प्रकार त्रिपुरा मत के तान्त्रिकों के आचार्य स्वयं अपने को 'नाथ मतानुयायी' कहते हैं। काश्मीर के कौलमार्ग में मत्स्येन्द्रनाथ को बड़ी श्रद्धा के साथ स्मरण किया जाता है।

अब थोड़ा-सा कापालिक मत के विषय में भी विचार किया जाय। कापालिक मत इस समय जीवित है या नहीं, इस विषय में सन्देह ही प्रकट किया जाता है।[3] यामुनाचार्य के 'आगम प्रामाण्य' (पृ.48) से इस मत का थोड़ा-सा परिचय मिलता है। भवभूति के 'मालती माधव' नामक प्रकरण में कापालिकों का जो वर्णन है वह बहुत ही भयंकर है। वे लोग मनुष्य-बलि किया करते थे। परन्तु इस नाटक से इतना तो स्पष्ट ही है कि उनका मत षट्चक्र और नाड़िका-निचय के काया-योग से सम्बद्ध था।[4] यह काया-योग नाथपन्थियों की अपनी विशेषता है। महामहोपाध्याय पण्डित हर प्रसाद शास्त्री ने 'बौद्ध गान ओ दोहा' नाम से जो संग्रह प्रकाशित किया है

---

1. बागची : कौलावलि निर्णय, भूमिका, पृ. 35
   आचार्य बलदेव उपाध्यायः भारतीय दर्शन, पृ. 538
2. नत्वा नाथ परम्परां शिवमुखां विघ्नेश्वरं श्री महा—
   राज्ञीं तत्सचिवां तदीयपृतनानाथां तदन्तः पराम् —इत्यादि।
3. बंगाल में कपाली नाम की एक जाति है। पण्डित लोग इसे कापालिक परम्परा का अवशेष मानते हैं। परन्तु स्वयं यह जाति इस बात को नहीं स्वीकार करती। ये लोग अपने को वैश्य कपाली कहने लगे हैं। इनके समस्त आचार आधुनिक हिन्दुओं के हैं। इनके पुरोहित ब्राह्मण हैं परन्तु अन्य ब्राह्मण इन्हें हीन समझते हैं। सन् 1901 की मर्दुमशुमारी के अनुसार इनकी संख्या 14,700 थी।
4. नित्यन्यस्तषडंगचक्रनिहितं हृत्पद्ममध्योदितं
   पश्यन्ती शिवरूपिणं लयवशादात्मानमभ्यागता।
   नाड़ीनामुदयक्रमेण जगतः पंचामृताकर्षणाद्
   अप्राप्तोत्पतनश्रमा विघटयन्त्यग्रे नभोंऽभोमुचः।।—मालती माधव 5-2

उसका एक भाग 'चर्याचर्यविनिश्चय' है। यहाँ सुझाया गया है कि ग्रन्थ का वास्तविक नाम 'चर्याश्चर्यविनिश्चय' होना चाहिए। इसमें चौरासी बौद्ध सिद्धों में से चौबीस सिद्धों के रचित पद संगृहीत हैं। एक सिद्ध हैं कान्हूपाद या कृष्णपाद। इनके रचित बारह पद उक्त संग्रह में पाये जाते हैं और सबसे अधिक पद इन्हीं के हैं। ये कान्हूपाद अपने को 'कापाली' या 'कापालिक' कहते हैं।[1] एक पद में उन्होंने अपने गुरु का नाम जालन्धरि दिया है।[2] हम आगे चलकर देखेंगे कि जालन्धरपाद नाथपन्थ के बहुत प्रसिद्ध आचार्य थे। परवर्ती परम्परा के अनुसार भी कान्हूपाद या कानपा जालन्धरनाथ के शिष्य बताये गये हैं। मानिकचन्द्र के 'मयनामतीरगान' में इन्हें नाथपन्थी योगी जालन्धर का शिष्य बताया है। इन्हीं जालन्धर का नाम हाड़ीपा या हल्लीकपाद भी है। जालन्धरनाथ ने कोई 'सिद्धान्त वाक्य' नामक संस्कृत पुस्तक भी लिखी थी। वह पुस्तक अब उपलब्ध नहीं है, पर एक श्लोक से पता चलता है कि जालन्धर नाथमार्ग के अनुयायी थे। इस श्लोक में नाथ की बड़ी सुन्दर स्तुति है।[3] स्कन्दपुराण के काशीखण्ड में नव नाथों के विन्यास के सिलसिले में जालन्धर नाथ का नाम पाया जाता है।[4] 'गोरक्षसिद्धान्त संग्रह' (पृ. 20) पर कापालिक मत के प्रकट करने का मनोरंजक कारण बताया गया है। जब विष्णु ने चौबीस अवतार धारण किये और मत्स्य, कूर्म, नृसिंह आदि के रूप में तिर्यग् योनि के जीवों की-सी क्रीड़ा करने लगे, कृष्ण के रूप में व्यभिचारि भाव ग्रहण किया, परशुराम के रूप में निरपराध क्षत्रियों का निपात आरम्भ किया, तो इन अनर्थों से कुपित होकर श्रीनाथ ने चौबीस कापालिकों को भेजा। इन्होंने चौबीसों अवतारों से युद्ध करके उनका सिर या कपाल काटकर धारण किया! इसीलिए ये लोग कापालिक कहलाये।

इस समय जयपुर के पावनाथ शाखावाले अपनी परम्परा जालन्धरनाथ और गोपीचन्द से मिलाते हैं। अनुश्रुति के अनुसार बारह पन्थों में से छह स्वयं शिव के

---

1. (1) आलो डोम्बि तोए संग करिब मो सांग।
   निर्धन कान्ह कापालि जोइ लांग।। चर्या., पद 10
   (2) कइसन होलो डोम्बि तोहरि भाभरि आली।
   अन्ते कुलीन जन माझे कावाली।
   (3) तुलो डोम्बी हाउँ कपाली—वही, पद 10
2. शाखि करिब जालंधरि पाए।
   पाखि ण राहअ मोरि पांडिआ चादे।।—वही, पद 36
3. जालन्धर के 'सिद्धान्त वाक्य' में यह श्लोक है :
   वन्दे तन्नाथतेजो भुवनतिमिरहं भानुतेजस्करं वा
   सत्कर्तृ व्यापकं त्वा पवनगतिकरं व्योमवन्निर्भरं वा
   मुद्रानादत्रिशूलैर्विमलरुचिधरं खर्परं भस्ममिश्रं
   द्वैत वाऽद्वेतरूपं द्वयत उत परं योगिनं शङ्करं वा —स., भ., सृ., पृ.28
4. जालन्धरो वसेन्नित्यमुत्तरापथमाश्रितः।

प्रवर्तित हैं और बाकी छह गोरक्षनाथ के। यह परम्परा लक्ष्य करने की है कि जालन्धरिपा नामक जो सम्प्रदाय इस समय जीवित है वह जालन्धरपाद का चलाया हुआ है। पहले इसे 'पा पन्थ' कहते थे और नाथमार्ग से ये लोग स्वतन्त्र और भिन्न थे। जालन्धर या जालन्धरनाथ को मत्स्येन्द्रनाथ और गोरक्षनाथ से अलग करने के लिए कहा गया है। जालन्धरनाथ औघड़ थे जबकि मत्स्येन्द्रनाथ और गोरक्षनाथ कनफटा।[1] कान चीरकर मुद्रा धारण करने पर योगी लोग कनफटा कहलाते हैं परन्तु उसके पूर्व औघड़ कहे जाते हैं। परन्तु 'सिद्धान्त वाक्य' से जालन्धरपाद का जो श्लोक पहले उद्धृत किया गया है उससे पता चलता है कि मुद्रा नाद और त्रिशूल धारण करनेवाले नाथ ही इनके उपास्य हैं। आजकल जालन्धरिपा सम्प्रदाय के लोग गोरक्षनाथ द्वारा प्रवर्तित पावनाथी शाखा के ही हैं। परन्तु कानिपा सम्प्रदायवाले, जिन्हें कोई-कोई जालन्धरिपा से अभिन्न भी मानते हैं और जो लोग अपने को गोपीचन्द का अनुवर्ती मानते हैं, बारहपन्थियों से अलग समझे जाते हैं।[2] सपेला या सँपेरे इसी सम्प्रदाय के माने जाते हैं। एक अन्य परम्परा के अनुसार बामारग (वाममार्ग) सम्प्रदाय कानिपा पन्थ से ही सम्बद्ध है।[3] इन बातों से यह अनुमान होता है कि कापालिक मार्ग का स्वतन्त्र अस्तित्व था जो बाद में गोरखपन्थी साधुओं में अन्तर्भुक्त हो गया है। गोरखपन्थियों से कुछ बातों में ये लोग अब भी भिन्न हैं। गोरखपन्थी लोग कान के मध्यभाग में ही कुण्डल धारण करते हैं पर कानिपा लोग कान की लोरों में भी उसे पहनते हैं। यह मुद्रा गोरक्षनाथी योगियों का चिह्न है। गोरक्षपन्थ में इसके अनेक आध्यात्मिक अर्थ भी बताये जाते हैं। कहते हैं यह शब्द मुद् (प्रसन्न होना) और रा (आदान, ग्रहण) इन धातुओं से बना है। ये दोनों जीवात्मा और परमात्मा के प्रतीक हैं। चूँकि इससे देवता लोग प्रसन्न होते हैं और असुर लोग भाग खड़े होते हैं इसलिए इसे साक्षात्कल्याणदायिनी मुद्रा माना जाता है।[4] मुद्रा धारण के लिए कान का फाड़ना आवश्यक है और यह कार्य छुरी या छुरिका से ही होता है। इसीलिए 'क्षुरिकोपनिषद्' के छुरी का माहात्म्य वर्णित है।[5] तात्पर्य यह कि जो साधु कान फाड़कर मुद्रा धारण नहीं करते उनका गोरक्षनाथ के मार्ग से सम्बन्ध सन्देहास्पद ही है। इस आलोचना से स्पष्ट होता है कि जालन्धर (वा जलन्धर) पाद और कृष्ण-पाद (कानिपा, कानुपा, कान्हूपा) द्वारा प्रवर्तित मत

---

1. जालन्धरो वसेन्नित्यमुत्तरापथमाश्रितः।
2. ब्रिग्स : गोरखनाथ ऐण्ड दि कनफटा योगीज, पृ.67।
3. वही, पृ. 69।
4. मुद् मोदे तु रादाने जीवात्मपरमात्मनोः।
   उभयोरैक्यसंभूतिर्मुद्रेति परिकीर्तिता।।
   मोदन्ते देवसंघाश्च द्रवन्तेऽसुरराशयः।
   मुद्रेति कथिता साक्षात् सदाभद्रार्थदायिनी।—सिद्ध सिद्धान्त पद्धति
5. क्षुरिकां सम्प्रवक्ष्यामि धारणं योगसिद्धये।
   सम्प्राप्य न पुनर्जन्म योगयुक्तः प्रजायते।

नाथ सम्प्रदाय के अन्तर्गत तो था परन्तु मत्स्येन्द्रनाथ-गोरक्षनाथ परम्परा से भिन्न था। बाद में चलकर वह गोरक्षनाथी शाखा में अन्तर्भुक्त हुआ होगा।

जो हो, जालन्धरपाद और कृष्णपाद कर्णकुण्डल धारण करते थे, या नहीं यह निश्चय करना आज के वर्तमान उपलभ्य सामग्रियों के आधार पर बहुत कठिन है। परन्तु 'चर्यापद' में शबरपाद का एक पद हमें ऐसा मिला है[1] जिससे यह अनुमान किया जा सकता है कि कम-से-कम शबरपाद या तो स्वयं कर्णकुण्डल धारण करते थे या फिर उनके सामने ऐसे योगी जरूर थे जो कर्णकुण्डल धारण करते थे। पहली बात ज्यादा मान्य जान पड़ती है। इन शबरपाद को कृष्णपाद (कानपा) ने बहुत श्रद्धा और सम्मान के साथ याद किया है और एक दोहे में परम पद—महासुख के आवास—के प्रसंग में बताया है कि यही वह जालन्धर नामक महामेरु गिरि के शिखर का उष्णीष कमल है—जो साधकों का चरम प्राप्तव्य है—जहाँ स्वयं शबरपाद ने वास किया था।[2] यदि यह अनुमान सत्य हो कि शबरपाद किसी प्रकार का कर्णकुण्डल धारण करते थे तो यह अनुमान भी असंगत नहीं है कि उनके प्रति नितरां श्रद्धाशील कानपा भी कर्णकुण्डल धारण करते होंगे। अद्वयवज्र ने इस पद के इस शब्द की भी रूपक के रूप में व्याख्या की है।

यद्यपि यही विश्वास किया जाता है कि मत्स्येन्द्रनाथ ने या गोरक्षनाथ ने ही कर्णकुण्डल धारण करने की प्रथा चलायी थी तथापि कर्णकुण्डल कोई नयी बात नहीं है। इस प्रकार के प्राचीन प्रमाण मिलते हैं जिससे अनुमान होता है कि कर्णकुण्डलधारी शिवमूर्तियाँ बहुत प्राचीन काल में भी बनती थीं। एलोरा गुफा के कैलास नामक शिवमन्दिर में शिव की एक महायोगी मुद्रा की मूर्ति पायी गयी है। इस मूर्ति के कान में बड़े-बड़े कुण्डल हैं। यह मन्दिर और मूर्ति सन् ईसवी की आठवीं शताब्दी की हैं। परन्तु ये कर्णकुण्डल कनफटा योगियों की भाँति नहीं पहने गये हैं। ब्रिग्स ने बम्बई की लिटरेरी सोसाइटी के अनुवादों से उद्धृत करके लिखा है कि सालसेटी, एलोरा और एलीफेण्टा की गुफाओं में, जो आठवीं शताब्दी की हैं, शिव की ऐसी अनेक योगी-मूर्तियाँ हैं जिनके कान में वैसे ही बड़े-बड़े कुण्डल हैं जैसे कनफटा योगियों के होते हैं और उनको कान में उसी ढंग से पहनाया भी गया है। इसके अतिरिक्त मद्रास के उत्तरी आरकट जिले में परशुरामेश्वर का जो मन्दिर

---

1. एकेली सबरी ए बन हिण्डइ
   कर्ण कुण्डल वज्रधारी—चर्या. पद 28।
   इस पर टीका—कर्णेति नानास्थाने कुण्डलादि पञ्चमुद्रा निरंशुकालंकारं कृत्वा वज्रानुपायज्ञानं विधृत्य युगवनद्धरूपेण अत्र कायपर्वत बने हिण्डति क्रीडति।—बौ. गा. दो, पृ. 44।
2. बरगिरि शिहर उतुंग मुनि
   शबरे जहिं किअ बास।
   णउ सो लंघिअ पञ्चाननेहि
   करिवर दुरिअ आस।। 25।।—बौ.गा. दो., पृ.130

है उसके भीतर स्थापित लिंग पर शिव की एक मूर्ति है जिसके कानों में कनफटा योगियों के समान कुण्डल हैं। इस मन्दिर का पुनः संस्कार सन् 1126 ई. में हुआ था इसलिए मूर्ति निश्चय ही उसके बहुत पूर्व की होगी। टी.ए. गोपीनाथ राव ने 'इण्डियन एण्टिक्वैरी' के चालीसवें जिल्द (1911ई.) में इस लिंग का वर्णन दिया है। इनके मत से यह लिंग सन् ईसवी की दूसरी या तीसरी शताब्दी के पहले का नहीं होना चाहिए। इन सब बातों को देखते हुए यह अनुमान करना असंगत नहीं कि मत्स्येन्द्रनाथ के पहले भी कर्णकुण्डलधारी शिवमूर्तियाँ होती थीं। इससे परम्परा का भी कोई विरोध नहीं होता क्योंकि कहा जाता है कि शिव जी ने ही अपना वेश ज्यों-का-त्यों मत्स्येन्द्रनाथ को दिया था। एक अनुश्रुति के अनुसार तो शिव का वह वेश पाने के लिए मत्स्येन्द्रनाथ को दीर्घकाल तक कठोर तपस्या करनी पड़ी थी।

3. गोरक्षनाथी शाखा

नाथपन्थियों का मुख्य सम्प्रदाय गोरक्षनाथी योगियों का है। इन्हें साधारणतः कनफटा और दर्शनी साधु कहा जाता है। कनफटा नाम का कारण यह है कि ये लोग कान फाड़कर एक प्रकार की मुद्रा धारण करते हैं। इस मुद्रा के नाम पर ही इन्हें 'दरसनी' साधु कहते हैं। यह मुद्रा नाना धातुओं और हाथी दाँत की भी होती है। अधिक धनी महन्त लोग सोने की मुद्रा भी धारण करते हैं। गोरक्षनाथी साधु सारे भारतवर्ष में पाये जाते हैं। पंजाब, हिमालय के पाद देश, बंगाल और बम्बई में ये लोग 'नाथ' कहे जाते हैं। ये लोग जो मुद्रा धारण करते हैं वे दो प्रकार की होती हैं—कुण्डल और दर्शन। 'दर्शन' का सम्मान अधिक है क्योंकि विश्वास किया जाता है कि इसे धारण करनेवाले ब्रह्म-साक्षात्कार कर चुके होते हैं। कुण्डल को 'पवित्री' भी कहते हैं।

इन योगियों की ठीक-ठीक संख्या कितनी है यह मर्दुमशुमारी की रिपोर्टों से भली-भाँति नहीं जाना जाता। जार्ज वेस्टन ब्रिग्स ने अपनी मूल्यवान् पुस्तक 'गोरक्षनाथ ऐण्ड दि कनफटा योगीज' में भिन्न-भिन्न वर्षों की मनुष्य-गणना की रिपोर्टों से इनकी संख्या का हिसाब बताया है। सन् 1891 की मनुष्य गणना में सारे भारतवर्ष में योगियों की संख्या 2, 14, 546 बतायी गयी थी। इसी वर्ष आगरा और अवध के प्रान्तों में औघड़ 5, 319, गोरक्षनाथी 28, 816 और योगी (जिनमें गोरक्षनाथी भी शामिल हैं) 78, 387 थे। इनमें औघड़ों को लेकर समस्त गोरखनाथियों का अनुपात 45 फीसदी है। उसी रिपोर्ट के अनुसार योगियों में पुरुषों और स्त्रियों का अनुपात 42 और 35 का था। ये संख्याएँ विशेष रूप से मनोरंजक हैं क्योंकि साधारणतः यह विश्वास किया जाता है कि ये योगी लोग ब्रह्मचारी हुआ करते हैं। वस्तुतः इनमें गृहस्थ और घरबारी लोग बहुत हैं। यह समझना भूल है कि केवल हिन्दुओं में ही योगी हैं। उस साल की पंजाब की रिपोर्ट

से पता चलता है कि 38,137 योगी मुसलमान थे। सन् 1921 की मनुष्य-गणना में इसकी संख्या इस प्रकार है—

जोगी हिन्दू	6, 29, 978	पुरुष/स्त्री	325/305
जोगी मुसलमान	3, 11, 58	पुरुष/स्त्री	16/15
फकीर हिन्दू	1, 41, 132	पुरुष/स्त्री	80/61

मनुष्य-गणना की परवर्ती रिपोर्टों में इन लोगों का अलग से कोई उल्लेख नहीं है।[1] इतना निश्चित है कि जोगियों में कनफटा साधुओं की संख्या बहुत अधिक है।

गोरक्षनाथी लोग मुख्यतः बारह शाखाओं में विभक्त हैं। अनुश्रुति के अनुसार स्वयं गोरक्षनाथ ने परस्पर विच्छिन्न नाथपन्थियों का संगठन करके इन्हें बारह शाखाओं में विभक्त कर दिया था। वे बारह पन्थ ये हैं—सत्यनाथी, धर्मनाथी, रामपन्थ, नटेश्वरी, कन्हड़, कपिलानी, बैराग, माननाथी, आईपन्थ, पागलपन्थ, धजपन्थ और गंगानाथी। इन बारह पन्थों के कारण ही शंकराचार्य के दशनामी संन्यासियों की भाँति इन्हें 'बारहपन्थी योगी' कहा जाता है। प्रत्येक पन्थ का एक-एक विशेष 'स्थान' है जिसे ये लोग अपना पुण्य-क्षेत्र मानते हैं। प्रत्येक पन्थ किसी पौराणिक देवता या महात्मा को अपना आदि प्रवर्तक मानता है। गोरखपुर के प्रसिद्ध सिद्ध महन्त बाबा गम्भीरनाथ के एक बंगाली शिष्य ने, सम्भवतः गोरखपुर की परम्परा के आधार पर, इन बारह पन्थों का विवरण पृ. 13 के अनुसार दिया है[2]—

एक अनुश्रुति के अनुसार शिव ने बारह पन्थ चलाये थे और गोरक्षनाथ ने भी बारह ही पन्थ चलाये थे। ये दोनों दल आपस में झगड़ते थे इसलिए बाद में स्वयं गोरक्षनाथ ने अपने छह तथा शिव जी के छह पन्थों को तोड़ दिया और आजकल की बारहपन्थी शाखा की स्थापना की। यह अनुश्रुति पागल बाबा नाम के एक औघड़ साधु से सुनी हुई है। ब्रिग्स ने किसी और परम्परा के अनुसार लिखा है कि शिव के अट्ठारह पन्थ थे और गोरक्षनाथ के बारह। पहले मत के बारह को और दूसरे के छह पन्थों को तोड़कर आधुनिक बारहपन्थी शाखा बनी थी।[3] इन दोनों अनुश्रुतियों में पहली अधिक प्रामाणिक होगी। क्योंकि साम्प्रदायिक ग्रन्थों में शिव के दो प्रधान शिष्य बताये गये हैं—मत्स्येन्द्रनाथ और जालन्धरनाथ। मत्स्येन्द्र के शिष्य गोरक्षनाथ थे। जालन्धरनाथ द्वारा प्रवर्तित सम्प्रदाय कापालिक मार्ग होगा, इसका विचार हम पहले ही कर आये हैं। इन कापालिकों के बारह ही आचार्य प्रसिद्ध हैं। (आचार्यों और शिष्यों के नाम के लिए देखिये पृ. 4 की टिप्पणी)। पुनर्गठित बारह सम्प्रदाय इस प्रकार हैं[4]—

1. विशेष विवरण के लिए देखिये गोरखनाथ ऐण्ड दि कनफटा योगीज, पृ.4-6
2. गम्भीरनाथ प्रसंग, पृ. 50-51
3. ब्रिग्सः पृ.63
4. ब्रिग्स : पृ. 63 के आधार पर। इन सम्प्रदायों की यह सर्वसम्मत सूची नहीं समझी जानी चाहिए।

शिव द्वारा प्रवर्तित–

1. भूज (कच्छ) के कण्ठरनाथ
2. पेशावर और रोहतक के पागलनाथ
3. अफगानिस्तान के रावल
4. पंख या पंक।

सं.	नाम	मूलप्रवर्तक	स्थान	प्रदेश	विशेष
1.	सत्यनाथी	सत्यनाथ	पाताल भुवनेश्वर	उड़ीसा	सत्यनाथ स्वयं ब्रह्मा का ही नाम है। इसलिए ये लोग 'ब्रह्मा के योगी' कहलाते हैं।
2.	धर्मनाथी	धर्मराज (युधिष्ठिर)	दुल्लुदेलक	नेपाल	...
3.	रामपन्थ	श्रीरामचन्द्र	चौक तप्पे पंचौरा	गोरखपुर (युक्तप्रान्त)	इस समय ये लोग गोरखपुर के स्थान को ही अपना स्थान मानते हैं।
4.	नाटेश्वरी	लक्ष्मण	गोरखटिला	झेलम (पंजाब)	इनकी दो शाखाएँ हैं—नाटेश्वरी और दरियापन्थी।
5.	कन्हड़	गणेश	मानफरा	कच्छ	...
6.	कपिलानी	कपिलमुनि	गंगासागर	बंगाल	इस समय कलकत्ते (दमदम) के पास 'गोरखवंशी' इनका स्थान है।
7.	बैरागपन्थ	भर्तृहरि	रक्तढोंडा	पुष्कर के पास अजमेर	...
8.	माननाथी	गोपीचन्द	अज्ञात	—	इस समय जोधपुर का महामन्दिर मठ ही इनका स्थान है।
9.	आई पन्थ	भगवती विमला	जोगी गुफा या गोरख कुँई	बंगाल के दिनाजपुर जिले में	
10	पागलपन्थ	चौरंगीनाथ (पूरनभगत)	अबोहर	पंजाब	...
11.	धजपन्थ	हनुमान जी	—	—	...
12.	गगानाथी	भीष्म पितामह	जखबार	गुरुदासपुर (पंजाब)	...

5. मारवाड़ के वन

6. गोपाल या राम के

गोरक्षनाथ द्वारा प्रवर्तित–

1. हेठनाथ

2. आईपन्थ के चोलीनाथ

3. चाँदनाथ के कपिलानी

4. रतढोंडा, मारवाड़ का बैरागपन्थ और रतननाथ

5. जयपुर के पावनाथ

6. धजनाथ महाबीर

इन शाखाओं की बहुत-सी उपशाखाएँ हैं। कुछ प्रसिद्ध-प्रसिद्ध उपशाखाओं का उल्लेख यहाँ किया जा रहा है। परन्तु इतना ध्यान में रखना चाहिए कि इन बारह पन्थों के बाहर भी ऐसे अनेक सम्प्रदाय हैं जिनका स्पष्ट सम्बन्ध इन छह मार्गों से नहीं जोड़ा जा सका है। हो सकता है कि वे गोरक्षनाथ द्वारा तोड़ दिये हुए कुछ पन्थों के अनुयायी ही हों। ये लोग शिव या गोरक्षनाथ से अपना सम्बन्ध किसी-न-किसी तरह जोड़ ही लेते हैं।

ऊपर जिन बारह मुख्य पन्थों के नाम गिनाये गये हैं वे ही पुराने विभाग हैं। पर आजकल बारह पन्थों में निम्नलिखित पन्थ ही माने जाते हैं—(1) सतनाथ, (2) रामनाथ, (3) धरमनाथ, (4) लक्ष्मणनाथ, (5) दरियानाथ, (6) गंगानाथ (7) बैराग, (8) रावल या रागनाथ, (9) जालन्धरिपा, (10) आईपन्थ, (11) कपिलानी और (12) धजनाथ। गोरखपुर में सुनी हुई परम्परा के अनुसार चौथी संख्या नाटेश्वरी और पाँचवीं कन्हड़ है। आठवीं संख्या माननाथी, नवीं आईपन्थ और दसवीं पागलपन्थ है। ऊपर के सम्बन्धों का विवेचन करने पर दोनों अनुश्रुतियों में कोई विशेष अन्तर नहीं दिखता। केवल एक के अनुसार जो उपशाखा है वह दूसरी के अनुसार पन्थ है। तेरहवाँ महत्त्वपूर्ण पन्थ कानिपा का है जिसके विषय में ऊपर (पृ.7) थोड़ी चर्चा हो चुकी है।

इनके अतिरिक्त और भी अनेक पन्थ हैं जिनका किसी बड़ी शाखा से सम्बन्ध नहीं खोजा जा सका। हाथी भारंग की चर्चा ऊपर हो चुकी है। वे लोग बम्बई में रसोइये का काम करते पाये जाते हैं। गोरक्षनाथ के एक शिष्य सक्करनाथ थे जिन्हें उनके रसोइये ने स्वाद जानने के लिए पहले ही चखकर बनायी हुई दाल दी थी। इसी अपराध के कारण चार वर्ष तक उसे गले में डाँड़ी बाँधकर भीख माँगने का दण्ड दिया गया। बाद में सिद्धि प्राप्त करने के कारण इन्होंने

अपना अलग पन्थ चलाया। मुख्य स्थान पूने में है। इसके अतिरिक्त कायिकनाथी, पायलनाथी, उदयनाथी, आरयपन्थी, फीलनाथी, चर्पटनाथी,[1] गैनी या गाहिणीनाथी,[2] निरंजननाथ,[3] वरंजोगी, पा-पंक, कामभज, काषाय, अर्द्धनारी, नायरी, अमरनाथ, कुम्भीदास, तारकनाथ,[4] अमापन्थी, भृंगनाथ[5] आदि अनेक उपशाखाएँ हैं जिनका विस्तार समूचे भारतवर्ष और सुदूर अफगानिस्तान तक है।[6]

एक दूसरी परम्परा के अनुसार मत्स्येन्द्रनाथ ने चार सम्प्रदाय चलाये थे— गोरक्षनाथी, मंगल या अरजनंगा (रावल) मीननाथ सिवतोर, पारसनाथ पूजा। अन्तिम दोनों जैन हैं।

गोरक्ष[7] के निम्नलिखित शिष्यों ने पन्थ चलाये—

कपिलमुनि, करकाई, भूष्टाई, सक्करनाथ, सन्तनाथ, सन्तोषनाथ और लक्ष्मणनाथ।

कपिलमुनि के शिष्य अजयपाल हुए जिन्होंने कपिलानी पन्थ चलाया। इसी परम्परा में एक दूसरे सिद्ध गंगानाथ हुए जिनका अलग पन्थ चला।

करकाई शाखा में आईपन्थ के प्रवर्तक चोलीनाथ हुए। इनका सम्बन्ध भूष्टाई से भी बताया जाता है।

---

1. वर्ण रत्नाकर के इकतीसवें सिद्ध, हठ. के 16वें सिद्ध तथा तिब्बती परम्परा के 59वें सिद्ध का नाम चर्पटी या चर्पटीनाथ है।
2. नामदेव परम्परा के गैनीनाथ और बहिनीबाई की परम्परा के गाहिनी नामक सिद्धों का उल्लेख है।
3. हठ. के बीसवें सिद्ध।
4. तारकनाथ विलेशय के शिष्य थे—यो. सं. आ., पृ.246।
5. नेपाल राज के कमण्डलु में भृंग रूप से प्रवेश करने के कारण मत्स्येन्द्रनाथ का एक नाम भृंगनाथ था। कौलज्ञाननिर्णय पृ. 58, श्लोक 17 में मत्स्येन्द्रनाथ को भृंगपाद कहा गया है।
6. ब्रिग्स : पृ. 73-74।
7. योगि सम्प्रदायाविष्कृति के अनुसार मत्स्येन्द्रनाथ और जालन्धरनाथ (ज्वालेन्द्रनाथ) की शिष्य-परम्परा इस प्रकार है—

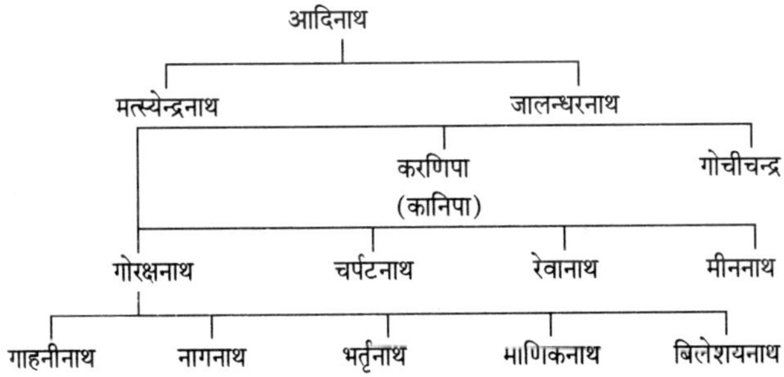

सक्करनाथ का कोई अपना सम्प्रदाय नहीं है पर हाड़ी भरंग सम्प्रदाय उनके ही शिष्य का प्रवर्तित है।

सन्तनाथ के शिष्य धर्मनाथ हुए जिन्होंने अपना पन्थ चलाया। सन्तोषनाथ के शिष्य रामनाथ हुए। जाफिर पीर भी इन्हीं के साथ अपना सम्बन्ध बताते हैं।

लक्ष्मणनाथ की शाखा में नटेसरी और दरियानाथ पड़ते हैं।

जालन्धरनाथ के दो शिष्य हुए—भरथरीनाथ और कानिपा।

कानिपा सम्प्रदाय से सिद्ध सांगरी सम्प्रदाय उद्भूत हुआ।

4. नाथ योगी का वेश

नाथ योगी को स्पष्ट रूप से पहचाना जा सकता है। मेखला, शृङ्गी, सेली, गूदरी, खप्पर, कर्ण-मुद्रा, बघम्बर, झोला आदि चिह्न ये लोग धारण करते हैं। पहले ही बताया गया है कि कान फाड़कर कुण्डल धारण करने के कारण ये लोग कनफटा कहे जाते हैं। कान फड़वाने की प्रथा किस प्रकार शुरू हुई इस विषय में नाना प्रकार की दन्तकथाएँ प्रचलित हैं। कुछ लोग बताते हैं कि स्वयं मत्स्येन्द्रनाथ (मछन्दरनाथ) ने इस प्रथा का प्रवर्तन किया। उन्होंने शिव के कानों में कुण्डल देखा था और उसे प्राप्त करने के लिए कठिन तपस्या की थी, एक दूसरा विश्वास यह है कि गोपीचन्द की प्रार्थना पर जालन्धरनाथ ने इस पन्थ के योगियों को अन्य सम्प्रदायवालों से विशिष्ट करने के लिए इस प्रथा को चलाया था। कुछ लोगों का कहना है कि गोरक्षनाथ ने भरथरी का कान फाड़कर इस प्रथा को चलाया था। भरथरी के कान में गुरु ने मिट्टी का कुण्डल पहनाया था। अब भी बहुत-से योगी मिट्टी का कुण्डल धारण करते हैं परन्तु इसके टूटने की सदा आशंका बनी रहती है इसलिए धातु या हरिण के सींग की मुद्रा धारण की जाती है। जो विधवा स्त्रियाँ सम्प्रदाय में दीक्षित होती हैं वे भी कुण्डल धारण करती हैं और गृहस्थ योगियों की पत्नियाँ भी इसे धारण करते पायी जाती हैं। गोरखपन्थी लोग किसी शुभ दिन को (विशेषकर वसन्त पंचमी को) कान को चिरवाकर मन्त्र के संस्कार के साथ इस मुद्रा को धारण करते हैं। उन लोगों का विश्वास है कि स्त्रियों के दर्शन से घाव पक जाता है इसलिए जब तक घाव अच्छा नहीं हो जाता तब तक स्त्री-दर्शन से बचने के लिए किसी कमरे में बन्द रहते हैं, और फलाहार करते हैं।[1] कान का फट जाना भावाजोखी का व्यापार माना जाता है। जिस योगी का कान खराब हो जाता है वह सम्प्रदाय से अलग हो जाता है और पुजारी का अधिकार खो देता है।[2] यह कर्णकुण्डल निस्सन्देह योगी लोगों का बहुत पुराना चिह्न है परन्तु कुछ ऐसे भी हैं

---

1. सु.चं., पृ. 241
2. ब्रिग्स : पृ. 8-9

जो इसे नहीं धारण करते। ये लोग औघड़ कहे जाते हैं। औघड़ लोगों का जब कर्णमुद्रा-संस्कार हो जाता है तब उन्हें योगी कनफटा कहा जाता है। ऐसे भी औघड़ हैं जो आजीवन कर्णमुद्रा धारण करते ही नहीं। कहते हैं कि हिंगलाज में दो सिद्ध एक शिष्य का कान चीरने लगे थे पर हर बार छेद बन्द हो जाता था। तभी से औघड़ लोग चिरवाते ही नहीं।[1] सुधारक मनोवृत्ति के योगी लोग मानते हैं कि श्रीनाथ ने यह प्रथा इसलिए चलायी होगी कि कान चिरवाने की पीड़ा के भय से अनधिकारी लोग इस सम्प्रदाय में प्रवेश ही नहीं कर सकेंगे।[2]

पद्मावत में मलिक मुहम्मद जायसी ने योगियों के वेश का सुन्दर वर्णन किया है। उस पर से अनुमान किया जा सकता है कि योगियों का जो वेश आज है वह दीर्घ काल से चला आ रहा है। योगी वेश धारण करनेवाले रतनसेन राजा ने हाथ में किंगरी, सिर पर जटा, शरीर में भस्म, मेखला, शृङ्गी, योग को शुद्ध करनेवाला धँधारी चक्र, रुद्राक्ष और अधार (आसन का पीढ़ा) धारण किया था। कन्था पहनकर हाथ में सोंटा लिया था और 'गोरख-गोरख' की रट लगाता हुआ निकल पड़ा था, उसने कान में मुद्रा, कण्ठ में रुद्राक्ष की माला, हाथ में कमण्डल, कन्धे पर बघम्बर (आसन के लिए), पैरों में पाँवरी, सिर पर छाता और बगल में खप्पर धारण किया था। इन सबको उसने गेरुए रंग में रँगकर लाल कर लिया था।[3] कबीरदास के अनेक पदों से पता चलता है कि जोगी लोग मुद्रा, नाद, कन्था, आसन, खप्पर, झोली, विभूति, बटुवा आदि धारण करते थे, यन्त्र अर्थात् सारंगी यन्त्र का व्यवहार करते थे (गोपीचन्द का चलाया हुआ होने के कारण सारंगी को गोपीयन्त्र कहते हैं), मेखला और भस्म धारण करते थे। (क.ग्रं. 205, 206, 207, 208) और अजपा जाप करते थे (209)।[4] इसी प्रकार सूरदास के भ्रमरगीत में गोपियों ने जिन योगियों की चर्चा की है उनका भी यही वेश वर्णित है।

इन चिह्नों में किंगरी एक प्रकार की चिकारी है जिसे पौरिये या भर्तृहरि के गीत गानेवाले योगी लिये फिरते हैं, मेखला मूँज की रस्सी का कटिबन्ध है[5] और सींगी हरिण के सींग का बना हुआ एक बाजा है जो मुँह से बजाया जाता

---

1. ट्रा. का. सें. प्रो. श्य भाग पृ. 398, ब्रिग्स ने लिखा है कि औघड़ लोगों को योगियों से आधी ही दक्षिणा मिलती है। कहीं-कहीं समान भी मिलती है।
2. यो. सं. आ.।
3. पद्मावत, जोगी खण्ड, 12, 128
4. बंगाल के पुराने नाथपन्थी अपने को योगी या कापालिक कहते थे। वे कान में मनुष्य की हड्डियों का कुण्डल और गले में हड्डियों की ही माला धारण करते थे। पैरों में ये लोग नूपुर और हाथ में नर कपाल लेते थे और शरीर में भस्म लगाया करते थे—श्री सुकुमार सेन : प्राचीन बाङ्गाल ओ बाङ्गाली, विश्वविद्यासंग्रह सीरीज शान्ति निकेतन, पृ. 33। ऐसा जान पड़ता है कि कर्णकुण्डल धारण करने की प्रथा बहुत पुरानी है। साधन माला नामक वज्रयानी साधन ग्रन्थों में 'हेरुक' के ध्यान में कहा गया है कि वे कानों में नरास्थि की माला धारण करते हैं। इसकी चर्चा हम आगे करेंगे।
5. सु.चं. : पृ. 238, 239।

। औघड़ और योगी दोनों ही एक प्रकार का 'जनेव' धारण करते हैं जो काले भेड़े ो ऊन से बनाया जाता है। हर कोई उसे नहीं बना सकता है। सम्प्रदाय के कुछ ोग ही, जो इस विद्या के जानकार होते हैं, उसे बनाते हैं। ब्रिग्स (पृ.11) ने लिखा कि कुमायूँ के योगी रुई के सूत का 'जनेव' भी धारण करते हैं। इसी सूत में एक ल 'पवित्री' बँधी रहती है जो हरिण की सींग या पीतल ताँबा आदि धातु से बनी ती है। इसमें रुई के सफेद धागे से शृङ्गी (सिंगी नाद) नाम की सीटी बँधी रहती है ौर रुद्राक्ष की एक मनिया भी झूलती रहती है। प्रातः और सन्ध्याकालीन उपासना ; पूर्व और भोजन ग्रहण करने के पूर्व योगी लोग इसे बजाया करते हैं। इस ंगनाद के बँधे रहने के कारण ही 'जनेव' को 'सिंगीनाद-जनेव' कहते हैं। मेखला ब योगी नहीं धारण करते। कुछ योगी काले भेड़े के ऊन की बनी मेखला कमर में ंधते हैं। लँगोटी पहनने में इस मेखला का उपयोग होता है। एक और प्रकार की खला होती है जिसे धारण करने के बाद योगी को भिक्षा के लिए निकलना ही ड़ता है। इसे हाल मटंगा कहते हैं।[1] ऐसे योगी भी हैं जो सिंगनाद जनेव नहीं ारण करते और दावा करते हैं कि ये चिह्न उन्होंने अन्तर में धारण किया है या मड़े के नीचे पहने हुए हैं। मस्तनाथ नामक सिद्ध के विषय में प्रसिद्ध है कि उन्होंने ापने चमड़े के नीचे जनेव दिखा दिया था। कबीरदास ने उसी योगी को योगी हना उचित समझा था जो इन चिह्नों को मन में धारण करता है।[2]

'धन्धारी' एक तरह का चक्र है। गोरखपन्थी साधु लोहे या लकड़ी की ालाकाओं के हेर-फेर से चक्र बनाकर उसके बीच में छेद करते हैं। इस छेद में ौड़ी या मालाकार धागे को डाल देते हैं। फिर मन्त्र पढ़कर उसे निकाला करते हैं। ना क्रिया जाने उस चक्र में से सहसा किसी से डोरा या कौड़ी नहीं निकल पाती। चीजें चक्र की शालाकाओं में इस प्रकार उलझ जाती हैं कि निकालना कठिन पड़ ाता है। जो निकालने की क्रिया जानता है वह उसे सहज ही निकाल सकता है। ही 'धाँधरी' या गोरखधन्धा है। गोरखपन्थियों का विश्वास है कि मन्त्र पढ़-पढ़कर ारखधन्धे से डोरा निकालने से गोरक्षनाथ की कृपा से ईश्वर प्रसन्न होते हैं और सारचक्र में उलझे हुए प्राणियों को डोरे की भाँति इस भवजाल से मुक्त कर देते ।[3]

रुद्राक्ष की माला प्रसिद्ध ही है। योगी लोग जिस माला को धारण करते हैं। समें 32, 64, 84 या 108 मनके होते हैं। छोटी मालाएँ जिन्हें 'सुमिरनी' कहते

---

1. ब्रिग्स : पृ. 11, 12।
2. सो जोगी जाके मन में मुद्रा।
   रात दिवस ना करई निद्रा।। टेक।।
   मन में आसण मन में रहणां। मन का जप तप मन सूँ कहँणां।।
   मन षपरा मन में सींगी। अनहदनाद बजावै रंगी।।
   पंच प्रजारि भसम करि भूका। कहै कबीर सो लहसै लंका।। —क.ग्रं., पद 206, पृ.158।
3. सु.चं. : पृ. 239।

हैं 18 या 28 मनकों की होती है और कलाई में बँधी रहती है। रुद्राक्ष शब्द व अर्थ रुद्र या शिव की आँख है। तन्त्रशास्त्र के मत से यह माला जप कार्य में विशे फलदायिनी होती है। इस रुद्राक्ष में खरबूजे के फाँक जैसी जो रेखाएँ होती हैं उ 'मुख' कहते हैं। जप में प्रायः पंचमुखी रुद्राक्ष का विशेष महत्त्व है। एकमुखी रुद्राः बड़ा शुभ माना जाता है। घर में उसके रहने से लक्ष्मी अविचल होकर बसती है जिसके गले में एकमुखी रुद्राक्ष हो उस पर शस्त्र की शक्ति नहीं काम करती—ऐस विश्वास है। एकमुखी रुद्राक्ष असल में एकमुखी ही है या नहीं इस बात की परीक्ष के लिए प्रायः भेड़े के गले में बाँधकर परीक्षा की जाती है। यदि भेड़े की गर्दन शस से कट जाय तो वह नकली माना जाता है। यदि न कटे तो सच्चा एकमुखी रुद्राः समझा जाता है।[1] ग्यारह मुखवाला रुद्राक्ष भी बहुत पवित्र समझा जाता है। गृहस योगी साधारणतः दोमुखवाले रुद्राक्ष से जप करने को अधिक फलदायक मानते हैं।

'अधारी' (= आधार) काठ के डण्डे में लगा हुआ काठ का पीढ़ा (आसा) जिसे योगी लोग प्रायः लिये फिरते हैं और जहाँ कहीं रखकर उस पर बैठ जाते है बिना अभ्यास के इस पर बैठ सकना असम्भव है।[2] कन्था गेरुए रंग की सुजनी व चोलना है जो गले में डाल लेने से अंग को ढाँक लेता है। इसी को गूदरी कहते है यह फटे-पुराने चीथड़ों को बटोरकर सी ली जानी चाहिए। गेरुआ या लाल रं ब्रह्मचर्य का साधक माना जाता है। इसे धारण करने से वीर्यस्तम्भ की शक्ति बढ़ है। क्रुक्स ने एकदन्त कथा का उल्लेख किया है जिसके अनुसार पार्वती ने पहले पहल अपने रक्त से रँगकर एक चोलना गोरक्षनाथ को दिया था। कहते हैं तभी लाल (गेरुआ) रंग योगी लोगों का रंग हो गया है। 'सोंटा' झाड़- फूँक करने व डण्डा है जो हाथ-डेढ़ हाथ के काले रूलर के ऐसा होता है। बहुत- से योगी इ भैरवनाथ का और बहुत से गोरक्षनाथ का डण्डा या सोंटा कहते हैं।[3] योगी लो शरीर में भस्म लगाते हैं और ललाट पर और बाहुमूल तथा हृदय देश पर श त्रिपुण्ड्र लगाया करते हैं। गूदरी का धारण करना योगी के लिए आवश्यक नहीं है बहुत योगी तो आरबन्द (मेखला) से बँधी हुई लँगोटी भर ही धारण करते हैं अ बहुत से ऐसे मिलते हैं जो लँगोटी भी नहीं धारण करते।[4] 'खप्पर' मिट्टी के घ के फोड़े हुए अर्द्ध भाग को कहते हैं। आजकल यह दरियायी नारियल का बनता है बहुत से योगी काँसे का भी खप्पर रखते हैं इसलिए खप्पर को 'काँसा' भी कहते है खप्पर का एक मनोरंजक अवशेष 'जोगीड़े' नामक अश्लील गानों के गाते सम लिया हुआ चौड़े मुँह का वह घड़ा है जिसमें गुरु लोग आँख रखकर जादू से हा पर लिये फिरते हैं।[5]

---

1. सु. चं. : पृ. 240।
2. वही : पृ. 240।
3. वही : पृ. 240।
4. ब्रिग्स : पृ. 19-20।
5. सु. चं. : पृ. 241।

'योगिसम्प्रदाय विष्कृति' नामक ग्रन्थ में[1] इन चिह्नों के धारण करने की विधि और कारण के बारे में यह मनोरंजक कहानी दी हुई है। जब मत्स्येन्द्रनाथ जी से प्रसन्न होकर शिव जी ने कहा कि तुम वर माँगो तो उन्होंने शिव जी का स्वरूप ही वरदान में माँगा। शिव जी ने पहले तो इतस्ततः किया पर मत्स्येन्द्रनाथ की तपस्या से प्रसन्न होकर अन्त में अपना वेश दान करने को राजी हो गये। फिर प्रथम तो सिर में विभूति डालकर भस्म-स्नान कराया और उसका यह तात्पर्य बताया कि यह भस्म अर्थात् मृत्तिका है, इसके शरीर में धारण का अभिप्राय यह है कि योगी अपने को मानापमान के अतीत जड़धरित्री के समान समझें या अग्नि-संयोग से भस्म रूप में परिणत हुए काठ की तरह ज्ञानाग्नि दग्ध होकर अपनी कठोरता आदि को छोड़ दे और ज्ञानाग्नि के संयोग से अपने कृत्यों को भस्मसात् कर दे। फिर जलस्नान कराया और उसके दो अभिप्राय बताये। एक तो यह कि मेघ जिस प्रकार जल को समान भाव से भूतभाव के लिए वितरण करता है। उसी प्रकार तुम समस्त प्राणियों के साथ समान व्यवहार करना और दूसरा यह कि पानी जिस प्रकार तप्त होने पर भी अपना स्वभाव नहीं छोड़ता उसी प्रकार तुम भी अपना स्वभाव न छोड़ना। इसके अनन्तर श्री महादेव जी ने उन्हें 'नाद-जनेऊ' पहनाया और उसका यह अभिप्राय समझाया—काष्ठादि का बनाया हुआ यह नाद है। नाद अर्थात् शब्द। इसके धारण करने का मतलब यह हुआ कि अब से शिष्य अपनी उत्पत्ति 'नाद' से समझे। (शब्द गुरु और श्रोता चेला—ऐसा योगियों का सिद्धान्त है) और यह ऊर्णादि निर्मित 'जनेऊ' जिस प्रकार संसार के अन्य 'जनेउओं' से भिन्न है उसी प्रकार तुम अपने को संसार से भिन्न समझना। इस प्रकार प्रत्येक वस्तु के धारण करने का ठीक-ठीक कारण समझाने के बाद महादेव जी ने कुण्डलादि अपने अनेक चिह्न मत्स्येन्द्रनाथ जी को दिये। तभी से सम्प्रदाय में यह प्रथा प्रचलित हुई। इतना लिखने के बाद ग्रन्थकार ने बड़े खेद के साथ लिखा है कि आजकल सम्प्रदाय में इन अभिप्रायों को कोई नहीं जानता। इस ज्ञान के अभाव का कारण उन्होंने यह बताया है कि धनाढ्य महन्त लोग शिमला, मंसूरी, नैनीताल और आबू जैसी जगहों में हवा बदलने जाते हैं और उनके पीछे उनके स्थानों पर उन्हीं के नाम पर शिष्य बनाये जाते हैं। अब भला जिस शिष्य ने वेश ग्रहण करने के समय जिस व्यक्ति के शब्द को गुरु समझा है उसका मुँह-मत्था भी नहीं देखा वह उन चिह्नों का क्या अभिप्राय समझ सकता है।

इब्नबतूता नामक मिस्री पर्यटक जब भारत आया था तो उसने इन योगियों को देखा था। उसने लिखा है कि उन (योगियों) के केश पैर तक लम्बे होते हैं, सारे शरीर में भभूत लगी रहती है और तपस्या के कारण उनका वर्ण पीत हो गया होता है। चमत्कार प्राप्त करने की शक्ति प्राप्त करने के इच्छुक बहुत-से मुसलमान भी इनके पीछे लगे फिरते हैं, मावश उन्नहर के सम्राट् 'तरम शीरीं' के कैम्प में बतूता

1. यो. सं. आ., पृ. 20-21।

ने इनको सर्वप्रथम देखा था। गिनती में ये पूरे पचास थे। इनके रहने के लिए धरती में गुफाएँ बनी हुई थीं और वहीं ये अपना जीवन व्यतीत करते थे। केवल शौच के लिए बाहर आते थे और प्रातः सायं तथा रात्रि में शृङ्ग के सदृश किसी वस्तु को बजाया करते थे।[1] इब्नबतूता ने इन योगियों की अद्‌भुत करामातों को स्वयं देखा था। बतूता की गवाही पर यह मान लिया जा सकता है कि दीर्घकाल से साधारण जनता इन योगियों को भय की दृष्टि से देखती रही है। उन दिनों ग्वालियर के पास किसी बरौन नामक ग्राम में एक बाघ का बड़ा उपद्रव था। लोगों ने बतूता को बताया कि वह कोई योगी है जो बाघ का रूप धर कर लोगों को खा जाता है।[2]

कबीरदास के जमाने में ही योगियों का सैनिक संगठन हो चुका था। उन्होंने इन योगियों की इस विचित्र लीला का बड़ा मनोहर वर्णन दिया है।[3] सोलहवीं शताब्दी में इन योगियों से सिखों की घनघोर लड़ाई हुई थी। दिनोधर के मठ की दीवारों में शस्त्र फेंकने के लिए छिद्र बने हुए हैं जो निश्चय ही आत्मरक्षा के उद्‌देश्य से बने होंगे। कच्छ के योगी सोलहवीं शताब्दी में भयंकर हो उठे थे वे अतीथों को जबर्दस्ती कनफटा बनाते थे। बाद में अतीथों ने संगठित होकर लोहा लिया था। इन अतीथों का प्रधान स्थान जूनागढ़ था। इस लड़ाई में योगियों की शक्ति टूट गयी थी।[4]

5. गृहस्थ योगी

नाथमत की माननेवाली बहुत-सी जातियाँ घरबारी हो गयी हैं। भारतवर्ष के हर हिस्से में ऐसी जातियों का अस्तित्व पाया जाता है। शिमला पहाड़ियों के नाथ अपने को गोरक्षनाथ और भरथरी का अनुयायी मानते हैं। ये लोग गृहस्थ होकर एक जाति ही बन गये हैं। यद्यपि ये भी कान चीरकर कुण्डल ग्रहण करते हैं पर इनकी मर्यादा कनफटे योगियों से हीन मानी जाती है। ये लोग उत्तरी भारत के महाब्राह्मणों के समान श्राद्ध के समय दान पाते हैं।[5] ऊपरी हिमालय के नाथों में भी कान चिरवाकर कुण्डल धारण करने की प्रथा है परन्तु घर में कोई एक या दो आदमी ही ऐसा करते हैं। ऐसा करनेवाले 'कनफटा नाथ' कहलाते हैं। ये भी

---

1. इ. भा. या. : पृ. 292-3।
2. वही, पृ. 288।
3. ऐसा जोग न देखा भाई। भूला फिरै लिये गाफिलाई।
   महादेव को पंथ चलावै। ऐसो बडो महंत कहावै।
   हाट बजारैं लावैं तारी। कच्चे सिद्धन माया प्यारी।
   कब दत्ते मावासी गोरी। कब सुख देव तोपची जोरी।
   नारद कब बंदूक चलाया। व्यासदेव कब बंब बजाया।
   करइँ लराई मति कै मंदा। ई अतीत की तरकस बंदा।
   भए विरक्त लोभ मन ठाना। सोना पहिरि लजावैं बाना।
   घोरा घोरी की बटोरा। गाँव पाय जस चलैं करोरा।। —बीजक 66वीं रमैनी
4. ग्लो. पं. ट्रा. का., पृ. 165।
5. ग्लो. पं. ट्रा. का., पृ. 165।

गृहस्थ हैं। और इनकी मर्यादा भी बहुत ऊँची नहीं है। हेसी जैसी नीच समझी जानेवाली जाति के लोग भी इनका अन्न-जल नहीं ग्रहण करते।[1] अलमोड़े में सतनाथी और धर्मनाथी सम्प्रदाय के गृहस्थ योगी हैं। इनके परिवार का कोई एक लड़का कान में कुण्डल धारण कर लेता है।[2] योगियों में विवाह की प्रथा भी पायी जाती है। कहीं-कहीं ब्राह्मण विवाह का संस्कार कराते हैं और कहीं-कहीं नाथ-ब्राह्मण नामक जाति। पंजाब में गृहस्थ योगियों को रावल कहा जाता है। ये लोग भीख-माँगकर, करामात दिखाकर, हाथ देखकर अपनी जीविका चलाते हैं। पंजाब के संयोगी अब एक जाति ही बन गये हैं। अम्बाला के संयोगियों के बारह पन्थ भी हैं पर ये सब गृहस्थ हैं। गढ़वाल के नाथ भैरव के उपासक हैं। नादी-सेली पहनते हैं और सन्तान भी उत्पन्न करते हैं। अब यह भी एक अलग जाति बन गये हैं।[3]

साधारणतः वयनजीवी जातियाँ जैसे ताँती जुलाहे, गड़ेरिये, दरजी आदि नाथ मत के माननेवाले गृहस्थों में पड़ती हैं। सूत का रोजगार योगी जाति का पुराना व्यवसाय है। बहुत-सी गृहस्थ योगियों की जातियाँ मुसलमान हो गयी हैं और अपने को अब भी गिरस्त या गृहस्थ कहती हैं। अलईपुरा के जुलाहे ऐसे ही हैं।[4] हमने अपनी 'कबीर' नामक पुस्तक में दिखाया है कि कबीरदास ऐसी ही किसी गृहस्थ योगी जाति के मुसलमानी रूप में पैदा हुए थे। बुन्देलखण्ड के गड़ेरिये नाथ योगियों के अनुयायी हैं। उनके पुरोहित भी 'योगी' ब्राह्मण होते हैं जो उनके विवाहादि संस्कार कराते हैं। विवाह के मन्त्रों में गोरक्षनाथ और मछन्दरनाथ के नाम भी आते हैं।[5] शेख फैजुल्लाह नामक बंगाली कवि की एक पुस्तक 'गोरक्ष-विजय' है। इसके सम्पादक श्री अब्दुल करीम साहब का दावा है कि पुस्तक पाँच-छह सौ वर्ष पुरानी होगी। इस पुस्तक में कदली देश की जोगिन (अर्थात् योगी जाति की स्त्री) से गोरक्षनाथ को भुलावा देने के प्रसंग में इस प्रकार कहवाया गया है—"तुम जोगी हो, जोगी के घर जाओगे इसमें भला सोचना-विचारना क्या है। हमारा-तुम्हारा गोत्र एक है। तुम बलिष्ठ योगी हो मैं जवान जोगिन हूँ, फिर क्यों न हम अपना व्यवहार शुरू कर दें, क्यों हम किसी की परवा करें...मैं चिकना सूत कात दूँगी, तुम उसकी महीन धोती बुनोगे और हाट में बेचने ले जाओगे और इस प्रकार दिन-दिन सम्पत्ति बढ़ती जायेगी जो तुम्हारी झोली और कन्था में अँटाये नहीं अँटेगी।[6] इससे सिद्ध होता है कि बहुत प्राचीन काल से वयनजीवी जातियाँ योगी हैं। आधुनिक योगी भी सूत के द्वारा अनेक टोटका करते हैं और गोरखधन्धे से सूत की ही करामात दिखाते हैं।

---

1. वही : पृ. 135।
2. ब्रिग्स : पृ. 47।
3. गढ़वाल का इतिहास : पृ. 201।
4. श्री राय कृष्णदास जी के एक पत्र के आधार पर।
5. लोक वार्त्ता, वर्ष 1, अंक 2 में श्री रामस्वरूप योगी का लेख द्रष्टव्य है। वैवाहिक शाखोच्चार के मन्त्र का एक अंश इस प्रकार है, "गाय गोरख की भैंस मछन्दर की, छेरी अजैपाल की, गाड़र महादेव की चरती आय चरती आय जहाँ महादेव की सिंगी बाजै..." इत्यादि।
6. गोरक्ष विजय : कलकत्ता (1324 बं. सन्) पृ. 65-7।

बंगाल में जुगी या योगी वयनजीवी जाति है। सन् 1921 में अकेले बंगाल में इनकी संख्या 3,65,910 थी। आजकल ये लोग अपने को योगी ब्राह्मण कहते हैं।[1] टिपरा जिले के कृष्णचन्द्र दलाल ने इन्हें बदस्तूर ब्राह्मण बनाने और जनेऊ धारण करने का आन्दोलन किया था।[2] इस प्रकार वयनजीवियों में इस मत का बहुत-कुछ प्रचार था। यह तो नहीं जाना जा सका कि सभी वयनजीवियों में[3] योग

1. कबीर : पृ. 7।
2. क्षितिमोहन सेन : भारतवर्ष में जातिभेद, पृ. 144।
3. बेन्स ने निम्नलिखित वयनजीवी जातियों का उल्लेख किया है—

नाम	प्रदेश	1901 की जनसंख्या
रुई सूत के वयनजीवी—पटनूली...	पश्चिम भारत	90,500
पटघे...	उत्तर और मध्य भारत	72,000
खतरी...	पश्चिम भारत...	5,62,000
ताँती...	बंगाल...	7,72,300
तँतवा...	बिहार...	1,97,900
पेरिके...	तामिल...	63,000
जणप्पन...	तामिल...	83,000
कपाली...	बंगाल...	1,44,700
धोर...	दाक्षिणात्य...	24,400
पांका...	मध्य-भारत...	7,26,700
गांडा...	पूर्व मध्य-भारत...	3,77,800
रुई सूत के वयनजीवी—डोंबा...	बिहार...	76,400
कोरी...	उत्तर भारत...	12,04,700
जुलाहा...	उत्तर भारत...	29,07,900
बलाही...	राजपूताना उ.भा....	2,85,100
कैकोलन...	तामिल...	3,54,700
साले...	दक्षिण...	6,39,300
तोगट...	कर्नाटक...	6,45,000
देवांग...	कर्नाटक...	28,89,000
नेगिये...	कर्नाटक...	97,000
जुगी...	बंगाल...	5,36,600
कोष्टी...	दक्षिण, मध्य-भारत...	2,77,400
ऊन के वयनजीवी—गड्डी...	पंजाब...	1,03,800
गड़ेरिया...	उत्तर भारत...	12,72,400
धंगर हातकर...	दक्षिण भारत...	10,15,800
कुडुवर...	दक्षिण भारत...	1,06,800
इडइयन...	तागिल...	7,02,700
भरवाड़...	पश्चिम भारत	1,02,900

परम्परा के चिह्न हैं परन्तु इसमें कोई सन्देह नहीं कि वयनजीवी जातियों में अपनी वर्तमान स्थिति के बारे में असन्तोष है और वे सभी किसी ब्राह्मणेतर परम्परा से सम्बद्ध अवश्य थीं।

रिजली ने बंगाल के योगियों को दो श्रेणी का बताया है। दक्षिणी विक्रमपुर, त्रिपुरा और नोयाखाली के योगी मास्थ योगी कहलाते हैं और उत्तर विक्रमपुर और ढाका के योगी एकादशी कहलाते हैं।[1] रंगपुर जिले के योगियों का काम कपड़ा बुनना, रंगसाजी और चूना बनाना है। अब ये लोग अपना पेशा छोड़ते जा रहे हैं। इनके स्मरणीय महापुरुष हैं—गोरक्षनाथ, धीरनाथ, छायानाथ और रघुनाथ आदि। इनके परम उपास्य देवता 'धर्म' हैं। इनके गुरु और पुरोहित ब्राह्मण नहीं होते बल्कि इनकी अपनी ही जाति के लोग होते हैं। पुरोहितों को 'अधिकारी' कहते हैं। क्षौर-कर्म के समय बालकों का कान चीर देना निहायत जरूरी समझा जाता है। मृतक को समाधि दी जाती है। रंगपुर के योगियों का प्रधान व्यवसाय चूना बनाना और भीख माँगना है परन्तु ढाका और टिपरा (त्रिपुरा) जिले में उनका व्यवसाय वस्त्र बुनना ही है।[2] निजाम-राज्य के दवरे और रावल भी नाथ योगियों का गृहस्थ रूप है। इनके बच्चों के कान छेदने का संस्कार होता है और मृतकों को समाधि दी जाती है। बम्बई प्रान्त के नाथों में जो मराठे और कर्नाटकीय हैं वे गृहस्थ हैं। कोंकण के गोसवी भी अपने को नाथ योगियों से सम्बद्ध बताते हैं। इनका भी कर्ण छेद संस्कार होता है। इस प्रकार की योगी जातियाँ बराबर गुजरात, महाराष्ट्र, कर्नाटक और दक्षिण भारत में भी पायी जाती हैं।[3]

इस प्रकार क्या वैराग्यप्रवण और गार्हस्थप्रवण सैकड़ों योगी सम्प्रदाय और जातियाँ समूचे भारत में फैली हुई हैं। यह परम्परा वैदिक धर्म से भिन्न थी और अब भी बहुत-कुछ है, इसका आभास ऊपर के विवरण से मिल गया होगा। हम आगे चलकर देखेंगे कि अनुमान निराधार नहीं है।

1. ब्रिग्स : पृ. 51।
2. गोपीचन्देर गान : (कलकत्ता विश्वविद्यालय द्वारा प्रकाशित, द्वितीय भाग, भूमिका पृ. 36-37)।
3. ब्रिग्स : (पृ. 44-61) ने इस प्रकार की अनेक योगी जातियों का विवरण अपनी पुस्तक में दिया है। विशेष विस्तार के लिए वह ग्रन्थ द्रष्टव्य है।

2
सम्प्रदाय के पुराने सिद्ध

'हठयोग प्रदीपिका' के आरम्भ में ही नाथपन्थ के अनेक सिद्धयोगियों के नाम दिये हुए हैं। विश्वास किया जाता है कि सिद्ध लोग आज भी जीवित हैं। हठयोग प्रदीपिका की सूची में जिन सिद्धों के नाम हैं वे ऐसे ही हैं जो कालदण्ड को खण्डित करके ब्रह्माण्ड में विचर रहे हैं। नाम इस प्रकार हैं[1]:—

आदिनाथ, मत्स्येन्द्रनाथ, सारदानन्द, भैरव, चौरंगी, मीननाथ, गोरक्षनाथ, विरूपाक्ष, विलेशय, मन्थानभैरव, सिद्धबोध, कन्हड़ीनाथ, कोरण्टकनाथ, सुरानन्द, सिद्धपाद, चर्पटीनाथ, काणेरीनाथ, पूज्यपाद, नित्यनाथ, निरंजननाथ, कापालिनाथ, बिन्दुनाथ, काकचण्डीश्वर, मयनाथ, अक्षयनाथ, प्रभुदेव, घोड़ाचूलीनाथ, टिण्ढिणीनाथ, भल्लरीनाथ, नागबोध और खण्डकापालिका। इनमें से अनेक सिद्धों के नाम कोई अनुश्रुति शेष नहीं रह गयी है। कुछ के नाम तान्त्रिकों, योगियों और निर्गुणिया सन्तों की परम्परा में बचे हुए हैं और कुछ की अभिन्नता सहजयानी और वज्रयानी सिद्धों से स्थापित की जा सकती है। कुछ सिद्धों के विषय में करामाती कहानियाँ प्रचलित हैं पर उनका ऐतिहासिक मूल्य बहुत अधिक नहीं है।

सबसे आदि में नव मूलनाथ हुए हैं जिन्होंने सम्प्रदाय का प्रवर्तन किया था— ऐसी प्रसिद्धि है। पर ये नौ नाथ कौन-कौन थे इसकी कोई सर्वसम्मत परम्परा बची नहीं है। 'महार्णव तन्त्र' में नवनाथों को भिन्न-भिन्न दिशाओं में 'न्यास' करने की विधि बतायी गयी है। इस पर से नवनाथों के नाम इस प्रकार मालूम होते हैं— गोरक्षनाथ, जालन्धरनाथ, नागार्जुन, सहस्रार्जुन, दत्तात्रेय, देवदत्त, जड़भरत, आदिनाथ और मत्स्येन्द्रनाथ। कापालिकों के बारह शिष्यों की चर्चा पहले ही की जा चुकी है उनमें से कई ऐसे हैं जिनका नाम 'हठयोग प्रदीपिका' के सिद्धयोगियों से अभिन्न है।[2]

'योगिसम्प्रदायाविष्कृति' में[3] नवनारायणों के नवनाथों के रूप में अवतरित होने की कथा दी हुई है। परन्तु उसमें यह नहीं लिखा कि आविर्होत्रनारायण ने किसका

---

1. हठयोग प्रदीपिका।
2. देखिये, ऊपर, पृ. 4।
3. यो.सं. आ.: पृ. 11-14।

अवतार धारण किया था। फिर यह भी नहीं लिखा कि गोरक्षनाथ का अवतार किस नारायण ने लिया था। स्वयं महादेव ने भी एक 'नाथ' के रूप में अवतार धारण अवश्य किया था। ग्रन्थकार ने स्पष्ट रूप से लिखा है कि महादेव जी ने गोरक्षनाथ नामक व्यक्ति को नवनाथों के अवतरित होने के बाद उत्पन्न किया था। तो क्या नवनाथों में गोरक्षनाथ नहीं थे? जिन नारायणों ने अवतार धारण किया था, वे इस प्रकार हैं : (यद्यपि ग्रन्थ में यह नहीं लिखा कि आविर्होत्रनारायण ने क्या अवतार धारण किया पर भूमिका में[1] गोरक्षनाथ समेत जिन दस आचार्यों का नाम है उसमें नागनाथ का नाम भी है। सम्भवतः आविर्होत्रनारायण ने नागनाथ का अवतार लिया था।)

1. कविनारायण — मत्स्येन्द्रनाथ
2. करभाजननारायण — गाहनिनाथ
3. अन्तरिक्षनारायण — ज्वालेन्द्रनाथ (जालन्धरनाथ)
4. प्रबुद्धनारायण — करणिपानाथ (कानिपा)
5. आविर्होत्रनारायण — नागनाथ
6. पिप्पलायननारायण — चर्पटनाथ (चर्पटी)
7. चमसनारायण — रेवानाथ
8. हरिनारायण — भर्तृनाथ (भरथरी)
9. द्रुमिलनारायण — गोपीचन्दनाथ

इन आठ नाथों के साथ आदिनाथ (महादेव) का नाम जोड़ लेने से संख्या नौ होगी। गोरक्षनाथ दसवें नाथ हुए। 'महार्णवतन्त्र' में जड़भरत का नाम नव नाथों में है परन्तु 'योगि सम्प्रदाया विष्कृति' उन्हें नौ नाथों से अलग मानती है। एक और नाथों की सूची है जो इससे भिन्न है परन्तु गोरक्षनाथ का नाम उसमें भी नहीं आता। यह सूची 'सुधाकर चन्द्रिका'[2] से ली गयी है। इसके अनुसार नव नाथ ये हैं :

1. एकनाथ
2. आदिनाथ
3. मत्स्येन्द्रनाथ
4. उदयनाथ
5. दण्डनाथ
6. सत्यनाथ
7. सन्तोषनाथ
8. कूर्मनाथ
9. जालन्धरनाथ

---

1. यो. सं. आ. : पृ. 7।
2. सु. चं.: पृ. 241।

नेपाल की परम्परा में एकदम भिन्न नाम गिनाये गये हैं। वे इस प्रकार हैं[1] :—

1. प्रकाश
2. विमर्श
3. आनन्द
4. ज्ञान
5. सत्य
6. पूर्ण
7. स्वभा
8. प्रतिभा
9. सुभग

इन सूचियों में गोरक्षनाथ का नाम न आने का कारण स्पष्ट है। गोरखपन्थी लोगों का विश्वास है कि इन नौ नाथों की उत्पत्ति श्री गोरक्षनाथ (जिन्हें श्रीनाथ भी कहते हैं) से हुई है। ये गोरख के ही नव-विध अवतार हैं। गोरखपन्थियों का सिद्धान्त है कि गोरख ही भिन्न-भिन्न समय में अवतार लेकर भिन्न-भिन्न नाथान्तनाम से अवतरित हुए हैं और गोरख ही अनादि अनन्त पुरुष हैं। उन्हीं की इच्छा से ब्रह्मा, विष्णु, महादेव आदि हुए हैं।[2] 'योगिसम्प्रदायाविष्कृति में, शिव के गोरक्षरूप धारण करने के विषय में यह मनोरंजक कथा दी हुई हैः—यह प्रवाद परम्परा से योगियों में प्रचलित है कि महादेव को वश में करने की इच्छा से प्रकृति देवी ने एक बार घोर तप किया था। इसलिए देवी का मान रखने और अपने को बचाने के हेतु से महादेव जी ने स्वयं गोरक्ष नाम से प्रसिद्ध कृत्रिम पुतले महादेव का उससे विवाह किया। कभी रहस्य खुलने पर देवी ने फिर इसको वश में करने का उद्योग किया, पर विफल हुईं। 'पश्चिम दिशा से आई भवानी, गोरख छलने आई जियो।'—इत्यादि आख्यान से यह वृत्त आज तक गाया जाता है।[3]

इन सभी सूचियों में सर्वसाधारण नाम इस प्रकार हैं—आदिनाथ, मत्स्येन्द्रनाथ, जालन्धरनाथ और गोरक्षनाथ। ये नाम तान्त्रिक सिद्धों में भी परिचित हैं और तिब्बती परम्परा के सहजयानी बौद्ध सिद्धों में भी। 'ललिता सहस्र नाम'[4] में तीन प्रकार के गुरु बताये गये हैं—दिव्य, सिद्ध और मानव। 'तारा रहस्य'[5] में दो प्रकार के गुरुओं का उल्लेख है, दिव्य और मानव। प्रथम श्रेणी में चार हैं और द्वितीय श्रेणी में आठ। मानव दिव्यगुरु हैं—ऊर्ध्वकेशानन्दनाथ, व्योमकेशानद नाथ, नीलकण्ठानन्दनाथ और वृषध्वजानन्दनाथ। मानवगुरु ये हैं: —

1. वशिष्ठ
2. मीननाथ
3. हरिनाथ
4. कुलेश्वर
5. विरूपाक्ष
6. महेश्वर
7. सुख
8. पारिजात

---

1. नेपाल कैटलॉग, द्वितीय भाग : पृ. 149।
2. सु. चं. : पृ. 241।
3. यो. सं. आ.: पृ. 13।
4. ल. सं. ना. : पृ.15।
5. ता. र. : पृ. 115।

इनमें केवल मीननाथ नाम नाथपन्थियों में परिचित है। किन्तु अन्यान्य तन्त्रों में मानव गुरुओं के जो नाम गिनाये गये हैं उनमें कई नाथ सिद्धों के नाम हैं। 'कौलावलीतन्त्र'[1] के अनुसार बारह मानव गुरु ये हैं:—

1. विमल
2. कृशर
3. भीमसेन
4. मीन
5. गोरक्ष
6. भोजदेव
7. मूलदेव
8. रन्तिदेव
9. विघ्नेश्वर
10. हुताशन
11. समरानन्द
12. सन्तोष

लगभग ये ही नाम 'श्यामा रहस्य'[2] में भी दिये हैं। श्यामा रहस्य के नाम इस प्रकार हैं: —

1. विमल
2. कृशर
3. भीमसेन
4. सुधाकर
5. मीन
6. गोरक्ष
7. भोजदेव
8. प्रजापति
9. कुलदेव
10. वृन्तिदेव
11. विघ्नेश्वर
12. हुताशन
13. सन्तोष
14. समनन्द

इन दोनों सूचियों में नाममात्र का भेद है। पहली सूची में सुधाकर और प्रजापति के नाम नहीं हैं। 'भीमसेन सुसाकरः' का 'सुसाधकः' शब्द मैंने विशेषण मान लिया है। ऐसा जान पड़ता है कि परिवर्ती सूची में गलती से 'सुसाधक' का 'सुधाकर' हो गया है। और 'प्रकीर्तिताः' का 'प्रजापतिः' हो गया है। जो हो, इनमें गोरक्षनाथ, मीननाथ और सन्तोषनाथ तथा भीमनाथ नाथमतावलम्बियों के सुपरिचित हैं। इस प्रकार मीननाथ, गोरक्षनाथ आदि का अनेक परम्परा के सिद्धों में परिगणित होना उनके प्रभाव और प्राचीनत्व को सूचित करता है। एशियाटिक सोसाइटी की लाइब्रेरी में एक ताल पत्र की पोथी है जिसका नम्बर 48/34—अक्षर बँगला और लिपिकाल लक्ष्मण सं. 388 दिया है। ग्रन्थकार कविशेखराचार्य ज्योतिरीश्वर हैं जो मिथिला के राजा हरिसिंह देव (सन् 1300-1321ई.) के सभासद थे। इस पोथी का नाम 'वर्ण रत्नाकर' है। इस पोथी में चौरासी नाथ सिद्धों की तालिका दी हुई है।

---

1. विमलः कृशरश्चैव भीमसेनः सुसाधकः।
   मीनो गोरक्षकश्चैव, भोजदेव प्रकीर्तितः।।
   मूलदेव रन्तिदेवो, विघ्नेश्वर हुताशनो।
   समरानन्दसन्तोषौ, मानवोधाः प्रकीर्तिताः।। कौ.त. : पृ. 76
2. विमलकृशरश्चैव भीमसेनः सुधाकरः।
   मनो गोरक्षकश्चैव, भोजदेवः प्रजापतिः।।
   कुलदेवो वृन्तिदेवो, विघ्नेश्वर हुताशनो।
   सन्तोषः समयानन्दः पान्तु मां. मानवः सदा।। श्या.र. : पृ. 24।

यद्यपि ग्रन्थकार उनकी संख्या चौरासी बताता है तथापि वास्तविक संख्या 76 ही है।[1] लेखक के प्रमादवश शायद आठ नाम छूट गये हैं। इन 76 नामों में अनेक पूर्व परिचित हैं पर नये नाम ही अधिक हैं। तिब्बती परम्परा के चौरासी सहजयानी सिद्धों से इनमें के कई सिद्ध अभिन्न हैं। दोनों सूचियों को आस-पास रखकर देखने से स्पष्ट मालूम होता है कि नाथपन्थियों और सहजयानियों के अनेक सिद्ध उभय साधारण हैं। नीचे दोनों सूचियाँ दी गयी हैं। पहली 'वर्णरत्नाकर' के नाथ सिद्धों की है और दूसरी महापण्डित श्री राहुल सांकृत्यायन की संगृहीत वज्रयानियों की है[2] :—

संख्या नाथ सिद्ध	संख्या सहजयानी सिद्ध	विशेष
1	2	3
1. मीननाथ	1. लूहिपा	
2. गोरक्षनाथ	2. लीलापा	
3. चौरंगीनाथ	3. विरूपा	नाथ सिद्ध (=ना. सि.)
4. चामरीनाथ	4. डोम्भीपा	
5. तन्तिपा	5. शबरीपा	ना. सि. 47 से तु.
6. हालिपा	6. सरहपा	
7. केदारिपा	7. कंकालीपा	
8. धोंगपा	8. मीनपा	ना. सि. 1 से तु.
9. दारिपा	9. गोरक्षपा	ना. सि. 3
10. विरूपा	10. चोरंगीपा	ना. सि. 3
11. कपाली	11. वीणापा	
12. कमारी	12. शान्तिपा	ना. सि. 4 से तु.
13. कान्ह	13. तन्तिपा	ना. सि. 5 से तु.
14. कनखल	14. चमरिपा	
15. मेखल	15. खड्गपा	
16. उन्मन	16. नागार्जुन	ना. सि. 22
17. काण्डलि	17. कण्हपा	ना. सि. 13 से तु.
18. धोबी	18. कर्णरिपा (आर्यदेव)	
19. जालन्धर	19. थगनपा	ना. सि. 48 से तु.
20. टोंगो	20. नारीपा	
21. मवह	21. शलिपा (शीलपा) शृगाली पाद?	ना. सि. 55 से तु.

1. बौ. गा. दो.: भूमिका पृ. 36।
2. गंगा-पुरातत्त्वांक : पौष माघ 1989, पृ. 221-224।

1	2	3
22. नागार्जुन	22. तिलोपा	ना. सि. 37 से तु.
23. दौली	23. छत्रपा	
24. भिषाल	24. भद्रपा	
25. अचिति	25. दोखन्धिपा (द्विखण्डिपा)	
26. चम्पक	26. अजोगिपा	
27. ढेण्टस	27. कालपा	
28. भुम्बरी	28. धाम्भिपा	ना. सि. 18 से तु.
29. बाकलि	29. कंकणपा	
30. तुजी	30. कमरिपा (कम्बलपा)	ना. सि. 34 से तु.
31. चर्पटी	31. डेंगिपा	ना. सि. 8?
32. भादे	32. भदेपा	ना. सि. 32 से तु.
33. चाँदन	33. तन्धेपा (तन्तिपा)	
34. कामरी	34. कुकुरिपा	
35. करवत	35. कुचिपा (कुसूलिपा)	
36. धर्मपापतंग	36. धर्मपा	ना. सि. 36
37. भद्र	37. महीपा (महिलपा)	
38. पातलिभद्र	38. अचिन्तिपा	ना. सि. 25 से तु.
39. पलिहिह	39. भलहपा (भवपा)	
40. भानु	40. नलिनपा	
41. मीन	41. भूसुकपा	
42. निर्दय	42. इन्द्रभूति	
43. सवर	43. मेकोपा	
44. सान्ति	44. कुड़ालिपा (कुद्दलिपा)	ना. सि. 7 से तु.
45. भर्तृहरि	45. कमरिपा (कम्मरिपा)	ना. सि. 12 से तु.
46. भीषण	46. जालन्धरपा (जालधारक)	ना. सि. 19 से तु.
47. भटी	47. राहुलपा	
48. गगनपा	48. धर्मरिपा (धर्मरि)	
49. गमार	49. धोकरिपाँ	
50. मेनुरी	50. मेदनीपा (हालीपा?)	ना. सि. 6 से तु.
51. कुमारी	51. पंकजपा	

1	2	3
52. जीवन	52. घण्टा (वज्रघण्टा) पा	
53. अधोसाधव	53. जोगीपा (अजोगिपा)	
54. गिरिवर	54. चेलुकपा	
55. सियारी	55. गुण्डरिपा (गोरुरपा)	
56. नागवालि	56. लुचिकपा	
57. विभवत्	57. निर्गुणपा	
58. सारंग	58. जयानन्त	
59. विविकिधज	59. चर्पटीपा (पचरीपा)	ना. सि. 31 से तु.
60. मगरधज	60. चम्पकपा	ना. सि.26
61. अचित	61. भिखनपा	ना. सि. 46 से तु
62. विचित	62. भलिपा	ना. सि. 66 से तु.
63. नेचक	63. कुमारिपा	ना. सि. 51 से तु.
64. चाटल	64. चवरि, (जवरि) अजपालिपा	ना. सि. 4 से तु.
65. नाचन	65. मणिभद्रा (योगिनी)	ना. सि. 74 से तु.
66. भीलो	66. मेखलापा (योगिनी)	ना. सि. 15 से तु.
67. पाहिल	67. कनखलापा (योगिनी)	ना. सि. 14 से तु.
68. पासल	68. कलकलपा	
69. कमल-कंगारि	69. कन्ताली (कन्थाली) पा	
70. चिपिल	70. धहुलि (रि) पा (दबड़ीपा?)	
71. गोविन्द	71. उधनि (उधलि) पा	
72. भीम	72. कपाल (कमल) पा	ना. सि. 69 से तु.
73. भैरव	73. किलपा	
74. भद्र	74. सागरपा	
75. भमरी	75. सर्वभक्षपा	
76. मुरुकुटी	76. नागबोधिपा	ना. सि. 56 से तु.
77.	77. दारिकपा	ना. सि. 9 से तु.
78.	78. पुतुलिपा	
79.	79. पनहपा	
80.	80. कोकालिपा	
81.	81. अनंगपा	
82.	82. लक्ष्मीकरा	
83.	83. समुदपा	
84.	84. भलि (व्यालि) पा	

'श्री ज्ञानेश्वर चरित्र' में पं. लक्षण रामचन्द्र पांगारकर ने ज्ञाननाथ तक की गुरुपरम्परा इस प्रकार बतायी है—

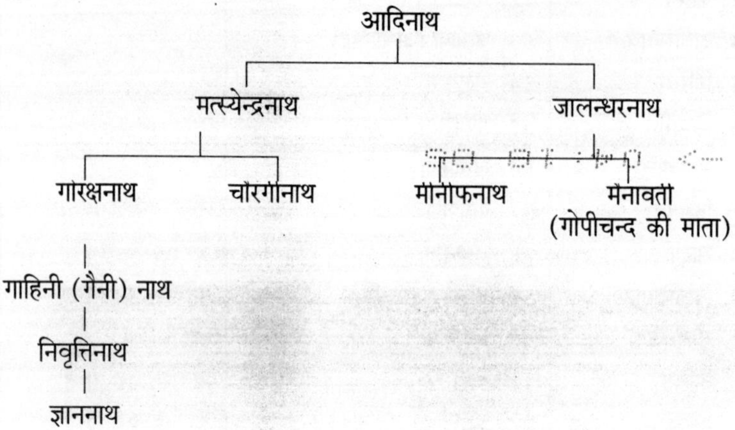

इस प्रकार यदि नवनाथों, कापालिकों, ज्ञाननाथ तक के गुरु सिद्धों और 'वर्ण-रत्नाकर' के चौरासी नाथ-सिद्धों को नाथ परम्परा में मान लिया जाय तो चौदहवीं शताब्दी के आरम्भ होने के पूर्व लगभग सवा सौ सिद्धों के नाम उपलब्ध होते हैं नीचे इनकी सूची दी जा रही है। इनमें तन्त्र ग्रन्थों के मानव गुरुओं का उल्लेख नहीं है क्योंकि यह निश्चित रूप से नहीं कहा जा सकता कि वे गुरु नाथ-सिद्ध होंगे ही। फिर नेपाली परम्परा के नाथ शिव के आनन्द और शक्ति के प्रतीक-से जान पड़ते हैं, व्यक्ति-विशेष नहीं। आगे उन पर विचार करने का अवसर आयेगा। यद्यपि नीचे की सूची में 137 सिद्धों के नाम हैं पर उनमें से कई अभिन्न-से जान पड़ते हैं। कान्ह, कन्हड़ी, करणिपा, काणफीनाथ आदि एक ही सिद्ध के नाम के उच्चारण भेद से भिन्न रूप हैं। 'हठयोग-प्रदीपिका' के ढिण्ढिणी, सहजयानी सिद्ध ढेण्ढण और 'वर्णरत्नाकर' के ढेण्टस एक ही सिद्ध हैं। 'वर्णरत्नाकर' की मेनुपुरा, मैना या मयनामती का ही नामान्तर जान पड़ता है। कालभैरवनाथ और भैरवनाथ एक ही हो सकते हैं और नागनाथ और नागार्जुन तथा नागबोध और नागावावलि की विभिन्नता भी सन्देह का विषय है। जहाँ सन्देह ज्यादा है वहाँ हमने अलग से नाम गिनाना ही उचित समझा परन्तु इन सिद्धों में सवा सौ के करीब ऐतिहासिक व्यक्ति अवश्य हैं और वे तेरहवीं शताब्दी (ईसवी सन् की) के समाप्त होने के पूर्व के ही हैं। स्पष्ट ही सम्प्रदाय के सर्वमान्य आचार्य मत्स्येन्द्रनाथ, जालन्धरनाथ, गोरक्षनाथ और कानिपा हैं क्योंकि इनका नाम सब ग्रन्थों में पाया जाता है। आगे इन पर विचार करके ही अन्य सिद्धों पर विचार किया जायेगा।

सूची में निम्नलिखित संकेत व्यवहृत हुए हैं :

वर्णरत्नाकर = व. गोरक्ष सिद्धान्त संग्रह=गो.

महार्णव तन्त्र = म. योगि सम्प्रदाया विष्कृति = यो.
हठयोग प्रदीपिका=ह. सुधाकर चन्द्रिका=सु.
ज्ञानेश्वर चरित्र = ज्ञा.

सं. नाम	आधार ग्रन्थ	सं नाम	आधार ग्रन्थ
1. अक्षय	ह.	28. कोरण्टक	ह.
2. अधोसाधव	व.	29. खण्ड कापालिक	ह.
3. अचित	व.	30. गगनपा	व.
4. अजपानाथ	यो.	31. गमार	व.
5. अजयनाथ	यो.	32. गिरित्र	व.
6. अतिकाल	का.	33. गाहिनी नाथ	ज्ञा., यो.
7. अनादिनाथ	का.	34. गोपीचन्द्रनाथ	यो., गो.
8. अवद्य	का.	35. गोरक्षनाथ	सब
9. आदिनाथ	सब	36. गोविन्द	व.
10 उदयनाथ	सु.,गो.	37. घोड़ा चूली	ह.
11. उनमन	व.	38. चर्पट	का. हा. व. गो.
12. एकनाथ	सु., गो.	39. चाटल	व.
13. कनखल	व.	40. चम्पक	व.
14. कमलकंगारि	व.	41. चाँदन	व.
15. कन्थाधारी	ह.	42. चामरी	व.
16. कन्हड़ी	ह.	43. चिपिल	व.
17. करवत	व.	44. चौरंगी	ह., व., ज्ञा.
18. काणेरी	ह., गो.	45. जड़भरत	म., का.
19. काण्डालि	व.	46. ज (जा) लन्धर	सब
20. कान्ह (करणिपा)	व. (यो.) ज्ञा.	47. जीवन	व.
21. कामरी	व.	48. ज्ञाननाथ	ज्ञा.
22. कापालि	ह.	49. टोंगी	व.
23. काल	का.	50. ढिण्ढिणी	ह.
24. काल भैरवनाथ	का.	51. ढेण्टस	व.
25. कुभारी	व.	52. तन्तिपा	व.
26. कूर्मनाथ	सु., गो.	53. तारकनाथ	यो.
27. केदारिपा	व.	54. तुजी	व.

55. दण्डनाथ	सु., गो.
56. दत्तात्रेय	म.
57. दारिपा	व.
58. देवदत्त	म.
59. दौली	व.
60. धर्धपापतंग	व.
61. धोंगपा	व.
62. धोरंग (दूरंगम)	यो.
63. धोबी	व.
64. नागनाथ	यो.
65. नागवालि	व.
66. नागबोध	ह.
67. नागार्जुन	का., म. व.
68. नाचन	व.
69. नित्यनाथ	ह.
70. निरंजन	ह., यो.
71. निर्दय	व.
72. निवृत्तिनाथ	ज्ञा.
73. नीमनाथ	यो.
74. मेचक	व.
75. पलिहिह	,,
76. पातलीभद्र	,,
77. पासल	,,
78. पूज्यपाद	ह.
79. प्रभुदेव	,,
80 बटुक	का.
81. बाकलि	व.
82. भटी	व.
83. भद्र (1)	व.
84. भद्र (2)	व.
85. भमरी	व.
86. भर्तृहरि	व., यो.
87. भवनार्जिः	गो.
88. भल्लटि	ह.
89. भादे	व.
90. भानु	व.
91. भिषाल	व.
92. भीमनाथ	का., व.
93. भीषण	व.
94. भीलो	वा.
95. भुरुकुटी	व.
96. भूतनाथ	का.
97. भूम्बरी	व.
98. भैरव	का., व.
99. मगरधन	व.
100. मत्स्येन्द्रनाथ	व. के सिवा सब
101. मन्थानभैरव	ह.
102. मय	ह.
103. मवह	व.
104. मलयार्जुन	का.
105. महाकाल	का.
106. माणिकनाथ	यो.
107. मालीपाव	गो.
108. मीन	ह., व., यो. गो.
109. मेखल	व.
110.मेनुरा (मयनामती)	व. (ज्ञा.)
111. रेवानाथ	यो.
112. विकराल	का.
113. विचित	व.
114. बिन्दुनाथ	व.
115. विभवत्	व.
116. विरूपा	व.
117. विरूपाक्ष	ह.

118. विविगधज	व.	128. सारदानन्द	ह.
119. विलेशय	ह., यो.	129. सान्ति	व.
120. वीरनाथ	का.	130. सारंग	व.
121. वैराग्य	का.	131. सिद्धपाद	ह.
122. शम्भुनाथ	यो.	132. सिद्धबोध	ह.
123. श्रीकण्ठ	का.	133. सियारी	व.
124. सत्यनाथ	का., सु. गो.	134. सुरानन्द	ह.
125. सन्तोषनाथ	सु., गो.	135. सूर्यनाथ	यो.
126. सबर	व.	136. हरिश्चन्द्र	का.
127. सहस्त्रार्जुन	म.	137. हालिपा	व., गो.

कभी-कभी परवर्ती ग्रन्थों में इनके अतिरिक्त अन्य नाम भी आते हैं जो चौरासी सिद्धों में गिने गये हैं। 'प्राण संगली' नामक सिख ग्रन्थ में गुरु नानक के साथ चौरासी सिद्धों के साथ साक्षात्कार का प्रसंग है। इन चौरासी सिद्धों में कई प्रकार के सिद्ध थे। कुछ सुरति-सिद्ध थे कुछ निरति-सिद्ध और कुछ कनक-सिद्ध। कुछ सिद्ध क्रोधी और तामसिक प्रकृति के भी थे। इस पुस्तक के निम्नलिखित सन्तों का पता चलता हैं—

1. परबत सिद्ध (पृ. 154)
2. ईश्वरनाथ (पृ. 155)
3. चरपटनाथ (पृ. 155)
4. घुघूनाथ (पृ. 156)
5. चम्पानाथ (पृ.156)
6. खिन्थड़नाथ (कन्थड़ि?) (पृ. 162)
7. झंगरनाथ (पृ.161)
8. धूर्मनाथ (ऊरमनाथ) (पृ. 165)
9. धंगरनाथ (पृ. 167)
10. मंगलनाथ (पृ.169)
11. प्राणनाथ (पृ. 169)

परवर्ती ग्रन्थों में सिद्धों के नाम इतने विकृत हुए हैं कि कभी-कभी भ्रम होता है कि दूसरा कोई सिद्ध है। इस प्रकार नागार्जुन नागाअरजन्द हो गये हैं, नेमिनाथ नीमनाथ बन गये हैं और कन्थाधारी खिन्थड़ हो गये हैं। सम्प्रदाय प्रवर्तक सिद्धों में कुछ तो पुराने हैं। कुछ नये हैं और कुछ ऐसे भी हैं जिनका मूल नाग विकृत होकर कुछ-का-कुछ हो गया है।

3

मत्स्येन्द्रनाथ कौन थे?

नाथ परम्परा में आदिनाथ के बाद सबसे महत्त्वपूर्ण आचार्य मत्स्येन्द्रनाथ ही हैं। हमने यह पहले देखा है कि आदिनाथ शिव का ही नामान्तर है। सो, मानव गुरुओं में मत्स्येन्द्रनाथ ही इस परम्परा के सर्वप्रथम आचार्य हैं। ये गोरक्षनाथ के गुरु थे। नेपाली अनुश्रुति के अनुसार ये अवलोकितेश्वर के अवतार थे। नाथ परम्परा के आदि गुरु माने जाते हैं और कौलाचार के वे सिद्ध पुरुष हैं। काश्मीर के शैवागमों में भी इनका नाम बड़े सम्मान के साथ लिया जाता है। वस्तुतः मध्ययुग के एक ऐसे युगसन्धिकाल में मत्स्येन्द्र का आविर्भाव हुआ था कि अनेक साधन मार्गों के ये प्रवर्तयिता मान लिये गये हैं। सारे भारतवर्ष में उनके नाम की सैकड़ों दन्तकथाएँ प्रचलित हैं। प्रायः हर दन्तकथा में वे अपने प्रसिद्ध शिष्य गोरक्षनाथ (गोरक्षनाथ) के साथ जड़ित हैं। यह कहना कठिन है कि इन दन्तकथाओं में ऐतिहासिक तथ्य कितना है, परन्तु नानामूलों से जो कुछ भी ऐतिहासिक तथ्य पाया जाता है उनसे दन्तकथाओं की यथार्थता बहुत दूर तक प्रमाणित हो जाती है। इसीलिए उनके काल, साधन-मार्ग और विचार-परम्परा के ज्ञान के लिए दन्तकथाओं पर थोड़ा-बहुत निर्भर किया जा सकता है।

प्रथम प्रश्न इनके नाम का है। योगि-सम्प्रदाय में 'मछन्दरनाथ' नाम प्रसिद्ध है। परवर्ती संस्कृत ग्रन्थों में इसका शुद्ध रूप मत्स्येन्द्रनाथ दिया हुआ है। परन्तु ऐसा जान पड़ता है कि साधारण योगी मत्स्येन्द्रनाथ की अपेक्षा 'मछन्दरनाथ' नाम को ही अधिक पसन्द करते हैं। श्री चन्द्रनाथ योगी जैसे सुधारक मनोवृत्ति के महात्मा को बड़े दुःख के साथ कहना पड़ता है कि मत्स्येन्द्रनाथ को मच्छन्दरनाथ और गोरक्षनाथ को गोरक्षनाथ कहना योगि-सम्प्रदाय के घोर पतन का सबूत है (पृ. 448-9)। परन्तु बहुत प्राचीन पुस्तकों में इनके इतने नाम पाये गये हैं कि इनके प्राकृत नाम की प्राचीनता निस्सन्दिग्ध रूप से प्रकट होता है और यह बात सन्दिग्ध हो जाती है कि परवर्ती ग्रन्थों में व्यवहृत मत्स्येन्द्रनाथ नाम ही शुद्ध और वास्तविक है। मत्स्येन्द्रनाथ द्वारा रचित कई पुस्तकें नेपाल की दरबार लाइब्रेरी में सुरक्षित हैं। उनमें एक का नाम है 'कौलज्ञान निर्णय'। इसकी लिपि को देखकर स्वर्गीय महामहोपाध्याय पं. हरप्रसाद शास्त्री ने अनुमान किया था कि वह ईसवी सन् की नवीं शताब्दी का लिखा हुआ है।[1] हाल ही में कलकत्ता विश्वविद्यालय के (अब विश्वभारती, शान्तिनिकेतन के)

1. नेपाल कैटलॉग : 2 य भाग, पृ. XIX

अध्यापक डॉ. प्रबोधचन्द बागची ने उस पुस्तक का तथा मत्स्येन्द्रनाथ की लिखी अन्य चार पुस्तकों का बहुत सुन्दर सम्पादित संस्करण प्रकाशित कराया है। बाकी चार पुस्तकें ये हैं—अकुलवीरतन्त्र'—ए, 'अकुलवीरतन्त्र'—बी, 'कुलानन्द और ज्ञानकारिका'। डॉ. बागची के अनुसन्धान से ज्ञात हुआ है कि वस्तुतः इन ग्रन्थों को हस्तलिपि ईसवी सन् की ग्यारहवीं शताब्दी के मध्यभाग की है, नवीं शताब्दी की नहीं। इन पुस्तकों की पुष्पिका में आचार्य का नाम कई प्रकार से लिखा गया है। नीचे वे दिये जा रहे हैं—

कौलज्ञाननिर्णय में—मच्छघ्नपाद, मच्छेन्द्रपाद, मत्स्येन्द्रपाद और मीनपाद

अकुलवीरतन्त्र में (ए) मीनपाद

(बी) मच्छेन्दपाद

कुलानन्द में—गत्स्येन्द्र

ज्ञानकारिका में —मच्छिन्द्रनाथपाद

मच्छेन्द्र, मच्छिन्द्र और मच्छेन्द आदि नाम मत्स्येन्द्रनाथ के अपभ्रंश रूप हो सकते हैं पर 'मच्छघ्न' शब्द मत्स्येन्द्र का प्राकृत रूप किसी प्रकार नहीं हो सकता। इस नाम पर हरप्रसाद शास्त्री का अनुमान है कि मत्स्येन्द्रनाथ मछली मारनेवाली कैवर्त जाति में उत्पन्न हुए थे। 'कौलज्ञान निर्णय' से भी मत्स्यघ्न नाम का समर्थन होता है। इस ग्रन्थ से पता चलता है कि मत्स्येन्द्रनाथ थे तो ब्राह्मण परन्तु एक विशेष कारण से उनका नाम 'मत्स्यघ्न' पड़ गया। कार्तिकिय ने 'कुलागम शास्त्र' को चुराकर समुद्र में फेंक दिया था तब उस शास्त्र का उद्धार करने के लिए स्वयं भैरव अर्थात् शिव ने मत्स्येन्द्रनाथ का अवतार धारण कर समुद्र में घुसकर उस शास्त्र का भक्षण करनेवाले मत्स्य का उदर विदीर्ण करके शास्त्र का उद्धार किया। इसी कारण से वे 'मत्स्यघ्न' कहलाये।

यह ध्यान देने की बात है कि अभिनवगुप्तपाद ने भी 'मच्छन्द्र' नाम का ही प्रयोग किया है और रूपकात्मक अर्थ समझकर उसकी व्याख्या की है। इनके मत से आतान-वितान-वृत्त्यात्मक जाल को छिन्न करने के कारण उनका नाम 'मच्छन्द' पड़ा।'[1] और तन्त्रालोक के टीकाकार जयद्रथ ने भी इसी प्रकार का एक श्लोक उद्धृत किया है जिसके अनुसार 'मच्छ' चपल चित्तवृत्तियों को कहते हैं। ऐसी वृत्तियों को छेदन करने के कारण ही वे 'मच्छन्द' कहलाये।[2] कबीर सम्प्रदाय में अब भी 'मच्छ' शब्द मन अर्थात् चपल चित्तवृत्तियों को कहते हैं।[3] यह परम्परा अभिनवगुप्त तक जाती है। उसके पहले भी ऐसी परम्परा नहीं रही होगी यह नहीं

---

1. रागारुणं ग्रन्थिविलावकीर्णं यो जालमातान वितान वृत्ति—
कलोम्भितं बाह्यपथे चकार स्यामे स मच्छन्दविभुः प्रसन्नः।। 1। 17

—तन्त्रालोक : प्रथम भाग, पृ. 25

2. मच्छाः पाशाः समाख्याताश्चपलाश्चित्तवृत्तयः।
छेदितास्तु यदा तेन मच्छेन्दस्तेन कीर्तित :।।

3. विचारदास की टीका : पृ. 40।

कहा जा सकता। प्राचीनतर बौद्ध सिद्धों के पदों से इस प्रकार के प्रमाण संग्रह किये जा सके हैं कि 'मत्स्य' प्रज्ञा का वाचक था। इस प्रकार मत्स्येन्द्रनाथ की जीवितावस्था में ही, मच्छघ्न के प्रतीकात्मक अर्थ में उनका कहा जाना असंगत कल्पना नहीं है।

एक और प्रश्न उठता है कि मत्स्येन्द्रनाथ और मीननाथ एक ही व्यक्ति हैं या भिन्न-भिन्न। 'हठयोग प्रदीपिका' में मीननाथ को मत्स्येन्द्रनाथ से पृथक् व्यक्ति बताया गया है। डॉ. बागची कहते हैं कि यह बात बाद की कल्पना जान पड़ती है। 'कौलज्ञान निर्णय' में कई जगह मीननाथ का नाम आने से उन्हें इस विषय में कोई सन्देह नहीं कि मत्स्येन्द्रनाथ और मीननाथ एक ही व्यक्ति के दो नाम हैं। साम्प्रदायिक अनुश्रुतियों के अनुसार मीननाथ मत्स्येन्द्रनाथ के पुत्र थे।[1] डॉ. बागची इस मत को परवर्ती कल्पना मानते हैं। परन्तु सिद्धों की सूची देखने से जान पड़ता है कि यह परम्परा काफी पुरानी है। तिब्बती अनुश्रुति के अनुसार मीननाथ मत्स्येन्द्रनाथ के पिता थे।[2] इस प्रकार यह एक विचित्र उलझन है। (1) 'कौलज्ञान निर्णय' के अनुसार मीननाथ मत्स्येन्द्रनाथ से अभिन्न हैं (2) साम्प्रदायिक अनुश्रुति में वे मत्स्येन्द्रनाथ के पुत्र हैं, और (3) तिब्बती परम्परा में यह स्वयं मत्स्येन्द्रनाथ के ही पिता हैं, फिर (4) नेपाल में प्रचलित विश्वास के अनुसार वे मत्स्येन्द्रनाथ के छोटे भाई हैं!!

'वर्णरत्नाकर' में प्रदत्त नाथ सिद्धों की सूची काफी पुरानी है। इसमें प्रथम सिद्ध का नाम मीननाथ है और 41वें सिद्ध का नाम मीन है। प्रथम सिद्ध मीननाथ निश्चय ही मस्त्येन्द्रनाथ हैं। इकतालीसवें मीन कोई दूसरे हैं जो मीननाथ की शिष्य परम्परा में पड़ने के कारण उनके पुत्र मान लिये गये होंगे। परन्तु 'वर्णरत्नाकर' से स्पष्ट रूप से दो बातें मालूम होती हैं—(1) यह कि मीननाथ और मत्स्येन्द्रनाथ एक ही प्रथम नाथ सिद्ध के दो नाम हैं और (2) यह कि 'हठयोग प्रदीपिका' में मत्स्येन्द्र के अतिरिक्त भी जो एक मीन नाम आता है उसका कारण यह है कि वस्तुतः ही नाथ परम्परा में एक और भी मीन नामधारी सिद्ध हो चुके हैं।

मत्स्येन्द्रनाथ और मीननाथ के एक होने का एक महत्त्वपूर्ण प्रमाण यह है कि 'तन्त्रालोक' की टीका में जयद्रथ ने दो पुराने श्लोक उद्धृत किये हैं। इनमें शिव ने कहा है कि मीननाथ नामक महासिद्ध 'मच्छन्द' ने कामरूप नामक महापीठ में मुझसे योग पाया था।[3] निस्सन्देह टीकाकार के मन में 'कौलज्ञान निर्णय' नामक ग्रन्थ ही रहा होगा क्योंकि उन्होंने लिखा है कि यह मच्छन्द 'सकुल कुल शास्त्रों के अवतारक

---

1. यो.सं. आ. : पृ.227 और आगे।
2. बौ. गा. दो.: पृ. 4।। गंगा पुरातत्त्वांक : पृ. 221।
3. भैरव्या भैरवात् प्राप्तं योगं व्याप्य ततः प्रिये।
   तत्सकाशात्तु सिद्धेन मीनाख्येन वरानने।
   कामरूपे महापीठे मच्छन्देन महात्मना।।—तन्त्रालोक टीका : पृ.24

रूप में प्रसिद्ध हैं।[1] यह लक्ष्य करने की बात है कि 'कौलज्ञान की पुष्पिका' में बराबर मच्छन्द या मत्स्येन्द्रनाथ को 'योगिनी कौलज्ञान का अवतारक' बताया गया है।[2] इस प्रकार यह निर्विवाद है कि प्राचीन काल में मत्स्येन्द्रनाथ का नाम ही मीन या मीननाथ माना जाता था।

ये मत्स्येन्द्रनाथ कौन थे और किस कुल तथा देश में उत्पन्न हुए थे? इनके रचित ग्रन्थ क्या हैं? इनका साधन मार्ग क्या था और कैसा था? इत्यादि प्रश्न सहज-समाधेय नहीं हैं। सारे देश में इनके तथा इनके गुरु भाई जालन्धरनाथ और शिष्य गोरक्षनाथ के सम्बन्ध में इतनी तरह की दन्तकथाएँ प्रचलित हैं कि उनके आधार पर इतिहास को खोज निकालना काफी कठिन है। फिर भी सभी परम्पराएँ कुछ बातों में मिलती हैं इसीलिए उन पर से ऐतिहासिक कंकाल का अनुमान हो सकता है

किसी-किसी पण्डित ने बौद्ध सहजयानियों के आदि सिद्ध लुईपाद और मत्स्येन्द्रनाथ को एक ही व्यक्ति बताने का प्रयत्न किया है।[3] लुई शब्द को लोहित (=रोहित = मत्स्य) शब्द का अपभ्रंश मानकर इस मत की स्थापना की गयी है। इस कल्पना का एक और कारण यह है कि तिब्बती अनुश्रुति के अनुसार लुईपाद का एक और नाम मत्स्यान्त्राद (=मछली की अँतड़ी खानेवाला) दिया हुआ है। यह नाम मच्छघ्न नाम से मिलता है। इस प्रकार उपर्युक्त कल्पना को बल मिलता है। यदि यह कल्पना सत्य हो तो मत्स्येन्द्रनाथ का समय आसानी से मालूम हो सकता है। लुईपाद के एक ग्रन्थ में दीपंकर श्रीज्ञान ने सहायता दी थी।[4] ये दीपंकर श्रीज्ञान सन् 1038 ई. में 58 वर्ष की उम्र में विक्रमशिला से तिब्बत गये थे।[5] अतएव लुईपाद का समय इसी के आसपास होगा। परन्तु कई कारणों से लुईपाद और मत्स्येन्द्रनाथ के एक व्यक्ति होने में सन्देह है। हरप्रसाद शास्त्री ने लिखा है कि नेपाल के बौद्ध लोग गोरक्षनाथ पर तो बहुत नाराज हैं पर मत्स्येन्द्रनाथ को अवलोकितेश्वर का अवतार मानते हैं। सुप्रसिद्ध तिब्बती ऐतिहासिक तारानाथ ने लिखा है कि गोरक्षनाथ पहले बौद्ध थे। उस समय उनका नाम अनंगवज्र था (यद्यपि शास्त्री जी को कोई विश्वसनीय प्रमाण मिला है कि गोरक्षनाथ का पुराना नाम अनांगवज्र नहीं बल्कि रमणवज्र था।) इसलिए नेपाली बौद्ध उन्हें धर्मत्यागी समझ कर घृणा करते हैं। परन्तु मत्स्येन्द्रनाथ पर जब उनकी श्रद्धा है तो मानना पड़ेगा कि वे धर्मत्यागी नहीं हो सकते। शास्त्री जी का अनुमान है कि मत्स्येन्द्रनाथ कभी बौद्ध

---

1. स च (मच्छन्द :) सकलकुलशास्त्रावतारकतया प्रसिद्धः। वही
2. तु—पदावतारितं ज्ञानं कामरूपी त्वया मया।—कौ. ज्ञान नि.: 16-21
3. राहुल जी के मत से सहजयानियों के आदि सिद्ध सरह थे, लुई नहीं।
4. बौ. गा. गा. दो.: पृ.15।
5. बौ. गा. गा. दो.: पृ.15।

थे ही नहीं, क्योंकि मत्स्येन्द्रनाथ का पूर्व नाम मच्छघ्न था अर्थात् वे मछली मारनेवाले कैवर्त थे। बौद्धों के स्मृतिग्रन्थों में लिखा है कि जो लोग निरन्तर प्राणि-हत्या करते हैं। उनको—जैसे जाल फेंकनेवाले मल्लाह, कैवर्त आदि को—बौद्धधर्म में दीक्षित नहीं करना चाहिए। इसलिए मच्छघ्ननाथ बौद्ध नहीं हो सकते। वे नाथपन्थियों के ही गुरु थे फिर भी नेपाली बौद्धों के उपास्य हो सके हैं।[1] शास्त्री जी की युक्ति सम्पूर्ण रूप से ग्राह्य नहीं मालूम होती क्योंकि बौद्ध सिद्धों में कम-से-कम एक मीनपा ऐसे अवश्य हैं जिनकी जाति मछुआ है।[2] परन्तु आगे हम जो विचार करने जा रहे हैं उससे इतना निश्चित है कि शास्त्री जी का यह मन्तव्य कि मत्स्येन्द्रनाथ कभी बौद्ध थे ही नहीं ठीक है। तिब्बती ऐतिहासिक तारानाथ के अनुसार गोरक्षनाथ पहले बौद्ध तान्त्रिक ही थे पर बारहवीं शताब्दी में सेन राजवंश के अन्त के साथ वे शिव (ईश्वर) के उपासक हो गये क्योंकि वे मुसलमान विजेताओं का विरोध नहीं करना चाहते थे।[3]

'गोरक्ष शतक' के दूसरे श्लोक में मीननाथ को अपना गुरु मानकर गोरक्षनाथ ने स्तुति की है। वही श्लोक 'गोरक्षसिद्धान्त संग्रह' (पृ. 40) में 'विवेक मार्तण्ड' का कहकर उद्धृत है। इसमें मीननाथ की स्तुति है। प्रसंग से ऐसा जान पड़ता है कि ये मीननाथ मत्स्येन्द्रनाथ ही हैं। इसमें कहा गया है कि जिन्होंने मूलाधारवन्ध उड्डियानवन्ध, जालन्धरवन्ध आदि योगाभ्यास से हृदय-कमल में निश्चय दीप की ज्योति सरीखी परमात्मा की कला का साक्षात्कार करके युग-कल्प आदि के रूप में चक्कर काटनेवाले काल के रहस्यों को तथा समस्त तत्त्वों को योगाभ्यास से जय कर लिया था और स्वयं ज्ञान और आनन्द के महासमुद्र श्री आदिनाथ का स्वरूप हो गये थे उन श्री मीननाथ को प्रणाम है।[4] उसी ग्रन्थ में मीननाथ का कहा हुआ एक

---

1. बौ. गा. दो. : पृ.16।
2. राहुल सांकृत्यायन : गंगा पुरातत्त्वांक, पृ. 221।
3. (1) गेशिस्टेदे स बुधिस्म ट्रा. इन-इण्डियन, ट्रा. शीफनेर. सेण्ट पीटर्सबर्ग सन् 1869, पृ.174, 255, 323।
   (2) लेवी, ल नेपाल : पृ. 355 और आगे।
   (3) ग्रियर्सन इ.रे.ए. : पृ. 328।
4. अन्तर्निश्चलितात्मदीपकलिका स्वाधारवेधादिभि-
   र्यो योगीयुगकल्पकालकलनात्वं च यो गीयते।
   ज्ञानान्मोदमहोदधिः समभवद्यत्रादिनाथं स्वयं
   व्यक्ताव्यक्तगुणाधिकं तमनिशं श्री मीननाथंभजे।।
   'गोरक्ष सिद्धान्त संग्रह' में यह श्लोक अशुद्ध रूप में उद्धृत है। इसका शुद्ध रूप पं. महीधर शर्मा की पुस्तक में उपलभ्य है। तदनुसार द्वितीय पंक्ति के 'यो गीयते' के स्थान में 'जेगीयते' पाठ होना चाहिए। तृतीय पंक्ति के आरम्भ में 'ज्ञानामोदमहोदधिः' होना चाहिए और 'आदिनाथं' के स्थान में 'आदिनाथः' पाठ होना चाहिए (गो. प., पृ.7) इसका यही शुद्ध रूप 'गोरक्ष-शतक' में भी मिलता है। (ब्रिग्स, पृ. 284)।

श्लोक है जिसमें बताया गया है कि योगी लोग जिस शिव की उपासना करते हैं उनके कोपानल से कामदेव जलकर भस्म हो गया था। इस पर से ग्रन्थ संग्रहीता ने निष्कर्ष निकाला है कि योगी लोग कामभाव के विरोधी हैं और उनका मत पूर्ण ब्रह्मचर्य पर आधारित है।[1] स्पष्ट ही स्मर दीपिका के ग्रन्थकार मीननाथ[2] यह मीननाथ नहीं हो सकते क्योंकि दोनों के प्रतिपाद्य परस्पर-विरुद्ध हैं। वस्तुतः स्मर-दीपिकाकार कोई दूसरे मीननाथ हैं और नाथ मार्ग से उनका कोई सम्बद्ध नहीं है। यह ध्यान देने की बात है कि 'गोरक्षशतक' के टीकाकार लक्ष्मीनारायण भी मत्स्येन्द्रनाथ और मीननाथ को एक ही मानते हैं।[3]

नेपाल दरबार लाइब्रेरी में 'नित्याह्निकतिलकम्' नामक पुस्तक है। इसमें एक जगह पचीस कौल सिद्धों के नाम, जाति, जन्म-स्थान, चर्यानाम, गुप्तनाम, कीर्तिनाम और उनकी शक्तियों के नाम दिये हुए हैं। डॉ. बागची ने 'कौलज्ञान निर्णय' की भूमिका में इस सूची को उद्धृत किया है। इस सूची में एक नाम मत्स्येन्द्रनाथ भी है। इसके अनुसार मत्स्येन्द्रनाथ का विवरण इस प्रकार है—

नाम—विष्णुशर्मा

जाति—ब्राह्मण

जन्मभूमि—वारणा (बंग देश)

चर्यानाम—श्री गौडीशदेव

पूजानाम—श्री पिप्लीशदेव

गुप्तनाम—श्री भैरवानन्द नाथ

कीर्तिनाम—तीन थे। ये भिन्न-भिन्न अवसरों पर भिन्न-भिन्न सिद्धियों को दिखाने से प्राप्त हुए थे। प्रथम कीर्तिनाम वीरानन्दनाथ था, पर जब इन्द्र से अनुगृहीत हुए तब इन्द्रानन्ददेव हुआ; फिर जब मर्कट नदी में बैठकर समस्त मत्स्यों को कर्षित किया तो मत्स्येन्द्रनाथ नाम पड़ा। यह कीर्तिनाम ही देश-विश्रुत हुआ है।

शक्ति नाम—इनकी शक्ति का नाम श्री ललिताभैरवी अम्बा पापू था। चन्द्रद्वीप के बारे में तरह-तरह के अटकल लगाये गये हैं। किसी के मत से वह

---

1. परमहंसास्तु कामंनिषेधयन्ति स निषेधो न भवत्येवम् । कथम् ? तदुक्तं श्री मीननाथेन—
हरकोपानलेनैव भस्मीभूतः कृतः स्मरः।
अर्द्धगौरीशरीरो हि तेन तस्मै नमोऽस्तु ते।
अतो महासिद्धा विषयरीत्या तु त्यागमेव कुर्वन्ति।।—गो. सि. सं., पृ. 66-67

2. 'नागर सर्वस्व' (पद्मश्री-विरचित) बम्बई 1921 की टिप्पणी में पं. तनसुखराम शर्मा ने मीननाथ नामक एक कामशास्त्रीय आचार्य की पुस्तक 'स्मर दीपिका' से अनेक वचन उद्धृत किये हैं।

3. लेवी (ल नेपाल; जि. 1, पृ. 155) ने लिखा है कि श्रीनाथ महाराज जोशी साखर (सार्थ ज्ञानेश्वरी, 18-1754) ने मीननाथ का अनुवाद मत्स्येन्द्रनाथ किया है। इस पर टीका करते हुए ब्रिग्स ने (पृ. 230) लिखा है कि बंगाल में मीननाथ मत्स्येन्द्रनाथ से भिन्न माने जाते हैं। कहना व्यर्थ है कि यह बात आंशिक रूप में ही सत्य है।

कलकत्ते के दक्षिण में अवस्थित सुन्दर वन है (क्योंकि सुन्दर वस्तुतः 'चन्द्र' का ही परवर्ती रूपान्तर है।) और किसी-किसी के मत से नवाखाला जिले। में पागलबाबा ने मुझे बताया था कि चन्द्रद्वीप कोई आसाम का पहाड़ी स्थान है जो नदी के बहाव से घिरकर द्वीप जैसा बन गया है। अब भी योगी लोग उस स्थान पर तीर्थ करने जाते हैं। चन्द्रद्वीप कामरूप के आस-पास ही कोई जगह होगी क्योंकि यह प्रसिद्ध है कि मत्स्येन्द्रनाथ ने कामरूप में साधना की थी। तन्त्रालोक की टीका से भी इसी अनुमान की पुष्टि होती है। नदी के बहाव से घिरे हुए स्थान को पुरानेजमाने में द्वीप कहते थे। 'नवद्वीप' नामक प्रसिद्ध विद्यापीठ-नगर इसी प्रकार के बहावों के मध्य में स्थित नौ छोटे-छोटे टापुओं (द्वीपों) को मिलाकर बसा था। 'रत्नाकर जो पम कथा' नामक भोट ग्रन्थ से भी चन्द्रद्वीप का लौहित्य (ब्रह्मपुत्र) नदी के भीतर होना पुष्ट होता है। (गंगा, पुरातत्त्वांक, पृ. 224) परन्तु 'कौलज्ञान निर्णय' के 16वें पटल से जान पड़ता है कि चन्द्रद्वीप कहीं समुद्र के आस-पास था। 'योगि सम्प्रदाया विष्कृति' पृ.22) में चन्द्रगिरि नामक स्थान को गोरक्षनाथ की जन्मभूमि कहा गया है। यह स्थान गोदावरी गंगा के समीपवर्ती प्रदेश में बताया गया है।

4

मत्स्येन्द्रनाथ-विषयक कथाएँ और उनका निष्कर्ष

मत्स्येन्द्रनाथ-विषयक मुख्य कहानियाँ नीचे संग्रह की जा रही हैं–

1. कौलज्ञान निर्णय (16-29-36)

भैरव और भैरवी चन्द्रद्वीप में गये हुए थे। वहाँ कार्तिकेय उनके शिष्य रूप में पहुँचे। अज्ञान के प्राबल्य से उन्होंने महान् 'कुलागम शास्त्र' को समुद्र में फेंक दिया। भैरव ने समुद्र में जाकर मछली का पेट फाड़कर उस शास्त्र का उद्धार किया। इस कार्य से कार्तिकेय बहुत क्रुद्ध हुए। उन्होंने एक बड़ा-सा गड्ढा खोदा और छिपकर दुबारा उस शास्त्र को समुद्र में फेंक दिया। इस बार एक प्रचण्डतर शक्तिशाली मत्स्य ने उसे खा लिया। भैरव ने शक्ति-तेज से एक जाल बनाया और उस मत्स्य को पकड़ना चाहा। पर वह प्रायः उतना ही शक्ति-सम्पन्न था जितना स्वयं भैरव थे। हारकर भैरव को ब्राह्मण वेश त्याग करना पड़ा। उस महामत्स्य का उदर फिर से विदीर्ण करके उन्होंने 'कुलागम शास्त्र' का उद्धार किया।

2. बँगला में मीननाथ

(मत्स्येन्द्रनाथ) के उद्धार के सम्बन्ध में दो पुस्तकें प्राप्त हुई हैं। एक फयजुल्ला का 'गोरक्ष विजय' और दूसरी श्यामादास का 'मीन चेतन'। दोनों पुस्तकें वस्तुतः एक ही हैं। इनमें जो कहानी दी हुई है उसे श्री सुकुमार सेन के बँगला साहित्य के इतिहास, पृ. 937 से संक्षिप्त रूप में संग्रह किया जा रहा है—

आद्य और आद्या ने पहले देवताओं की सृष्टि की। बाद में चार सिद्धों की उत्पत्ति हुई। पश्चात् एक कन्या भी उत्पन्न हुई, नाम रखा गया, गौरी। आद्य के आदेश से शिव ने गौरी से विवाह किया और पृथ्वी पर चले आये। चारों सिद्धों ने, जिनके नाम मीननाथ, गोरक्षनाथ, हाड़िफा (जालन्धरिनाथ) और कानूफा (कानूपा कृष्णपाद) थे, वायुमात्र के आहार से, योगाभ्यास आरम्भ किया। गोरक्षनाथ मीननाथ के सेवक हुए और कानपा (कानफा) हाड़िफा (हाड़िपा) के। उधर एक दिन गौरी ने शिव के गले में मुण्डमाल देखकर उसका कारण पूछा। शिव ने बताया कि वस्तुतः वे मुण्ड गौरी के ही हैं। गौरी हैरान! क्या कारण कि वे बराबर मरती रहती हैं और शिव कभी नहीं मरते। पूछने पर शिव ने बताया कि यह गुप्त रहस्य सबके सुनने

योग्य नहीं है। चलो हम लोग क्षीर सागर में 'टंग' (=डोंगी) पर बैठकर इस ज्ञान के विषय में वार्त्तालाप करें। दोनों ही क्षीर सागर में पहुँचे, इधर श्री मीननाथ मछली बनकर टंग के नीचे बैठ गये। देवी को सुनते-सुनते जब नींद आ गयी तब भी मीननाथ हुँकारी भरते रहे। इस आवाज से जब देवी की निद्रा टूटी, तो वे कह उठीं कि मैंने तो महाज्ञान सुना ही नहीं। शिव विचारने लगे कि यह हुँकारी किसने भरी। देखते हैं तो 'टंग' के नीचे मीननाथ हैं। उन्होंने क्रुद्ध होकर शाप दिया कि तुम एक समय महाज्ञान भूल जाओगे।

आदिगुरु शिव कैलास पर्वत पर चले गये और वहीं रहने लगे। गौरी ने उनसे बार-बार आग्रह किया कि वे सिद्धों को विवाह करके वंश चलाने का आदेश दें। शिव ने कहा कि सिद्ध लोगों में काम-विकार नहीं है। गौरी ने कहा भला यह भी सम्भव है कि मनुष्य के शरीर में काम-विकार हो ही नहीं, आप आज्ञा दें तो मैं परीक्षा लूँ। शिव ने आज्ञा दे दी। चारों सिद्ध चार दिशाओं में तप कर रहे थे—पूरब में हाड़िफा, दक्षिण में कानफा, पश्चिम में गोरक्ष और उत्तर में मीननाथ। देवी को परीक्षा का अवसर देने के लिए शिव ने ध्यान बल से चारों सिद्धों का आवाहन किया। चारों उपस्थित हुए। देवी ने भुवनमोहिनी रूप धारण करके सिद्धों को अन्न परोसा। चारों ही सिद्ध उस रूप पर मुग्ध हुए। मीननाथ ने मन-ही-मन सोचा कि यदि ऐसी सुन्दरी मिले तो आनन्द केलि से रात काटूँ। देवी ने उन्हें शाप दिया कि तुम महाज्ञान भूलकर कदली देश में सोलह सौ सुन्दरियों के साथ कामकौतुक में रत होगे। हाड़िफा ने ऐसी सुन्दरी का झाड़ूदार होने में भी कृतार्थ होने की अभिलाषा प्रकट की और फलस्वरूप मयनामती रानी से घर में झाड़ूदार होने का शाप पाया। हाड़िफा के पुत्र गाभूर सिंह (पुस्तक में ये अचानक आते हैं) ने इस सुन्दरी को पाने के लिए हाथ-पैर कटा देने पर भी जीवन को सफल माना और बदले में कामार्त्त सौतेली माँ से अपमान पाने का शाप मिला।[1] कानफा ने मन-ही-मन सोचा कि ऐसी सुन्दरी मिले तो प्राण देकर भी कृतार्थ होऊँ और इसीलिए देवी ने उन्हें शाप दिया कि तुरमान देश में डाहुका (?) होओ। पर गोरक्ष ने सोचा कि ऐसी सुन्दरी मेरी माता हो तो उसकी गोद में बैठकर स्नेह पीऊँ और दूध पीऊँ। गोरक्षनाथ परीक्षा में खरे उतरे और वर भी पाया, पर देवी ने उनकी कठोरतर परीक्षा लेने का संकल्प किया। शापानुसार सभी सिद्धतत्तस्थानों में जाकर फल भोगने लगे। गोरक्षनाथ एक बार बकुल वृक्ष के नीचे बैठे समाधिस्थ हुए थे। देवी ने उन्हें नानाभाव से योगभ्रष्ट करना चाहा पर वे अन्त तक खरे उतरे। वे रास्ते में नग्न सो गयीं, गोरक्ष ने विल्व पत्र से उनका शरीर ढँक दिया, मक्खी बनकर गोरक्ष के उदर में प्रविष्ट हो पीड़ा देने लगीं। गोरक्ष ने श्वास रुद्ध करके उन्हें बुरी तरह छका दिया। अन्त में देवी राक्षसी

1. सम्भवतः चौरंगीनाथ से तात्पर्य है।

बनकर मनुष्य की बलि लेने लगीं। शिव जी के द्वारा अनुरुद्ध होकर गोरक्ष ने देवी का उद्धार किया और उनके स्थान पर एक मूर्ति प्रतिष्ठित की। प्रवाद है कि कलकत्ते में काली रूप से पूजी जानेवाली मूर्ति वही मूर्ति है। देवी ने प्रसन्न होकर सुन्दर स्त्रीरत्न पाने का वर देकर गोरक्ष को अनुगृहीत किया। देवी के वर की मान-रक्षा के लिए शिव ने माया से एक कन्या उत्पन्न की जिसने गोरक्षनाथ को पति रूप में वरण किया। गोरक्ष उसके घर में जाकर छह महीने के बालक बन गये और दूध पीने के लिए मचलने लगे। कन्या बड़े फेर में पड़ी। गोरक्षनाथ ने उनसे कहा कि मुझमें काम विकार तो होने से रहा पर तुम हमारा कोपीन या करपटी धोकर उसका पानी पी जाओ, तुम्हें पुत्र होगा। आदेश के अनुसार कन्या ने करपटी धोकर जलपान कर लिया। जो पुत्र उत्पन्न हुआ उसका नाम कर्पटीनाथ पड़ा।

इसके बाद गोरक्षनाथ बकुल वृक्ष के नीचे ध्यानस्थ हुए। उधर कानपा ठीक उनके सिर पर से उड़ते हुए आकाशमार्ग से कहीं जा रहे थे। छाया देखकर गोरक्षनाथ ने सिर ऊपर उठाया और क्रोधवश अपना खड़ाऊँ फेंका। खड़ाऊँ ने कानपा को पकड़कर नीचे किया। गोरक्षनाथ के सिर पर से उड़ने के अविचार का फल उन्हें हाथोंहाथ मिला। पर कानपा ने व्यंग्य करते हुए कहा कि बड़े सिद्ध बने हो, कुछ गुरु का भी पता है कि वे कहाँ हैं। कदली देश में महाज्ञान भूलकर स्त्रियों के साथ वे विहार कर रहे हैं। उनकी शक्ति समाप्त हो गयी। यमराज के कार्यालय में देखकर आ रहा हूँ कि उनकी आयु के तीन ही दिन बाक़ी हैं। बड़े सिद्ध हो तो जाओ, गुरु को बचाओ। गोरक्षनाथ ने कहा—मुझे तो समझा रहे हो। कुछ अपने गुरु की भी खबर है तुम्हें? मेहरकुल की महाज्ञानशीला रानी मयनामती के पुत्र गोपीचन्द ने उन्हें मिट्टी में गड़वा रखा है इस प्रकार अपने-अपने गुरु की बात जानकर दोनों सिद्ध उनके उद्धार के लिए अग्रसर हुए। पहले तो गोरक्षनाथ ने यमराज के कार्यालय में जाकर गुरु की आयुक्षीणता को ही मिटा दिया फिर उसी मौलसिरी के नीचे लौट आये और लंग और महालंग नामक दो शिष्यों को लेकर गुरु के उद्धार के लिए कदली वन में प्रविष्ट हुए। वेश उन्होंने ब्राह्मण का बनाया। ब्राह्मण देखकर लोग उन्हें प्रणाम करने लगे, गोरक्षनाथ को भी आशीर्वाद देना पड़ा। पर यह आशीर्वाद पत्राधारी ब्राह्मण का तो था नहीं। सिद्ध गोरक्षनाथ के मुँह से निकला था। फल यह होने लगा कि सब पापी-तापी दुःख मुक्त होने लेगे। गोरक्षनाथ ने इस वेश को ठीक नहीं समझा। उन्होंने योगी का वेश धारण किया। कदली देश के एक सरोवर के तट पर बकुल वृक्ष के नीचे समासीन हुए। उस सरोवर से एक कदली नारी आयी थी। वह गोरक्षनाथ को देखकर मुग्ध हो गयी। उसी से गोरक्षनाथ को पता लगा कि उनके गुरु मीननाथ सोलह सौ सेविकाओं द्वारा परिवृता मंगला और कमला नामक पटरानियों के साथ विहार कर रहे हैं। वहाँ योगी का जाना निषिद्ध है। जाने पर उनको प्राणदण्ड होगा। केवल नर्तकियाँ ही मीननाथ का दर्शन पा सकती हैं। गुरु के उद्धार के लिए गोरक्षनाथ ने नर्तकी का रूप धारण

किया पर द्वारी के मुख से इस अपूर्व सुन्दरी की रूप सम्पत्ति की बात सुनकर रानियों ने मीननाथ के सामने उसे नहीं आने दिया। अन्त में गोरक्षनाथ ने द्वार से ही मर्दल की ध्वनि की। आवाज सुनकर मीननाथ ने नर्तकी को बुलाया। मर्दल ध्वनि के साथ गोरक्षनाथ ने गुरु को पूर्ववर्ती बातों का स्मरण कराया और महाज्ञान का उपदेश दिया। सुनकर मीननाथ को चैतन्य हुआ। रानियों ने बिन्दुनाथ पुत्र को लेकर क्रन्दन करके मीननाथ को विचलित करना चाहा पर गोरक्षनाथ ने बिन्दुनाथ को मृत बनाकर और बाद में जीवित करके फिर उन्हें तत्त्वज्ञान दिया। कदली नारियों ने भी गोरक्षनाथ का प्राण लेने का षड्यन्त्र किया। सो गोरक्षनाथ ने उन्हें शाप दिया, वे चमगादड़ हो गयीं। फिर गुरु और बिन्दुनाथ को लेकर गोरक्षनाथ अपने स्थान विजयनगर में लौटे।

3. लेवीनेल नेपाल

जि. 1 पृ. 347-355 में नेपाल में प्रचलित दो कहानियों का संग्रह किया है। ग्रियर्सन ने इ. रे. ए. में और बागची ने कौलज्ञान निर्णय की भूमिका में इन कहानियों का सार दिया है। यो. सं. आ. में भी यह कहानी कुछ परिवर्तित रूप में पायी जाती है। नीचे इन तीनों कहानियों का संग्रह किया जा रहा है—

(क) नेपाल में प्रचलित बौद्धिकता—बौद्ध कथा में मत्स्येन्द्रनाथ को अवलोकितेश्वर समझा गया है। मत्स्येन्द्रनाथ एक पर्वत पर रहते थे जिस पर चढ़ना कठिन था। गोरक्षनाथ उनके दर्शन के लिए गये हुए थे पर पर्वत पर चढ़ना दुष्कर समझकर उन्होंने एक चाल चली। नौ नागों को बाँधकर वे बैठ गये जिसका परिणाम यह हुआ कि नेपाल में बारह वर्ष तक वर्षा नहीं हुई। राजा नरेन्द्रदेव के गुरु बुद्धदत्त कारण समझ गये और अवलोकितेश्वर को ले आने का संकल्प करके कपोतक पर्वत पर गये। उनकी सेवा से प्रसन्न होकर अवलोकितेश्वर ने उन्हें एक मन्त्र दिया और कहा कि इसके जप से वे आकृष्ट होकर जपकर्त्ता के पास आ जायेंगे। घर लौटकर बुद्धदत्त ने मन्त्र जप का अनुष्ठान किया। मन्त्र शक्ति से आकृष्ट होकर अवलोकितेश्वर मृग बनकर कमण्डलु में प्रविष्ट हुए। उस समय राजा नरेन्द्रदेव सो रहा था। बुद्धदत्त ने लात मारकर उसे जगाया और इशारा किया कि कमण्डलु का मुख बन्द कर दे। वैसा करने पर अवलोकितेश्वर नेपाल में ही बँधे रह गये और नेपाल में प्रचुर वर्षा हुई। तभी से बुगम नामक स्थान में आज भी मत्स्येन्द्रनाथ की यात्रा होती है।[1]

(ख) बुद्धपुराण नामक ग्रन्थ में ब्राह्मणों में प्रचलित कहानी है–महादेव ने एक बार पुत्राभिलाषिणी किसी स्त्री को खाने के लिए भभूत दी। अविश्वास होने के कारण उस स्त्री ने उसे गोबर में फेंक दिया। बारह वर्ष बाद जब वे उस तरफ लौटे तो उस स्त्री से बालक के बारे में पूछा। स्त्री ने कहा कि उसने उस भभूत को

---

1. और भी देखिये : डी. राइट : हिस्ट्री आफ नेपाल : कैम्ब्रिज, 1877, पृ. 140 और आगे।

गोबर में फेंक दिया था। गोबर में देखा गया तो बारह वर्ष का दिव्य बालक खेलता हुआ पाया गया। महादेव ही मत्स्येन्द्र थे और बालक गोरक्षनाथ। मत्स्येन्द्रनाथ ने उसे शिष्य रूप में साथ रख लिया। एक बार गोरक्षनाथ नेपाल गये वहाँ पर लोगों ने उनका उचित सम्मान नहीं किया फलतः रुष्ट होकर गोरक्षनाथ बादलों को बाँधकर बैठ गये और नेपाल में बारह वर्ष का घोर अकाल पड़ा। नेपाल के सौभाग्य से मत्स्येन्द्रनाथ उधर से पधारे और गुरु को समागत देखकर गोरक्षनाथ को अभ्युत्थान आदि से उनका सम्मान करना पड़ा। उठते ही बादल छूट गये और प्रचुर वर्षा हुई इसीलिए मत्स्येन्द्रनाथ के उस उपकार की स्मृतिरक्षा के लिए उत्सव यात्रा प्रवर्तित हुई।

(3) 'योगि सम्प्रदाया विष्कृति' में कहानी का प्रथम भाग (अध्याय 3 में) कुछ अन्तर के साथ दिया हुआ है। पुत्र-लाभ की कामना करनेवाली सरस्वती नामक ब्राह्मणी ने जो गोदावरी गंगा के समीपवर्ती चन्द्रगिरि नामक स्थान के ब्राह्मण सुराज की पत्नी थी भभूत को फेंक नहीं दिया था बल्कि खा गयी थी और उसी के गर्भ में गोरक्षनाथ आविर्भूत हुए थे। कहानी का दूसरा भाग भी परिवर्तित रूप में पाया जाता है (अध्याय 49)। इस ग्रन्थ के अनुसार नेपाल में एक मत्स्येन्द्री जाति थी जिस पर तत्कालीन राजा और राजपुरुष लोग अत्याचार कर रहे थे। यह जाति गोरक्षनाथ के गुरु मत्स्येन्द्रनाथ की पूजा करती थी। उनकी करुण कहानी सुनकर ही गोरक्षनाथ नेपाल के राजा को दण्ड देने के लिए तीन वर्ष तक अकाल उत्पन्न कर दिया था। राजा के गलती स्वीकार करने और मत्स्येन्द्रियों पर अत्याचार न करने का आश्वासन देने के बाद गुरु गोरक्षनाथ ने कृपा की और प्रचुर वर्षा हुई। राजा ने मत्स्येन्द्रनाथ के सम्मान में शानदार यात्रा प्रवर्तित की, पर असल में वह दिखावा भर था। अपने पुराने दुष्कृत्यों को वह दुहराता ही रहा। लाचार होकर गुरु गोरक्षनाथ ने वसन्त नामक अपने अकिंचन शिष्य को मिट्टी के पुतले बनाने का आदेश दिया। गुरु की कृपा से ये पुतले सैनिक बन गये। इन्हीं को लेकर वसन्त ने महीन्द्रदेव पर चढ़ाई की। बाद में पराजित महीन्द्रदेव ने वसन्त को राज्य का उत्तराधिकारी स्वीकार किया और इस प्रकार सं. 420 में गोरखा राज्य प्रतिष्ठित हुआ।

4. योगिसम्प्रदायाविष्कृति में मत्स्येन्द्रनाथ सम्बन्धी कथाएँ

नारद जी से पार्वती को यह रहस्य मालूम हुआ कि शिव जी ने गले में जो मुण्डमाल धारण किया है, वह उनके ही पूर्व जन्मों के कपाल हैं; अमरकथा न जानने के कारण ही वे मरती रहती हैं और उसके जानने के कारण ही शिव अमर बने हुए हैं। पार्वती के अत्यन्त आग्रह पर शिव जी ने अमरकथा सुनाने के लिए समुद्र में निर्जन स्थान चुना। इधर कवि नारायण मत्स्येन्द्रनाथ के रूप में एक भृगुवंशीय ब्राह्मण के घर अवतरित हुए थे। पर गण्डान्त योग में पैदा होने के कारण उस ब्राह्मण ने उन्हें समुद्र में फेंक दिया था। एक मछली बारह वर्ष तक उन्हें निगले

रही और वे उसके पेट से ही बढ़ते रहे। पार्वती को सुनायी जानेवाली अमरकथा को मछली के पेट में इस बालक ने सुना और बाद में शिव जी द्वारा अनुगृहीत और उद्धृत होकर महासिद्ध हुआ (अध्याय 2)। इस बालक ने (मत्स्येन्द्र ने) अपनी अपूर्व सिद्धि के बल से हनुमान, वीरबैताल, वीरभद्र, भद्रकाली, वीरभद्र और चामुण्डा देवी को पराजित किया। (अध्याय 5-10) परन्तु दो बार ये गृहस्थी के चक्र में फँस गये। प्रथम बार तो प्रयागराज के राजा के मरने से शोकाकुल जनसमूह को देखकर गोरक्षनाथ ने ही उनसे राजा के मृत शरीर में प्रवेश करके लोगों को सुखी करने का अनुरोध किया और मत्स्येन्द्रनाथ ने अपने मृत शरीर की बारह वर्ष तक रक्षा करने की अवधि देकर राजा के शरीर में प्रवेश किया। बारह वर्ष तक वे सानन्द गार्हस्थ्य जीवन व्यतीत करते रहे। किसी प्रकार रानियों को रहस्य मालूम हो गया और उन्होंने मत्स्येन्द्रनाथ के मृत शरीर को नष्ट कर देना चाहा। पर वीरभद्र उस शरीर को ले गये और वह नष्ट होने से बच गया। अपने पुराने वैर के कारण वीरभद्र उस शरीर को लौटाना नहीं चाहते थे, परन्तु गोरक्षनाथ की अद्‌भुत शक्ति के सामने उन्हें झुकना पड़ा और मत्स्येन्द्रनाथ को फिर अपना शरीर प्राप्त हुआ। इसी समय मत्स्येन्द्रनाथ के माणिकनाथ नामक पुत्र उत्पन्न हुए जो बाद में चलकर बहुत बड़े सिद्ध योगी हुए। एक दूसरी बार त्रियादेश (अर्थात् सिंहल देश) की रानी ने अपने रुग्ण-क्षीण पति से असन्तुष्ट होकर अन्य योग्य पुरुष की कामना करती हुई हनुमान जी की कृपा प्राप्त की। हनुमान जी ने स्वयं गृहस्थी के बन्धन में बँधना अस्वीकार किया, पर मत्स्येन्द्रनाथ को ले आ दिया। रानियों ने राज्य में योगियों को आना निषेध कर दिया था। गोरक्षनाथ गुरु का उद्धार करने आये तो हनुमान जी ने बाधा दी। व्यर्थ का झगड़ा मोल न लेकर गोरक्षनाथ ने बालकवेश बना राज्य में प्रवेश किया। उसी समय कलिंगा नामक अपूर्व नृत्य-चतुरा वेश्या मत्स्येन्द्रनाथ के अन्तःपुर में नाचने जा रही थी। गोरक्षनाथ ने साथ चलना चाहा और स्त्रीवेश बनाने और तबला बजाने में अपनी निपुणता का परिचय देकर उसे साथ ले चलने को राजी किया। रात को अन्तःपुर में कलिंगा का मनोहर नृत्य हुआ और मत्स्येन्द्रनाथ मुग्ध हो रहे। गोरक्षनाथ ने मन्त्र-बल से तबलची के पेट में पीड़ा उत्पन्न कर दी और इस प्रकार कलिंगा ने निरुपाय होकर उनसे तबला बजाने का अनुरोध किया। अवसर देखकर गोरक्षनाथ ने तबले पर 'जागो गोरक्षनाथ आ गया' की ध्वनि की और गुरु को चैतन्य-लाभ कराया। रानी ने बहुत प्रकार से गोरक्षनाथ को वश में करना चाहा और मत्स्येन्द्रनाथ भी वह सुख छोड़कर अन्यत्र जाने में बहुत पशोपेश करते रहे पर अन्त तक गोरक्षनाथ उन्हें क्षणभंगुर विषय-सुख से विरक्त करने में सफल हुए। इसी समय मत्स्येन्द्रनाथ के दो पुत्र हुए थे—परशुराम और मनीराम, जो आगे चलकर बड़े सिद्ध हुए। (अध्याय 23) यह कथा सुधाकर चन्द्रिका (पृ.240) में संक्षित रूप में दी हुई है। इसके अनुसार गोरक्षनाथ ने तबले से यह ध्वनि निकाली थी 'जाग मछन्दर गोरख आया।'

5. नाथचरित्र की कथा

पं. विश्वेश्वरनाथ जी रेउ ने सरदार म्यूजियम, जोधपुर से सन् 1937 ई. में 'नाथ चरित्र' 'नाथ पुराण' और 'मेघमाला' नामक पुस्तकों से और उनके आधार पर बने हुए चित्रों से नाथ-परम्परा की कुछ कथाएँ संगृहीत की हैं। 'नाथ चरित्र' नामक ग्रन्थ आज से लगभग सौ-सवा सौ वर्ष पहले महाराजा मानसिंह के समय में संग्रह किया गया था, जो किसी कारणवश पूरा नहीं हो सका। इस पुस्तक पर महाराजा मानसिंह की एक संस्कृत टीका भी प्राप्त हुई है। प्रथम दो पुस्तकें मारवाड़ी भाषा में हैं और अन्तिम (मेघमाला) संस्कृत में। इस संग्रह से मत्स्येन्द्रनाथ सम्बन्धी दो कथाएँ उद्धृत की जा रही हैं।

(1) एक बार मत्स्येन्द्रनाथ संसार पर्यटन को निकले। मार्ग में जिस समय वह एक नगर में पहुँचे, उस समय वहाँ के राजा का स्वर्गवास हो गया और उसके नौकर उसके शरीर को वैकुण्ठी में रखकर जलाने को चले। इस पर मत्स्येन्द्रनाथ ने अपने शरीर की रक्षा का भार अपने साथ के शिष्यों को सौंपकर 'परकाय प्रवेश' विद्या के बल से उस राजा के शरीर में प्रवेश किया। इससे वह राजा जी उठा और उसके साथवाले सब हर्ष मनाने लगे। इस प्रकार राज-शरीर में रहकर मत्स्येन्द्रनाथ ने बहुत समय तक भोग-विलास का आनन्द लिया। इसी बीच एक पर्व के अवसर पर हरद्वार में योगी लोग इकट्ठे हुए। वहाँ पर मत्स्येन्द्रनाथ के शिष्य गोरक्षनाथ और कनीपाव के बीच विवाद हो गया और कनीपाव ने गोरक्ष को उनके गुरु मत्स्येन्द्रनाथ के भोग-विलास में फँसे रहने का ताना दिया। यह सुन गोरक्ष राजा के शरीर में स्थित मत्स्येन्द्रनाथ के पास गये और उन्हें समझाकर वहाँ से चलने को तैयार किया। यह हाल जान रानी परिमला, जो विमलादेवी का अवतार थी, बहुत चिन्तित हुई। इस पर मत्स्येन्द्रनाथ ने रानी से फिर मिलने की प्रतिज्ञा की। अन्त में मत्स्येन्द्र और गोरक्ष के जाने पर रानी ने अग्नि-प्रवेश कर वह शरीर त्याग दिया और कुछ काल बाद एक राजा के यहाँ जयन्ती नामक कन्या के रूप में जन्म लिया। उसके बड़े होने पर पूर्व प्रतिज्ञानुसार मत्स्येन्द्र वहाँ पहुँचे और उससे विवाह कर कदलीवन में उसके साथ विहार करने लगे। देवताओं और सिद्धों ने वहाँ जाकर उनकी स्तुति की और नाथ जी ने पहुँचकर मत्स्येन्द्र और जयन्ती को आशीर्वाद दिया।

(2) एक बार मत्स्येन्द्रनाथ कामरूप देश में जाकर तप करने लगे। परन्तु जब वहाँ का राजा मर गया, तब उन्होंने मृत राजा के शरीर में प्रवेश कर उसकी मंगला नामक रानी के साथ विहार किया। इसी प्रकार उन्होंने उस राजा की अन्य रानियों के साथ भी आनन्दोपभोग किया। इससे उनके दो पुत्र उत्पन्न हुए। कुछ काल बाद मंगला आदि रानियों ने मत्स्येन्द्र को पहचान लिया। अन्त में गोरक्षनाथ वहाँ आ पहुँचे और अपने गुरु मत्स्येन्द्र और उनके दोनों पुत्रों को लेकर वहाँ से चल दिये। परन्तु बहुत काल तक भोगासक्त रहने के कारण मत्स्येन्द्र का मन अभी तक सुवर्ण और रत्नादि में फँसा हुआ था। यह देख गोरक्ष ने मार्ग के एक पर्वत-शिखर को अपनी सुराही के जल से छींटा देकर सुवर्ण का बना दिया। अपने शिष्य की इस

सिद्धि को देख मत्स्येन्द्र ने अपने गले के आभूषण वगैरह तोड़कर फेंक दिये। इसके बाद गोरक्षनाथ ने सुवर्ण को कलह का मूल समझा, सुराही के जल से सुवर्ण शिखर को स्फटिक का बना दिया। परन्तु इससे भी उसको सन्तोष न हुआ। इसलिए उसने तीसरी बार सुराही का जल लेकर, उसे गेरू (गैरिक) का बना दिया।

आगे पहुँचने पर मत्स्येन्द्र ने अपने दोनों पुत्रों को पास के एक नगर में भिक्षा माँग लाने के लिए भेजा। उनमें से एक तो पवित्र भिक्षा न मिलने से खाली हाथ लौट आया, और दूसरा एक चमार के दिये उत्तम भोज्य पदार्थों को ले आया। यह देख मत्स्येन्द्र ने पहले पुत्र को पार्श्वनाथ होने का वर दिया और दूसरे को श्वेताम्बरी जैन होने का शाप दिया। इसके बाद वे सब कदलीवन को गये, और वहाँ पर मत्स्येन्द्र और गोरक्ष के बीच अनेक विषयों पर वार्त्तालाप होता रहा।

निष्कर्ष

गोरक्षनाथ और मत्स्येन्द्रनाथ-विषयक समस्त कहानियों के अनुशीलन से कई बातें स्पष्ट रूप से जानी जा सकती हैं। प्रथम यह कि मत्स्येन्द्रनाथ और जालन्धरनाथ समसामयिक थे। दूसरी यह कि मत्स्येन्द्रनाथ गोरक्षनाथ के गुरु थे और जालन्धरनाथ कानुपा या कृष्णपाद के गुरु थे। तीसरी यह कि मत्स्येन्द्रनाथ कभी योग मार्ग के प्रवर्तक थे फिर संयोगवश एक ऐसे आचार में सम्मिलित हो गये थे जिसमें स्त्रियों के साथ अबाध संसर्ग मुख्य बात थी—सम्भवतः यह वामाचारी साधना थी। चौथी यह कि शुरू से ही जालन्धरनाथ और कानिपा की साधना-पद्धति मत्स्येन्द्रनाथ और गोरक्षनाथ की साधना-पद्धति से भिन्न थी। यह स्पष्ट है कि किसी एक का समय भी मालूम हो जाय तो बाकी कई सिद्धों के समय का पता आसानी से लग जायगा। समय मालूम करने के लिए कई युक्तियाँ दी जा सकती हैं। एक-एक कर हम उन पर विचार करें।

(1) सबसे प्रथम तो मत्स्येन्द्रनाथ द्वारा लिखित 'कौलज्ञान निर्णय' ग्रन्थ का लिपि-काल निश्चित रूप से सिद्ध कर देता है कि मस्त्येन्द्रनाथ ग्यारहवीं शताब्दी के पूर्ववर्ती हैं।

(2) हमने ऊपर देखा है कि सुप्रसिद्ध काश्मीरी आचार्य अभिनवगुप्त ने अपने 'तन्त्रालोक' में मच्छन्द विभु को नमस्कार किया है। ये 'मच्छन्द विभु' मत्स्येन्द्रनाथ ही हैं, यह भी निश्चित है। अभिनवगुप्त का समय निश्चित रूप से ज्ञात है। उन्होंने 'ईश्वर प्रत्यभिज्ञा की वृहतीवृत्ति' सन् 1015 ई. में लिखी थी और क्रमस्तोत्र की रचना सन् 991 ई. में की थी। इस प्रकार अभिनवगुप्त सन् ईसवीं की दसवीं शताब्दी के अन्त में और ग्यारहवीं शताब्दी के आदि में वर्तमान थे।[1] मत्स्येन्द्रनाथ इससे पूव ही आविर्भूत हुए होंगे।

---

1. एस. के. दे; संस्कृत पोएटिक्स : जिल्द 1, पृ.105।

(3) पण्डित राहुल सांकृत्यायन ने 'गंगा के पुरातत्त्वांक' में 84 वज्रयानी सिद्धों की सूची प्रकाशित करायी है। इसके देखने से मालूम होता है कि मानपा नामक सिद्ध जिन्हें तिब्बती परम्परा में मत्स्येन्द्रनाथ का पिता कहा गया, पर जो वस्तुतः मत्स्येन्द्रनाथ से अभिन्न हैं, राजा देवपाल के राज्य-काल में हुए थे। राजा देवपाल 809-49 ई. तक राज्य करते रहे ('चतुराशीति सिद्ध प्रवृत्ति', तनजूर 86/1/ कार्डियर पृ. 247) इससे यह सिद्ध होता है कि मत्स्येन्द्रनाथ नवीं शताब्दी के मध्य भाग में और अधिक-से-अधिक अन्त्य भाग तक वर्तमान थे।

(4) गोविन्दचन्द्र या गोपीचन्द का सम्बन्ध जालन्धरपाद से बताया जाता है। वे कानफा के शिष्य होने से जालन्धरपाद की तीसरी पुश्त में पड़ते हैं। इधर तिरुमलय की शैललिपि से यह तथ्य उद्धार किया जा सका है कि दक्षिण के राजा राजेन्द्र चोल ने माणिकचन्द्र के पुत्र गोविन्दचन्द्र को पराजित किया था। बँगला में गोविन्दचन्द्रेर गान' नाम से जो पोथी उपलब्ध हुई है उसके अनुसार भी गोविन्दचन्द्र का किसी दाक्षिणात्य राजा का युद्ध वर्णित है। राजेन्द्र चोल का समय 1063 ई.—1112 ई. है।[1] इससे अनुमान किया जा सकता है कि गोविन्दचन्द्र ग्यारहवीं शताब्दी के मध्यभाग में वर्तमान थे। यदि जालन्धरपाद उनसे सौ वर्ष पूर्ववर्ती हों तो भी उनका समय दसवीं शताब्दी के मध्य भाग में निश्चित होता है। मत्स्येन्द्रनाथ का समय और भी पहले निश्चित हो चुका है। जालन्धरपाद उनके समसामयिक थे इस प्रकार उनकी कष्ट-कल्पना के बाद भी इस बात से पूर्ववर्ती प्रमाणों की अच्छी संगति नहीं बैठती।

(5) वज्रयानी सिद्ध कण्हपा ने स्वयं अपने गानों में जालन्धरपाद का नाम लिया है। तिब्बती परम्परा के अनुसार ये भी राजा देवपाल (809-849 ई.) के समकालीन थे।[2] इस प्रकार जालन्धरपाद का समय इनसे कुछ पूर्व ही ठहरता है।

(6) कन्थड़ी नामक एक सिद्ध के साथ गोरक्षनाथ का सम्बन्ध बताया जाता है। प्रबन्ध चिन्तामणि में एक कथा आती है कि चौलुक्य राजा मूलराज ने एक मूलेश्वर नाम का शिवमन्दिर बनवाया था। सोमनाथ ने राजा के नित्य-नियत वन्दन-पूजन से सन्तुष्ट होकर अणहिल्लपुर में अवतीर्ण होने की इच्छा प्रकट की। फलस्वरूप राजा ने वहाँ त्रिपुरुषप्रासाद नामक मन्दिर बनवाया। उसका प्रबन्धक होने के लिए राजा ने कन्थड़ी नामक शैवसिद्ध से प्रार्थना की। जिस समय राजा उस सिद्ध से मिलने गया उस समय सिद्ध को बुखार था, पर अपने बुखार को उसने कन्था में संक्रमित कर दिया। कन्था काँपने लगी। राजा ने कारण पूछा तो उसने बताया कि उसी ने कन्था में ज्वर संक्रमित कर दिया है। बड़े छल-बल से उस निस्पृह तपस्वी को राजा ने मन्दिर का प्रबन्धक बनवाया।[3] कहानी के सिद्ध के सभी लक्षण नाथपन्थी योगी के

1. दीनेशचन्द्र सेन : वंगभाषा ओ साहित्य।
2. गंगापुरातत्त्वांक : पृ. 254।
3. प्र.चि., पृ. 22-23।

हैं। इसलिए यह कन्थड़ी निश्चय ही गोरक्षनाथ के शिष्य ही होंगे। 'प्रबन्ध चिन्तामणि' की सभी प्रतियों में लिखा है कि मूलराज ने संवत् 993 की आषाढ़ी पूर्णिमा को राज्य-भार ग्रहण किया था। केवल एक प्रति में 998 संवत् है।[1] इस हिसाब से जो काल अनुमान किया जा सकता है, वह पूर्ववर्ती प्रमाणों से निर्धारित तिथि के अनुकूल ही है। ये ही गोरक्षनाथ और मत्स्येन्द्रनाथ का काल-निर्णय करने के ऐतिहासिक या अर्द्धऐतिहासिक आधार हैं। परन्तु प्रायः दन्तकथाओं और साम्प्रदायिक परम्पराओं के आधार पर भी काल-निर्णय का प्रयत्न किया जाता है। इन दन्तकथाओं से सम्बद्ध ऐतिहासिक व्यक्तियों का काल बहुत समय जाना हुआ रहता है। बहुत-से ऐतिहासिक व्यक्ति गोरक्षनाथ के साक्षात् शिष्य माने जाते हैं। उनके समय की सहायता से भी गोरक्षनाथ के समय का अनुमान किया जा सकता है। ब्रिग्स ने इन दन्तकथाओं पर आधारित काल को चार मोटे विभागों में इस प्रकार बाँट लिया है :—

(1) कबीर, नानक आदि के साथ गोरक्षनाथ का संवाद हुआ था, इस पर दन्तकथाएँ भी हैं और पुस्तकें भी लिखी गयी हैं। यदि इन पर से गोरक्षनाथ का कालनिर्णय किया जाय, जैसा कि बहुत-से पण्डितों ने किया भी है, तो चौदहवीं शताब्दी के ईषत् पूर्व या मध्य में होगा। (2) गूंगा की कहानी, पश्चिमी नाथों की अनुश्रुतियाँ, बंगाल की शैवपरम्परा और धर्मपूजा का सम्प्रदाय दक्षिण के पुरातत्त्व के प्रमाण, ज्ञानेश्वर की परम्परा आदि को प्रमाण माना जाय तो यह काल 1200 ई. के उधर ही जाता है। तेरहवीं शताब्दी में गोरक्षनाथ का मत ढहा दिया गया था, इसका ऐतिहासिक सबूत है। इसलिए निश्चित रूप से कहा जा सकता है कि गोरक्षनाथ 1200 ई. के पहले हुए थे। इस काल के कम-से-कम एक सौ वर्ष पहले तो यह काल होना ही चाहिए (3) नेपाल के शैव-बौद्ध परम्परा के नरेन्द्रदेव, उदयपुर के वाप्पा रावल, उत्तर पश्चिम के रसालू और होदी, नेपाल के पूर्व में शंकराचार्य से भेंट आदि पर आधारित काल आठवीं शताब्दी से लेकर नवीं शताब्दी तक के काल का निर्देश करते हैं। (4) कुछ परम्पराएँ इससे भी पूर्ववर्ती तिथि की ओर संकेत करती हैं। ब्रिग्स दूसरे नम्बर के प्रमाणों पर आधारित काल को उचित काल समझते हैं, पर साथ ही यह स्वीकार करते हैं कि यह अन्तिम निर्णय नहीं है। जब तक और कोई प्रमाण नहीं मिल जाता तब तक वे गोरक्षनाथ के विषय में इतना ही कह सकते हैं कि गोरक्षनाथ 1200 ई. से पूर्व, सम्भवतः ग्यारहवीं शताब्दी के आरम्भ में, पूर्वी बंगाल में प्रादुर्भूत हुए थे।[2] परन्तु सब मिलाकर वे निश्चित रूप से जोर देकर कुछ नहीं कहते और जो काल बताते हैं उसे क्यों अन्य प्रमाणों से अधिक

---

1. प्र. चि. पृ. 20।
2. ब्रिग्स, पृ. 243-44।

युक्तिसंगत माना जाय, यह भी नहीं बताते। हम आगे 'सम्प्रदाय भेद' नामक अध्याय में तिथि की इस बहुरूपता के कारण का अनुसन्धान करेंगे।

हमें ऊपर के प्रमाणों के आधार पर नाथमार्ग के आदि प्रवर्तकों का समय नवीं शताब्दी का मध्य-भाग ही उचित जान पड़ता है। इस मार्ग में इसके पूर्ववर्ती सिद्ध भी बाद में चलकर अन्तर्भुक्त हुए हैं और इसलिए गोरक्षनाथ के सम्बन्ध में ऐसी दर्जनों दन्तकथाएँ चल पड़ी हैं, जिनको ऐतिहासिक तथ्य मान लेने पर तिथि सम्बन्धी झमेला खड़ा हो जाता है। आगे हम इसकी युक्ति-संगत संगति बैठा सकेंगे।

मत्स्येन्द्रनाथ जी जिस कदली देश या स्त्रीदेश में नये आचार में जा फँसे थे; वह कहाँ है? 'मीनचेतन' और 'गोरक्षविजय' में उसका नाम कदली देश बताया गया है और 'योगिसम्प्रदायाविष्कृति' में 'त्रियादेश' अर्थात् सिंहल द्वीप कहा गया है। सिंहल देश ग्रन्थकार की व्याख्या है। भारतवर्ष में स्त्रीदेश नामक एक स्त्रीप्रधान देश की ख्याति बहुत पुराने जमाने से है। नाना स्थानों के रूप में इसे पहचानने की कोशिश की गयी है। हिमालय के पार्वत्य अञ्चल में ब्रह्मपुर के उत्तरी प्रदेश की जो वर्तमान गढ़वाल और कुमायूँ के अन्तर्गत पड़ता है, पुराना स्त्रीराज्य बताया गया है। सातवीं शताब्दी में इसे 'सुवर्ण-गोत्र' कहते थे (विक्रमांक चरित्र 1857, गरुड़ पुराण 55 अ.)। कहते हैं इस देश की रानी प्रमीला ने अर्जुन के साथ युद्ध किया था[1] (जैमिनि भारत अ. 22)। कभी-कभी कुलूत देश (कुल्लू) को भी स्त्रीदेश कहा गया है। ह्वेनसांग ने सतलज के उद्‌गम-स्थान के पास किसी स्त्री-राज्य का सन्धान पाया था। आटकिन्सन के 'हिमालयन डिस्ट्रिक्ट्स' से भी यह तथ्य प्रमाणित हुआ है। किसी-किसी पण्डित ने कामरूप को ही स्त्रीदेश कहा है। शोरग ने 'वेस्टर्न टिबेट' नामक पुस्तक में (पृ. 338) तिब्बत के पूर्वी छोर पर बसे किसी स्त्रीराज्य का जिक्र किया है, जहाँ की जनता बराबर किसी स्त्री को ही अपनी शासिका चुनती है,[2] यह लक्ष्य करने की बात है कि 'गोरक्ष विजय' में स्त्रीदेश न कहकर कदली देश कहा गया है। 'महाभारत' में कदली-वन की चर्चा है। (वन पर्व 146 अ.) कहते हैं कि इस कदली देश में अश्वत्थामा, बलि, व्यास, हनुमान, विभीषण, कृपाचार्य और परशुराम ये सात चिरंजीवी सदा निवास करते हैं। हनुमान जी ने भीमसेन जी से कहा था कि इसके बाद दुरारोह पर्वत है, जहाँ सिद्ध लोग ही जा सकते हैं। मनुष्य की गति वहाँ नहीं है (वनपर्व 146, 92-93)। पं. सुधाकर द्विवेदी ने लिखा है कि देहरादून से लेकर हृषीकेश बदरिकाश्रम और उसके उत्तर के हिमालय प्रान्त सब कजरीवन (कदली वन) में चले गये थे।[3] 'पद्‌मावत में लिखा है कि गोपीचन्द जोगी

1. नन्दलाल दें : जिओग्राफिकल डिक्शनरी, पृ. 194।

2. जिओग्राफिकल डिक्श्नरी, पृ. 194।

3. सु. च., पृ. 252-3।

होकर कजरीवन (कदली वन) में चले गये थे।[1] इन सब बातों से प्रमाणित होता है कि यह हिमालय के पाददेश में अवस्थित कुमायूँ गढ़वाल के अन्दर पड़नेवाला प्रदेश है। 'योगिसम्प्रदायाविष्कृति' में जिस परम्परा का उल्लेख है उसमें श्री हनुमान का नाम आता है। हनुमान जी कदलीवन में ही रहते हैं, इसलिए इसी कदलीवन को वहाँ गलती से सिंहलद्वीप समझ लिया गया है। परन्तु त्रियादेश कहकर सन्देह का अवकाश नहीं रहने दिया गया है। एक और विचार यह है कि स्त्रीदेश कामरूप ही है। 'कामसूत्र की जयमंगला टीका' में लिखा है कि वज्रावतंस देश के पश्चिम में स्त्री राज्य है। पं. तनसुखराम ने 'नागरसर्वस्व' नामक बौद्ध कामशास्त्रीय ग्रन्थ की टिप्पणी में लिखा है कि यह स्थान भूतस्थान अर्थात् भोटान के पास कहीं है।[2] इस पर से भी यह अनुमान पुष्ट होता है कि कदलीदेश आसाम के उत्तरी इलाके में है। 'तन्त्रालोक की टीका' और 'कौलज्ञान निर्णय' से यह स्पष्ट है कि मत्स्येन्द्रनाथ ने कामरूप में ही कौल साधना की थी। इसलिए कदलीवन या स्त्रीदेश से वस्तुतः कामरूप ही उद्दिष्ट है। कुलूत, सुवर्ण गोत्र, भूतस्थान, कामरूप में भिन्न-भिन्न ग्रन्थकारों के स्त्रीराज्य का पता बताना यह साबित करता है कि किसी समय हिमालय के पार्वत्य-अञ्चल में पश्चिम से पूर्व तक एक विशाल प्रदेश ऐसा था जहाँ स्त्रियों की प्रधानता थी। अब भी यह बात उत्तर भारत की तुलना में, बहुत दूर तक ठीक है।

इन सारे वक्तव्यों का निष्कर्ष यह है कि मस्त्येन्द्रनाथ चन्द्रगिरि नामक स्थान में पैदा हुए थे जो कामरूप से बहुत दूर नहीं था और या तो बंगाल के समुद्री किनारे पर कहीं था, या जैसा कि तिब्बती परम्परा से स्पष्ट है; ब्रह्मपुत्र से घिरे हुए किसी द्वीपाकार भूमि पर अवस्थित था। इतना निश्चित है कि वह स्थान पूर्वी भारतवर्ष में कामरूप के पास कहीं था। इनका प्रादुर्भाव नवीं शताब्दी में किसी समय हुआ था। शुरू-शुरू में वह एक प्रकार की साधना का व्रत ले चुके थे, परन्तु बाद में किसी ऐसे आचार में जा फँसे थे जिसमें स्त्रियों का साहचर्य प्रधान था और यह आचार ब्रह्मचर्यमय जीवन का परिपन्थी था। वे जिस स्थान में इस प्रकार के नये आचार में व्रती हुए थे वह स्थान स्त्रीदेश या कदलीदेश था जो कामरूप ही हो सकता है। इस मायाजाल से उनका उद्धार उन्हीं के प्रधान शिष्य गोरक्षनाथ ने किया और एक बार वे फिर अपने पुराने मार्ग पर आ गये। अब विचारणीय यह है कि मत्स्येन्द्रनाथ का मत क्या था और क्या उस मत की जानकारी से हमें ऊपर की दन्तकथाओं को समझने में मदद मिलती है? आगे के अध्याय में हम इसी बात को समझने का प्रयत्न करेंगे।

---

1. जउ भल होत राज भउ भोगू। गोपीचंद नहिं साधत जोगू।।
   उहउ सिसिर जउ देख परेवा। तजा राज कजरी बन सेवा।—जोगी खण्ड, पृ.249।
2. नागरसर्वस्व, पृ. 67।

5
मत्स्येन्द्रनाथ द्वारा अवतारित कौलज्ञान

1. कौलज्ञान निर्णय

'कौलज्ञान निर्णय' के अनुसार मत्स्येन्द्रनाथ कौल मार्ग के प्रथम प्रवर्तक हैं। 'तन्त्रालोक की टीका' (पृ.24) में उन्हें सकल-कुल-शास्त्र का अवतारक कहा गया है। कुल-शास्त्र और कौलज्ञान वस्तुतः समानार्थक शब्द हैं। परन्तु 'कौलज्ञान निर्णय' में ही ऐसे अनेक प्रमाण हैं, जिनसे मालूम होता है कि यह कौलज्ञान एक कान से दूसरे कान तक चलता हुआ दीर्घकाल से (6-9) और परम्परा-क्रम से चला आ रहा था (14-9) ग्रन्थ में कई कौल-सम्प्रदायों की चर्चा भी है। चौदहवें पटल में रोमकूपादि कौल (14-32), वृषणोत्थ कौलिक (14-33), वह्निकौल (14-34), कौल सद्भाव (14-37) और पदोत्तिष्ठ कौल शब्द आये हैं। विद्वानों ने इनका सम्प्रदायपरक तात्पर्य बताया हैं।[1] परन्तु मुझे ऐसा लगता है कि ये शब्द सम्प्रदायपरक न होकर 'सिद्धिपरक' है। यद्यपि चौदहवाँ पटल 'देव्युवाच' से शुरू होता है, पर सारा पटल देवी की उक्ति के रूप में नहीं है, बल्कि भैरव के उत्तर के रूप में है, क्योंकि इसमें देवी को सम्बोधन किया गया है। उत्तर देने के ढंग से लगता है कि भैरव (= शिव) ऐसे ध्यान की विधि बता रहे हैं, जिसमें मन्त्र, प्राणायाम और चक्रध्यान की जरूरत नहीं होती और फिर भी वह परम सिद्धिदायक होता है।[2] इस पटल की पुष्पिका से भी पता चलता है कि यह ध्यान-योग मुद्रा का प्रकरण है। इसीलिए मुझे ये शब्द सिद्धिपरक जान पड़ते हैं। ये सम्प्रदायवाचक नहीं हैं। परन्तु सोलहवें पटल में लिखा है—

भक्तियुक्ताः समत्वेन सर्वे श्रृण्वन्तु कौलिकम् ।।46।।
महाकौलात् सिद्धकौलं सिद्धकौलात् मसादरम् (?)
चतुर्युगविभागेन अवतारं चोदितं मया।। 47।।
ज्ञानादौ निर्णितिः कौलं द्वितीये महत्संज्ञकम् ।
तृतीये सिद्धामृतं नाम कलौ मत्स्योदरं प्रिये।। 48।।

---

1. बागची : कौ.ज्ञा.नि., भूमिका पृ. 33-35; शुद्धिपत्र में रोमकूपदादि कौलिक को छोड़ देने को कहा गया है।
2. उपाध्याय : भारतीय दर्शन, पृ.538।

ये चास्मिन्निर्गता देवि वर्णयिष्यामि तेऽखिलम् ।
एतस्माद् योगिनीकौलात् नाम्ना ज्ञानस्य निर्णितौ।। 49।।

इन श्लोकों से जान पड़ता है कि आदि युग में जो कौलज्ञान था वह द्वितीय अर्थात् त्रेता युग में 'महत्कौल' नाम से परिचित हुआ, तृतीय अर्थात् द्वापर में 'सिद्धामृत' नाम से और इस कलिकाल में 'मत्स्योदर कौल' नाम से प्रकट हुआ है। प्रसंग से ऐसा लगता है कि 47वें श्लोक में पंचमी विभक्ति का प्रयोग 'अनन्तर' अर्थ में हुआ है। इस श्लोक का 'मसादरम्' पद शायद 'मत्स्योदरम् ' का गलत रूप है और 46वें श्लोक के शृण्वन्तु क्रिया का कर्म है। संक्षेप में इन श्लोकों का अर्थ यह हुआ कि भक्तियुक्त होकर सब लोग उस तत्त्व को समानभाव से सुनें (जिसे भैरव ने अब तक सिर्फ पार्वती और षडानन आदि को ही सुनाया है)—महाकौल के बाद सिद्धकौल और सिद्धकौल के बाद मत्स्योदर का अवतार हुआ। इस प्रकार चार युगों में शिव ने चार अवतार धारण किये। प्रथम युग में उनके द्वारा निर्णीत ज्ञान का नाम था 'कौलज्ञान', द्वितीय में निर्णीत ज्ञान का नाम 'सिद्धकौल', तृतीय में निर्णीत ज्ञान का नाम 'सिद्धामृत' और चतुर्थ युग में अवतारित ज्ञान का नाम 'मत्स्योदर' है। इनसे (=मत्स्योदर) विनिर्गत ज्ञान का नाम योगिनीकौल है।

इसी प्रकार इक्कीसवें पटल में अनेक कौल-मार्गों का उल्लेख है। इन श्लोकों पर से डॉ. बागची अनुमान करते हैं कि मत्स्येन्द्रनाथ सिद्ध या सिद्धामृत मार्ग के अनुवर्ती थे और उन्होंने योगिनीकौलमार्ग का प्रवर्तन किया था। हमने पहले ही लक्ष्य किया है कि नाथपन्थी लोग अपने को सिद्धमार्ग का अनुयायी कहते हैं और परवर्ती साहित्य में 'सिद्ध' शब्द का प्रयोग नाथपन्थी साधुओं के लिए हुआ है। यह स्पष्ट है कि द्वापर युग का सिद्धमार्ग उस श्रेणी का नहीं था जिसे बाद में मत्स्येन्द्रनाथ ने अपने कौलज्ञान के रूप में अवतारित किया। दन्तकथाओं से यह स्पष्ट है कि मत्स्येन्द्रनाथ अपना असली मत छोड़कर कदली देश की स्त्रियों की माया में फँस गये थे। ये कदली-स्त्रियाँ योगिनी थीं, यह बात 'गोरक्ष विजय' आदि ग्रन्थों से स्पष्ट है। 'कौलज्ञान निर्णय' से भी इस बात की पुष्टि होती है कि जिस साधनमार्ग-परक शास्त्र की चर्चा इस ग्रन्थ में हो रही है वह शास्त्र कामरूप की योगिनियों के घर-घर में विद्यमान था और मत्स्येन्द्रनाथ उसी कामरूपी स्त्रियों के घर से अनायासलब्ध शास्त्र का सार संकलन कर सके थे।[1] तन्त्रालोक की टीका के जो श्लोक हमने पहले उद्धृत किये हैं, उनसे भी पता चलता है कि मत्स्येन्द्रनाथ ने कामरूप में साधना की थी। कामरूप का योगिनियों के मायाजाल से गोरक्षनाथ ने मत्स्येन्द्रनाथ का उद्धार किया था, यह भी दन्तकथाओं से स्पष्ट है। 'योगिसम्प्रदायाविष्कृति' में

1. तस्य मध्ये इमं नाथ सारभूतं समुद्धृतं।
कामरूपे इदं शास्त्रं योगिनीनां गृहे गृहे।। 22।10।

एक प्रसंग इस प्रकार का भी है कि वाममार्गी लोग गोरक्षनाथ को अपने मार्ग में ले जाना चाहते थे।[1] बाद में क्या हुआ, इस विषय में उक्त ग्रन्थ मौन है। परन्तु सारी बातों पर विचार करने से यह अनुमान पुष्ट होता है कि मत्स्येन्द्रनाथ पहले 'सिद्ध या सिद्धामृत मार्ग के अनुयायी थे, बाद में कामरूप में वाममार्गी साधना में प्रवृत्त हुए और वहाँ से कौलज्ञान अवतारित किया और इसके पश्चात् अपने प्रवीण शिष्य गोरक्षनाथ के द्वार उद्‌बुद्ध होकर फिर पुराने रास्ते पर आ गये।

ध्यान देने की बात यह है कि 'कुल' शब्द का प्रयोग भारतीय साधना-साहित्य में बहुत हुआ है, परन्तु सन् ईसवी को आठवीं शताब्दी के पहले इस प्रकार के अर्थ में कदाचित् ही हुआ है। बौद्ध तान्त्रिकों में सम्भवतः डोम्बी हेरुक ने ही इस शब्द का प्रयोग इससे मिलते-जुलते अर्थ में दिया है। साधनमाला में एक साधना के प्रसंग में उन्होंने कहा है कि कुल-सेवा से ही सर्व-काम-प्रदायिनी शुभ सिद्धि प्राप्त होती है।[2] इस शब्द की व्याख्या करते हुए उन्होंने बताया है कि पाँच ध्यानी बुद्धों से पाँच कुलों की उत्पत्ति हुई है। अक्षोभ्य से वज्र कुल, अमिताभ से पद्म कुल, रत्नसम्भव से भाव-रत्न-कुल वैरोचन से चक्र-कुल और अमोघसिद्धि से कर्म-कुल उत्पन्न हुए थे।[3] प्रो. विनयतोष भट्टाचार्य ने डोम्बी हेरुक का काल सन् 777 ई. माना है। 'कौलज्ञान निर्णय' से इस प्रकार की कुलकल्पना का कोई आभास नहीं मिलता। परन्तु इतना जरूर लगता है कि शुरू-शुरू में वे सिद्ध मार्ग या सिद्धकौलमार्ग के उपासक थे। कौलज्ञान उनके परवर्ती और सम्भवतः मध्यवर्ती जीवन का ज्ञान है।

प्रश्न यह है कि वह सिद्धमत क्या था जिसके अनुयायी मत्स्येन्द्रनाथ थे और जिसे छोड़कर उन्होंने अन्य मार्ग का अवलम्बन किया था? दन्तकथाओं से अनुमान होता है कि वह मार्ग पूर्ण ब्रह्मचर्य पर आश्रित था, देवी अर्थात् शक्ति उसकी प्रतिद्वन्द्विनी थीं और उसमें स्त्रीसंग पूर्णरूप से वर्जित था।[4] गोरक्षनाथ ने कामरूप से मत्स्येन्द्रनाथ का उद्धार करके उन्हें इसी मत में फिर लौटा लिया था।

'कौलज्ञान निर्णय' में निम्नलिखित विषयों का विस्तार है—सृष्टि, प्रलय, मानस लिंग का मानसोपचार से पूजन, निग्रह-अनुग्रह-क्रामण-हरण, प्रतिमाजल्पन, घट पाषाण-स्फोटन आदि सिद्धियाँ, भ्रान्तिनिरसन ज्ञान, जीवस्वरूप, जरामरण, पलित (केशों का पकना) का निवारण, अकुल से कुल की उत्पत्ति तथा कुल का पूजनादि गुरुपंक्ति, सिद्धपंक्ति और योगिनीपंक्ति, चक्रध्यान, अद्वैतचर्या, पात्रचर्या, न्यासविधि

---

1. यो.सं.आ. 49 अध्याय।
2. कुलसेवात् भवेत् सिद्धिः सर्वकामप्रदा शुभा।
3. अक्षोभ्यवज्रमित्युक्तं अमिताभः पद्ममेव च।
   रत्नसम्भवोः भावरत्नः वैरोचनस्तथागतः।।
   अमोघः कर्मभित्युक्तं कुलान्येतानि संक्षिपेत् ।
4. साधनमाला, प्रस्तावना, पृ. 40-41।

शीघ्र सिद्धि देनेवाली ध्यानमुद्रा, महाप्रलय के समय भैरव की आत्मरक्षा, भक्ष्यविधान तथा कौलज्ञान का अवतारण, आत्मवाद, सिद्धपूजन और कुलद्वीप विज्ञान, देहस्थ चक्रस्थिता देवियाँ, कपाल भेद; कौलमार्ग का विस्तार, योगिनी संचार और देहस्थ सिद्धों का पूजा।

इन विषयों पर ध्यान देने से स्पष्ट हो जाता है कि कौलज्ञान सिद्धिपरक विद्या है और यद्यपि शास्त्र में अद्वैत भाव की चर्चा है, पर मुख्यतः यह उन अधिकारियों के लिए लिखा गया है जो कुल और अकुल—शक्ति और शिव—के भेद को भूल नहीं सके हैं। इसके विपरीत 'अकुलवीर तन्त्र का अधिकारी वह है जिसे अद्वैत ज्ञान हो गया है और जो अच्छी तरह समझ चुका है कि कुल और अकुल में कोई भेद नहीं है, शक्ति और शिव अविच्छिन्नभाव से विराज रहे हैं। यद्यपि कौलज्ञान निर्णय हृदय स्थित अनेक पद्म-चक्रों की चर्चा करता है, पर यह लक्ष्य करने की बात है कि 'कुण्डली' शब्द भी उसमें नहीं आया है। कुण्डलीयोग या कुण्डलिनीयोग परवर्ती नाथपन्थियों की सर्वमान्य साधना है। फिर 'समरस' या 'सामरस्य' की भी कोई चर्चा नहीं है। केवल 'अकुलवीर तन्त्र' में ये दोनों शब्द आते हैं। वहाँ कुण्डली और सहज, ये दोनों योग कौलमार्ग में विहित हैं, ऐसा स्पष्ट लिखा है। 'कुण्डली' कृत्रिम (कृतक) अर्थात् दुरूह साधना से प्राप्त योग है और 'सहज', समरस सें स्थितिवश प्राप्य योग है (अकुलवीर तन्त्र, बी.43) कुण्डली योग में द्वैतभाव (प्रेय-प्रेरकभाव) बना रहता है और सहज में वह लुप्त हो गया होता है (44)। 'कौलावली निर्णय' में इसी प्रेय-प्रेरक भाव के मध्यम अधिकारी के लिए चक्रध्यान की साधना विहित है, पर 'अकुलवीर तन्त्र' में उस सहज-साधना की चर्चा है जो प्रेय-प्रेरक रूप द्वैत भावना के अतीत हैं। इसमें ध्यान-धारणा-प्राणायाम की जरूरत नहीं, (अ.वी.तन्त्र, बी. 112), इड़ा-पिंगला और चक्रध्यान अनावश्यक हैं (123-125)। यह सहज समर सानन्द का प्रदाता अकुलवीर मार्ग है—कौलमार्ग की समस्त विधियाँ यहाँ अनावश्यक हैं। इस तन्त्र का स्वर 'गोरक्षसंहिता' से पूरी तरह मिलता है। क्या 'कौलज्ञान निर्णय' मत्स्येन्द्रनाथ द्वारा प्रवर्तित योगिनीकौल का द्योतक है और 'अकुलवीर तन्त्र' उनके पूर्व परित्यक्त और बाद में स्वीकृत सिद्ध मत का? दोनों को मिलाने पर यह धारणा दृढ़ ही होती है।

फिर यह भी प्रश्न होता है कि बौद्ध सहजयानी और वज्रयानी सिद्धों से इस मत का क्या सम्बन्ध था। डॉ. बागची ने 'कौलज्ञान निर्णय' की भूमिका में बताया है कि बौद्ध सिद्धों की कई बातों से 'कौलज्ञान निर्णय' की कई बातें मिलती हैं। (1) सहज पर जोर देना, (2) बाह्याचार का विरोध, (3) कुलक्षेत्र और पीठों की चर्चा, (4) वज्रीकरण का प्रयोग, (5) पंचपवित्र आदि बौद्ध पारिभाषिक शब्द सूचित करते हैं कि इस साधना का सम्बन्ध बौद्ध साधना से था अवश्य। इस बात में तो कोई सन्देह ही नहीं कि जिन दिनों मत्स्येन्द्रनाथ का प्रादुर्भाव हुआ था उन दिनों बौद्ध और ब्राह्मण तन्त्रों में बहुत-सी बातें मिलती-जुलती रही होंगी। एक-दूसरे पर प्रभाव भी

जरूर पड़ता रहता होगा। हमने पहले ही लक्ष्य किया है कि मत्स्येन्द्रनाथ तिब्बती परम्परा में भी बहुत बड़े सिद्ध माने जाते हैं और नेपाल के बौद्ध तो उन्हें अवलोकितेश्वर का अवतार ही मानते हैं। इसलिए उनकी प्रवर्तित साधना में ऐसी कोई बात जरूर रही होगी जिसे लोग विशुद्ध बौद्ध समझ सकते। ऊपर की पाँच बातें बौद्ध तन्त्रों में भूरिशः आती हैं, पर ब्राह्मण तन्त्रों में भी उन्हें खोज निकालना कठिन नहीं है। यह कह सकना बहुत कठिन है कि जिन तन्त्रों में या उपनिषदों में ये शब्द आये हैं वे बौद्ध तन्त्रों के बाद के ही हैं। कई ग्रन्थ नये भी हैं और कई पुराने भी। इन विषयों की जो चर्चा हुई है वह इतनी अल्प और अपर्याप्त है कि उस पर से कुछ निश्चयपूर्वक कहना साहसमात्र है। परन्तु नाथ-परम्परा की सभी पुस्तकों के अध्ययन से ऐसा ही लगता है कि पुराना सिद्ध मार्ग मुख्य रूप से योगपरक था और पंच मकारों या पंचपवित्रों की व्याख्या उसमें सदा रूपक के रूप से ही हुआ करती थी। यह उल्लेख योग्य बात है कि 'कौलज्ञान निर्णय' में जो परम्परा बतायी गयी है वहाँ शिव (भैरव) के विभिन्न युग के कई अवतारों का उल्लेख तो है पर कहीं भी बुद्ध या बोधिसत्त्व अवतार का नाम नहीं है। अवलोकितेश्वर के अवतार का भी उसमें पता नहीं है। इसके विरुद्ध सहजयानी सिद्धों की पोथियों में बराबर तथागत का नाम आता है और वे अपने को शायद कहीं भी कौल नहीं कहते। मत्स्येन्द्रनाथ ने जिस प्राचीन कौलमार्ग की चर्चा की है वह निश्चय ही शाक्तमत था, बौद्ध नहीं। अकुलवीर तन्त्र में बौद्धों को स्पष्ट रूप में मिथ्यावादी और मुक्ति का अपात्र बताया गया है।[1]

2. कुल और अकुल

कुल और अकुल शब्द के अर्थ पर भी विचार कर लेना चाहिए। कौल लोगों के मत से 'कुल' का अर्थ शक्ति है और 'अकुल' का अर्थ शिव है। कुल से अकुल का सम्बन्ध स्थापना ही 'कौल' मार्ग है।[2] इसलिए कुल और अकुल को मिलाकर समरस बनाना ही कौल साधना का लक्ष्य है और 'कुल' और 'अकुल' का सामरस्य। (=समरस होना) ही कौलज्ञान है। 'कुल' शब्द के और भी अनेक अर्थ

---

1. संवादयन्ति ये केचिन्यायवैशेषिकास्तथा।
बौद्धास्तु अरहन्ता ये सोमसिद्धान्तवादिनः।।7।।
मीमांसा पंचस्रोताश्च वामसिद्धान्तदक्षिणाः।
इतिहासपुराणं च भूततत्त्वं तु गारुड़म्।।8।।
एभिः शैवागमैः सर्वैः परोक्षं च क्रियान्वितैः।
सविकल्पसिद्धिसंचार तत्सर्व पापबंधवित्।।9।।
विकल्प बहुलाः सर्वे मिथ्यावादा निरर्थकाः।
न ते मुञ्चन्ति संसारे अकुलवीरविवर्जिताः।। (10)—अकुलवीर तन्त्र—ए.

2. कुलं शक्तिरितिप्रोक्तमकुलं शिव उच्यते।
कुलैऽकुलस्य सम्बन्धः कौलमित्यभिधीयते।। —सौभाग्य भास्कर, पृ. 53।

किये गये हैं, परन्तु यही मुख्य अर्थ है। शिव का नाम अकुल होना उचित ही है क्योंकि उनका कोई कुल-गोत्र नहीं है, आदि-अन्त नहीं है।[1] शिव की सिसृक्षा अर्थात् सृष्टि करने की इच्छा का नाम ही शक्ति है। शक्ति से समस्त पदार्थ उत्पन्न हुए हैं, शक्ति शिव की प्रिया है। परन्तु शिव और शक्ति में कोई भेद नहीं है। चन्द्रमा और चन्द्रिका का जो सम्बन्ध है वही शिव और शक्ति का सम्बन्ध है। 'सिद्ध-सिद्धान्त-संग्रह' के चतुर्थ उपदेश में कहा गया है कि शिव अनन्य, अखण्ड, अद्वय, अविनश्वर, धर्महीन और निरंग हैं, इसलिए उन्हें 'अकुल' कहा जाता है।[2] चूँकि शक्ति सृष्टि का हेतु है और (समस्त जगत् रूपी प्रपंच की प्रवर्तिका है इसलिए उसे 'कुल' (=वंश) कहते हैं।[3] शक्ति के बिना शिव कुछ भी करने में असमर्थ हैं।[4] इकार शक्ति का वाचक है और शिव में से इकार निकाल देने से वह 'शव' हो जाता है।[5] इसीलिए शक्ति ही उपास्य है। इस शक्ति की उपासना करनेवाले शाक्त लोग ही कौल हैं। यह मत बौद्ध धर्मसाधना से मूलतः भिन्न है। इस साधना के लक्ष्य हैं अखण्ड, अद्वय और अविनश्वर शिव और बौद्ध साधना का लक्ष्य है नैरात्म्य भाव। वे लोग किसी अविनश्वर सत्ता में विश्वास नहीं रखते। 'कौलज्ञान निर्णय' में भी शिव और शक्ति के उपर्युक्त सम्बन्ध का प्रतिपादन है।[6] कहा गया है कि जिस प्रकार वृक्ष के बिना छाया नहीं रह सकती, अग्नि के बिना धूप नहीं रह सकती उसी प्रकार शिव और शक्ति अविच्छेद्य हैं, एक के बिना दूसरे की कल्पना नहीं की जा सकती।[7]

कौलमार्ग का अत्यन्त संक्षिप्त और फिर भी अत्यन्त शक्तिशाली उपस्थापन 'कौलोपनिषद्' में दिया हुआ है। इस उपनिषद् के पढ़ने से इस मत के साधकों का अडिग विश्वास और रूढ़ि विरोधी मनोभाव स्पष्ट हो जाता है और यह भी स्पष्ट हो

---

1. शिवस्याभ्यन्तरे शक्ति : शक्तेरभ्यन्तरे शिवः।
अन्तरं नैव जानीयात् चन्द्रचन्द्रिकयोरिव।। —गो.सि.सं. में उद्धृत, पृ.67।
2. वर्णगोत्रादिरादिराहित्यादेक एवाकुलं मतम् ।
अनन्त्वादखण्डत्वादद्वयत्वादनाशनात्
निर्धर्मत्वादनंगत्वदकुलं स्यान्निरन्तरम्। —सि.सि.सं. 4/10-11।
3. कुलस्य सामरस्येति सृष्टिः हेतुः प्रकाशभूः।
सा चापरंपरा शक्तिराज्ञेशस्यापरं कुलम् ।
प्रपञ्चस्य समस्नस्य जगद्रुपप्रवर्तनात्।। —जि. सि. सं. 4/12-16
4. शिवाऽपिशक्ति रहितः कर्तुं शक्तो न किंचन।
शिवः स्वशक्तिसहितो ह्याभासाद् भासको भवेत्।। —वही. 4/26.
5. शिवोऽपिशवतां याति कुण्डलिन्या विवर्जितः। —देवी भागवत का वचन
6. अकुलंतु इये भद्रे यत्राहं तिष्ठते सदा। कौ. ज्ञा. नि. 16-41।
7. न शिवेन विना शक्तिर्न शक्तिरहितः शिवः।
अन्योऽन्यं च प्रवर्तन्ते अग्निधूमौ यथा प्रिये।
न वृक्षरहिता छाया नच्छाया रहितो द्रुमः।। 178-9।

जाता है कि बौद्ध नैरात्म्यवाद से इस मत का मौलिक भेद है। यह उपनिषद् सूत्र रूप में लिखी गयी है। आरम्भ में कहा गया है कि ब्रह्म का विचार हो जाने के बाद ब्रह्मशक्ति (धर्म) की जिज्ञासा होती है। ज्ञान और बुद्धि ये दोनों ही धर्म (शक्ति) के स्वरूप हैं। जिनमें एकमात्र ज्ञान ही मोक्ष का कारण है; और मोक्ष वस्तुतः सर्वात्मता सिद्धि (अर्थात् समस्त जागतिक प्रपञ्चों के साथ अपने को अभिन्न समझने) को कहते हैं। प्रपञ्च से तात्पर्य पाँच विषयों (शब्द, स्पर्श, रूप, रस, गन्ध) से है। इन पाँच विषयों को जाननेवाला प्राण-विशिष्ट जीव भी अभिन्न ही है। फिर योग और मोक्ष दोनों ज्ञान हैं, अधर्म का कारण अज्ञान है, परन्तु यह अज्ञान भी ज्ञान से भिन्न नहीं है। मतलब यह कि यद्यपि ब्रह्म का कोई धर्म नहीं है फिर भी अविद्या के कारण ब्रह्म को ही मनुष्य नानारूपधर्मारोप के साथ देखता है; यह अविद्या भी ज्ञान (अर्थात् ब्रह्म की शक्ति) ही है। प्रपञ्च ही ईश्वर है और अनित्य भी नित्य है। क्योंकि वह भी ब्रह्मशक्ति का रूप ही है। अज्ञान ही ज्ञान है और अधर्म ही धर्म है (इसका मतलब यह है कि ब्रह्म और ब्रह्मशक्ति में कोई भेद नहीं है) यही मुक्ति है। जीव के पाँच बन्धन हैं—(1) अनात्मा में आत्म बुद्धि (2) आत्मा में अनात्म बुद्धि, (3) जीवों में परस्पर भेद ज्ञान (4) ईश्वर (अर्थात् उपास्य) और आत्मा (अर्थात् उपासक) में भेद बुद्धि, और (5) चैतन्य अर्थात् परंब्रह्म से आत्मा को पृथक् समझने की बुद्धि ये पाँचों बन्धन भी ज्ञानरूप ही हैं क्योंकि ये सभी ब्रह्मशक्ति के विलास हैं। इन्हीं बन्धनों के कारण मनुष्य जन्म-मरण के चक्रों में पड़ता है। इसी देह में मोक्ष है। ज्ञान यह है :—समस्त इन्द्रियों में नयन प्रधान है, नयन अर्थात् आत्मा। धर्मविरुद्ध कार्य करणीय है; धर्म विहित करणीय नहीं है (यहाँ धर्म का तात्पर्य धर्मशास्त्र से है जो सीमित जीवन के विधि-निषेध का व्यवस्थापक माना जाता है) सब-कुछ शम्भवी (शाक्त) का रूप है। इस मार्ग के साधक के लिए वेद मान्य नहीं है, गुरु एक ही होता है और अन्त में सर्वैक्यता बुद्धि प्राप्त होती है। मन्त्रसिद्धि के पूर्व वेदादि त्याग करना चाहिए, उपासना-पद्धति को प्रकट नहीं करना चाहिए, अन्याय ही न्याय है। किसी को कुछ नहीं गिनना चाहिए। अपना रहस्य शिष्य-भिन्न किसी को नहीं बताना चाहिए। भीतर से शाक्त, बाहर से शैव और लोक में वैष्णव होकर रहना—यही आचार है। आत्मज्ञान से ही मुक्ति होती है। लोक-निन्दा वर्जनीय है। अध्यात्म यह है—व्रताचरण न करे, नियमपूर्वक न रहे, नियम मोक्ष का बाधक है, कभी कौल सम्प्रदाय की स्थापना नहीं करनी चाहिए। सब में समता की बुद्धि रखनी चाहिए; ऐसा करनेवाला ही मुक्त होता है—वही मुक्त होता है।

संक्षेप में 'कौलोपनिषद्' का यही मर्म है। इसमें स्पष्टतः ही ऐसी बहुत-सी बातें हैं जो अपरिचित श्रोता के चित्त को झकझोर देती हैं। थोड़ी और चर्चा करके उसका रहस्य समझ लेना चाहिए क्योंकि नाथ सम्प्रदाय की साधना को इन बातों ने प्रभावित किया है। 'ब्रह्माण्ड पुराण' के उत्तरखण्ड में एक स्तोत्र है 'ललितासहस्रनाम'। इस स्तोत्र पर सौभाग्यराय नामक काशी के महाराष्ट्रीय पण्डित ने 'सौभाग्य भास्कर'

नामक पाण्डित्यपूर्ण टीका लिखी थी, जो अब निर्णयसागर प्रेस से छप गयी है। भास्करराय ने 'बामकेश्वर तन्त्र' के अन्तर्गत जो 'नित्या षोडशिकार्णव' है उस पर भी 1654 शाके में 'सेतुबन्ध' नाम की टीका लिखी थी। इन टीकाओं में कई स्थलों पर 'कुल' शब्द की अनेक प्रकार की व्याख्याएँ दी हुई हैं। आधुनिक पण्डितों ने 'कुल' शब्द का अर्थ-विचार करते समय प्रायः ही सौभाग्यराज की व्याख्याएँ उद्धृत की हैं।[1] संक्षेप में उन्हें यहाँ संग्रह किया जा रहा है।

1. दार्शनिक अर्थ—संसार के सभी पदार्थ ज्ञाता, श्रेय और ज्ञान इस तीन विभागों में विभक्त हैं। ज्ञाता ज्ञान का कर्त्ता है और ज्ञेय उसका विषय। जानने की क्रिया का नाम ज्ञान है। जगत् के जितने पदार्थ हैं वे सभी 'मेरे' ज्ञान के विषय हैं इसलिए 'मैं' ज्ञान का कर्त्ता हुआ। और 'मैं जानता हूँ' यह ज्ञान क्रिया है। इस प्रकार एक ज्ञान समवाय सम्बन्ध से ज्ञाता में, विषयता सम्बन्ध से ज्ञेय में और तादात्म्य सम्बन्ध में ज्ञानक्रिया में रहा करता है। मैं 'घट को जानता हूँ।' इस स्थल पर 'ज्ञान' को प्रकाशित करने के लिए ज्ञान की आवश्यकता है, परन्तु मैं 'ज्ञान को जानता हूँ' इस स्थल पर ज्ञान को प्रकाशित करने के लिए भिन्न ज्ञान की जरूरत नहीं है। क्योंकि ज्ञान अपने को आप ही प्रकाशित करता है—वह स्वप्रकाश है। जिस प्रकार भिन्न-भिन्न द्रव्यों को प्रकाशित करने के लिए दीप की आवश्यकता होती है पर दीप को प्रकाशित करने लिए दूसरे दीप की आवश्यकता नहीं होती क्योंकि वह स्वप्रकाश है, इसी प्रकार ज्ञान भी अपने को आप ही प्रकाशित करता है। सो, यह जगत् ज्ञाता, ज्ञेय और ज्ञान के रूप में त्रिपुटीकृत है। इस त्रिपुटीकृत जगत् के समस्त पदार्थ ज्ञान रूप धर्म के एक होने के कारण 'सजातीय' हैं और इसीलिए वे 'कुल' (=जाति) कहे जाते हैं। इस कुल सम्बन्धी ज्ञान को ही कौलज्ञान कहते हैं। अर्थात् समस्त जागतिक पदार्थों का त्रिपुटीभाव से जो ज्ञान है, वही कौलज्ञान है। और भी स्पष्ट शब्दों में कहा जा सकता है कि ब्रह्म ज्ञानस्वरूप है, जगत् ब्रह्ममय है, वह ब्रह्म से भिन्न नहीं है—इस प्रकार का जो परिपूर्ण अद्वैतज्ञान है वही कौलज्ञान है।[2] जो लोग इस ज्ञान के साधक हैं वे भी इसीलिए कौल कहे जाते हैं।

2. वंशपरक अर्थ—'कुल' शब्द का साक्षात्संकेतिक अर्थ वंश है। यह दो प्रकार का होता है—(1) विद्या से और (2) जन्म से। 'गोरक्षसिद्धान्त संग्रह' में इस बात को इस प्रकार कहा गया है कि सृष्टि दो प्रकार की होती है—नादरूपा और बिन्दुरूपा। नादरूपा सृष्टि गुरुपरम्परा से और बिन्दुरूपा जन्मपरम्परा

---

1. (1) भारतीय दर्शन, पृ0 549 और आगे।
   (2) कौल मार्ग रहस्य, पृ.4-8।
   (3) कौ.ज्ञा. नि, भूमिका, पृ. 36-38।
2. कौ. मा. र.,पृ. 4-6।

से।[1] चूँकि इस मार्ग में परम शिव से लेकर परम गुरु तक चली आती हुई ज्ञान परम्परा का ही प्राधान्य है, इसलिए विद्याक्रम को ही 'कुल' कहा जाता है। इसी कुल के अनुवर्ती 'कौल' हैं।

3. रहस्यपरक अर्थ—(1) कुल का अर्थ जाति है। एक ही जाति के वस्तुओं में अज्ञानवश भिन्नजातीयता का भान हो गया है। उपास्य भी चेतन है उपासक भी चेतन है। इन दोनों को एक ही 'कुल' की वस्तु बतानेवाले शास्त्र भी कुल शास्त्र हुए इन शास्त्रों को माननेवाले इसीलिए कौल कहे जाते हैं।

4. योगपरक अर्थ—'सौभाग्य भास्कर' (पृ.35) में 'कुल' शब्द का एक योगपरक अर्थ भी दिया हुआ है। 'कु' का अर्थ पृथ्वी है और 'ल' का अर्थ 'लीन' होना। हग आगे चलकर देखेंगे कि पृथ्वीतत्त्व मूलाधार चक्र में रहता है। इसीलिए मूलाधार चक्र को 'कुल' कहते हैं। इसी मूलाधार से सुषुम्ना-नाड़ी मिली हुई है। जिसके भीतर से उठकर कुण्डलिनी सहस्त्रार चक्र में परमशिव से सामरस्य प्राप्त करती है। इसीलिए लक्षणा वृत्ति से सुषुम्ना को भी 'कुल' कहते हैं।[2] 'तत्त्वसार' नामक ग्रन्थ में कुण्डलिनी को शक्तिरूप में बताया गया है। शक्ति ही सृष्टि है, और सृष्टि ही कुण्डली।[3] इसीलिए कुण्डलिनी को भी कुल कुण्डलिनी कहा जाता है।

3. दार्शनिक सिद्धान्त

तन्त्रमत दार्शनिक दृष्टि से सत्कार्यवादी है। जो वस्तु कभी थी ही नहीं वह कभी हो नहीं सकती। कार्य की अव्यक्तावस्था का नाम ही 'कारण' है और कारण की व्यक्तावस्था का नाम ही 'कार्य' है।

प्रलयकाल में समग्र जगत्प्रपञ्च को अपने आप में विलीन करके और समस्त प्राणियों के कर्मफल को सूक्ष्म रूप से अपने में स्थापन करके एकमात्र अद्वितीय परशिव विराजमान रहते हैं। सृष्टि का चक्र जब फिर शुरू होता है (क्योंकि प्रलयकालीन प्राणियों का अवशिष्ट कर्मफल परिपक्व होने को शेष रह गया होता है और इसी कर्मफल के परिपाक के लिए जगत्प्रपञ्च फिर शुरू होता है) तो शिव में अव्यक्त भाव से स्थित शक्ति फिर से 'सिसृक्षा' के रूप में व्यक्त होती है। यह प्रथम आविर्भूत आद्या शक्ति हो 'त्रिपुरा' है। तान्त्रिक लोगों का सिद्धान्त है कि यद्यपि परब्रह्म सदा वर्तमान रहते हैं तथापि इस 'त्रिपुरा' शक्ति के बिना वे कुछ भी करने में समर्थ नहीं होते। यह शक्ति स्वयं आविर्भूत होती है और स्वयमेव सृष्टिविधान करती है। 'सिसृक्षा' शब्द का अर्थ है सृष्टि की इच्छा। यद्यपि यह शक्ति इच्छारूपा है

---

1. गौ. सि. सं.,पृ.71।
2. वेदशास्त्रपुराणानि सामान्य गणिका इव।
सा पुनः शांकरी मुद्रा प्राप्ता कुलवधूरिव।। —गो. सि. सं., पृ.13
3. तत्त्वसारेऽयमेवार्थो निरूपणपदे कृतः।
सृष्टिस्तु कुण्डली ख्याता सर्वभावमता हि सा।। —सि.सि.सं., 4।30।।

तथापि चिन्मात्र (परंब्रह्म) से उत्पन्न होने के कारण यह चिद्रूपा भी है। शक्ति ने सृष्टि विधान के द्वारा जगत् को ज्ञाता, ज्ञान और ज्ञेय रूप में कल्पित किया है। इस प्रकार ज्ञान-ज्ञेय ज्ञातृ-रूप त्रिपुटीकृत जगत् की पुरोवर्तिनी आदिभूता होने के कारण ही यह शक्ति 'त्रिपुरा' कही जाती है।[1] मत्स्येन्द्रनाथ के कौलज्ञान में इस शक्ति का इसी नाम से निर्देश नहीं पाया जाता पर यह स्पष्ट रूप से जान पड़ता है कि तान्त्रिकों के सृष्टितत्त्व को वे भी उसी प्रकार मानते हैं। परन्तु यदि तन्त्रशास्त्र सत्कार्यवादी है तो ऊपर के बताये हुए सिद्धान्त में एक आपत्ति हो सकती है। जो वस्तु कभी थी ही नहीं वह कभी उत्पन्न भी नहीं हो सकती; फिर जगत् शक्ति से उत्पन्न कैसे हो सकता है? इसके उत्तर में बताया गया है कि वस्तुतः शक्ति प्रलयकाल में 36 तत्त्वात्मक जगत् को कवलीकृत करके अर्थात् अपने आप में स्थापित करके अव्यक्तरूप में स्थित रहती है और वस्तुतः जगत् उसकी व्यक्तावस्था का ही नाम है। फिर प्रश्न होता है कि क्यों न शिव को ही जगत् का कारण मान लिया जाय? यदि जगत् को सूक्ष्म रूप से अव्यक्त अवस्था में शक्ति धारण करती है तो शक्ति को भी तो सूक्ष्म रूप में शिव धारण किये होते हैं। फिर शक्ति को जगत् का कारण क्यों माना जाय? शिव ही वास्तविक और आदि कारण हुए। तान्त्रिक लोग ऐसा नहीं मानते। 'वामकेश्वर तन्त्र' (4-5) में कहा गया है कि जब शक्ति जगत् रूप में व्यक्त होती है तो उस अवस्था में परशिव नामक किसी पदार्थ की उसे आकांक्षा नहीं होती है। जो शाक्त तन्त्र के अनुयायी नहीं हैं वे ब्रह्म की शक्तिमाया को जड़ मानते हैं। किन्तु तान्त्रिक लोग परशिव शक्ति को चिद्रूपा अर्थात् चेतन मानते हैं चूँकि यह जगत् भी चिद्रूपा शक्ति का परिणाम है। इसीलिए यह स्वयं भी चिद्रूप है। (कौ.मा.र.) 'कौलज्ञान निर्णय' में मत्स्येन्द्रनाथ ने जब कहा है कि शिव की इच्छा से समस्त जगत् की सृष्टि होती है और उसी में सब-कुछ लीन हो जाता है तो वस्तुतः उनका तात्पर्य यही है कि शक्ति ही जगत् का कारण है। क्योंकि शिव की इच्छा (सिसृक्षा) ही शक्ति है, यह बात हमने पहले ही लक्ष्य की है।

इस प्रकार परम शिव के सिसृक्ष होने पर शिव और शक्ति ये दो तत्त्व उत्पन्न होते हैं परमशिव निर्गुण और निरंजन हैं, शिव सगुण और सिसृक्षा रूप उपाधि से विशिष्ट। शिव का धर्म ही शक्ति है। धर्मी और धर्म अलग-अलग नहीं रह सकते। इसीलिए मत्स्येन्द्रनाथ ने कहा है कि शक्ति के बिना शिव नहीं होते और शिव के

---

1. त्रिपुरा परमा शक्तिराद्या ज्ञानादितः प्रिये।
स्थूलसूक्ष्मविभेदेन त्रैलोक्योत्पत्तिमातृका।।
कवलीकृतनिःशेष तत्त्वग्रामस्वरूपिणी।
तस्यां परिणातायान्तु न कश्चित् पर इष्यते।।
वामकेश्वर तन्त्र (4।4-5) के इन श्लोकों पर सेतुबन्ध टीका (134-5) देखिये।

बिना शक्ति नहीं रह सकती (कौ. ज्ञा. नि. 17/8)। ये (1) शिव और (2) शक्ति 36 तत्त्वों के प्रथम दो हैं। पहले बताया गया कि समस्त जगत् प्रपंच का मूल कारण शक्ति है। शक्ति ही अपने भीतर समस्त जगत् को धारण किये रहती है। शक्ति द्वारा जगत् की अभिव्यक्ति होने के समय शिव के दो रूप प्रकट होते हैं। प्रथम अवस्था में इस प्रकार का ज्ञान होता है कि मैं ही शिव हूँ। यही सदाशिव तत्त्व है। सदाशिव जगत् को अपने से अभिन्न (अहं = मैं) रूप में जानते हैं। इनका यह 'मैं' का भाव (=अहन्ता) ही पराहन्ता या पूर्णाहन्ता कहलाता है। दूसरी अवस्था को ईश्वरतत्त्व—जो जगत् को अपने से भिन्न-रूप (इदं=यह) में देखता है—कहते हैं। सो जगत् अहं रूप में समझनेवाला तत्त्व (3) सदाशिव है और इदं रूप में समझनेवाला तत्त्व (4) ईश्वर है। इस प्रकार प्रथम चार तत्त्व हुए—(1) शिव (2) शक्ति (3) सदाशिव (4) ईश्वर। सदाशिव जगत् को अहंरूप में देखते हैं। ''जगत् मैं ही हूँ'' इस प्रकार की सदाशिव की शक्ति को (5) शुद्ध विद्या कहते हैं और यह जगत् मुझसे भिन्न है—इस प्रकार ईश्वर की वृत्ति का नाम (6) माया है। शुद्ध विद्या को आच्छादन करनेवाली को अविद्या कहते हैं—कुछ लोग इसे विद्या भी कहते हैं। यह सातवाँ तत्त्व है। इस साँतवें तत्त्व से आच्छन्न होने पर जो सर्वज्ञ था वह अपने को 'किंचिज्ज्ञ' अर्थात् 'थोड़ा जाननेवाला' समझने लगता है। फिर क्रमशः माया के बन्धन में शिव की सब-कुछ करने की शक्ति (सर्वकर्तृत्व)। संकुचित होकर 'कुछ करने' की शक्ति बन जाती है, इसे कला कहते हैं; फिर उनकी 'नित्यतृप्तता' संकुचित हो अपूर्ण 'तृप्ति' का रूप धारण करती है—यही राग तत्त्व है; उनका नित्यत्व संकुचित होकर छोटी सीमा में बँध जाता है, इसे काल तत्त्व कहते हैं, और उसकी सर्वव्यापकता भी संकुचित होकर नियत देश में संकीर्ण हो जाती है—इसे नियति तत्त्व कहा जाता है। इस प्रकार माया के बाद उसके 6 संकोचनकारी तत्त्व या कंचुक प्रकट होते हैं और उन्हें क्रमशः (7) विद्या या अविद्या (8) कला (9) राग (10) काल और (11) नियति ये तत्त्व उत्पन्न होते हैं। इन 6 कंचुकों से बद्ध शिव ही 'जीव' रूप में प्रकट हैं, जीव तेरहवाँ तत्त्व है। यही सांख्य लोगों का 'पुरुष' है। इसके बाद का क्रम वही है जो सांख्यों का है। तान्त्रिक और शैव लोग सांख्य के 24 तत्त्वों के अतिरिक्त पूर्वोक्त बारह तत्त्वों को अधिक मानते हैं।

चौदहवाँ तत्त्व प्रकृति है जो सत्त्व, रजः और तमः इन तीनों गुणों की साम्यावस्था का नाम है, प्रकृति को ही चित्त कहते हैं। रजोगुण प्रधान अन्तःकरण को मन कहते हैं यह संकल्प का हेतु है। इस अवस्था में तत्त्व और तमः ये दो गुण अभिभूत रहते हैं। इसी प्रकार जब रजः और तमः गुण अभिभूत रहते हैं और सत्त्वगुण प्रधान होता है उस अवस्था का नाम बुद्धि है। वह निश्चयात्मक ज्ञान का हेतु है। तथा जब सत्त्व और रज ये दोनों गुण अभिभूत रहते हैं और सत्त्वगुण प्रधान होता है तो इस अवस्था का नाम अहंकार है। इसमें भेद ज्ञान प्रधान होता है। इस

प्रकार जीव नामक तत्त्व के बाद (14) प्रकृति (15) मन (16) बुद्धि और (17) अहंकार ये चार और तत्त्व उत्पन्न हुए।

इसके बाद पाँच ज्ञानेन्द्रिय, पाँच कर्मेन्द्रिय, पाँच तन्मात्र और पाँच स्थूल महाभूत ये पंद्रह तत्त्व उत्पन्न होते हैं। यही तान्त्रिकों के 36 तत्त्व हैं। यही शैव योगियों को भी मान्य हैं। किन्तु 'कौलज्ञान निर्णय' में इनकी कोई स्पष्ट चर्चा नहीं मिलती।

भगवान् सदाशिव ने अपने पाँच मुखों से पाँच आम्नायों का उपदेश दिया था—(1) सद्योजात नामक पूर्वमुख से पूर्वाम्नाय, (2) अघोर नामक दक्षिण मुख से दक्षिणाम्नाय, (3) तत्पुरुष नामक पश्चिम मुख से पश्चिमाम्नाय, (4) वामदेव नामक उत्तर मुख से उत्तराम्नाय और (5) ईशान नामक ऊपरी मुख से उर्द्ध्वाम्नाय। इन पाँच आम्नायों में इन्हीं 36 तत्त्वों का निर्णय हुआ है।[1] ऊपर के विवरण से इनका क्रम विदित होगा। सब तत्त्वों का यहाँ फिर से एकत्र संकलन किया जा रहा है—

1. शिव
2. शक्ति
3. सदाशिव
4. ईश्वर
5. शुद्धविद्या
6. माया
7. विद्या (अविद्या)
8. कला
9. राग
10. काल
11. नियति
12. जीव
13. प्रकृति
14. मन
15. बुद्धि
16. अहंकार
17. श्रोत्र
18. त्वक्
19. चक्षु
20. जिह्वा
21. घ्राण
22. वाक्
23. पाणि (हाथ)
24. पाद (चरण)
25. पायु
26. उपस्थ
27. शब्द
28. स्पर्श
29. रूप
30. रस
31. गन्ध
32. आकाश
33. वायु
34. तेज
35. जल
36. पृथ्वी

---

1. परशुराम कल्पसूत्र 1।2—4 पररामेश्वर की टीका।

इन 36 तत्त्वों में प्रथम दो—शिव और शक्ति—'शिवतत्त्व' कहे जाते हैं। कारण यह है कि इन दो तत्त्वों में सत्-चित् आनन्द ये तीनों ही अनावृत और सुस्पष्ट रहते हैं। इसके बाद के तीन तत्त्व—सदाशिव, ईश्वर और शुद्धविद्या—विद्यातत्त्व कहे जाते हैं, क्योंकि इनमें आनन्द-अंश तो आवृत रहता है। परन्तु सत् और चित् अंश अनावृत रहते हैं। बाकी इकतीस तत्त्व 'आत्मतत्त्व' कहे जाते हैं, क्योंकि उनमें आनन्द और चित् ये दोनों ही आवृत रहते हैं और केवल 'सत्' (=सत्ता) अंश ही प्रकट और अनावृत रहता है। चित् अंश के आवृत रहने के कारण ये तत्त्व जड़वत् प्रतीत होते हैं। इस प्रकार सारे 36 तत्त्व तीन ही तत्त्वों के अन्तर्गत आ जाते हैं—(1) शिवतत्त्व (2) विद्यातत्त्व और (3) आत्मतत्त्व। 'आत्मतत्त्व' में आये हुए 'आत्म' शब्द को देखकर यह भ्रम नहीं होना चाहिए कि ये चैतन्यप्रधान हैं। वस्तुतः 'आत्म' शब्द का प्रयोग यहाँ जड़ शरीर की आत्मा समझने के अर्थ में हुआ है।

यह स्पष्ट है कि शिव ही जीव रूप में परिणत होते हैं। माया तीन प्रकार के मलों से शिव को आच्छादित करती है तब शिव 'जीव' रूप में व्यक्त होते हैं। ये तीन मल हैं —(1) आणव अर्थात् अपने को अणुमात्र समझना (2) मायिक अर्थात् जगत् के तत्त्वतः एक अद्वैत पदार्थों में भेदबुद्धि और (3) कर्म अर्थात् नाना जन्मों में स्वीकृत कर्मों का संस्कार। इन्हीं तीन मलों में आच्छन्न शिव ही जीव हैं। इसीलिए 'परशुराम कल्प सूत्र' में कहा गया है कि 'शरीरकञ्चुकितः शिवो जीवो निष्कञ्चुकः परमशिवः' (1/5) अर्थात् शरीर (तीन मलों का परिणाम) द्वारा आच्छादित शिव ही जीव है और अनाच्छादित जीव ही शिव है। इसीलिए 'कौलज्ञान-निर्णय' में मत्स्येन्द्रनाथ ने कहा कि वस्तुतः जीव से ही जगत् सृष्ट हुआ है, जीव ही समस्त तत्त्वों का नायक है क्योंकि यह जीव ही हंस है, यही शिव है, यही व्यापक परशिव है; और सच पूछिये तो वही मनु भी है वही चराचर में व्याप्त है। इसीलिए अपने को अपने ही समझकर वह जीव—जो वस्तुतः शिव का ही रूप है—युक्ति और मुक्ति दोनों का दाता है। आत्मा ही गुरु है, आत्मा ही आत्मा को बाँधता है, आत्मा-ही-आत्मा को मुक्त करता है, आत्मा ही आत्मा का प्रभु है। जिसने यह तत्त्व समझ लिया है कि यह काया आत्मा ही है, अपने को आप ही जाना जाता है और अपने से भिन्न समस्त पदार्थ भी आत्मा है वही 'योगिराट्' है, वह स्वयं साक्षात् शिवस्वरूप है और दूसरे को मुक्त करने में भी समर्थ हैः —

जीवेन च जगत् सृष्टं स जीवस्तत्त्वनायकः।
स जीवःपुद्‌गलो हंसः स शिवो व्यापकः परः।
स मनस्तूच्यते भद्रे व्यापकः स चराचरे।
आत्मानमात्मना ज्ञात्वा भुक्तिमुक्तिप्रदायकः।।
प्रथमस्तु गुरुर्ह्यात्मा ज्ञात्मानं बन्धयेत् पुनः।
बन्धस्तु मोचयेद्ध्यात्मा आत्मा वै कायरूपिणः।।

आत्मनश्चापरो देवि येन ज्ञातः स योगिराट्।
स शिवः प्रोच्यते साक्षात् स मुक्तो मोचयेत् परः।।

—कौ. ज्ञा. नि. 17/33-37

4. कौल-साधना

यद्यपि गोरक्ष सम्प्रदाय में यह कहा जाता है कि उनके योगमार्ग और कौलमार्ग के चरम लक्ष्य में कोई भेद नहीं है, सिर्फ इतना ही विशेष है कि योगी पहले से ही अन्तरंग उपासना करने लगता है, परन्तु तान्त्रिक पहले बहिरंग उपासना करने के बाद क्रमशः अन्तरंग (कुण्डली) साधना की ओर आता है, तथापि यह नहीं समझना चाहिए कि तान्त्रिक कौलों को भी यही मत मान्य है। निस्सन्देह कौलमार्ग में भी यह विश्वास किया जाता है कि योगी और कौल का लक्ष्य एक ही है। संक्षेप में यहाँ कौल दृष्टिकोण को समझ लेने से हम आसानी से मत्स्येन्द्रनाथ के दोनों मार्गों का भेद समझ सकेंगे।[1]

हम आगे चलकर देखेंगे कि योगी लोग भोगवर्जनपूर्वक यम-नियमादि की कठोर साधना द्वारा अष्टांग योग-साधना करके समाधि के अन्त में व्युत्थान अवस्था में निर्विकल्पक आनन्द अनुभव करते हैं। तान्त्रिक लोगों का दावा है कि कौल साधक भी इसी आनन्द को अनुभव करते हैं। ये लोग कुलसाधना में विहित विधि से कुलद्रव्य—मद्यादि—का संस्कार करके उसका सेवन करते हैं और सिद्धिलाभ करते हुए सातवें उल्लास की अवस्था में पहुँचते हैं। 'कुलार्णवतन्त्र' में मद्यपान से उत्पन्न इन सात उल्लासों की चर्चा है। प्रथम उल्लास का नाम आरम्भ है। इसमें साधक तीन चुल्लू से अधिक नहीं पी सकता। दूसरी अवस्था 'तरुण उल्लास' है, जिसमें मन में नये आनन्द का उदय होता है। जरा और अधिक आनन्द की अवस्था का नाम 'यौवन उल्लास' है। यह तीसरी अवस्था है। चौथी अवस्था जिनमें मन और वाक्य किंचित् स्खलित होते रहते हैं, 'प्रौढ़ उल्लास' कही जाती है। पूरी मत्तता आने को 'तदन्तोल्लास' नामक पाँचवीं अवस्था कहते हैं। इसके बाद और पान करने पर एक ऐसी अवस्था आती है जिसमें मनोविकार दूर हो जाते हैं और चित्त अन्तर्निरुद्ध हो रहता है। यही छठीं 'उन्मनी-उल्लास' नामक अवस्था है। अन्तिम अवस्था का नाम 'अनवस्था उल्लास' है। इस अवस्था में जीवात्मा परमात्मा में विलीन होकर ब्रह्मानन्द अनुभव करने लगता है। कौल तान्त्रिकों का दावा है कि यह आनन्द योगियों द्वारा अनुभूत निर्विकल्पक ब्रह्मानन्द से अभिन्न है।[2] 'कौलज्ञान निर्णय' में इन उल्लासों की चर्चा नहीं है। परन्तु वहाँ इसका विधान है अवश्य। 'कौलज्ञान

---

1. बौद्ध तान्त्रिकों के सबसे प्राचीन तन्त्रों में से एक 'गुह्य समाजतन्त्र' है जिसकी रचना सम्भवतः सन् ईसवी की तीसरी शताब्दी में हो गयी थी। उसमें उपसाधन के प्रसंग में तान्त्रिक साधना बता लेने के बाद ग्रन्थकार ने लिखा है कि यदि ऐसा करने पर भी सिद्धि न मिले तो हठयोग से साधना करनी चाहिए। (पृ. 165)।
2. कौ. मा. र., पृ.40-41।

निर्णय' में प्रायः कुल द्रव्यों की आध्यात्मिक व्याख्या दी हुई है। मानस लिंग, मानस द्रव्य, मानस पुष्पक, मानस पूजा आदि बातें उसमें सर्वत्र लिखी पायी जाती हैं। नाथपन्थियों में यह बात एकमत लुप्त नहीं हो गयी है।

कौलमार्गी का दावा है कि उसका रास्ता सहज है और योगी का दुरूह। 'रुद्रयामल' में कहा गया है कि जहाँ भोग होता है वहाँ योग नहीं होता और जहाँ योग होता है वहाँ भोग नहीं होता, परन्तु श्री सुन्दरी साधना के व्रती पुरुषों की योग और भोग दोनों ही हाथ में ही रहते हैं।[1] 'कौलज्ञान निर्णय' में 'पंच मकार' शब्द नहीं आया है। 'पंच पवित्र' जरूर आया है। ये पंच पवित्र हैं—विष्ठा, धारामृत, शुक्र, रक्त और मज्जा। साधना में अग्रसर साधक के लिए ये विहित हैं (11वाँ पटल)। पंच मकार की प्रायः सारी बातें—मद्य, मत्स्य, मांस, मुद्रा और मैथुन—किसी-न-किसी रूप में आ गयी हैं। ग्यारहवें पटल में जिन पाँच उत्तम भोज्यों का उल्लेख है वे हैं —गोमांस, गोघृत, गोरक्त, गोक्षीर और गोदधि। फिर श्वान, मार्जार, उष्ट्र, हय, कूर्म, कच्छप, वराह, वक, कर्कट, शलाकी, कुक्कुट, शेरक, मृग, महिष, गण्डक और सब प्रकार की मछलियाँ उत्तम भक्ष्य बतायी गयी हैं। पैष्टी, माध्वी और गौण्डी मदों को श्रेष्ठ कहा गया है। 'अकुल वीरतन्त्र' में साधना में सिद्ध उस पुरुष के लिए, जिसे अद्वैतज्ञान प्राप्त हो गया है, यह उपदेश है कि जागते-सोते, आहार-विहार, दारिद्र्य-शोक, अभक्ष्यभक्षण में किसी प्रकार का भेदभाव या विचिकित्सा न करे। किसी भी इन्द्रियार्थ के भोग में संशयालु न बने, समस्त वर्णों के साथ एक आचार पालन करे और भक्ष्याभक्ष्य का विचार बिलकुल न करे। सर्वत्र उसकी बुद्धि इस प्रकार होनी चाहिए कि न मैं ही कोई हूँ न मेरा ही कोई है, न कोई बद्ध है, न बन्धन ही है और न कुछ कर ही रहा हूँ।[2]

परवर्ती नाथ सम्प्रदाय में इन सभी बातों की आध्यात्मिक व्याख्या मिल जाती है। मानो मत्स्येन्द्रनाथ के उपदेशों को लक्ष्य करके ही 'हठयोग प्रदीपिका' में कहा गया है कि सच्चा कुलीन या कौल साधक वही है जो नित्य गोमांस भक्षण करता है और अमर वारुणी का पान करता है। और योगी तो कुलघातक हैं! क्योंकि 'गो' का अर्थ जिह्वा है और उसे उलटकर तालु देश में ले जाने को (खेचरी मुद्रा में) ही 'गोमांस-भक्षण' कहते हैं। ब्रह्मरन्ध्र के सहस्त्रार पद्म के मूल में योनि नामक त्रिकोण चक्र है, वहीं चन्द्रमा का स्थान है। इसी से सदा अमृत झरता रहता है। यही अमर

---

1. यत्रास्ति भोगो न तु तत्र योगो यत्रास्ति मोक्षो न तु तत्र भोगः।
श्रीसुन्दरीसाधक पुंगवानां भोगश्च मोक्षश्च करस्थ एव।।

2. नाहं कश्चिन्न कश्चित् न बद्धो न च बन्धनम् ।
नाहं किंचित् करोमीति मुक्त इत्यभिधीयते।।
गच्छस्तिष्ठन्स्वपन्जाग्रद् भुज्यमाने न मैथुने।
भवदारिद्र्यशोकैश्च विष्ठामूत्रादिभक्षणे।।
विचिकित्सा नैव कुर्वीत इन्द्रियार्थैः कदाचन।
आचरेत् सर्ववर्णानि न च भक्षं विचारयेत्।।
—अकुल वीरतन्त्र—ए.66-68

वारुणी है।[1] मत्स्येन्द्रनाथ की ज्ञानकारिका (83-84) में भी इस प्रकार की यौगिक व्याख्या मिलती है। परन्तु इन यौगिक व्याख्याओं से ही यह स्पष्ट है कि जहाँ कौल साधक मन्त्रपूत वास्तविक कुलद्रव्य को सेवनीय समझते हैं, वहाँ योगी उनके योगपरक रूपकों से सन्तोष कर लेते हैं।

फिर भी यह कहा नहीं जा सकता कि गोरक्षनाथ के द्वारा उपदिष्ट योगमार्ग का जो रूप आजकल उपलभ्य है उसमें योग और भोग को साथ-ही-साथ पा लेने की साधना एकदम लुप्त हो गयी है। वज्रयान और सहजयान का प्रभाव रह ही गया है। महीधर शर्मा ने 'गोरक्ष पद्धति' नामक ग्रन्थ प्रकाशित कराया है। इसमें किसी और ग्रन्थ से वज्रोली और सहजोली मुद्राएँ संगृहीत हैं। यो दोनों ही निश्चित रूप से वज्रयानी और सहजयानी साधनाओं के अवशेष हैं। जो योगी वज्रोली मुद्रा का अभ्यास करता है वह योगोक्त कोई भी नियम पालन किये बिना ही और स्वेच्छापूर्वक आचरण करता हुआ भी सिद्ध हो जाता है। इस मुद्रा में केवल दो ही आवश्यक वस्तुएँ हैं, यद्यपि ये सबको सुलभ नहीं हैं। ये वस्तुएँ हैं, वशवर्तिता स्त्री और प्रचुर दूध।[2] पुरुष की सिद्धि के लिए जिस प्रकार स्त्री आवश्यक उपादान है उसी प्रकार स्त्री की सिद्धि के लिए भी पुरुष परम आवश्यक वस्तु है।[3] सो, यह पवित्र योग, भोग के आनन्द को देकर भी मुक्तिदाता है।[4] यहाँ इतना लक्ष्य करने की जरूरत है कि मूल गोरक्ष पद्धति में ये श्लोक अन्तर्भुक्त नहीं हैं और कहाँ से लिए गये हैं, यह भी विदित नहीं है। जैसा कि शुरू में ही कहा गया है, गोरक्षनाथ का उपदिष्ट योगमार्ग सम्पूर्ण ब्रह्मचर्य पर आधारित है, उसमें पूर्वोपदिष्ट तन्त्रमार्ग के कुलद्रव्यों की केवल योगपरक और आध्यात्मिक व्याख्याएँ मिलती हैं। यहाँ केवल इतना ही निर्देश कर दिया गया है कि इस मार्ग में उक्त साधनाएँ भी रेंगती हुई और सरकती हुई घुस आयी हैं, या फिर हटाने के अनेक यत्नों के बावजूद भी छिपी हुई रह गयी हैं। 'घेरण्ड संहिता'[5] में इस वज्रोली या वज्रोणी का योगपरक प्रयोग पाया जाता है और 'सिद्ध सिद्धान्त संग्रह' तथा 'अमरौघ शासन' में भी इसकी चर्चा पायी जाती है।

---

1. गोमांसं भक्षयेन्नित्यं पिबेदमरवारुणीम्।
कुलीनं तमहं मन्ये इतरे कुलघातकाः।। —इत्यादि, हठ., 3/46-48।
2. स्वेच्छया वर्तमानोऽपि योगोक्तैर्नियमैर्विना।
वज्रोलीं यो विजानाति स योगी सिद्धिभाजनम्।।
तत्र वस्तुद्वयं वक्ष्ये दुर्लभं यस्यकस्यचित् ।
क्षीरं चैकं द्वितीयं तु नारी च वशवर्तिनी।। —गोरक्ष पद्धति, पृ.48
3. पुंसो बिंदु समाकुञ्च्य सम्यगभ्यासपाटवात् ।
यदि नारी रजोरक्षेद् वज्रोल्या सापियोगिनी।। पृ.52।
4. देहसिद्धिं च लभते वज्रोल्याभ्यासयोगतः।
अयं पुण्यकरो योगो भोगे भुक्तेऽपि मुक्तिदः।। पृ.53।
5. घेरण्ड संहिता, 3-45-58।

आजकल जो नाथयोगी सम्प्रदाय वर्तमान है उसमें भी वामाचार का प्रभाव है। ब्रिग्स ने लिखा है कि दुर्गापूजा में कई स्थानों पर पंच मकारों या कुछ मकारों का प्रचलन है, यद्यपि साधारणतः इसे हीन कोटि की साधना माना जाता है और इसके साधक इस बात को छिपाया करते हैं।[1] बालसुन्दरी, त्रिपुरासुन्दरी, त्रिपुराकुमारी की पूजा अब भी प्रचलित है। त्रिपुरा दस महाविद्याओं में एक है। वे परम शिव की आदि सिसृक्षा हैं और ज्ञातृ-ज्ञेय-ज्ञान रूप में प्रकट हुए इस त्रिपुटीकृत जगत् की आद्य उद्‌भाविका हैं। मालाबार में 16 वर्ष की कन्या की पूजा प्रचलित है। इस पूजा का फल बच्चों की रक्षा और वंशवृद्धि है। अलमोड़ा में इस देवी का मन्दिर है। त्रिपुरा देवी की पूजा दक्षिणाचार से होती है, मांसबलि नहीं दी जाती। स्त्रियाँ रात-रात भर खड़ी रहकर देवी को प्रसन्न करती हैं और अभिलषित वर पाने की आशा करती हैं। भण्डारकार ने लिखा है कि योगी लोग त्रिपुर सुन्दरी के साथ अपना अभेदज्ञान प्राप्त करने के लिए अपने को स्त्री रूप में चिन्ता करने का अभ्यास करते हैं। इनके अतिरिक्त भैरवी अष्टनायिकाएँ, मातृकाएँ, योगिनियाँ, शाकिनियाँ, डाकिनियाँ और अन्य अनेक प्रकार की मृदुचण्ड स्वभावा देवियाँ योगि सम्प्रदाय में अब भी उपास्य मानी जाती हैं। ब्रिग्स[2] ने बताया है कि कनफटा योगी लिंग और योनि की पूजा करते हैं और विश्वास करते हैं कि वासनाओं को दबाना साधनमार्ग का परिपन्थी है। वे स्त्री को पुरुष का परिणाम मानते हैं और इसलिए वामाचार साधना को बहुत महत्त्व दिया जाता है। चक्रपूजा, जिसे मत्स्येन्द्रनाथ ने बार-बार कौलज्ञान निर्णय में विवृत्त किया है, अब भी वर्तमान है। सर्वत्र इस साधना को रहस्यमय और गोप्य समझा जाता है।

5. कौल साधक का लक्ष्य

कौल साधक का प्रधान कर्त्तव्य जीवशक्ति कुण्डलिनी को उद्‌बुद्ध करना है। हम आगे चलकर इस विषय पर विस्तृत रूप से विचार करने का अवसर पायेंगे। यहाँ संक्षेप में यह समझ लेना चाहिए कि शक्ति ही महाकुण्डलिनी रूप से जगत् में व्याप्त है। मनुष्य के शरीर में वही कुण्डलिनी रूप से स्थित है। कुण्डलिनी और प्राणशक्ति को लेकर ही जीव मातृकुक्षि में प्रवेश करता है। सभी जीव साधारणतः तीन अवस्थाओं में रहते हैंः जाग्रत, सुषुप्ति और स्वप्न; अर्थात् या तो वे जागते रहते हैं, या सोते रहते हैं, या स्वप्न देखते रहते हैं। इन तीनों अवस्थाओं में कुण्डलिनी शक्ति निश्चेष्ट रहती है। इन अवस्थाओं में इसके द्वारा शरीरधारण का कार्य होता है। इस कुण्डलिनी के उद्‌बुद्ध होने की क्रिया के समझने के लिए मनुष्य-शरीर की

---

1. ब्रिग्स, पृ. 171
2. वही, पृ. 172-174

कुछ खास बातों की जानकारी आवश्यक है। पीठ में स्थित मेरुदण्ड जहाँ सीधे जाकर पायु और उपस्थ के मध्य भाग में लगता है वहाँ एक स्वयंभू लिंग है जो एक त्रिकोणचक्र में अवस्थित है। इसे अग्निचक्र कहते हैं। इसी त्रिकोण या अग्निचक्र में स्थित स्वयंभू लिंग को साढ़े तीन वलयों या वृत्तों में लपेटकर सर्पिणी की भाँति कुण्डलिनी अवस्थित है। इसके ऊपर चार दलों का एक कमल है जिसे मूलाधार चक्र कहते हैं। फिर उसके ऊपर नाभि के पास स्वाधिष्ठान चक्र है जो छह दलों के कमल के आकार का है। इसके भी ऊपर मणिपूर चक्र है और उसके भी ऊपर, हृदय के पास अनाहत चक्र है। ये दोनों क्रमशः दस और बारह दलों के पद्मों के आकार के हैं। इसके भी ऊपर कण्ठ के पास विशुद्धाख्य चक्र है जो सोलह दल के पद्म के आकार का है। और भी ऊपर जाकर भ्रूमध्य में आज्ञा नामक चक्र है, जिसके सिर्फ दो ही दल हैं। ये ही षट्चक्र हैं। इन चक्रों को क्रमशः पार करती हुई उद्बुद्ध कुण्डलिनी शक्ति सबसे ऊपरवाले सातवें चक्र (सहस्रार) में परमशिव से मिलती है। इस चक्र में सहस्र दल होने के कारण इसे सहस्रार कहते हैं। और परमशिव का निवास होने के कारण कैलाश भी कहते हैं।[1] इस प्रकार सहस्रार में परमशिव, हृत्पद्म में जीवात्मा और मूलाधार में कुण्डलिनी विराजमान हैं। जीवात्मा परमशिव से चैतन्य और कुण्डलिनी से शक्ति प्राप्त करता है, इसीलिए कुण्डलिनी जीव-शक्ति है। साधना के द्वारा निद्रिता कुण्डलिनी को जगाकर, मेरुदण्ड की मध्यस्थिता नाड़ी सुषुम्ना के मार्ग से सहस्रार में स्थित परमशिव तक उत्थापन करना ही कौल साधक का कर्त्तव्य है।[2] वहीं शिव-शक्ति का मिलना होता है। शिव-शक्ति का यह सामरस्य ही परम आनन्द है।[3] जब यह आनन्द प्राप्त हो जाता है तो साधक के लिए कुछ भी करणीय बाकी नहीं रह जाता।

'कौलज्ञान निर्णय' में चक्रों की बात है परन्तु वह हू-ब-बू परवर्ती नाथपन्थी चक्रों से नहीं मिलती। तृतीय पटल में चार, आठ, बारह, सोलह, चौंसठ, सौ, सहस्र, कोटि, सार्ध कोटि और तीन कोटि दलवाले चक्रों का उल्लेख है[4] और बाद में कहा गया है कि इन सबके ऊपर नित्य उदित, अखण्ड, स्वतन्त्र पद्म है जहाँ

---

1. अतऊर्ध्वं दिव्यरूपं सहस्रारं सरोरुहम्।
ब्रह्माण्डव्यस्तदेहस्थं बाह्येतिष्ठति सर्वदा।
कैलाशो नाम तस्यैव महेशो यत्र तिष्ठति। —शिव संहिता 5-151-2
2. निजावेशात्सम्यङ्‌निबिड़तमनैरुत्थ्यविधिवत्।
महानन्दावस्था स्फुरति वितता कापि सततम् ।
ततः संविन्नित्यामलसुखचमत्कारगमकः।
प्रकाशप्रोद्बोधो यदनुभवतो भेदविरहः। —सि. सि., सं. 5-11
3. समरसानन्दरूपेण एकाकारं चराचरे।
ये च ज्ञातं स्वदेहस्थमकुलवीरंमहाद्भुतम्।। —अकुल वीर तन्त्री बी.115
4. कौ. ज्ञा. नि., 3-6—8।

सर्वव्यापी अचल निरंजन (शिव) का स्थान है। यही शिव का वह लिंग है जिसकी इच्छा (शक्ति) से सृष्टि होती है और जिसमें समस्त सृष्टि लीन हो जाती है। वस्तुतः इस लीन होने की क्रिया के कारण वह 'लिंग' कहा जाता है। यही अखण्डमण्डलाकार निर्विकार निष्कल शिव हैं जिनको जाने बिना बन्ध होता है और जिनको जान लेने से मनुष्य सर्वबन्धों से मुक्त हो जाता है।[1] चक्रों के कमलदलों की न्यूनाधिक संख्या से यह नहीं समझना चाहिए कि नाथपन्थी मत इस मत से भिन्न है। वस्तुतः नाथपन्थ में नाना प्रकार से चक्रों की कल्पना की गयी है। असली बात यह है कि सिद्धान्त उभयत्र एक ही है। 'कौलज्ञान निर्णय' साधनपरक शास्त्र है। उसमें विधियों का ही अधिक उल्लेख है परन्तु मूल रूप से समस्त योगियों और कौलों का जो लक्ष्य है वह इस शास्त्र में भी है। अन्तिम लक्ष्य दोनों का एक ही है।[2]

प्रत्येक मनुष्य इस कौल साधना के लिए समान भाव से विकसित नहीं है। कुछ साधक ऐसे होते हैं जिनमें सांसारिक आसक्ति अधिक होती है। इस प्रकार मोहरूपी पाश या पगहे से बँधे हुए जीवों को 'पशु' कहते हैं। शास्त्र में उनके लिए अलग ढंग से साधना निर्दिष्ट है। परन्तु कुछ साधक ऐसे होते हैं जो अद्वैत ज्ञान का एक उथला-सा आभासमात्र पाकर साधन मार्ग में उत्साहित हो जाते हैं। और प्रयत्नपूर्वक मोहपाश को छिन्न कर डालते हैं। इन्हें 'वीर' कहा जाता है। यह साधक क्रमशः अद्वैत ज्ञान की ओर अग्रसर होता रहता है और अन्त में उपास्य देवता के साथ अपने आपकी एकात्मकता पहचान जाता है। जो साधक सहज ही अद्वैत ज्ञान को अपना सकता है वह उत्तम साधक 'दिव्य' कहलाता है। इस प्रकार साधक तीन श्रेणी के हुए—पशु, वीर और दिव्य। ये उत्तरोत्तर श्रेष्ठ होते हैं। इन तीनों की अवस्थाओं को क्रमशः पशुभाव, वीरभाव और दिव्यभाव कहते हैं। शास्त्र में, इसके लिए अलग-अलग साधन-मार्ग उपदिष्ट हैं।

तन्त्रशास्त्र में सात प्रकार के आचार बताये गये हैं, वेदाचार, वैष्णवाचार, शैवाचार, दक्षिणाचार, वामाचार, सिद्धान्ताचार और कौलाचार। इनमें जो (1) वेदाचार है, उसमें वैदिक काम्य कर्म योगयज्ञादि विहित हैं; तन्त्र के मत से वह सब से निचली कोटि की उपासना है। (2) वैष्णवाचार में निरामिष भोजन, पवित्र

---

1. तस्योर्ध्वे व्यापकं तत्र नित्योदितमखण्डितम् ।
स्वातन्त्रमब्जमचलं सर्वव्यापी निरञ्जनम्।।
तस्येच्छया भवेत् सृष्टिर्लयं तत्रैव गच्छति।
तेन लिंगं तु विख्यातं यत्र लीनं चराचरम्।
अखण्डमण्डलं रूपं निर्विकारं सनिष्कलम् ।
अज्ञात्वा बंधमुद्दिष्टं ज्ञात्वा बंधैः प्रमुच्यते।—कौ. ज्ञा. नि, 3-9-11
2. गो. सि. सं, पृ. 20।

भाव से व्रत-उपवास, ब्रह्मचर्य और भजनासक्ति विहित है, (3) शैवाचार में यम-नियम, ध्यान-धारणा, समाधि और शिव-शक्ति की उपासना, तथा (4) दक्षिणाचार में उपर्युक्त तीनों आचारों के नियमों का पालन करते हुए रात्रिकाल में भाँग आदि का सेवन करके इष्ट मन्त्र का जप करना विहित है। यद्यपि इन चारों में पहले से दूसरा, दूसरे से तीसरा और तीसरे से चौथा श्रेष्ठ है, परन्तु ये चारों ही आचार पशुभाव के साधक के लिए ही विहित हैं। इसके बादवाले आचार वीरभाव के साधक के लिए हैं। (5) वामाचार में आत्मा को वामा (शक्ति) रूप में कल्पना करके साधना विहित है। (6) सिद्धान्ताचार में मन को अधिकाधिक शुद्ध करके यह बुद्धि उत्पन्न करने का उपदेश है कि शोधन से संसार की प्रत्येक वस्तु शुद्ध हो जाती है। ब्रह्म से लेकर ढेले तक में कुछ भी ऐसा नहीं है जो परमशिव से भिन्न हो। इन सबमें श्रेष्ठ आचार है। (7) कौलाचार। इसमें कोई भी नियम नहीं है। इस आचार के साधक साधना की सर्वोच्च अवस्था में उपनीत हो गये होते हैं; और जैसा कि 'भावचूड़ामणि' में शिव जी ने कहा है, कर्दम और चन्दन में, पुत्र और शत्रु में, श्मशान और गृह में तथा स्वर्ण और तृण में लेशमात्र भी बुद्धि नहीं रखते—

कर्दमे चन्दनेऽभिन्नं पुत्रे शत्रौ तथा प्रिये।
श्मशाने भवने देवि तथा वै काञ्चने तृणे।।
न भेदो यस्य लेशोऽपि स कौलः परिकीर्तितः।।

इसी भाव को बताने के लिए मत्स्येन्द्रनाथ ने 'अकुलवीर तन्त्र' में कहा है कि जब तक अकुलवीर रूपी अद्वैत ज्ञान नहीं, तभी तक बालबुद्धि के लोग नाना प्रकार की कल्पना करते रहते हैं। यह धर्म है, यह शास्त्र है, यह तप है, यह लोक है, यह मार्ग है, यह दान है, यह फल है, यह ज्ञान है, यह ज्ञेय है, यह शुद्ध है, यह अशुद्ध है, यह साध्य है, यह साधक है, यह तत्त्व है, यह ध्यान है—ये सब बालबुद्धि के विकल्प हैं (अकुलवीर तन्त्र—ए 78-87)। जिसे यह अद्वैत ज्ञान प्राप्त हो गया रहता है उसे प्राणायाम, समाधि और ध्यान-धारणा की आवश्यकता नहीं रहती (17-20); वह ब्रह्मा, शिव, रुद्र, बुद्ध, देवी आदि उपास्यों से अभिन्न होकर स्वयं ध्यान और ध्याता बन जाता है। (26-28)—वह यज्ञ-उपवास, पूजा-अर्चना, होम, नित्य-नैमित्तिक विधि, पितृकार्य, तीर्थ-यात्रा, धर्म, अधर्म, स्नान, ध्यान सबके अतीत हो जाता है (43-46)। और अधिक कहने से क्या लाभ, वह व्यक्ति समस्त द्वन्द्वों से रहित हो जाता है—

अथ किं बहुनोक्तेन सर्वद्वन्द्वविवर्जितः।

यही मच्छन्दपाद के अवतारित शास्त्र का चरम लक्ष्य है।

6

जालन्धरनाथ और कृष्णपाद

1. साधारण जीवन-परिचय

हमने मत्स्येन्द्रनाथ के समय का विचार करते समय देखा है कि उनके समय के निश्चित होने के साथ-ही-साथ जालन्धरनाथ, गोरक्षनाथ और कृष्णपाद या कानिफा का समय भी निश्चित हो जाता है क्योंकि समस्त परम्पराएँ बताती हैं कि ये समसामयिक थे। उक्त समय हम पहले ही निश्चित कर चुके हैं, इसलिए उस शास्त्रार्थ में फिर से उलझने की यहाँ जरूरत नहीं है। जालन्धरनाथ मत्स्येन्द्रनाथ के गुरुभाई थे। तिब्बती परम्परा में मत्स्येन्द्रनाथ के गुरु भी माने जाते हैं। उक्त परम्परा के अनुसार नगर-भोग देश में (?) ब्राह्मणकुल में इनका जन्म हुआ था। पीछे ये एक अच्छे पण्डित-भिक्षु बने किन्तु घण्टापाद के शिष्य कूर्मपाद की संगति में आकर ये उनके शिष्य हो गये। मत्स्येन्द्रनाथ, कण्हपा (कृष्णपाद) और तन्तिपा इनके शिष्यों में थे। भोटिया ग्रन्थों में इन्हें आदिनाथ भी माना जाता है। तनजूर में इनके लिखे हुए सात ग्रन्थों का उल्लेख है जिनमें राहुल जी के मतानुसार दो मगही भाषा में लिखे गये हैं। ये दो हैं (1) 'विमुक्त मंजरी गीत' और (2) 'हुङ्कार चित्त बिन्दु भावना क्रम।'[1] डॉक्टर कर्दि्दये ने तनजूर में प्राप्त बौद्ध तन्त्रग्रन्थों की एक तालिका फ्रेंच भाषा में प्रकाशित की है उसमें (पृ.78 पर) सिद्धाचार्य जालन्धरिपाद लिखित एक टिप्पणी ग्रन्थ का भी नाम है। सरोरुहपाद के प्रसिद्ध तन्त्रग्रन्थ 'हे वज्र साधन' पर टिप्पणी रूप में लिखित इस ग्रन्थ का नाम है, 'शुद्धि वज्रप्रदीप।' ये सभी पुस्तकें काया योग से सम्बद्ध हैं। प्रसिद्ध है कि ये पंजाब में अधिष्ठित जालन्धरपीठ नामक तान्त्रिक स्थान में उत्पन्न हुए थे। एक दूसरी परम्परा के अनुसार वे हस्तिनापुर के पुरुवंशी राजा बृहद्रथ के यज्ञाग्नि से उत्पन्न हुए थे, और इसीलिए उनका नाम ज्वालेन्द्रनाथ पड़ा था।[2] इस प्रकार तीन स्थानों को इनकी जन्मभूमि बताया गया है, नगरभोग, हस्तिनापुर और जालन्धर पीठ। इनकी जाति के बारे में भी यही विवाद है। तिब्बती परम्परा के अनुसार ये ब्राह्मण थे, बंगाली परम्परा में

1. गंगा, पुरातत्त्वांक, पृ. 252-3।
2. यो.सं. आ., पृ. 86, 87।

ये हाड़ी या हलखोर माने गये हैं, 'योगि सम्प्रदाया विष्कृति' के अनुसार वे युधिष्ठिर की 23वीं पुश्त में उत्पन्न पुरुवंशीय राजा बृहद्रथ के पुत्र होने के कारण क्षत्रिय थे।

जालन्धर नाम से अनुमान किया जा सकता है कि ये जालन्धरपीठ में या तो उत्पन्न हुए थे या सिद्ध हुए थे। हठयोग की पुस्तकों में एक बन्ध का नाम जालन्धरबन्ध है। बताया जाता है कि जालन्धरनाथ के साथ सम्बद्ध होने के कारण ही यह बन्ध जालन्धरबन्ध कहा जाता है। इसी प्रकार गोरक्षनाथ, मत्स्येन्द्रनाथ के नाम पर भी एक-एक बन्ध पाये जाते हैं। योगशास्त्रीय पुस्तकों में एक और बन्ध उड्डियानबन्ध है। यह सम्भवतः उड्डियानपीठ के किसी सिद्ध द्वारा प्रवर्तित है। गायकवाड़ सीरीज में 'साधनमाला' नामक महत्त्वपूर्ण बौद्ध तान्त्रिक ग्रन्थ प्रकाशित हुआ है। इसके सम्पादक डॉ. विनयतोष जी भट्टाचार्य का अनुमान है कि उड्डियान उड़ीसा में या आसाम में कहीं है। डॉ. बागची ने अपनी पुस्तक 'स्टडीज इन दि तन्त्राज' में (37-40) इस मत की समीक्षा की है और योग्यतापूर्वक प्रतिपादन किया है कि उड्डियान वस्तुतः स्वात उपत्यका में ही है और वह जालन्धरपीठ के कहीं आसपास ही है। जितनी भी परम्पराओं का ऊपर उल्लेख है वे सभी जालन्धरनाथ का जन्म-स्थान पंजाब की ओर ही निर्देश करती हैं। यह असम्भव नहीं कि जालन्धरनाथ का सम्बन्ध उड्डियान और जालन्धर दोनों बन्धों से हो। हमारे इस प्रकार अनुमान का कारण यह है कि उड्डियान में सचमुच ही ज्वालेन्द्र नामक राजा का उल्लेख मिलता है जो आगे चलकर बहुत बड़े सिद्ध हुए थे। तारानाथ (पृ. 335) ने उड्डियान देश के दो भाग बताये हैं, एक का नाम सम्भल है और दूसरे का लंकापुरी। अनेक चीनी और तिब्बती ग्रन्थों में इस लंकापुरी की चर्चा आती है।[1] सम्भलपुरी के राजा इन्द्रभूति थे और लंकापुरी के जालेन्द्र। इन्हीं जालेन्द्र के पुत्र से इन्द्रभूति की बहन की शादी हुई थी। शबरतन्त्र का सम्बन्ध सम्भलपुरी से बताया जाता है। अब इतना निश्चित है कि (1) उड्डियान और जालन्धरपीठ पास-ही-पास हैं। (2) उड्डियान में ही कहीं लंकापुरी है जहाँ कोई जालेन्द्र नामक राजा थे[2] जो सुप्रसिद्ध साधक इन्द्रभूति के बहनोई थे।[3] और (3) हठयोग के ग्रन्थों में उड्डियानबन्ध और जालन्धरबन्ध नाम के जो बन्ध हैं उनका सम्बन्ध इनमें से किसी एक से या अनेक से होना असम्भव नहीं है। यह कहना बड़ा कठिन है कि जालेन्द्र राजा ही जालन्धर हैं या नहीं।

---

1. स्ट.तं., पृ. 39
2. राहुल जी ने इन्द्रभूति को लंकापुरी का राजा लिखा है, गंगा, पुरा. पृ. 22-2। और उनकी बहन लक्ष्मीकरा को सम्भल नगर की योगिनी कहा है (पृ. 224)।
3. उड्डियान और जालन्धरपीठ के लिए देखिये—सिनो इण्डियन स्टडीज, जिल्द भाग 1 में डॉ. पी. सी बागची का वज्रगर्भ तन्त्र राज सूत्र : ए न्यू वर्क ऑव किंग इन्दुबोध—स्टडी ऐण्ड ट्रान्सलेशन।

पौराणिक विश्वास के अनुसार इस जालन्धरपीठ में सती के मृत शरीर का—जिसे लेकर उन्मत्तभाव से शिव ताण्डव करने लगे थे—स्तनभाग पतित हुआ था। यह पीठ त्रिगर्त प्रदेश में है जो पंजाब के एक अंश का पुराना नाम है। विश्वास किया जाता है कि यहाँ मरने से कीट-पशु-पतंग सभी मुक्त हो जाते हैं। कहते हैं कि जालन्धर दैत्य का वध करने के कारण शिव पापग्रस्त हो गये थे और जब इस पीठ में आकर उन्होंने तारा देवी की उपासना की, तब जाकर उनका पाप दूर हुआ। यहाँ की अधिष्ठात्री देवी त्रि-शक्ति-अर्थात् त्रिपुरा, काली और तारा हैं। परन्तु स्तनाधिष्ठात्री श्री ब्रजेश्वरी ही मुख्य मानी जाती हैं। इन्हें विद्याराज्ञी भी कहते हैं। स्तनपीठ में विद्याराज्ञी के चक्र तथा आद्या त्रिपुरा की पिण्डी की स्थापना है।[1]

इसमें तो कोई सन्देह ही नहीं कि जालन्धरपीठ किसी जमाने में वज्रयानी साधना का प्रधान केन्द्र था। उसका कोई-न-कोई चिह्न वहाँ होना चाहिए। इन दिनों वह विशुद्ध हिन्दू तीर्थ है। यहाँ अम्बिका, जालपा, ज्वालामुखी, आशापूर्णा, चामुण्डा, तारिणी, अष्टभुजा आदि अनेक देवियों तथा केदारनाथ, वैद्यनाथ, सिद्धनाथ, महाकाल आदि अनेक शिवस्थान तथा व्यास, मनु, जमदग्नि, परशुराम आदि मुनियों के आश्रम हैं। कौन कह सकता है कि ये अनेक वज्रयानी साधकों के ब्राह्मणीकृत रूप नहीं हैं? यह लक्ष्य करने की बात है कि यद्यपि इस पीठ की प्रधान अधिष्ठात्री शक्ति त्रिशक्ति हैं तथापि मुख्य स्तनपीठ की अधिष्ठात्री देवी का नाम ब्रजेश्वरी है।[2] यह ब्रजेश्वरी 'वज्रेश्वरी' का ब्राह्मणीकृत रूप तो नहीं है? विषय अनुसन्धेय है। जो हो, जालन्धरपीठ के प्राचीन और महत्त्वपूर्ण होने में कोई सन्देह नहीं है। परन्तु वे परम्पराएँ इतनी विकृत हो गयी हैं कि इन पर से किसी ऐतिहासिक तथ्य का खोज निकालना दुष्कर ही है।

जालन्धरनाथ-विषयक जितनी भी परम्पराएँ उपलब्ध हैं उनमें इन्द्रभूति की प्रसिद्ध भगिनी लक्ष्मींकरा के साथ उनके किसी प्रकार के सम्बन्ध का कोई इशारा भी नहीं है। लक्ष्मींकरा कोई साधारण स्त्री नहीं थीं, उन्हें वज्रयानी परम्परा में बड़े सम्मान के साथ स्मरण किया जाता है। वे चौरासी सिद्धों में एक हैं और 'आचार्या', 'भगवती', 'लक्ष्मी', 'राजकुमारी', 'भट्टारिका', 'महाचार्यश्री' आदि अत्यन्त गौरवपूर्ण विशेषणों से विशिष्ट करके उन्हें याद किया जाता है। तिब्बती अनुवादों में उनके कई ग्रन्थ सुरक्षित हैं—'प्रतीलोद्दयोतन, विषयपद पंजिका', 'अद्वयसिद्धि साधन नाम', 'व्यक्त भावसिद्धि', 'सहज सिद्धि पद्धति नाम', 'चित्तकल्प परिहार', 'दृष्टिनाम' और वज्रयानचतुर्दशमूलापत्तिवृत्ति।' इस प्रकार की प्रसिद्ध और गौरवास्पद

---

1. कल्याण शक्ति अंक में श्री तारानन्द जी तीर्थ के एक लेख के आधार पर। दे. पृ. 675
2. यह बात प्रथम संस्करण में लिखी गयी थी। उनके प्रकाशन के बाद मुझे जालन्धर माहात्म्य नामक हस्तलिखित पुस्तक उपलब्ध हुई। मुझे यह देखकर प्रसन्नता हुई कि इसमें देवी का नाम वज्रेश्वरी ही है।

महिला से यदि जालन्धरनाथ का कोई भी रिश्ता होता तो दन्तकथाओं में उसका कोई-न-कोई उल्लेख अवश्य मिलता। इस प्रकार का कोई उल्लेख न होने से हम केवल इतना ही अनुमान कर सकते हैं कि जालेन्द्र, ज्वालेन्द्र और जालन्धर नामों के उच्चारणसाम्य के कारण इनको आपस में बुरी तरह से उलझा दिया गया है। परन्तु यह बात फिर भी जोर दे करके ही कही जा सकती है कि जालन्धरनाथ का सम्बन्ध जालन्धरपीठ से भी था और उड्डियानपीठ से भी।

लक्ष्य करने की बात है कि जालन्धरनाथ के प्रसिद्ध शिष्य कानफा या कृष्णपाद ने अपने गुरु का नाम 'जालन्धरिपा' कहा है। राहुल जी ने उनका मगही हिन्दी में लिखित जो पद उद्धृत किया है उसमें उनका नाम 'जालन्धरि' लिखा है और आज भी जालन्धरनाथ का सम्प्रदाय 'जालन्धरिपा' कहलाता है। 'जालन्धरिपा' या 'जालन्धरिपाद' शब्द सूचित करता है कि ये जालन्धर से सम्बद्ध अवश्य थे। चाहे जन्म से हों, चाहे सिद्धि प्राप्त करने से। वर्तमान अवस्था में इससे अधिक कुछ कह सकना सम्भव नहीं है।

जालन्धरनाथ के शिष्य थे कृष्णपाद जिन्हें कण्हपा, कान्हूपा, कानपा, कानफा आदि नामों से लोग याद करते हैं। श्री राहुल जी ने तिब्बती परम्परा के आधार पर इन्हें कर्णाटदेशीय ब्राह्मण माना है पर डॉ. भट्टाचार्य ने इन्हें जुलाहा जाति में उत्पन्न और उड़ियाभाषी लिखा है।[1] शरीर का रंग काला होने से इन्हें 'कृष्णपाद' कहा गया है। महाराज देवपाल (809-849ई.) के समय में यह एक पण्डितभिक्षु थे और कितने ही दिनों तक सोमपुरी विहार (पहाड़पुर, जिला राजशाही, बंगाल में रहा करते थे। आगे चलकर सिद्ध जालन्धरपाद के शिष्य हो गये, चौरासी सिद्धों में कवित्व और विद्या दोनों दृष्टियों से ये सबसे श्रेष्ठ थे। इनके सात शिष्य चौरासी सिद्धों में गिने जाते हैं जिनमें नखला और मेखला नाम की दो योगिनियाँ भी हैं।[2] इनके बारे में महामहोपाध्याय पं. हरप्रसाद शास्त्री ने कहा है कि इनकी लिखी 57 पुस्तकें प्राप्त हुई हैं और 12 संकीर्त्तन के पद पाये गये हैं। तनजूर में इन्हें पन्द्रह स्थान पर भारतवासी कहा गया है, केवल एक स्थान पर एक उड़ीसादेशी ब्राह्मण कृष्णपाद का नाम है ये लेकिन मूलग्रन्थकार नहीं बल्कि तर्जुमा करनेवाले हैं। असल में कई कृष्णपाद या कृष्णाचार्य हो गये हैं। इनका कहीं महाचार्य, कहीं महासिद्धाचार्य, कहीं उपाध्याय और कहीं मण्डलाचार्य कहकर सम्मानपूर्वक नाम लिया गया है।[3] राहुल जी के कथनानुसार तनजूर में दर्शन पर छह और तन्त्र पर इनके चौहत्तर ग्रन्थ मिलते हैं[4] दर्शन ग्रन्थों में इन्होंने शान्तिदेव के बोधिचर्यावतार पर

1. साधनमाला, द्वितीय भाग, प्रस्तावना पृ.53
2. गंगा, पुरातत्त्वांक, पृ. 254
3. बौ. गा. दो., पृ.24
4. गंगा, पृ. 254।

'बोधिचर्यावतार' 'दुखबोधपद निर्णय' नामक टीका लिखी थी। इनकी भाषा पर से श्री विनयतोष जी भट्टाचार्य इन्हें उडियाभाषी[1], हरप्रसाद शास्त्री बँगलाभाषी[2] और राहुल जी मगही (बिहारी) भाषी[3] कहते हैं। राहुल जी ने निम्नलिखित ग्रन्थों को मगही भाषा में लिखित बताया है—(1) कान्हपाद गीतिका, (2) महाढुण्ढनमूल, (3) बसन्त तिलक, (4) असम्बद्ध दृष्टि (5) वज्रगीति और (6) दोहाकोष बौद्ध गान में दोहा कोष संस्कृत टीका सहित छपा है जिसमें बत्तीस दोहे हैं।

आगे इन्हीं दोहों और उसकी संस्कृत टीका के आधार पर 'कान्हूपाद' या 'कृष्णपाद'[4] के सिद्धान्तों का विवेचन किया जायगा। साधनमाला में कुरुकुल्ला देवी की साधना के प्रवर्तकों में इन्हें भी माना गया है।[5]

1. साधनमाला (गायकवाड़ ओरिएण्टल सीरीज), पृ.53
2. बौ.गा. दो., पृ. 24
3. गंगा, पृ. 254-5
4. योगिसम्प्रदायाविष्कृति में इन्हीं का नाम करणिपानाथ बताया गया है। इस ग्रन्थ के अनुसार ब्रह्मा जी जब सरस्वती को देखकर मुग्ध हुए तो अपना स्खलित रेतस् उन्होंने गंगा में छोड़ दिया जो किसी हाथी के कान में प्रवेश कर गया। उसी से हरिद्वार के पास कर्ण या करणिपानाथ प्रादुर्भूत हुए (पृ.93)।
5. परानन्दसूत्र : प्रस्तावना, पृ.10-11

7

जालन्धरपाद और कृष्णपाद का कापालिक मत

हमने ऊपर देखा है कि कान्हूपा या कानपा (कृष्णपाद) ने स्वयं अपने को कापालिक कहा है और अपने को जालन्धरपाद का शिष्य बताया है। परवर्ती संस्कृत साहित्य में शैव कापालिकों का वर्णन मिलता है। परन्तु बौद्ध कापालिक मत का कोई उल्लेखयोग्य वर्णन नहीं मिलता। भवभूति के 'मालती-माधव' नामक प्रकरण से पता चलता है कि सौदामिनी नामक बौद्ध भिक्षुणी श्रीपर्वत पर कापालिक साधना सीखने गयी थी। 'मालती-माधव' से जान पड़ता है कि यह कापालिक साधना शैव मत की थी। श्रीपर्वत उन दिनों का प्रसिद्ध तान्त्रिक पीठ था। वज्रयान का उत्पत्ति-स्थान भी उसे ही समझा जाता है। ऐसा जान पड़ता है कि उन दिनों श्रीपर्वत पर शैव, बौद्ध और शाक्त साधनाएँ पास-ही-पास फल-फूल रही थीं। बाणभट्ट ने कादम्बरी और हर्षचरित में श्रीपर्वत को शाक्त तन्त्र का साधनपीठ बताया है। हमारे पास इस समय जालन्धरपाद और कृष्णपाद का जो भी साहित्य उपलब्ध है वह सभी वज्रयानियों की मध्यस्थता में प्राप्त हुआ है। यह तो निश्चित ही है कि परवर्ती शैव सिद्धों ने जालन्धर और कनपा दोनों को अपनाया है। इसीलिए यह कह सकना कठिन है कि जिस रूप में यह साहित्य हमें मिलता है वही उसका मूल रूप है या नहीं। किन्तु इस उपलब्ध साहित्य से जिस मत का आभास मिलता है, वह निस्सन्देह नाथमार्ग का पुरोवर्ती होने योग्य है। यहाँ यह बात उल्लेख योग्य है कि कानिपा सम्प्रदाय को अब भी पूर्ण रूप से गोरक्षनाथी सम्प्रदाय में नहीं माना जाता और उनका प्रवर्तित कहा जानेवाला एक उस सम्प्रदाय वामारग (=वाममार्ग) आज भी जीवित है।

विद्वानों का अनुमान है कि यक्षों की पूजा इस देश के उत्तर हिस्से में बहुत पूर्व से प्रचलित थी। यक्ष, अप्सरा, गंधर्व आदि एक ही श्रेणी के देवयोनि माने गये हैं। इन्हीं यज्ञों को वज्रधर समझा जाता था। श्री रमाप्रसाद चन्द ने (ज.डि.ले. जिल्द 4), दिखाया है कि बुद्ध-पूर्व युग में यक्षों का कितना महत्त्वपूर्ण स्थान था। हमने 'हिन्दी साहित्य की भूमिका' में दिखाया है कि वरुण, कुबेर और कामदेव वस्तुतः यक्ष देवता हैं। नाना मूर्तियों और उत्कीर्ण चित्रों के आधार पर विद्वानों ने सिद्ध किया है कि धीरे-धीरे कुछ यक्ष देवता बौद्ध सम्प्रदाय के मान्य हो गये।[1] 'उपासकदशा सूत्र'

1. एन. जी. मजूमदार, ज. डि. ले. : जिल्द 11 सन् 1924

में मणिभद्र चैत्य की चर्चा है और 'संयुक्त निकाय' में मणिभद्र यक्ष का उल्लेख है। आगे चलकर मणिभद्र को बुद्ध का शिष्य बताया गया है। एक और यक्ष वज्रपाणि भी बुद्ध का शिष्य होता है और आगे चलकर बोधिसत्त्व का महत्त्वपूर्ण पद पा जाता है। यही 'बोधिचर्यावतार की टीका' में (बिब्लि.इण्डि.पृ. 6) वज्री अर्थात् वज्रपाणिबोधिसत्त्व कहा गया है। श्री एन.जी. मजूमदार ने दिखाया है कि यही वज्रपाणिबोधिसत्त्व आगे चलकर उत्तरी भारत के बौद्ध धर्म के महान् उपास्य हो जाते हैं। एशियाटिक सोसाइटी में 'कृष्णयमारि तन्त्र' (नं.9964) की पाण्डुलिपि में वज्रपाणि को 'सर्वतथागताधिपति' कहकर स्मरण किया गया है और 'अष्ट साहस्रिका प्रज्ञा पारमिता' के सत्रहवें अध्याय में (पृ.333) इन्हें 'महायक्ष' कहा गया है। 'तथागत गुह्यक' में इन्हें 'गुह्यकाधिपति' कहा गया है।[1] इस प्रकार वज्रयानी ग्रन्थों में यद्यपि वज्रपाणि महान् देवता हो गये हैं। तथापि उनके यक्ष रूप को भुलाया नहीं गया है। पुराने यक्ष-सम्प्रदाय का क्या रूप था यह स्पष्ट नहीं है। पर इतना निश्चित है कि यक्ष लोग विलासी हुआ करते थे। अप्सराएँ और कामदेव इनके देवता हैं और सुरापान भी इनमें प्रचलित था। वरुण तो वारुणी या मदिरा के देवता ही हैं। इनके विलास का एक भीतिजनक रूप 'यक्ष्मा' शब्द से प्रकट होता है। ऐसा जान पड़ता है कि बौद्ध धर्म में इस सम्प्रदाय के प्रवेश करने के बाद से वह तान्त्रिक रहस्यमयी साधना प्रचलित हुई जिसमें स्त्री-संग और मदिरा की पूरी छूट थी। 'ललितविस्तर' में यक्ष कुल को स्पष्ट रूप से वज्रपाणि का उत्पत्तिस्थल कहा गया है (यक्षकुलम् यत्र वज्रपाणेरुत्पत्तिः)। किस प्रकार यह साधना धीरे-धीरे शैव मत को प्रभावित करने में समर्थ हुई यह बात साधना साहित्य के इतिहास की अनेक गुत्थियों को सुलझा सकेगी। इतना स्पष्ट है कि वज्रयान के कई देवता शिव के समान हैं।

'चर्याचर्यविनिश्चय' की टीका में दातड़ीपाद का एक श्लोक उद्धृत है जिसका अर्थ और पाठ दोनों ही बहुत स्पष्ट नहीं है। इससे 'कापालिक' शब्द की मूल व्युत्पत्ति का आभास मिल जाता है। प्राणी वज्रधर है, जगत् की स्त्रियाँ कपालवनिता हैं (अर्थात् 'कपालिनी' हैं।) और साधक हेरुक भगवान् की मूर्ति है जो उससे अभिन्न हैं।[2] ऐसा जान पड़ता है कि स्त्रीजन साध्य होने के कारण ही यह साधना कापालिक कही गयी है। 'साधन माला' के 469वें पृष्ठ पर हेरुक की साधना का

---

1. एन. जी. मजूमदार ज. डि. ले. : जिल्द 11 सन् 1924
2. हरप्रसाद शास्त्री का पाठ इस प्रकार है—
   "प्राणी वज्रधरः कपाल-वनितातुल्यो जगत् स्त्रीजनः।
   सोऽहं हेरुक मूतिरिष भगवान् यो नः प्रभिन्नोऽपिच।" इत्यादि।
   डॉ. प्रबोधचन्द्र बागची महाशय ने मुझे बताया है कि तिब्बती अनुवाद के साथ मिलाने पर उन्हें मालूम हुआ है कि 'नः प्रभिन्नोऽपि च' के स्थान पर "न प्रभिन्नोऽपि च' पाठ होना चाहिए। 'चर्याचर्य विनिश्चय' में कई स्थान पर (पृ.22, 23) इस आचार्य का नाम 'दातड़ीपाद' दिया हुआ है पर डॉ. बागची महाशय ने मुझे बताया कि वस्तुतः यह 'दाओड़ीपाद' होना चाहिए।

उल्लेख है जो बहुत-कुछ नटराज शिव से मिलता है।[1] हिन्दू शास्त्रों के अनुसार हेरुक शिव के एक गण का नाम है।

'मालती-माधव' में इन कापालिकों का जो प्रसंग है वह इतना पर्याप्त नहीं है कि उस पर से कुछ विस्तृत रूप से इनके विषय में जाना जा सके। दातड़ीपाद या दाओड़ीपाद बौद्ध वज्रयानी साधक थे। उनके श्लोक से इतना तो स्पष्ट ही होता है कि कापालिक साधना में स्त्री की सहायता आवश्यक थी। आधुनिक नाथमार्ग में वज्रोली नामक जो मुद्रा पायी जाती है उसमें भी स्त्री का होना परम आवश्यक माना गया है। 'मालती-माधव' का कापालिक अघोरघण्ट अपनी शिष्या कपालकुण्डला के साथ योग साधन करता था। सब मिलाकर ऐसा लगता है कि क्या शैव और क्या बौद्ध दोनों कापालिक साधनाओं में स्त्री की सहायता आवश्यक थी। नीचे हम दोनों प्रकार की साधनाओं का साधारण परिचय देने का प्रयत्न कर रहे हैं।

'मालती-माधव' में कुछ थोड़े से श्लोक हैं जिन पर से इस मत का एक साधारण परिचय मिल जाता है। पंचक अंक के आरम्भ में ही कपालकुण्डला शिव की स्तुति करती पायी जाती है। इस श्लोक[2] का अनुवाद इस प्रकार किया जा सकता है : "छह अधिक-दस नाड़ी-चक्र के मध्य में स्थित है आत्मा जिसकी, जो हृदय में विनिहितरूप है, जो सिद्धिद है उसे पहचाननेवालों का, अविचल चित्तवाले साधक जिसे खोजा करते हैं उन शक्तियों से परिणद्ध शक्तिनाथ की जय हो।" इस श्लोक की ठीक-ठीक व्याख्या क्या है, वह टीकाकार जगद्धर को भी नहीं मालूम था। उन्होंने प्रायः प्रत्येक पद की व्याख्या में दो-तीन सम्भावित अर्थ बताये हैं। 'शक्तियों से परिणद्ध' इस शब्द समूह की व्याख्या के प्रसंग में उन्होंने बताया है कि इसके दो अर्थ सम्भव हैं। ब्राह्मी-माहेश्वरी-कौमारी-वैष्णवी-वाराही-माहेन्दी-चामुण्डा-चण्डिका ये आठ शक्तियाँ हैं; इनसे शिव को वेष्टित कहा गया है क्योंकि वे भैरवमूर्ति हैं। या फिर इसका अर्थ यह भी हो सकता है कि ज्ञान-इच्छा-प्रयत्न (क्रिया) रूप शक्तियों से युक्त शक्तिनाथ शिव। इन दोनों अर्थों के लिए जगद्धर ने कोई प्रमाणवचन नहीं उद्धृत किये। इससे अनुमान होता है कि सामान्य तान्त्रिक विश्वासों के आधार पर ही यह व्याख्या की गयी है, किसी कापालिक ग्रन्थ के आधार पर नहीं। परन्तु यह लक्ष्य करने की बात है कि भवभूति ने 'शक्तिनाथ' शब्द का प्रयोग किया है जो कापालिकों में प्रचलित नाथ शब्द से उनके परिचय का सबूत है। और यह अनुमान करना अनुचित नहीं है कि वे शैवकापालिकों से अच्छी तरह

---

1. साधनाओं में त्रिनयन हेरुक का ध्यान भी दिया हुआ है। एक उल्लेख्य बात यह है कि हेरुक कानों में कुण्डल धारण किये हुए बताये गये हैं (साधन. 244) और 245वीं साधना में इस कुण्डल को 'नरास्थि' अर्थात् मनुष्य की हड्डियों से बना हुआ कहा गया है (दे. पृ. 475)
2. षडधिकदशनाड़ीचक्रमध्यस्थितात्मा हृदिविनिहितरूपः सिद्धिदस्तद्विदां यः।
अविचलितमनोभिः साधकेर्मृग्यमाणः स जयति परिणद्धः शक्तिभिः शक्तिनाथः।।

परिचय रखकर ही अपना नाटक लिख रहे थे। 'षडधिकदश' या 'छह-अधिक-दस' नाड़ीचक्र भी टीकाकार के लिए वैसी ही समस्या रही है। इस शब्द के उन्होंने तीन अर्थ किये हैं। प्रथम और प्रधान अर्थ यह है : कान-नाभि हृदय-कण्ठ-तालु और भ्रू के मध्यवर्ती छह ऐसे स्थान है जहाँ अनेक नाड़ियों के संघट्ट या सम्मिलन है। ये संघट्टस्थान हृदय आदि में अधिष्ठित प्राण-विशेष के चलन योग से बने हुए चक्रों की भाँति हैं और इन स्थानों पर शिव और शक्ति का मिलन होता है। सब मिलाकर 101 नाड़ियाँ ऊपर-नीचे और दायें-बायें छितरायी हुई हैं। उनमें अधिक प्रधान दस हैं—इड़ा, पिंगला, सुषुम्ना, गान्धारी, हस्तिजिह्वा, पूषा, अरुणा, अलम्बुषा, कुहू और शंखिनी।[1] इनके समूह में हृदय-पद्म के बीच सूक्ष्म आकाश देश में—जो प्राणादि का आधार है—शिवस्वरूप कूटस्थ आत्मा स्थित है। यद्यपि यह सिर से लेकर पैर तक समस्त स्थानों को व्याप्त करके विराजमान है तथापि इसका मुख्य स्थान हृदयपंकज ही है।[2] दूसरा अर्थ यह है : सोलह नाड़ियों के चक्र में स्थित है आत्मा जिसकी। टीकाकार ने सोलह नाड़ियों का न[3] तो कोई ग्रन्थान्तरलभ्य प्रमाण ही दिया है और न नाम ही बताये हैं। केवल 'सर्वं शिवमयं मतम्' कहकर इस प्रसंग को समाप्त कर दिया है। तीसरा अर्थ है छह अधिक-दस नाड़ी चक्र। परन्तु इस श्लोक से इतना स्पष्ट प्रतिपन्न होता है कि (1) भवभूति का जाना हुआ कापालिक मत परवर्ती नाथपन्थियों के समान नाड़ियों और चक्रों में विश्वास करता था, (2) शिव और जीव की अभिन्नता में आस्था रखता था, (3) योग द्वारा चित्त के चाञ्चल्य को रोकने से ही कैवल्य रूप में अवस्थित शिवरूप आत्मा का साक्षात्कार होता है, ऐसा मानता था और (4) शक्तियुक्त शिव की प्रभविष्णुता में ही विश्वास रखता था।

इसके बादवाले श्लोक से[4] पता चलता है कि कपालकुण्डला ने जो साधना की थी उसमें नाड़ियों के उदयक्रम से पंचामृत का आकर्षण किया था और इसके फलस्वरूप अनायास ही आकाशमार्ग से विचरण कर सकती थी। टीकाकार ने 'पंचामृत' शब्द के भी अनेक अर्थ किये हैं। प्रथम अर्थ है क्षिति-अप् आदि पाँच तत्त्व; दूसरा अर्थ है विन्दुस्थान से कुण्डलिनी के स्रावण से झरता हुआ रस-विशेष

---

1. सि.सि.सं. 63-65 से तुलनीय।
2. आशिखश्चरणं देहं यद्यपि व्याप्य तिष्ठति।
   तथाप्यस्य परं स्थानं हृत्पंकजमुदाहृतम्।।
3. कापालिक सिद्ध कृष्णपाद (कानिपा) के पदों की टीका में नाड़ियों की संख्या बत्तीस बतायी गयी है। (बौ.गा.दो.पृ.21) और कहा गया है कि इनमें अवधूतिका प्रधान है।
4. नित्यं न्यस्तषडङ्गचक्रनिहितं हृत्पद्ममध्योदितम् ।
   पश्यन्ती शिवरूपिणं लयवशादात्मानमभ्यागता।।
   नाड़ीनामुदयक्रमेण जगतः पञ्चामृताकर्षणात् ।
   अप्राप्तोत्पतनश्रमा विघटयन्त्यग्रे नभोऽम्भामुचः।।

या फिर रसना के नीचे से स्थित रन्ध्र से झरनेवाला रस-विशेष। व्यापक होने से उसे 'पंच' संख्या से सूचित किया गया है (!); तीसरा अर्थ है: जगत् के शरीर के पाँच अमृत जो शिवशक्त्यात्मक हैं। ये हैं रूप, रस, गन्ध, स्पर्श और शब्द। लेकिन 'पञ्चामृत' का जो असली अर्थ है उसे टीकाकार ने दिया ही नहीं। ये पंच अमृत शरीर स्थित पाँच द्रवरस हैं—शुक्र, शोणित, मेद, मज्जा और मूत्र। इनको आकर्षण करके ऊपर उठाने की क्रिया से शरीर को वज्रवत् बनाया जा सकता है, अणिमादिक सिद्धियाँ पायी जा सकती हैं। वज्रयानी साधकों में तथा कौलमार्गी तान्त्रिकों में भी यह विधि है। नाथमार्ग में जो वज्रोली साधना है उसे इस साधना का भाग्नावशेष समझना चाहिए।

ऐसा जान पड़ता है कि अन्यान्य तान्त्रिकों की भाँति कापालिक लोग भी विश्वास करते थे कि परमशिव ज्ञेय हैं, उपास्य हैं उनकी शक्ति और तद्युक्त अपर या सगुण शिव। इसी बात को लक्ष्य करके देवी भागवत में कहा गया है कि कुण्डलिनी अर्थात् शक्ति से रहित शिव भी शव के समान (अर्थात् निष्क्रिय हैं)—'शिवोऽपि शवतां याति कुण्डलिन्या विवर्जितः' और इसी भाव को ध्यान में रखकर शंकराचार्य ने 'सौन्दर्य लहरी' में कहा है कि शिव यदि शक्ति से युक्त हों तब भी कुछ करने में समर्थ हैं नहीं तो वे हिल भी नहीं सकते—

शिवः शक्त्यायुक्तो यदि भवति शक्तः प्रभवितुं।
न चेदेवं देवो न खलु कुशलः स्पन्दितुमपि।।

तान्त्रिक लोगों का मत है कि परमशिव के न रूप हैं न गुण, और इसीलिए उनका स्वरूप-लक्षण नहीं बताया जा सकता। जगत् के जितने भी पदार्थ हैं वे उससे भिन्न हैं और केवल 'नेति नेति' अर्थात् 'यह भी नहीं, वह भी नहीं' ऐसा ही कहा जा सकता है। निर्गुण शिव (पर-शिव) केवल जाने जा सकते हैं; उपासना के विषय नहीं हैं। शिव केवल ज्ञेय हैं। उपास्य तो शक्ति हैं। इस शक्ति की उपासना के बहाने भवभूति ने कापालिकों के मुख से शक्ति के क्रीड़न और ताण्डव का बड़ा शक्तिशाली वर्णन किया है।'[1] शक्तियों से वेष्टित शक्तिनाथ की महिमा वर्णन करने के कारण यह अनुमान असंगत नहीं जान पड़ता कि कापालिक लोग भी परमशिव को निष्क्रिय-निरंजन होने के कारण केवल ज्ञान मार्ग का विषय (ज्ञेय) समझते हैं।

वस्तुतः दसवीं शताब्दी के आस-पास लिखी हुई एक-दो और पुस्तकों में भी शैव कापालिकों का जो वर्णन मिलता है वह ऊपर की बातों को पुष्ट ही करता है। 'प्रबोधचन्द्रोदय' नामक नाटक में सोमसिद्धान्त नामक कापालिक का वर्णन है। वह

---

1. सावष्टम्भ निशुम्भ सम्भ्रमनमद्भूगोलनिष्पीडन—
न्यञ्चत्कर्परकूर्मकम्पविगलद्ब्रह्माण्डखण्डस्थिति।
पातालप्रतिमल्लगल्लविवरप्रक्षिप्तसप्तार्णवं
वन्दे नन्दितनीलकण्ठपरिषद् व्यक्तर्द्धिवः क्रीड़ितम्।।5।22।

मनुष्य की अस्थियों की माला धारण किये था, श्मशान में वास करता था और नरकपाल में भोजन किया करता था। योगीजन से शुद्ध दृष्टि से वह कापालिक जगत् को परस्पर भिन्न देखते हुए भी ईश्वर (=शिव) से अभिन्न देखा करता था।[1] 'प्रबोध-चन्द्रोदय की चन्द्रिका' नामक व्याख्या में 'सोम-सिद्धान्त' नाम का अर्थ समझाया गया है। सोम का अर्थ है उमा-सहित (शिव)। जो व्यक्ति विश्वास करता है कि शिव जिस प्रकार नित्य उमा-सहित कैलास में विहार करते हैं उसी प्रकार कान्ता के साथ विहार करना ही परम मुक्ति है वही सोम-सिद्धान्ती है। स्त्री के साथ विहार करने के सिवा इन लोगों के मत में अन्य कोई सुख है ही नहीं। सदाशिव जब प्रसन्न होते हैं तो ऐसे सुख को दुःख अभिभूत नहीं करता अतएव वह नित्यसुख कहा जाता है।[2] 'प्रबोधचन्द्रोदय' से यह भी पता चलता है कि ये लोग चर्बी, आँत आदि सहित मनुष्य के मांस की आहुति देते थे, नरकपाल के पात्र में सुरा-पान करते थे, ताजे मानव-रक्त के उपहार से महाभैरव की पूजा किया करते थे[3] और सदा कपालिनी (=कपाल-वनिता) के साथ रहा करते थे। मदिरा को ये लोग 'पशुपाश-समुच्छेद कारणं' अर्थात् जीव के भवबन्धन को काटनेवाला समझते थे।

इसी प्रकार राजशेखर कवि की लिखी हुई 'कर्पूर मंजरी' में भैरवानन्द नामक कापालिक की चर्चा है। ये अपने को 'कुलमार्ग लग्न' या कौल सिद्ध कहते थे। 'प्रबोधचन्द्रोय' के कापालिक को भी 'कुलाचार्य' कहकर सम्बोधन किया गया है। 'कर्पूर मंजरी' के कापालिक ने बताया है कि कुलमार्ग के साधक को न मन्त्र की जरूरत है, न तन्त्र की, न ज्ञान की, न ध्यान की यहाँ तक कि गुरुप्रसाद की भी जरूरत नहीं है। वे मद्यपान करते हैं। स्त्रियों के साथ विहार करते हैं और सहज ही मोक्ष प्राप्त कर लेते हैं।[4] इसमें कोई सन्देह नहीं कि नाटककार ने इनके मत को

---

1. नरास्थिमालाकृतचारुभूषणः।
   श्मशानवासी नृकपालभूषणः।
   पश्यामि योगांजनशुद्धचक्षुषा
   जगन्मिथो भिन्नमभिन्नमीश्वरात् ।3।12
2. तत्र स्त्री-सम्भोगादि व्यतिरेकेण सुखान्तरं नारित। सदा शिवप्रसादमहिम्ना तादृशसुखस्य दुःखालनभिंभूतत्त्वान्नित्यसुखत्वम् । इति सोम-सिद्धान्तरहस्यम् ।
3. मस्तिष्कान्त्रवसाभिपूरितमहामांसाहुतिर्जुहतां
   वह्नौ ब्रह्मकपालकल्पितसुरापानेन नः पारणा।
   सद्यः कृत्तकठोरकण्ठ बिगलत् कीलालधारोज्ज्वलै—
   रर्च्यो नः पुरुषोपहार लिभिर्देवो महाभैरवः।
4. मन्तो ण तन्तो ण अ किं पि जाणं
   झाणं च णो किं पि गुरुप्पसादा।
   मज्जं पिबामो महिलं रमामो
   मोक्खं च जामो कुलमग्गलग्गा।।
   रण्डा चण्डा दिक्खिदा धम्मदारा

जैसा समझा था वैसा ही चित्रित किया है। इन चित्रणों को हमें उचित सतर्कता के साथ ही ग्रहण करना चाहिए। कापालिकों के सम्बन्ध में जनसाधारण की जैसी धारणा थी उसी का चित्र इन नाटकों में मिलता है। सर्वत्र ये कापालिक शैव साधक समझे गये हैं। इसी प्रकार पुष्पदन्त विरचित 'महापुराण' में अनेक स्थलों पर कापालिकों और कौलाचार्यों का उल्लेख है। सर्वत्र उन्हें शैव योगी माना गया है और सर्वत्र उनके मद्यपान का उल्लेख है।

जालन्धरपाद का कहा जानेवाला एक अपभ्रंश पद राहुल जी को नेपाल में मिला है। यद्यपि इसकी भाषा 'बिलकुल बिगड़ी हुई है' तथापि इस पद से उनके मत के विषय में एक धारणा बनायी जा सकती है। यद्यपि जालन्धरपाद अक्षयनिरंजन निरालम्ब शून्य को नमस्कार कर रहे हैं और यह लग सकता है कि वे बौद्ध लोगों की भाँति एक अनिर्वचनीय 'शून्य' को अपना उपास्य मानते हैं, तथापि इस अस्पष्ट पद से भी यह स्पष्ट समझ में आ जाता है कि वे सरहपाद के 'महासुख' नामक 'सत्' आनन्द को ही चरम प्राप्तव्य मानते हैं। एक ऐसा समय गया है जब सहजयानी और वज्रयानी साधक शून्य को निषेधात्मक न मानकर विध्यात्मक या धनात्मक रूप में समझने लगे थे। इसी भाव के बताने के लिए वे 'सुखराज' या 'महासुख' शब्द का व्यवहार करते थे। ये साधक चार प्रकार के आनन्द मानते थे, प्रथमानन्द, परमानन्द, विरमानन्द और सहजानन्द अन्तिम और श्रेष्ठ आनन्द सहजानन्द है। यही सुखराज है, यही महासुख है इसे किसी शब्द से नहीं समझाया जा सकता है। यह अनुभवैकगम्य है। इसमें इन्द्रिय-बोध लुप्त हो जाता है, आत्मभाव या अस्मिता विलुप्त हो जाती है, 'केवल' रूप में अवस्थित होती है। सरहपाद ने इसी भाव को बताने के लिए कहा है—

इन्दिअ जत्थ विलअ गउ
णट्ठिउ अप्प सहावा।
सो हले सहजन तनु फुड़
पुच्छहि गुरु पावा।

इतना वे लोग भी मानते थे कि सर्वज्ञ भगवान् बुद्धदेव ने इस शब्द का कभी प्रयोग नहीं किया और इस भाव की प्रज्ञप्ति के लिए कुछ भी नहीं कहा। परन्तु साथ

मज्जं मसं पिज्जए खज्जए अ।
भिक्खा भोज्जं चमखंडं च सेज्जा।
कोलो धम्मो कासणो भोदिरम्मो।।
मुत्तिं भणन्ति हरिब्रह्ममुखादि देवा
झाणेण वेअपठणेण कदुक्किआए।
एक्केणकेवलमुमादइएण ठिठ्ठो
मोक्खो समं सुर अकेलि सुरारसेहि।। कर्पूर मंजरी 1।22-24

ही, वे बुद्धदेव के मौन को अपने पक्ष की पुष्टि में ही उपयोग करते थे। उनका कहना था कि यद्यपि भगवान् बुद्ध सर्वज्ञ थे तथापि वे इस महासुखराज के विषय में जो मौन रह गये, वह इसलिए कि यह वाणी से परे था—'जय हो इस कारणरहित सुखराज की जो जगत् के नाशमान चंचल पदार्थों में एकमात्र स्थिर वस्तु है, और सर्वज्ञ भगवान् बुद्ध को भी इसकी व्याख्या करते समय वचन-दरिद्र हो जाना पड़ा था।

जयति सुखराज एष कारणरहितः सदोदितो जगताम् ।
यस्य च निगदनसमये वचनदरिद्रो बभूव सर्वज्ञः।।

—नडपाद की 'सेकोद्देश की टीका' में सरहपाद का वचन (पृ.63)

सो, यह सुखराज ही सार है, यही शून्यावस्था है, क्योंकि इसका न आदि है न अन्त है, न मध्य है, न इसमें अपने का ज्ञान रहता है न पराये का। न यह जन्म है न मोक्ष; न भव, न निर्वाण। इसी अपूर्व महासुखराज को सरहपाद ने इस प्रकार कहा है—

आइ ण अन्त ण मज्झ णउ,
णउ भव णउ णिब्बाण।
एहु सो परम महासुह,
णउ पर णउ अप्पाण।

—ज.डि. ले., पृ. 13

हमने पहले ही देखा है कि जालन्धरपाद ने सरहपाद के ग्रन्थ पर एक टिप्पणी लिखी थी, इसलिए उनके ऊपर सरहपाद के विचारों का प्रभाव होना बिलकुल स्वाभाविक है। राहुल जी ने नेपाल के बौद्धों में प्रचलित 'चर्यागीति' नामक पुस्तक से जो पद संग्रह किया है वह स्पष्ट रूप से सरहपाद के बताये हुए उक्त मत का समर्थन करता है। वे चतुरानन्द। (चार प्रकार के आनन्द) की बात कहकर बताते हैं कि परमानन्द और विरमानन्द के बीच ही जो आनन्द (=सहजानन्द) आच्छन्न नहीं हो जाता, जो सबके ऊर्ध्व में और सबके अतीत है वह 'महासुख' है। जलान्धरपाद ने उस महासुख को अनुभव किया था—

आनन्द परमानन्द विरमा, चतुरानन्द जे सम्भवा।
परमा विरमा माझे न छादिरे महासुख सुगत सम्प्रदप्रापिता।।

—गंगा, पु.पृ.253

यह महासुख शैव तान्त्रिकों के सहजानन्द के बहुत नजदीक है। इसलिए आश्चर्य नहीं कि जालन्धरपाद को परवर्ती साहित्य में शैव सिद्ध मान लिया गया है।

वर्तमान अवस्था में उनके मत के विषय में इससे कुछ अधिक कह सकना सम्भव नहीं है परन्तु उनके शिष्य कृष्णपाद के मत के विषय में कुछ अधिक कह सकना सम्भव है। उनके कई पद और दोहे प्राप्त हुए हैं और उन पर संस्कृत टीका भी उपलब्ध हुई है। संक्षेप में, आगे उनके मत का सार सङ्कलन किया जा रहा है।

यहाँ इतना कह रखना उचित है कि म. म. पं. गोपीनाथ कविराज ने 'सिद्धान्त वाक्य' से गोपीचन्द और जालन्धरनाथ का जो संवाद उद्धृत किया है[1] वह बहुत परवर्ती जान पड़ता है। वस्तुतः वह अपभ्रंश से या पुरानी हिन्दी से संस्कृत में रूपान्तरित जान पड़ता है। हम आगे 'गोरष बोध' के प्रसङ्ग में उस पर विचार करेंगे।

कान्हूपाद या कृष्णपाद (कानिपा) के दोहों का एक संग्रह 'दोहा कोष' नाम से श्री हरप्रसाद शास्त्री ने छपाया है। उस पर 'मेखला'[2] नामक संस्कृत टीका भी मिली है। इनको फिर से तिब्बती अनुवाद से मिलाकर डॉ. बागची ने सम्पादन किया है। इन दोहों के अतिरिक्त 'चर्याचर्यविनिश्चय' में संस्कृत टीका के साथ उनके कई पद भी छपे हैं। इन्हीं सबके आधार पर नीचे का संकलन प्रकाशित किया जा रहा है।

कृष्णपाद मानते थे कि इस शरीर में ही चरम प्राप्तव्य की प्राप्ति होती है। शरीर का जो मेरुदण्ड है वही कंकाल-दण्ड कहा जाता है, इसे ही मेरु पर्वत कहते हैं। क्योंकि श्री सम्पुटतन्त्र में कहा गया है कि पैरों के तलवे में भैरवरूप धनुषाकार वायु का स्थान है, कटिदेश में त्रिकोण उद्धरण है जिसके तीन दलों पर वर्तुलाकार वरुण का वास है और हृदय में पृथ्वी है जो चतुरस्त्र भाव से सब ओर व्याप्त है। इसी प्रकार कंकालदण्ड के रूप में गिरिराज सुमेरु स्थित है।[3] इसी गिरिराज के कन्दर कुहर में नैरात्म धातु जगत् उत्पन्न होता है। इसी गिरिकुहर में स्थित पद्म में यदि बोधिचित्त पतित होता है तो कालाग्नि का प्रवेश होता है और सिद्धि में बाधा पड़ती है?[4] क्योंकि 'शुक्र सिद्धि' नामक ग्रन्थ में स्पष्ट ही लिखा है कि यदि सर्वसिद्धि का निधान बोधिचित्त (= शुक्र, नाथपन्थियों का बिन्दु) नीचे की ओर पतित हो और स्कन्धविज्ञान मूर्च्छित हो जाय तो उत्तम सिद्धि कहाँ से प्राप्त हो सकती है?[5]

यहाँ यह समझ रखने की जरूरत है कि समस्त बौद्ध वज्रयानी और सहजयानी साधक मानते हैं कि दो प्रकार के सत्य होते हैं—लोकसंवृत्ति-सत्य अर्थात् लौकिक सत्य और पारमार्थिक सत्य अर्थात् वास्तविक सत्य। लोक में बोधिचित्त का अर्थ

---

1. स. भ. स्ट.जिल्द 6: पृ.27
2. कृष्णपाद की एक शिष्या का नाम भी मेखला था। यह अनुमान किया जा सकता है कि टीका उन्हीं की लिखी हो। मेखला वज्रयान-सम्प्रदाय में बहुत गौरव का पात्र मानी जाती हैं, वे चौरासी सिद्धों में एक हैं। 'वर्ण रत्नाकार' में मेखला नाम से जिस नाथ सिद्ध का उल्लेख है वे यही हैं।
3. स्थितः पाद तले वायुर्भैरवोधनुराकृतिः।
स्थितोऽस्ति कटिदेशे तु त्रिकोणोद्धरणन्तथा।।
वर्तुलाकाररूपो हि वरुणस्त्रिदले स्थितः।।
हृदये पृथिवी चैव चतुरस्त्रा समन्ततः।
कंकालदण्डरूपो हि सुमेरुगिरिराट् तथा।।
4. वर गिरि कन्दर कुहिर जगु तहि सअल चित्तत्थइ।
विमल सलिल सोसजाइ कालाग्गि पइट्‌ठइ।। 14।। —बौ.गा.दो., पृ.127
5. पतिते बोधिचित्ते तुं सर्वसिद्धि निधानके।
मूर्च्छिते स्कंधविज्ञाने कुतः सिद्धिरनिन्दिता।।

स्थूल शारीरिक शुक्र है जबकि पारमार्थिक सत्य में वह ज्ञातृरूप चित्त है। इसी प्रकार पद्म और वज्र के सांवृत्तिक अर्थ स्त्री और पुरुष के जननेन्द्रिय हैं। परन्तु पारमार्थिक अर्थात् वास्तविक अर्थ आध्यात्मिक हैं जो आगे स्पष्ट होंगे। कृष्णाचार्यपाद के एक पद की टीका में टीकाकार ने बताया है कि जो लोग गुरु सम्प्रदाय के अन्दर नहीं हैं वे लोग सांवृत्तिक (व्यावहारिक) अर्थ लेकर शरीर रूप कमल के मूलभूत बोधिचित्त को 'शुक्र' समझते हैं।[1] कृष्णाचार्यपाद ने इस वृत्ति को मार डालने का संकल्प प्रकट किया था। स्कन्ध विज्ञान के मूर्च्छित होने का क्या अर्थ है, यह समझना जरूरी है। इसलिए इसके विकास पर एक सरसरी निगाह दौड़ाकर हम आगे बढ़ेंगे।

किस प्रकार यह तान्त्रिक प्रवृत्ति बौद्ध मार्ग में प्रविष्ट हुई थी, इसका इतिहास बहुत मनोरंजक है। इस विषय में भदन्त शान्तिभिक्षु ने 'विश्वभारती पत्रिका' में एक महत्त्वपूर्ण लेख लिखा है। अनुसन्धित्सु पाठकों को वह लेख (वि.भा.प.,खण्ड 4, अंक 1) पढ़ना चाहिए। यहाँ विकृत विषय से सम्बद्ध कुछ तथ्यों का संकलन किया जा रहा है, इससे परवर्ती प्रसंग स्पष्ट होगा। जो साधक साधनामार्ग में अग्रसर होने की इच्छा रखता है उसके लिए चित्त को वश में करना परम आवश्यक है। इस चित्त में यदि कामनाओं के उपभोग न करने का कारण क्षोभ हुआ तो साधना मिट्टी में मिल जायगी। यही सोचकर अनङ्गवज्र ने कहा था कि इस प्रकार प्रवृत्त होना चाहिए जिससे चित्त क्षुभित न हो। यदि चित्तरत्न संक्षुब्ध हो गया तो कभी सिद्धि नहीं मिल सकती।[2] फिर यह विक्षोभ दमन कैसे किया जाय? वासनाएँ दबाने से मरती नहीं अपितु और भी अन्तस्तल में जाकर छिप जाती हैं। अवसर पाते ही वे उद्‌बुद्ध हो जाती हैं और साधक को दबोच लेती हैं। इसीलिए उनको दबाना ठीक नहीं। उचित पन्थ यह है कि समस्त कामनाओं का उपभोग किया जाय तभी शीघ्र चित्त का संक्षोभ दूर होगा और सच्ची सिद्धि प्राप्त होगी।[3] इस प्रकार कामोपभोग का साधना-क्षेत्र में प्रवेश हुआ। इस साधना की पृष्ठभूमि में शून्यवाद था। शून्यता और समस्त अभावों और अभावों से मुक्त निःस्वभावता ही साधक का चरम लक्ष्य है। कामनाओं में उपभोग के लिए स्त्री की आवश्यकता है इसीलिए वज्रयान में पाँच बुद्धों और अनेक बोधिसत्त्वों की शक्ति की कल्पना की गयी है। सिद्धिप्राप्ति के लिए गुरु की आवश्यकता है, इसलिए जो बुद्ध सिद्ध हो गये हैं उनके भी गुरु हैं। यह गुरु

---

1. गुरुसम्प्रदायविहीनस्य सैव डोम्बिनी अपरिशुद्धाऽवधूतिका सरोवरं कायपुष्करं तन्मूल तदेव बोधिचित्तं संवृत्या शुक्ररूतं मारयामि।।—बौ.गा. दो. पृ.21।
2. तथा तथा प्रवर्तेत यथा न क्षुभ्यतेः मनः।
संक्षुब्धे चित्तरत्ने तु सिद्धिर्नैव कदाचन्।।
3. दुष्करैर्नियमैस्तीव्रैः सेव्यमानो न सिद्ध्यति।
सार्वकामोपभोगैस्तु सेवयंश्चशु सिद्ध्यति।।

शून्यता ही है। जैसे गुड़ का धर्म माधुर्य है, और अग्नि का धर्म उष्णता है उसी प्रकार समस्त धर्मों का धर्म—समस्त स्वभावों का स्वभाव—शून्यता है।[1] शून्यता का मूर्तरूप वज्रसत्त्व है। वज्रसत्त्व वज्रधर, वज्रपाणि, तथागत इसी शून्य के नाम हैं, यही वज्रधर समस्त बुद्धों के गुरु हैं।

बौद्ध दर्शन में समस्त पदार्थों को पाँच स्कन्धों में विभक्त किया गया है—रूपस्कन्ध, वेदना स्कन्ध, संज्ञा-स्कन्ध, संस्कार-स्कन्ध और विज्ञान-स्कन्ध। इस शरीर में भी ये ही पाँच तत्त्व हैं और पाँचों बुद्ध—वैरोचन, रत्नसम्भव, अमिताभ, अमोघसिद्धि और अक्षोभ्य इन्हीं पाँच स्कन्धों के विग्रह हैं। इन बुद्धों की पाँच शक्तियाँ हैं, और नाना भाँति के चिह्न, रंग, वर्ण, कुल आदि हैं। इस प्रकार समस्त बुद्धों की आश्रयभूमि जिस प्रकार समस्त विश्वब्रह्माण्ड है उसी प्रकार यह शरीर भी है। इसीलिए शरीर की साधना परम आवश्यक है। काया-साधना से शून्यता रूप परम प्राप्तव्य प्राप्त किया जा सकता है। समस्त बुद्धों और उनकी शक्तियों की आवासभूमि यह शरीर है। नीचे भदन्त शान्ति भिक्षु के लेख से एक कोष्ठक उद्धृत किया जा रहा है जिससे बुद्ध, उनकी शक्तियाँ, रंग, रूप, चिह्न और कुल आदि का परिचय हो जायेगा। आगे चलकर हम देखेंगे कि यह साधना नाथ-साधना का या तो पूर्व रूप है, या उससे अत्यधिक सम्बद्ध है।

अब इस मानव शरीर का प्रधान आधार उसकी रीढ़ या मेरुदण्ड है। सो, इस मेरुदण्ड के भीतर तीन नाड़ियों से होता हुआ प्राणवायु संचरित होता है। बायीं नासिका से ललना और दाहिनी नासिका से रसना नामक प्राणवायु को वहन करनेवाली नाड़ियाँ चलती हैं। (नाथपन्थियों की इड़ापिंगला से तुलनीय) जिनमें पहली प्रज्ञा-चन्द्र है और दूसरी उपाय सूर्य। प्रज्ञा और उपाय नाथपन्थियों की इच्छा और क्रिया शक्ति की समशील हैं। मध्यवर्ती नाड़ी अवधूती है जो नाथपन्थियों की सुषुम्णा की समशीला है। इस नाड़ी से जब प्राणवायु ऊर्ध्वगति को प्राप्त होता है तो ग्राह्य और ग्राहक का ज्ञान नहीं रहता इसीलिए अवधूती नाड़ी को ग्राह्यग्राहकवर्जिता कहा जाता है।[2] मेरुगिरि के शिखर का महासुख का आवास है जहाँ एक चौंसठ दलों का कमल है। यह कमल चार मृणालों पर स्थित है, प्रत्येक मृणाल के चार क्रम हैं और प्रत्येक क्रम के चार-चार दल हैं—इस प्रकार यह (4×4×4) चौंसठ दलों का कमल (पद्म) है जहाँ वज्रधर (योगी) इस पद्म का आनन्द उसी प्रकार लेता

---

1. गुड़े मधुरता चाग्ने रुष्णत्वं प्रकृतिर्यथा।
   शून्यता सर्व धर्माणां तथा प्रकृतिरिष्यते।।
2. हे वज्र में सरोरुहपाद ने कहा है—
   ललना प्रज्ञा स्वभावेन रसनोपायसंस्थिता।
   अवधूती मध्यदेशेतु ग्राह्यग्राहकवर्जिता।।

है जिस प्रकार भ्रमर प्रफुल्ल कुसुम का।[1] इन चार मृणालों के दलों को शून्य, अतिशून्य, और सर्वशून्य नाम दिया गया है। जो सर्वशून्य का आवास है उसी का नाम उष्णीषकमल है, यहीं डाकिनी जालात्मक जालन्धर गिरि नामक महामेरुगिरि का शिखर है, यहीं महासुख का आवास है।[2] इसी गिरि पर शिखर पर पहुँचने पर योगी स्वयं वज्रधर कहा जाता है, यहीं वह सहजानन्द रूप महासुख को अनुभव करता है।[3]

पंच स्कन्ध	पंचतथा गत या ध्यानि बुद्ध	रंग	वर्ण	चिह्न	पाँच कुल	शक्तियाँ	शक्तियों के दूसरे नाम	तत्त्व	रंग (तत्त्वों के)	चिह्न
रूप	वैरोचन	शुक्ल	कवर्ग	शुक्ल चक्र	मोह	मोहरीति	लोचना	पृथ्वी	शुक्ल	चक्र
वेदना	रत्नसम्भव	पीत	टवर्ग	रत्न	ईर्ष्या	ईर्ष्यारति	तारा	वायु	श्याम	नीलकमल
संज्ञा	अमिताभ	रक्त	तवर्ग	पद्म	राग	रागरति	पाण्डर बासिना	तेज	रक्त	पद्म
संस्कार	अमोघ सिद्धि	श्याम	पवर्ग	वज्र	वज्र	वज्ररति	...	...	...	...
विज्ञान	अक्षोभ्य	कृष्ण	चवर्ग	कृष्ण वज्र	द्वेष	द्वेषरति	मामकी	जल	कृष्ण	कृष्ण वज्र
शून्यता	वज्रसत्त्व	शुक्ल	अन्तःस्थ	वज्र घण्टा			प्रज्ञापरिमिता			

ऊपर जो चार प्रकार के आनन्द बताये गये हैं उनमें प्रथम आनन्द कायात्मक है अर्थात् शारीरिक आनन्द है, दूसरे और तीसरे वाचात्मक और मनसात्मक हैं। अन्तिम आनन्द ज्ञानात्मक है और इसीलिए सहजानन्द कहा जाता है। इसी आनन्द में महासुख की अनुभूति होती है।

यह लक्ष्य करने की बात है कि इस समय भी नाथमार्ग में विशेष-विशेष चक्रों के नाम जालन्धर और उड्डियानपीठ हैं। परन्तु गोरक्षनाथ के मत में जालन्धरपीठवाला चक्र अन्तिम चक्र नहीं है। आधुनिक नाथपन्थियों के षट्चक्रों में

---

1. ललना रसना रविशशि तुड़िआ वेनवि पासे।
   चउपत्तर चउक्कम चउमृणाल त्थिअ महासुहवासे।। 5।।
   एवं काल वीअलइ कुसुमिअ अरविन्दए।
   महुअरुए सुरअवीर सिंघप मअरन्दए।।6।।—बौ.गा. दो, पृ. 124
2. शून्यातिशून्य महाशून्यसर्वशून्यमिति चतुः शून्य स्वरूपेण पत्रचतुष्टयं चतुरादि स्वरूपेण चतुर्मृणालसंस्थिता। कुत्रेत्याह। महासुखं वसत्यस्त्रित्रिति महासुखवासे उष्णीषकमलं तत्र सर्वशून्यालयो डाकिनी जालात्मकं जालन्धराभिधानं मेरुगिरिशिखर मित्यर्थः।
3. एहु सो गिरिवर कहिअ मगिएहु सो महासुह पाव।
   एत्थुरे निसग्गा सहज खगुन हइ महासुह जाव।। 26।।

जो पाँचवाँ विशुद्ध चक्र है वह सोलह दलों का माना गया है। इसके स्फटिक वर्ण की कर्णिका में वर्तुलाकार आकाशमण्डल है जिसमें निष्कलंक पूर्ण चन्द्रमा है। इसी के पार्श्व में शाकनी सहित सदाशिव है। यह जालन्धर पीठ कहलाता है,[1] छठा आज्ञाचक्र है। इसके दो दल हैं और कर्णिका में हाकिनी-सहित शिव हैं। इसी को उड्डियान भी कहते हैं।[2] कृष्णपाद ने डाकिनी-युगलात्मक जालन्धर पीठ की बात कही है। इन दिनों तान्त्रिकों और नाथमार्गियों के विश्वासानुसार डाकिनी से अध्युषित चक्र मूलाधार है जो बिलकुल प्रथम चक्र है।[3] इस प्रकार परवर्ती विश्वास कृष्णाचार्यपाद के सिद्धान्तों को और भी आगे बढ़ाकर बनाया हुआ जान पड़ता है। उन दिनों बौद्ध साधक भी शिव को उपास्य मानते थे, इसका प्रमाण भी पुराने ग्रन्थों से मिल सकता है।[4]

अवधूती नाड़ी डोम्बिनी या डोमिन है और चंचल चित्त ही ब्राह्मण है। डोमिन से छू जाने के भय से यह अभागा ब्राह्मण भागा-भागा फिरता है। विषयों का जंजाल मानो एक नगर है और अवधूती रूपी डोमिन इस नगर से बाहर रहती है। जब कृष्णपाद ने गाया है कि हे डोमिन तुम्हारी कुटिया नगर के बाहर है, छूआछूत से ब्राह्मण भागा फिरता है तो उनका तात्पर्य उसी अवधूती वृत्ति से है। वे कहते हैं कि 'डोमिन, तुम चाहे नगर के बाहर ही रहो पर निर्घृण कापालिक कान्ह (कानपा) तुम्हें छोड़ेगा नहीं, वह तुम्हारे साथ ही संग करेगा।' जब वे कहते हैं कि चौंसठ पंखड़ियों के दल पर डोमिन नाच रही है[5] तो उनका मतलब उसी महा मेरुगिरि के जालन्धर

---

1. गो. प.: पृ. 15।
2. गो. प.: पृ. 15।
3. वसेदत्र देवीच डाकिन्यभिख्या
   लसद्वाहुवेदोज्ज्वलः रक्तनेत्रा।
   समानोदितानेक सूर्यप्रकाशा
   प्रकाशं वहन्ती सदाशुद्धबुद्धे।।—षट्चक्र निरूपण-7
4. मालती माधव की बौद्धसाधिका सौदामिनी आकाशपथ से विचरण करती जब उस स्थान पर आती हैं, जहाँ मधुमती और सिन्धु नदी के संगम पर भगवान् भवानीपति का 'अपौरुषेय-प्रतिष्ठ' विग्रह सुवर्णविन्दु है, तो भक्तिपूर्वक शिव को प्रणाम करती हैं :—
   "अयंच मधुमती सिंधु संभेदपावनो भगवान् भवानीपतिपौरुषेयप्रतिष्ठः सुवर्णविंदुरित्याख्यायते। (प्रणम्य)।
   जय देव भुवन भावन जय भगवन्नखिलवरद-निगमनिधे।
   जय रुचिरचन्द्रशेखर जय मदनान्त जयादिगुरो।"—मा.मा. 9।4
5. नगरे बाहिरैं डोम्बि तोहारि कुड़िआ।
   छोइ छोइ जाइ सो ब्राह्म नाड़िया।।
   आलो डोम्बि तोए सँग करिबे म साँग।
   निध्घिन कान्ह कापालि जोइ लाँग।।
   एक सौ पद्मा चौषट्ठी पांखुड़ी।
   तहि चढ़ि नाचअ डोम्बि बाबुड़ी।।—पद 10, चर्या पृ.।9।

नामक शिखर पर स्थित उष्णीष कमल से है। इसी प्रकार जब वह कहते हैं कि मन्त्र-तन्त्र करना बेकार है केवल अपनी घरनी को लेकर मौज करो तो[1] उनका मतलब इसी अवधूती के साथ विहार करने का होता है।

एक बार प्राण-वायु का निरोध करके यदि योगी इस मेरु शिखर पर वास कर सकता तो निस्तरंग सरोवर की भाँति उसकी वृत्तियों के रुद्ध होने से वह सहजस्वरूप को प्राप्त होता है। सहजरूप अर्थात् पाप और पुण्य—विराग और राग—दोनों से रहित दोनों के अतीत। श्रीमद् आदि बुद्ध ने कहा भी है कि विराग से बढ़कर पाप नहीं है, और राग से बढ़कर पुण्य नहीं[2] सो कृष्णपाद ने परमतत्त्व का साक्षात्कार करके यह सत्य वचन कहा है—

नितरंग सम सहजरुअ सअल करुष विरहिते।
पाप पुण्ण रहिए, कुच्छ नाहि फुल कान्हु कहिए।।10।।

यह साधना नाथ-मार्गियों के साधना से बहुत-कुछ मिलती है। हम आगे चलकर देखेंगे कि नाथ-सिद्ध भी इसी भावाभावविनिर्मुक्तावस्था को अपनी साधना का चरम लक्ष्य मानते हैं।

---

1. एक्क न किज्जइ मंत न तंत
   णिअ घरणी लेइ केलि करन्त।
   णिअ घर घरणी जवण मज्जइ
   ताव कि पञ्चवण्ण विहरिज्जइ। । 28।। —बौ. गा. दो. : पृ.131
2. विरागान्नपरं पापं न पुण्यं सुखतः परम् ।
   अतोऽक्षर सुखे चित्तं निवेश्यं तु सदा नृप।।

8
गोरक्षनाथ (गोरखनाथ)

विक्रम संवत् की दसवीं शताब्दी में भारतवर्ष के महान् गुरु गोरक्षनाथ का आविर्भाव हुआ। शंकराचार्य के बाद इतना प्रभावशाली और इतना महिमान्वित महापुरुष भारतवर्ष में दूसरा नहीं हुआ। भारतवर्ष के कोने-कोने में उनके अनुयायी आज भी पाये जाते हैं। भक्ति-आन्दोलन के पूर्व सबसे शक्तिशाली धार्मिक आन्दोलन गोरक्षनाथ का योगमार्ग ही था। भारतवर्ष की ऐसी कोई भाषा नहीं है जिसमें गोरक्षनाथ सम्बन्धी कहानियाँ न पायी जाती हों। इन कहानियों में परस्पर ऐतिहासिक विरोध बहुत अधिक है परन्तु फिर भी इनमें एक बात अत्यन्त स्पष्ट हो जाती है—गोरक्षनाथ अपने युग के सबसे बड़े नेता थे। उन्होंने जिस धातु को छुआ वही सोना हो गया। दुर्भाग्यवश इस महान् धर्मगुरु के विषय में ऐतिहासिक कही जाने लायक बातें बहुत कम रह गयी हैं। दन्तकथाएँ केवल उनके और उनके द्वारा प्रवर्तित योगमार्ग के महत्त्व-प्रचार के अतिरिक्त कोई विशेष प्रकाश नहीं देती।

उनके जन्मस्थान का कोई निश्चित पता नहीं चलता। परम्पराएँ अनेक प्रकार के अनुमान को उत्तेजना देती हैं और इसीलिए भिन्न-भिन्न अन्वेषकों ने अपनी रुचि के अनुसार भिन्न-भिन्न स्थानों को उनका जन्मस्थान मान लिया है। 'योगि सम्प्रदाया विष्कृति' में उन्हें गोदावरी तीर के किसी चन्द्रगिरि में उत्पन्न बताया गया है।[1] नेपाल दरबार लाइब्रेरी में एक परवर्ती काल का 'गोरक्ष सहस्रनामस्तोत्र' नामक छोटा-सा ग्रन्थ है। उसमें एक श्लोक इस आशय का है कि दक्षिण दिशा में कोई बड़व नामक देश है वहीं महामन्त्र के प्रसाद से महाबुद्धिशाली गोरक्षनाथ प्रादुर्भूत हुए थे।[2] सम्भवतः इस श्लोक में उसी परम्परा की ओर इशारा है जो 'योगिसम्प्रदाया विष्कृति' में पायी जाती है। श्लोक में का बड़व शायद, गोदावरी तीर के प्रदेश का वाचक हो सकता है। क्रुक्स ने[3] एक परम्परा का उल्लेख किया है, जिसे ग्रियर्सन ने भी उद्धृत किया है।[4] जिसमें कहा गया है कि गोरक्षनाथ सत्ययुग में पंजाब के पेशावर में, त्रेता

---

1. यो. सं. आ.: पृ.23
2. अस्ति याम्यां (? पश्चिमायां) दिशिकश्चिद्देशः बड़व संज्ञकः।
तत्राजनि महाबुद्धिर्महामन्त्र प्रसादतः। —कौ.ज्ञा. नि., भूमिका, पृ. 64
3. ट्रा.का.: पृ.153-4
4. इ. रे. ए.: दृ. 328

में गोरखपुर में, द्वापर में द्वारका के भी आगे हुरमुज में और कलिकाल में काठियावाड़ की गोरखमढ़ी में प्रादुर्भूत हुए थे। बंगाल में यह विश्वास किया जाता है कि गोरक्षनाथ उसी प्रदेश में उत्पन्न हुए थे। नेपाली परम्पराओं से अनुमान होता है कि वे पंजाब से चलकर नेपाल गये थे। गोरखपुर के महन्त ने ब्रिग्स साहब को बताया था कि गुरु गोरक्षनाथ टिला (झेलम-पंजाब) से गोरखपुर आये थे?[1] नासिक के योगियों का विश्वास है कि वे पहले नेपाल से पंजाब आये थे और बाद में नासिक की ओर गये थे। टिला का प्राधान्य देखकर ब्रिग्स ने अनुमान किया है कि वे सम्भवतः पंजाब के निवासी रहे होंगे।[2] कच्छ में प्रसिद्धि है कि गोरक्षनाथ के शिष्य धर्मनाथ पेशावर से कच्छ गये थे। ग्रियर्सन ने इन्हें गोरक्षनाथ का सतीर्थ कहा है[3] परन्तु वस्तुतः धरमनाथ बहुत परवर्ती हैं। ग्रियर्सन ने अन्दाज लगाया है कि गोरक्षनाथ सम्भवतः पश्चिमी हिमालय के रहनेवाले थे। इन्होंने नेपाल को आर्य अवलोकितेश्वर के प्रभाव से निकालकर शैव बनाया था। ब्रिग्स का अनुमान है कि गोरक्षनाथ पहले वज्रयानी साधक थे, बाद में शैव हुए थे। हमने मत्स्येन्द्रनाथ के प्रसंग में इस मत को और एतत्सम्बन्धी तिब्बती परम्परा की जाँच की है। तिब्बती परम्पराएँ बहुत परवर्ती हैं और विकृतरूप में उपलब्ध हैं, उनको बहुत अधिक निर्भरयोग्य समझना भूल है। मेरा अनुमान है कि गोरक्षनाथ निश्चित रूप से ब्राह्मण जाति में उत्पन्न हुए थे और ब्राह्मण वातावरण में बड़े हुए थे। उनके गुरु मत्स्येन्द्रनाथ भी शायद ही कभी बौद्ध साधक रहे हों। मेरे अनुमान का कारण गोरक्षनाथी साधना का मूल सुर है जिसकी चर्चा हम इसी प्रसंग में आगे करने जा रहे हैं।

गोरक्षनाथ के नाम पर बहुत ग्रन्थ चलते हैं जिनमें अनेक तो निश्चित रूप से परवर्ती हैं और कई सन्देहास्पद हैं। सब मिलाकर केवल इतना ही कहा जा सकता है कि गोरक्षनाथ की कुछ पुस्तकें नाना-भाव से परिवर्तित, परिवर्द्धित और विकृत होती हुई आज तक चली आ रही हैं। उनमें कुछ-न-कुछ गोरक्षनाथ की वाणी रह जरूर गयी है, पर सभी-की-सभी प्रामाणिक नहीं है। इन पुस्तकों पर से कई विद्वानों ने गोरक्षनाथ का स्थान और कालनिर्णय करने का प्रयत्न किया था, वे सभी प्रयत्न निष्फल सिद्ध हुए हैं। कबीरदास के साथ गोरक्षनाथ की बातचीत हुई थी, और उस बातचीत का विवरण बतानेवाली पुस्तक उपलब्ध है इस पर से एक बार ग्रियर्सन तक ने अनुमान किया था कि गोरक्षनाथ चौदहवीं शताब्दी के व्यक्ति थे। गुरु नानक के साथ भी उनकी बातचीत का विवरण मिल जाता है। और, और तो और सत्रहवीं शताब्दी के जैन दिगम्बर सन्त बनारसीदास के साथ शास्त्रार्थ होने का प्रसंग भी मैंने

1. यो.सं.आ. (अध्याय 48) से इसी मत का समर्थन होता है।
2. ब्रिग्सः पृ.229
3. इ.रे.ए.:पृ.328

सुना है। टेसिटरी ने बनारसीदास जैन की एक पुस्तक गोरक्षनाथ की (?) वचन का भी उल्लेख किया है।[1] इन बातचीतों का ऐतिहासिक मूल्य बहुत कम है। ज्यादा-से-ज्यादा इनकी व्याख्या साम्प्रदायिक महत्त्व प्रतिपादन के रूप में ही की जा सकती है। या फिर आध्यात्मिक रूप में इनकी व्याख्या यों की जा सकती है कि परवर्ती सन्त ने ध्यान बल से पूर्ववर्ती सन्त से उपदिष्ट मार्ग से अपने अनुभवों की तुलना की है। परन्तु उन पर से गोरक्षनाथ का समय निकालना निष्फल प्रयास है। कबीरदास के साथ तो मुहम्मद साहब की बातचीत का ब्यौरा भी उपलब्ध है तो क्या इस पर से यह अनुमान किया जा सकता है कि कबीरदास और हजरत मुहम्मद समकालीन थे? वस्तुतः गोरक्षनाथ को दसवीं शताब्दी का परवर्ती नहीं माना जा सकता। मत्स्येन्द्रनाथ के प्रसंग में हमने इसका निर्णय कर लिया है।

गोरक्षनाथ और उनके द्वारा प्रभावित योगमार्गीय ग्रन्थों के अवलोकन से स्पष्ट रूप से पता चलता है कि गोरक्षनाथ ने योगमार्ग को एक बहुत ही व्यवस्थित रूप दिया है। उन्होंने शैव प्रत्यभिज्ञादर्शन के सिद्धान्तों के आधार पर बहुधाविस्रस्त कायायोग के साधनों को व्यवस्थित किया है; आत्मानुभूति और शैव परम्परा के सामंजस्य से चक्रों की संख्या नियत की, उन दिनों अत्यन्त प्रचलित वज्रयानी साधना के पारिभाषिक शब्दों के सांवृत्तिक अर्थ को बलपूर्वक पारमार्थिक रूप दिया और अब्राह्मण उद्गम से उद्भूत और सम्पूर्ण ब्राह्मण विरोधी साधनमार्ग को इस प्रकार संस्कृत किया कि उसका रूढ़ि विरोधी रूप ज्यों-का-त्यों बना रहा परन्तु उसकी अशिक्षाजन्य प्रमादपूर्ण रूढ़ियाँ परिष्कृत हो गयीं। उन्होंने लोकभाषा को भी अपने उपदेशों का माध्यम बनाया। यद्यपि उपलभ्य सामग्री से यह निर्णय करना बड़ा कठिन है कि उनके नाम पर चलनेवाली लोकभाषा के पुस्तकों में कौन-सी प्रामाणिक हैं और उनकी भाषा का विशुद्ध रूप क्या है तथापि इसमें सन्देह नहीं कि उन्होंने अपने उपदेश लोकभाषा में प्रचारित किये थे। कभी-कभी इन पुस्तकों की भाषा पर से भी उनके काल का निर्णय करने का प्रयास किया गया है। स्पष्ट है कि यह प्रयास भी निष्फल है।

गोरक्षनाथ की लिखी हुई कही जानेवाली निम्नलिखित संस्कृत पुस्तकें मिलती हैं। इनमें से कई को मैंने स्वयं नहीं देखा है, भिन्न-भिन्न ग्रन्थ सूचियों और आलोचनात्मक अध्ययनों से संग्रह भर कर लिया है। जिनको देखा है उनका एक संक्षिप्त विवरण भी दे दिया है। अनदेखी पुस्तकों के नाम जिस मूल से प्राप्त हुए हैं उनका उल्लेख कोष्ठक में पुस्तक के सामने कर दिया गया है।

1. अमनस्क–एक प्रति बड़ौदा लाइब्रेरी में है। गो. सि. सं. में बहुत-से वचन उद्धृत हैं।

---

1. इ.रे.ए.: 11वाँ जिल्द, पृ.834

2. अमरौघशासनम्–श्री मन्महामाहेश्वराचार्य श्री सिद्ध गोरक्षनाथ विरचितम् यह पुस्तक काश्मीर संस्कृत ग्रन्थावलि (ग्रन्थाङ्क 20) में प्रकाशित हुई है। महामहोपाध्याय पं. मुकुन्दराम शास्त्री ने इसका सम्पादन किया है। यद्यपि यह पुस्तक सन् 1918 ई. में ही छप गयी थी, परन्तु आश्चर्य यह है कि गोरक्षनाथी साहित्य के अध्ययन करनेवालों ने इसकी कोई चर्चा नहीं की है। यह पुस्तक बहुत ही महत्त्वपूर्ण है। इसमें गोरक्षनाथ के सिद्धान्त का सूत्ररूप में संकलन है। यह पुस्तक हठयोग की साधना शैवागमों में सम्बन्ध और जोड़ती है। आगे इसके प्रतिपादित सिद्धान्तों का संक्षिप्त विवरण दिया जा रहा है।

3. अवधूतगीता—गो.सि.सं. पृ.75 में गोरक्षकृत कही गयी है।

4. गोरक्षकल्प—(फर्कुहर, ब्रिग्स)

5.गोरक्षकौमुदी—(फर्कुहर, ब्रिग्स)

6. गोरक्षगीता—(फर्कुहर)

7. गोरक्षचिकित्सा—(आफ्रेख्ट)

8. गोरक्षपञ्चय—(ब्रिग्स)

9.गोरक्ष पद्धति—दो सौ संस्कृत श्लोकों का संग्रह। बम्बई से महीधर शर्मा की हिन्दी टीका समेत छपी है। इसका प्रथमशतक 'गोरक्षशतक' नाम से कई बार छप चुका है। इसी का नाम 'गोरक्षज्ञान' भी है। दूसरे शतक का नाम योगशास्त्र भी बताया गया है।

10. गोरक्ष शतक—ऊपर नं.7 का प्रथम शतक। इसकी एक प्रति पूना से छपी मिली है। ब्रिग्स ने अपनी पुस्तक में इसको रोमन अक्षरों में छापा है और उसका अंग्रेजी अनुवाद भी दिया है। इनके मत से यह पुस्तक गोरक्षनाथ की सच्ची रचना जान पड़ती है। डॉ. प्रबोधचन्द्र बागची ने 'कौलावलि निर्णय' की भूमिका में नेपाल दरबार लाइब्रेरी के एक हस्तलिखित ग्रन्थ का ब्यौरा दिया है। नेपालवाली पुस्तक छपी हुई पुस्तकों से भिन्न नहीं है।

इस पर दो टीकाएँ हुई हैं। एक शंकर पण्डित की और दूसरी मथुरानाथ शुक्ल की। दूसरी टीका का नाम टिप्पण है (ब्रिग्स)। इसी पुस्तक के दो और नाम भी प्रचलित हैं, (1) 'ज्ञानप्रकाश' और (2) 'ज्ञानप्रकाश शतक' (आफ्रेख्ट)।

11. गोरक्षशास्त्र—दे. नं.9

12. गोरक्ष संहिता—प्रायः सभी सूचियों में इस पुस्तक का नाम आता है। पं. प्रसन्नकुमार कविरत्न ने इस पुस्तक को सं. 1897 में छपाया था। परन्तु अब यह पुस्तक खोजे नहीं मिलती। डॉ. बागची ने 'कौलावलि निर्णय' की भूमिका में नोपाल दरबार लाइब्रेरी में पायी गयी प्रति में से कुछ अंश उद्धृत किया है। पुस्तक के कितने ही श्लोक हू-ब-हू मत्स्येन्द्रनाथ के 'अकुलवीर तन्त्र' नामक ग्रन्थ से मिल जाते हैं और दोनों का प्रतिपादन भी एक ही है। इस प्रकार यह पुस्तक काफी महत्त्वपूर्ण है।

13. चतुरशीत्यासन—(आफ्रेख्ट)

14. ज्ञानप्रकाशशतक—(दे. नं.10)

15. ज्ञानशतक—(दे.10)

16. ज्ञानामृतयोग—(आफ्रेख्ट)

17. नाड़ीज्ञानप्रदीपिका—(आफ्रेख्ट)

18. महार्थमंजरी—यह पुस्तक काश्मीर संस्कृत ग्रन्थावली (नं.11) में छपी है। यह किसी महेश्वरानन्दनाथ की लिखी हुई है। काश्मीरी परम्परा के अनुसार ये गोरक्षनाथ ही हैं। पुस्तक म.म.पं. मुकुन्दराम शास्त्री ने सम्पादित की है। इस पर भी लिखा है—'गोरक्षापर पर्याय श्रीमन्महेश्वरानन्दाचार्य विरचिता'। पुस्तक की भाषा काश्मीरी अपभ्रंश है परन्तु ग्रन्थकार ने स्वयं परिमल नामक टीका लिखी है। विषय 36 तत्त्वों की व्याख्या है। नाना दृष्टियों से महत्त्वपूर्ण है।

19. योगचिन्तामणि—(आफ्रेख्ट)

20. योगमार्तण्ड—(,,)

21. योगबीज—गो.सि.सं. में अनेक वचन उद्धृत हैं।

22. योगशास्त्र—(दे.नं.7)

23. योगसिद्धासनपद्धति—(आफ्रेख्ट)

24. विवेकमार्तण्ड—इस पुस्तक के कुछ वचन 'गोरक्ष सिद्धान्त संग्रह' में हैं। उसके श्लोक 'गोरक्ष शतक' में पाये जाते हैं। इसलिए यद्यपि इसे रामेश्वर भट्ट का बताया गया है तो भी आफ्रेख्ट के अनुसार इसे गोरक्षकृत ही मानना उचित जान पड़ता है।

25. श्रीनाथसूत्र—गो.सि.सं. में कुछ वचन हैं।

26. सिद्ध सिद्धान्त पद्धति—ब्रिग्स ने नित्यानन्द रचित कहा है पर अन्य सबने गोरक्षनाथ रचित बताया है। 'गोरक्षसिद्धान्त संग्रह' में भी इसे नित्यनाथ विरचिता कहा गया है (पृ.11)।

27. हठयोग—(आफ्रेख्ट)

28. हठसंहिता—(,,)

इन पुस्तकों में अधिकांश के कर्त्ता स्वयं गोरक्षनाथ नहीं थे। साधारणतः उनके उपदेशों को नये-नये रूप में वचनबद्ध किया गया है। परन्तु 1, 2, 9, 12 और 26 अधिक महत्त्वपूर्ण हैं। इनमें भी 1 को मैंने देखा नहीं, केवल गोरक्ष-सिद्धान्त में संगृहीत वचनों से उसका परिचय पा सका हूँ। 'सिद्ध सिद्धान्त पद्धति' को संक्षिप्त करके काशी के बलभद्र पण्डित ने एक छोटी-सी पुस्तक लिखी थी जिसका नाम है 'सिद्ध-सिद्धान्त संग्रह'। इसमें तथा गोरक्ष सिद्धान्त संग्रह में सिद्ध सिद्धान्त पद्धति के अनेक श्लोक उद्धृत हैं। इन सबके आधार पर गोरक्षनाथ के मत का प्रतिपादन किया जा सकता है। इस विषय में गोरक्षसिद्धान्त संग्रह बहुत ही उपयोगी पुस्तक है।

इन पुस्तकों के अतिरिक्त हिन्दी में भी गोरक्षनाथ की कई पुस्तकें पायी जाती हैं। इनका सम्पादन बड़े परिश्रम और बड़ी योग्यता के साथ स्वर्गीय डॉ. पीताम्बरदत्त बड़थ्वाल ने किया है। यह ग्रन्थ 'गोरखबानी' नाम से हिन्दी साहित्य सम्मेलन से प्रकाशित हुआ है। दूसरा भाग अभी तक प्रकाशित नहीं हुआ और अत्यन्त दुःख की बात है कि उसके प्रकाशित होने के पूर्व ही मेधावी ग्रन्थकार ने इह लोक त्याग दिया। डॉ. बड़थ्वाल की खोज से निम्नलिखित चालीस पुस्तकों का पता चला है जिन्हें गोरक्षनाथरचित बताया जाता है;

1. सबदी
2. पद
3. सिष्या दरसन
4. प्राण संकली
5. नरवै बोध
6. आत्मबोध (1)
7. अभैमात्रा जोग
8. पन्द्रहतिथि
9. सप्तवार
10. मछीन्द्र गोरख बोध
11. रोमावली
12. ग्यान तिलक
13. ग्यान चौंतीसा
14. पंचमात्रा
15. गोरख गणेश गोष्टी
16. गोरखदत्त गोष्टी (ग्यान दीप बोध)
17. महादेव गोरखगुष्टि
18. सिष्ट पुरान
19. दयाबोध
20. जाती भौंरावली (छन्द गोरख)
21. नवग्रह
22. नवरात्र
23. अष्ट पारछ्या
24. रहरास
25. ग्यान माला
26. आत्मबोध (2)
27. व्रत
28. निरंजन पुराण
29. गोरखवचन
30. इन्द्री देवता
31. मूल गर्भावली
32. खाणी वाणी
33. गोरख सत
34. अष्टमुद्रा
35. चौबीस सिधि
36. षडक्षरी
37. पंचअग्नि
38. अष्टचक्र
39. अबलि सिलूक
40. काफिर बोध

डॉ. बड़थ्वाल ने अनेक प्रतियों की जाँच करके इनमें प्रथम चौदह को तो निस्सन्दिग्ध रूप से प्राचीन माना क्योंकि इनका उल्लेख प्रायः सब में मिला। ग्यान चौंतीसा समय पर न मिल सकने के कारण इस संग्रह में प्रकाशित नहीं कराया जा सका। परन्तु बाकी तेरह गोरक्षनाथ की बानी समझकर पुस्तक में सगृहीत हुए हैं। 15 से 19. तक की प्रतियों को एक प्रति में सेवादास निरंजनी की रचना माना गया है। इसलिए सन्देहास्पद समझकर सम्पादक ने उन्हें परिशिष्ट 'क' में छापा है। बाकी में कुछ गोरक्षनाथ की स्तुति है। कुछ अन्य ग्रन्थकारों के नाम भी हैं, काफिर बोध कबीरदास के नाम भी हैं इसलिए डॉ. बड़थ्वाल ने इस संग्रह में उन्हें स्थान नहीं

दिया। केवल परिशिष्ट 'ख' में सप्तवार, नवग्रह, व्रत, पंचअग्नि, अष्टमुद्रा, चौबीस सिद्धि, बत्तीस लक्षन, अष्टचक्र; रहरसि को स्थान दिया है। 'अवलिसिलूक' और 'काफिर बोध' रतननाथ के लिखे हुए हैं। डॉ. बड़थ्वाल इन प्रतियों की आलोचना करने के बाद इस नतीजे पर पहुँचे हैं कि 'सबदी' गोरख की सबसे प्रामाणिक रचना जान पड़ती है। परन्तु वह उतनी परिचित नहीं जितनी गोरखबोध।[1] गोरखबोध की सबसे पहले छपी हुई एक खण्डित प्रति कार्माइकेल लाइब्रेरी, काशी में है जो सन् 1911 में बाँस का फाटक बनारस से छपी थी। बाद में इसे जयपुर पुस्तकालय से संग्रह करके डॉ. मोहनसिंह ने अंग्रेजी अनुवाद के साथ अपनी पुस्तक में प्रकाशित की है। डॉ. मोहनसिंह इस पुस्तक में प्रतिपादित सिद्धान्तों को बहुत प्रामाणिक मानते हैं। परन्तु मत्स्येन्द्रनाथ के उपलब्ध ग्रन्थों के आलोक में डॉक्टर मोहनसिंह का मत बहुत ग्रहणीय नहीं लगता। डॉक्टर बड़थ्वाल ने इन पुस्तकों के रचयिता के बारे में विशेष रूप से लिखने का वादा किया था पर महाकाल ने उसे पूरा नहीं होने दिया। परन्तु अपने भावी मत का आभास उन्होंने निम्नलिखित शब्दों में दे रखा है : ''नाथपरम्परा में इनके कर्त्ता प्रसिद्ध गोरक्षनाथ से भिन्न नहीं समझे जाते। मैं अधिक सम्भव समझता हूँ कि गोरक्षनाथ विक्रम की 11वीं शती में हुए। ये रचनाएँ जैसी हमें उपलब्ध हो रही हैं ठीक वैसी ही उस समय की हैं, यह नहीं कहा जा सकता। परन्तु इसमें भी प्राचीनता के प्रमाण विद्यमान हैं, जिससे कहा जा सकता है कि सम्भवतः इनका मूलोद्भव ग्यारहवीं शती ही में हुआ हो।''[2]

आगे इस उपलब्ध सामग्री के आधार पर हम गोरक्षनाथ के उपदेशों का सार संकलन कर रहे हैं।[3]

---

1. गोरखबानी : भूमिका, पृ. 18-19
2. गोरखबानी : भूमिका, पृ. 20
3. उपरिलिखित ग्रन्थों के अतिरिक्त शिवानन्द सरस्वती का 'योग चिन्तामणि', रामेश्वर भट्ट का 'विवेक मार्तण्ड योग', सुन्दरदेव की 'हठ संकेत चन्द्रिका,' स्वात्माराम की 'हठयोग प्रदीपिका' और उस पर रामानन्द तीर्थ की टीका और उमापति का टिप्पण, ब्रह्मनन्द की 'ज्योत्स्ना', चण्ड कापालिक की 'हठरत्नावली', शिव का 'हठयोग धीराय' और उस पर रामानन्द तीर्थ की टीका, वामदेव का 'हठयोग विवेक', सदानन्द का 'ज्ञानामृत' टिप्पणी कण्डारभैरव का 'ज्ञान योग खण्ड', सुन्दरदेव की संकेत चन्द्रिका, घेरण्ड संहिता, शिव संहिता, निरञ्जन पुराण इत्यादि ग्रन्थ इस मार्ग के सिद्धान्त और साधनपद्धति के अध्ययन में सहाय हैं।

9

पिण्ड और ब्रह्माण्ड

मत्स्येन्द्रनाथ द्वारा अवतारित कौलज्ञान की आलोचना के प्रसंग में शैव सिद्धान्त के छत्तीस तत्त्वों का एक साधारण परिचय दिया जा चुका है। प्रलय काल में इन समस्त तत्त्वों को निःशेषभाव से आत्मसात् करके शक्ति परम शिव में तत्त्वरूपा होकर अवस्थान करती है। इसीलिए 'वामकेश्वरतन्त्र' में भगवती शक्ति को 'कवलीकृताग्निः शेषतत्त्वग्रामस्वरूपिणी' कहा गया है (4।5)।

इस अवस्था में शिव में कार्य-कारण का कर्तृत्व नहीं होता अर्थात् कार्य-कारण के चक्र में संचालन कर्म से विरत हो जाते हैं। वे कुल और अकुल के भेद से परे हो जाते हैं। और अव्यक्तावस्था में विराजमान रहते हैं। इसीलिए इस अवस्था में उन्हें शास्त्रकारगण 'स्वयं' कहकर स्मरण करते हैं।[1]

इस परम शिव को जब सृष्टि करने की इच्छा होती है तो इच्छायुक्त होने के कारण उन्हें सगुण शिव कहा जाता है। पहले बताया जा चुका है कि यह इच्छा (= सिसृक्षा = सृष्टि करने की इच्छा) ही शक्ति है। अब इस अवस्था में परम शिव से एक ही साथ दो तत्त्व उत्पन्न होते हैं—शिव और शक्ति। वस्तुतः इन दोनों में कोई भेद नहीं है। यह शक्ति पाँच अवस्थाओं से गुजरती हुई स्फुरित होती है। (1) परम शिव की अवस्था-मात्र धर्म से युक्त, स्फुरित होने की पूर्ववर्ती और प्रायः स्फुरित होने को उपक्रान्त अवस्था का नाम 'निजा' है। इस अवस्था में शिव अपने अव्यक्त रूप में रहते हुए भी स्फुरणोन्मुखी शक्ति से विशिष्ट होकर रहा करते हैं। शिव की इस अवस्था का नाम 'अपरं पद्म' है। धीरे-धीरे शक्ति क्रमशः (2) स्फुरण की ओर उन्मुख होती है, फिर (3) स्पन्दित होती है, फिर (4) सूक्ष्म अहन्ता (= मैं-पन अर्थात् अलगाव का भाव) से युक्त होती है और अन्त में (5) चेतनशीला होकर अपने अलगाव के बारे में पूर्ण सचेत हो जाती है। ये अवस्थाएँ क्रमशः परा, अपरा, सूक्ष्मा और कुण्डली कही जाती हैं।[2] इन अवस्थाओं में शिवं भी क्रमशः परम,

---

1. कार्यकारणकर्तृत्वं यदा नास्ति कुलाकुलम्।
अव्यक्तं परमं तत्त्वं स्वयं नाम तदा भवेत्।।—सि.सि. सं. 1।4।

2. निजा पराऽपरा सूक्ष्मा कुण्डली तासु पञ्चधा।
शक्तिचक्रक्रमेणैव जातः पिण्डः परः शिवे।।—वही, 1।13

शून्य, निरंजन और परमात्मा के नाम से प्रसिद्ध होते हैं।[1] इस प्रकार निखिलानन्दसन्दोह शिव पाँच अवस्थाओं से गुजरते हुए प्रथम तत्त्व परमात्मा या सगुण शिव के रूप में प्रकट होते हैं और शक्ति भी पाँच अवस्थाओं से अग्रसर होती हुई द्वितीय तत्त्व कुण्डली या कुण्डलिनी के रूप में प्रादुर्भूत हुईं। यही कुण्डली समस्त विश्व में व्याप्त शक्ति है, इसी की इच्छा से, इसी की सहायता से, शिव इस विश्व प्रपञ्च की उत्पत्ति, पालन और विलय में समर्थ होते हैं। यही परमात्मा और कुण्डली—शिव और शक्ति—प्रथम दो सूक्ष्मतम तत्त्व हैं। इनसे ही अत्यन्त सूक्ष्म 'पर पिण्ड' की उत्पत्ति हुई है। इस प्रकार नीचे लिखी सारणी से शिव और शक्ति के स्फुरण का विकास स्पष्ट हो जायगा।

'स्वयं' (पर) शिव

अपर—1	1—निजा
परम—2	2—परा
शून्य—3	3—अपरा
निरंजन—4	4—सूक्ष्मा
परमात्म—5	5—कुण्डली

यह ध्यान देने की बात है कि यद्यपि वैदान्तिक लोग भी चित्स्वरूप ब्रह्म की शक्ति, जिसे वे लोग 'माया' कहते हैं; मानते हैं पर यहाँ शक्ति की जो कल्पना है यह वैदान्तिक कल्पना से भिन्न है। यहाँ कुण्डली या शक्ति को 'चिच्छीला'[2] और चिद्रूपिणी माना गया है। यह चिच्छक्ति अनन्तरूपा और अनन्तशक्तिस्वरूपा है। जगत् इसी शक्ति का परिणाम है और यही शक्ति जगत् रूप में परिणत होती है। इसी की सहायता से परम शिव सृष्टि व्यापार के सम्हालने में समर्थ होते हैं और इसीलिए 'वामकेश्वरतन्त्र' में स्वयं भगवान् शंकर ने ही कहा है कि परमेश्वरि, इस शक्ति से रहित होने पर शिव कुछ भी करने में असमर्थ हैं, इससे युक्त होकर ही वे कुछ करने में समर्थ होते हैं।[3]

---

1. ततोऽस्मितापूर्वमर्चिर्मात्रं स्यादपरं पदम् ।
   तत्स्वसंवेदनाभासमुत्पन्नं परमं परम्।।
   स्वेच्छामात्रं ततः शून्यं सत्तामात्रं निरञ्जनम् ।
   तस्मात्ततः स्वसाक्षादभूः परमात्मपदं मतम्।।—वही, 1।14-15
2. चिच्छीला कुण्डलिन्यतः,—सि.सि.सं.1।6
3. परोहि शक्तिरहितः शक्तः कर्तुं न किञ्चन।
   शक्तरतु परेमेशानि शक्त्या युक्तो यदा भवेत्।।4।6।।

इसके बाद कुण्डली अर्थात् समस्त विश्व में प्रव्याप्त शक्ति सृष्टिक्रम को अग्रसर करने के लिए क्रमशः स्थूलता की ओर अग्रसर होती है। इन तीनों तत्त्वों की चर्चा हम पहले ही कर चुके हैं जो इसके बाद क्रमशः स्फुरित होते हैं। ये हैं—सदाशिव, ईश्वर और शुद्धविद्या। सदाशिव अहं प्रधान हैं और ईश्वर इदं प्रधान, शुद्ध विद्या उभय प्रधान।[1] सृष्टि व्यापार को अग्रसर करने के लिए इस प्रकार अहन्ता की प्राप्ति पाँच अवस्थाओं के भीतर से होती है। इन अवस्थाओं को आनन्द कहते हैं। पाँच आनन्द हैं, परमानन्द, प्रबोध, चिदुदय, प्रकाश और सोऽहं। इन्हीं आनन्दों के भीतर से गुजरते हुए शिव क्रमशः 'जीव'—रूप की ओर अग्रसर होते हैं। 'सिद्ध सिद्धान्त संग्रह' में बताया गया है कि किस प्रकार पर-पिण्ड, से आद्य-पिण्ड, उससे साकार पिण्ड, उससे महासाकार पिण्ड, उससे प्राकृत पिण्ड और उसके भी अन्त में गर्भ पिण्ड उत्पन्न होता है।[2] ये क्रमशः स्थूल से स्थूलतर होते जाते हैं। अन्तिम

---

1. (1) अहन्तेदन्तालक्षणयोर्ज्ञानक्रिययोराद्योद्रेकात् उन्मीलितचित्रन्यायेन व्यक्तव्यक्तविश्वमातृतास्वभावं सदाशिवाख्यंतत्त्वम्। एतद्विपर्ययेण क्रिया शक्तयौज्ज्वल्ये व्यक्ताकारविश्वानुसन्धातृरूपम् ईश्वर तत्त्वम् । —महार्थ मञ्जरी, पृ. 44

   (2) ज्ञातृत्वधर्मआत्मा ज्ञेयस्वभावश्च लोकव्यवहारः।
   एकरसां संस्कृष्टिं यत्र गतौ सा खलु विस्तुषा विद्या।।महार्थ मंजरी, पृ.46

2. 'सिद्ध सिद्धान्त संग्रह' में पच्चीस पच्चीस तत्वों में इस प्रकार पिण्डोत्पति का क्रम दिया हुआ है:
   (1) अव्यक्त परम तत्त्व की पाँच शक्तियाँ हैं जिसमें प्रत्येक के पाँच गुण हैं—
   1. निजा—निराकृतित्व, नित्यत्व, निरन्तत्त्व, निष्पदत्व, निरुत्थत्व
   2. परा—अस्तित्त्व, अप्रमेयत्व, अभिन्नत्व, अनन्तत्व, अव्यक्तत्व
   3. अपरा—स्फुरन्ता, स्फारता, स्फुरता, स्फोटता, स्फूर्ति
   4. सूक्ष्मा—नैरन्तर्य नैरंश्य, नैश्चल्य, निश्चयत्व, निर्विकल्पत्वक
   5. कुण्डली—पूर्णत्व, प्रतिबिम्बत्व, प्रकृतिरूपत्व, प्रत्यङ्मुख औच्चल्य
   (1) परपिण्ड के 25 तत्त्व
   (2) क—पाँच पद और उनके गुण—
   1. अपर—अकलत्व, असंशयत्व, अनुमतत्त्व, अन्यपारता, अमरत्व
   2. पर—निष्कल, अलोल, असंख्येन, अक्षय, अभिन्न
   3. शून्य—नीलता, पूर्णता, मूर्च्छा, उन्मनी, लयता
   4. निरञ्जन—सहज, सामरस्य, सत्यत्य, सावधानता, सर्वगत्व
   5. परमात्मपद—अभयत्व, अभेद्यत्व, अच्छेद्य, अनाश्य, अशोष्य
   (2) आद्य पिण्ड 25 तत्व
   ख—पाँच आनन्द और उनके गुण—
   1. परमानन्द—उदय, उल्लास, अवभास, विकाशन, प्रभा
   2. प्रबोध—निष्पन्द, हर्ष, उन्माद, स्पन्द, नित्यसुख
   3. चिदुदय—सद्भाव, विचार, कर्तृत्व, ज्ञातृत्व, स्वातन्त्र्य
   4. प्रकाश—निर्विकार, निष्फलत्व, सद्बोध, समता, विश्रान्ति
   5. सोऽहम्—अहन्ता, खण्डितैश्वर्य, स्वानुभूति, साम्यर्थ्य, सर्वज्ञता
   (2) आद्य पिण्ड 25 तत्त्व
   (3) क—पंच महातत्त्व और उनके अंशभूत तत्त्व
   1. महाकाश—अवकाश, छिद्र, अस्पृश्यत्त्व, रत, नीलवर्ण
   2. महानिल—संचार, चलन, स्पन्द, शोषण, धूम्रता

3. महातेज—दाहकत्व, पावकत्व, सूक्ष्मकत्व, रूपभासित्व, रक्तवर्ण
4. महावारि—प्रवाह, आप्यायन, रस, द्रव श्वेतवर्ण
5. महापृथ्वी—स्थूलता, नानाकृतिता, काठिन्य, गन्ध, पीतता
(3) साकार पिण्ड 25 तत्त्व
ख—अष्टमूर्ति—
शिव-भैरव-श्रीकण्ठ-सदाशिव-ईश्वर-रुद्र-विष्णु-ब्रह्मामहासाकार पिण्ड
(4) तत्त्वांश—
पृथ्वी के—अस्थि, त्वक्, मांस, लोम, नाड़ी
जल के—लाला, मूत्र, अष्टक, स्वेद, शुक्र
अग्नि के—क्षुधा, तृषा, आलस्य, निद्रा, कान्ति
वायु के—धावन, चलन, रोधन, प्रसारण, आकुञ्चन
आकाश के—राग, द्वेष, भय, लज्जा, मोह
(4) प्राकृत पिण्ड के 25 तत्त्व
(5) क—अन्तःकरण के धर्म
1. मन—संकल्प, विकल्प, जड़ता, मूर्च्छना, मनन
2. बुद्धि—विवेक, वैराग्य, परा, प्रशान्ति, क्षमा
3. अहंकार—मान, समता, सुख, दुःख, मोह
4. चित्त—मति, धृति, संस्मृति, उत्कृति स्वीकार
5. चैतन्य—विमर्श, हर्ष, धैर्य, चिन्तन, निःस्पृहता
ख—कुल पञ्चक 25 तत्त्व
सत्त्व—दया, धर्म, क्रिया, भक्ति, श्रद्धा
रजः—दान, भोग, शृंगार, स्वार्थ, ग्रहण
तमः—मोह, प्रमाद, निद्रा, हिंसा, क्रूरता
काल—विवाद, कलह, शोक, बन्ध, वंचन
जीव—जाग्रत, स्वप्न, सुषुप्ति, तुर्य, तुरीयातीत
25 तत्त्व
ग—व्यक्ताख्य शक्ति के गुण
1. इच्छा—उन्मेष, वासना, वीप्सा, चिन्ता, चेष्टा
2. कर्म—स्मृति, उद्यम, उद्वेग, कार्य, निश्चय
3. माया—मद, मात्सर्य, कपट, कर्त्तव्य, असत्य
4. प्रकृति—आशा, तृष्णा, कांक्षा, स्पृहा, मृषा
5. वाक्—परा, पश्यन्ती, मध्यमा, वैखरी, दृष्टाक्षरमातृका।
25 गुण
घ—प्रत्यक्षकारी गुण
1. काम—रति, प्रीति, लीला, आतुरता, अभिलाषा
2. कर्म—शुभ, अशुभ, कीर्ति, अकीर्ति, इच्छागत
3. अग्नि—उल्लोल, कल्लोल, उच्चलत्व, उन्माद, विलेपन
4. चन्द्र—स्रवन्तिका, नामवती, प्रवाहा, सौम्या, प्रसन्ना
5. अर्क—तपिनी, ग्रसिनी, क्रूरा, कुञ्चनी, शोषणी, बोधनी; धस्मरा, कर्षिणी, अर्थतुष्टिवर्धिनी, ऊर्मिरेखाकिरणिनी, प्रभावती
6. दशद्वार, 72 हजार नाड़ियाँ, पंच प्राण, नौ चक्र, सोलह आधार आदि का गर्भपिण्ड।
क—दशद्वार—मुख कर्ण (दो), नासिका (दो), चक्षु (दो), पायु, उपस्थ और ब्रह्मरन्ध्र।
ख—प्रधान दस नाड़ियाँ—इड़ा, पिंगला, सुषुम्ना, गान्धारी, हस्तिजिह्वा, शंखिनी, पूषा, अलम्बुषा, पयस्विनी और कुहू।
ग-घ—चक्र और आधार का विचार आगे किया गया है।

पिण्ड से यह स्थूलशरीर उत्पन्न हुआ है। 'सिद्ध सिद्धान्त संग्रह' के प्रथमाध्याय की पुष्पिका में लिखा है कि यह छह प्रकार की पिण्डोत्पत्ति है। परन्तु वस्तुतः उसमें कई प्रकार की पिण्डोत्पत्ति दी हुई है। यह विचारणीय ही रह जाता है कि ये छह पिण्ड वस्तुतः क्या हैं। महामहोपाध्याय पं. गोपीनाथ जी कविराज ने 'सिद्ध सिद्धान्त संग्रह' की भूमिका में लिखा है कि ये छह पिण्ड इस प्रकार हैं—

1. पर या आद्य पिण्ड	4. प्राकृत पिण्ड
2. साकार पिण्ड	5. अवलोकन पिण्ड
3. महासाकार पिण्ड	6. गर्भ पिण्ड

'सिद्ध सिद्धान्त पद्धति' के आधार पर सं. 1881 वि. में मारवाड़-नरेश महाराणा मानसिंह के राज्यकाल में 25 चित्र बनवाये गये थे। ये चित्र "देशी कागज की बनी करीब 4 फुट लम्बी, 1 1/2 फुट चौड़ी और 1/30 इंच मोटी दफ्ती पर बने हैं" और आज से सवा सौ वर्ष पहले के राजपूत कलम के उत्तम नमूने हैं। ये जोधपुर के राजकीय सरदार म्यूजियम में सुरक्षित हैं। सन् 1935 ई. में पण्डित विश्वेश्वरनाथ जी रेउ ने इन चित्रों का विवरण एक छोटी-सी पुस्तिका के रूप में प्रकाशित कराया था। हम जिस बात की चर्चा यहाँ कर रहे हैं वह इन चित्रों के द्वारा अधिक स्पष्ट होगी, इस आशा से यहाँ उक्त विवरणपुस्तिका के कुछ चित्रों के परिचयों का संकलन किया जा रहा है। यह स्मरण रखना चाहिए 'सिद्ध सिद्धान्त संग्रह' वस्तुतः इस पुस्तक का ही संक्षिप्त रूप है। मूलग्रन्थ 'सिद्ध सिद्धान्त पद्धति' ही है।

दूसरा चित्र त्रिगुणात्मक आदि पिण्ड का बताया गया है। इसका विवरण इस प्रकार दिया हुआ है—

(2) त्रिगुणात्मक आदि पिण्ड। आदि पिण्ड से (नील वर्ण) महा आकाश का, महा आकाश से (धूम्रवर्ण) महावायु का, महावायु से (रक्तवर्ण) महातेज का, महातेज से (श्वेतवर्ण) महासलिल (जल) का और उससे (पीतवर्ण) महापृथ्वी का उत्पन्न होना। इन पंचमहा-तत्त्वों से महासाकार पिण्ड का और उससे (1) शिव का उत्पन्न होना। इसी प्रकार आगे शिव से, (2) भैरव का, भैरव से, (3) श्रीकण्ठ का श्रीकण्ठ से, (4) सदाशिव का, सदाशिव से, (5) ईश्वर का, ईश्वर से, (6) रुद्र का, रुद्र से, (7) विष्णु का, और विष्णु से, (8) ब्रह्मा का उत्पन्न होना। फिर ब्रह्मा से नर-नारी रूप, (9) प्रकृति पिण्ड का उत्पन्न होना।

तीसरे चित्र का विवरण इस प्रकार है—

(3) नर नारी के संयोग से स्त्री और पुरुष की उत्पत्ति। पिण्ड का रूप।

'सिद्ध सिद्धान्त संग्रह' से और 'सिद्ध सिद्धान्त पद्धति' के आधार पर बने हुए इन चित्रों के विवरण से ऐसा जान पड़ता है कि प्रथम पिण्ड-पर-पिण्ड है जो त्रिगुणातीत है और आदि या आद्य-पिण्ड वस्तुतः उसके बाद की अवस्था का नाम है। फिर साकार पिण्ड और महासाकार पिण्ड भी अलग-अलग नहीं जान पड़ते। साकार पिण्ड को ही ग्रन्थकार ने महासाकार पिण्ड कहा है। यदि यह बात ठीक है

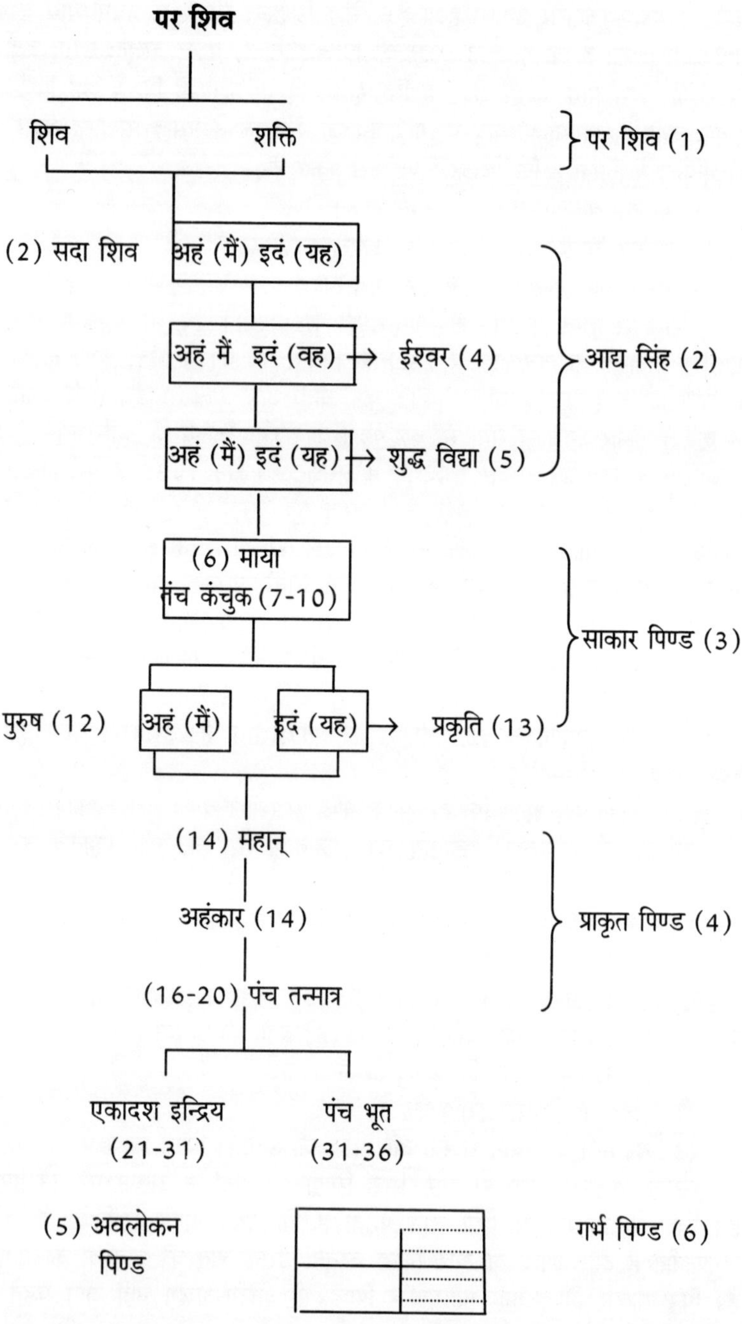
पर शिव
शिव
शक्ति
पर शिव (1)
(2) सदा शिव
अहं (मैं) इदं (यह)
अहं मैं इदं (वह)
ईश्वर (4)
आद्य सिंह (2)
अहं (मैं) इदं (यह)
शुद्ध विद्या (5)
(6) माया
पंच कंचुक (7-10)
साकार पिण्ड (3)
पुरुष (12)
अहं (मैं)
इदं (यह)
प्रकृति (13)
(14) महान्
अहंकार (14)
प्राकृत पिण्ड (4)
(16-20) पंच तन्मात्र
एकादश इन्द्रिय
(21-31)
पंच भूत
(31-36)
(5) अवलोकन
पिण्ड
गर्भ पिण्ड (6)

तो छह मुख्य पिण्ड इस प्रकार हो सकते हैं—

(1) पर-पिण्ड

(2) आद्य पिण्ड

(3) साकार या महासाकार पिण्ड

(4) प्राकृत पिण्ड

(5) अवलोकन पिण्ड

(6) गर्भ पिण्ड

इन पिण्डों में पर-पिण्ड तो शिव और शक्ति के संयोग से उत्पन्न है। परवर्ती तीन तत्त्वों से आद्य-पिण्ड और माया और पंच कंचुकों से आच्छादित अहन्तप्रधान पुरुष और इदन्ताप्रधान[1] प्रकृति तक साकार तत्त्व है। महत्तत्व से पंचतन्मात्र तक प्राकृत पिण्ड और एकादश इन्द्रियों का अवलोकन पिण्ड है। फिर गर्भोत्पन्न यह पंच भूतात्मक स्थूल शरीर गर्भ पिण्ड है। इस प्रकार 36 तत्त्वों के स्फुरण से इस पिण्डोत्पत्ति का सामंजस्य किया गया है।

अब यह स्पष्ट है कि पर शिव ही अपनी सिसृक्षा रूपा शक्ति के कारण इस जगत् के रूप में बदल गये हैं। संसार में जो कुछ भी पिण्ड है वह वस्तुतः उसी प्रक्रिया में से गुजरता हुआ बना है जिस अवस्था में से यह समूचा ब्रह्माण्ड बना है। सब में वही तत्त्व ज्यों-के-त्यों हैं। परन्तु सत्त्व, रज, तम, काल और जीव (अर्थात् प्राण शक्ति) की अधिकता और न्यूनता के कारण उनमें भेद प्रतीत हो रहा है। विकास की इन विभिन्न अवस्थाओं को असत्य नहीं समझना चाहिए। वे सभी सत्य हैं। जितनी नाड़ियाँ या द्वार या आधार मनुष्य में है उतना ही समस्त ब्रह्माण्ड में और उतना ही ब्रह्माण्ड में प्रत्येक परमाणु में हैं। भेद यही है कि सत्त्व, रज, तम काल और जीव के आधिक्य और न्यूनत्त्ववश वे कहीं अविकसित हैं, कहीं अर्द्धविकसित हैं, कहीं पूर्ण विकसित हैं। इसीलिए गोरक्षमत में प्रथम सिद्धान्त यह है कि जो कुछ भी ब्रह्माण्ड में है वह सभी पिण्ड में है।[2] पिण्ड, मानो ब्रह्माण्ड का संक्षिप्त संस्करण है। गोरक्षनाथ का योग-मार्ग साधनापरक मार्ग है इसलिए केवल व्यावहारिक बातों का ही विस्तार उसमें दिया हुआ है। मनुष्य शरीर को ही प्रधान पिण्ड मानकर इसकी व्याख्या की गयी है। बताया गया है[3] कि मनुष्य के किस-किस अंग में ब्रह्माण्ड का कौन-कौन-सा अंश है। पाताल कहाँ है स्वर्ग कहाँ है साधनामार्ग के तीर्थस्थान कहाँ

---

1. 'अहं' और 'इदं' संस्कृति में क्रमशः 'मैं' और 'यह' के वाचक हैं। अहन्ता का अर्थ है 'मैं-पन' और इदन्ता का अर्थ है 'यह-पन'। पुरुष में 'अहन्ता' की प्रधानता होती है अर्थात् उसमें 'चेतन मैं हूँ' यह भाव-प्रधान होता है। प्रकृति में 'इदन्ता' की प्रधानता होती है। अर्थात् पुरुष उसे चेतन से भिन्न 'इदं' (वह) के रूप में समझता है।
2. ब्रह्माण्डवर्ति यद् किञ्चित्,
   तत पिण्डेऽप्यस्ति सर्वथा। —सि.सि. सं.3।2।
3. देखिये सि.सि. सं. तृतीयोपदेश।

हैं, गन्धर्व, यक्ष, उरग, किन्नर, भूत, पिशाच आदि के स्थान कहाँ हैं। अनुसन्धित्सु पाठक मूल ग्रन्थों में उसका विस्तार खोज सकते हैं।

स्पष्ट ही, इस शरीर में सबसे प्रधान कार्यकारिणी शक्ति कुण्डली है। यह विश्वब्रह्माण्ड में प्रव्याप्त महाकुण्डलिनी का ही पिण्डगत स्वरूप है। यह लक्ष्य करने की बात है कि पर पिण्ड को ही प्रथम या आद्य पिण्ड नहीं कहा गया है। नाथ मार्ग अद्वैतवादी है परन्तु शांकर वेदान्त से अपना भेद बताने के लिए ये लोग अपने को 'द्वैताद्वैत विलक्षणवादी' कहते हैं![1] नाथ तत्त्व द्वैत और अद्वैत दोनों से परे हैं।[2] आद्य या प्रथम कहने से वह संख्या द्वारा सूचित किया जाता है और संख्या भी एक उपाधि है, इसलिए पर तत्त्व को '1' संख्या द्वारा भी सूचित नहीं किया जा सकता। वह उससे भी अतीत अखण्ड ज्ञानरूपी निरजन है[3]—शून्य है। वह निष्क्रिय और क्रिया ब्रह्म दोनों से अतीत अवाच्य पद हैं। इसीलिए उसकी आद्य-संज्ञा नहीं हो सकती। पहला पिण्ड भी इसीलिए 'पर-पिण्ड' कहा जाता है। आद्य-पिण्ड नहीं।[4] जगत् का प्रचञ्च शक्ति के स्फोट के बाद शुरू होता है इसलिए शक्ति ही असल में जगत्कर्त्री है शिव नहीं। शिव केवल ज्ञेय है।

प्रश्न हो सकता है कि सृष्टि का आदि कर्तृत्व तो शिव का है, शक्ति तो उसकी निर्वाहिका मात्र है। उसी को प्रधानकर्त्री और उपास्य क्यों माना जाय? जगत् के मुख्य कर्त्ता और नियन्ता तो शिव ही हुए, शक्ति तो उनकी सहायिका भर ही है, फिर इस सहायिका को उपास्य क्यों माना जाय? रामेश्वर भट्ट ने 'परशुराम कल्पसूत्र' 6/1 की टीका में इस प्रश्न का उत्तर दिया है। इस उत्तर का सारमर्म यह है कि क्षिति आदि कार्यों का कोई-न-कोई कारण होना चाहिए, कारण के बिना ये उपपन्न नहीं हो सकते। इस अनुपपत्ति को दूर करने के लिए ही शिव और शक्ति की कल्पना है। वेदान्ती लोग भी ब्रह्म की एक शक्ति स्वीकार करते हैं। चित्स्वरूप ब्रह्म का धर्म भी चित्स्वरूप ही होना उचित है। वेदान्ती लोग ऐसा नहीं मानकर गलती करते हैं। वे विद्रूप ब्रह्म की शक्ति माया को जड़स्वभावा मानते हैं। यही माया जगत् का उपादान है इसलिए यह समूचा जगत् जड़ है। शाक्त आगमों में यह बात

---

1. यदि ब्रह्माद्वैतमस्ति तर्हि द्वैतं कृत आगतम्? यदा माया कल्पितमिति वदेयुस्तर्हि तान् वदन्तो वयमवाचोऽक्रियाश्चकर्म तत् किमिति चेदुच्यते। अद्वैतं तु निष्क्रियादित्याग्यस्ति। यतः कस्यापि वस्तुनो भोगोऽपि युष्माभिर्न कर्त्तव्य-इत्याद्यनेकविधिभिरद्वैतखण्डनं-करिष्यामः। महासिद्धैरुक्तं यदद्वैताद्वैतविवर्जितं पदं निश्चलं दृश्यते तदेवसम्यगित्यभुपगमिष्यामः।—गो. सि. सं. पृ.16।
2. अद्वैतं केचिदिच्छन्ति द्वैतमिच्छन्ति चापरे।
   समं तत्त्वं न विन्दन्ति द्वैताद्वैत विलक्षणम् ।
   यदि सर्वगतो देवः स्थिरः पूर्णों निरन्तरः
   अहो माया महामोहो द्वैताद्वैतविकल्पना।।—गो. सि.सं. (पृ.11) में अवधूत गीता का वचन
3. निखिलोपाधिहीनो वै यदा भवति पूरुषः।
   तदाविवक्षतेऽखण्डज्ञानरूपी निरञ्जनः। —शिव-संहिता 1-68।।
4. खसमं असमं शान्तमादिमध्यान्तवर्जितम्।
   अचिन्त्यचित्तकं चैव सर्वभावस्वभावकम्।

नहीं मानी गयी। धर्मी और धर्म में अभेद होता है। इसलिए चेतन ब्रह्म की शक्ति भी चेतन होगी। ब्रह्म धर्मी है, शक्ति उसका धर्म। फिर भी व्यवहार में धर्म और धर्मी में थोड़ा भेद मानना ही पड़ता है। इसीलिए धर्मी शिव और धर्म शक्ति अभिन्न होने पर भी व्यवहारानुरोध से भिन्नवत् मान लिये जाते हैं। शिव (परशिव) रूपातीत गुणातीत शून्य रूप निरालम्ब स्वभाव है इसीलिए उनका स्वरूप निर्धारण अशक्त्य है। उपासना के लिए यह 'पर शिव' उपयुक्त नहीं है। उनके स्वरूप से अभिन्न और फिर भी भिन्न रूपा शक्ति ही उपास्य हो सकती है। इस उपासना के द्वारा परमशिव के साथ शक्ति का (और इसीलिए समस्त जगत् प्रपंच का) अभेद ज्ञान ही साधक का चरम लक्ष्य है। यह कहना ठीक नहीं कि कर्तृत्व और निर्वाहकत्व दोनों ही चित् में ही अवस्थित हैं अतः चित्स्वरूप शिव से भिन्न शक्ति को स्वीकार करना निष्प्रयोजन है। क्या श्रुति-स्मृति और क्या लोक-व्यवहार, सर्वत्र शक्ति को स्वीकार किया गया है। गोपवधू से लेकर सुपण्डित ब्राह्मण तक सभी यह कहते हैं कि यह कार्य करने की 'शक्ति' मुझ में है या नहीं है। इस प्रकार शक्ति की कल्पना केवल कल्पना नहीं है, वह तथ्य है। शिव-कुक्षि में वर्तमान यह जगत् भी वस्तुतः शक्ति द्वारा ही निर्वाह्य है।[1]

इस शक्ति की उपसना के लिए दूर भटकने की जरूरत नहीं है। प्रत्येक पिण्ड में, प्रत्येक अणु-परमाणु में वह शक्ति विद्यमान है। जगत् का प्रत्येक प्राणी इसे इच्छा, क्रिया और ज्ञान रूप में अनुभव करता है। ब्रह्माण्ड के रग-रग में प्रव्याप्त यह शक्ति मानव देह में कुण्डलिनी रूप में स्थित है। नाथमार्गी साधक इस शक्ति की उपासना का प्रधान साधन पिण्ड अर्थात् काया को ही मानता है! वैसे तो सभी प्राणी और अप्राणी शक्ति के आवास हैं किन्तु केवल शक्ति का संचालन ही लक्ष्य नहीं है। लक्ष्य है शिव और शक्ति का सामरस्य रूप सहज समाधि। समस्त प्राणियों में सर्वाधिक सत्त्वगुणी मनुष्य है। मनुष्य का शरीर योग सिद्धि का उत्तम साधन है। परन्तु इसको पाने मात्र से योगसिद्धि नहीं होती। इसको समझना चाहिए। इसीलिए गोरक्षनाथ ने कहा है कि जो योग-सिद्धि का अभिलाषी यही नहीं जानता कि उसके शरीर में छह चक्र क्या और कहाँ हैं; षोडश आधार कौन-कौन हैं, दो लक्ष्य क्या हैं,...पाँच व्योम क्या वस्तु हैं वह कैसे सिद्धि पा सकता है फिर एक खम्भेवाले, नौ दरवाजोंवाले और पाँच मालिकों के द्वारा अधिकृत इस शरीर रूपी घर को जो नहीं जानता उससे योग की सिद्धि की क्या आशा हो सकती है?[2] इनको जाने बिना मोक्ष कहाँ मिल सकता है। आश्चर्य है दुनिया के लोगों की मूर्खता पर! कोई शुभाशुभ

---

1. कौ. मा.र.: पृ.189-190
2. षट्चक्रं षोडशाधारं द्विलक्ष्यं व्योमपञ्चकम् ।
   स्वदेहे ये न जानन्ति कथं सिद्ध्यन्ति योगिनः।।
   एक स्तम्भं नवद्वारं गृहं पञ्चाधिदैवतम् ।
   स्वदेहे ये न जानन्ति कथं सिद्ध्यन्ति योगिनः।।—गोरक्ष शतक 13-14

कर्म के अनुष्ठान से मोक्ष चाहता है, कोई वेदपाठ से, कोई (बौद्ध लोग) निरालम्बन को बहुमान देते हैं, कोई ध्यान-कला-करण-सम्बन्ध-प्रयोग से उत्पन्न रूप-बिंदु-नाद-चैतन्य-पिण्ड-आकाश को मोक्ष कहते हैं।[1] कोई पूजा पूजक मद्य-मांस, सुरतादि से उत्पन्न आनन्द को मोक्ष कहते हैं, कोई मूलकंद से उल्लसित कुण्डलिनी के संचार को ही मोक्ष कहते हैं और कोई समदृष्टि निपात को ही मोक्ष कहते हैं। परन्तु ये सभी असल में मोक्ष नहीं हैं। जब सहजसमाधि के द्वारा मन से ही मन को देखा जाता है, तब जो अवस्था होती है असल में वही मोक्ष है। यह सहजसमाधि क्या है? इस बात को समझने के पहले पातंजल-विहित योगमार्ग को समझना आवश्यक है।

नाथमार्ग के परवर्ती ग्रन्थों में कुण्डलिनी की कोई चर्चा नहीं आती। 'मछिन्द्रगोरख बोध' में गोरक्षनाथ के प्रश्नों का उत्तर मत्स्येन्द्रनाथ ने दिया है। इस प्रश्नोत्तरी में कुण्डली या कुण्डलिनी के विषय में न तो कोई प्रश्न है न उत्तर। अनेक ग्रन्थों में हठयोग को कुण्डलीयोग से भिन्न बताया गया है। फिर भी संस्कृत में प्राप्त गोरक्षलिखित मानी जानेवाली प्रायः सभी पुस्तकों में कुण्डलिनी शक्ति के उद्बोधन की चर्चा है। 'अमरौघशासन' का जो वचन ऊपर उद्धृत किया गया है उससे भी मालूम होता है कि गोरक्षनाथ कुण्डलिनी-वाद के विरोधी थे। पर 'अमरौघ शासन' में प्राणायाम का परिणाम कुण्डलिनी का उद्बोधन बताया गया है, यह हम आगे देखेंगे (11वाँ अध्याय)। हिन्दी में गोरखपन्थ का जो साहित्य उपलब्ध हुआ है उसमें कुण्डली उद्बोधन का कोई प्रसंग नहीं मिलता। सम्भवतः नाथमार्ग के परवर्ती अनुयायी इसे भूल गये थे या फिर यह भी हो सकता है कि संस्कृत की पुस्तकों में तन्त्र मत का प्रभाव रह गया हो।

---

1. अहो मूर्खता लोकस्य। केचिद्वदन्ति शुभाशुभकर्मविच्छेदनं मोक्षः, केचिद् वदन्ति वेदपाठाश्रितो मोक्षा, केचिद् वदन्ति निरालम्बनलक्षणो मोक्षः, केचिद् वदन्ति ध्यानकलाकरणसम्बद्धप्रयोगसम्भवेन। रूपविन्दुनादचैतन्य पिण्डाकाशलक्षणो मोक्षः, केचिद्वदन्ति पूजा-पूजक-मद्य मांसादि सुरत-प्रसंगानन्दलक्षणो मोक्षः, केचिद् वदन्ति मूलकन्दोल्लसितकुण्डलोसंचारलक्षणो मोक्षः। केचिद् वदन्ति सुसमदृष्टि निपात लक्षणो मोक्षः। इत्येवंविध भावनाश्रित लक्षणो मोक्षो न भवति। अथ मोक्षपदं कथ्यते—यत्र स्त्रहजसमाधिक्रमेण मनसा मनः समालोक्यते स एव मोक्षः।—अमरौघ शासनम्, पृ. 8-9

10
पातंजल योग

अनादिकाल से इस देश में योगविद्या का प्रचार है। 'कठ' (6.11; 6.18); 'श्वेताश्वतर' (2.11; 2.8) आदि पुरातन उपनिषदों में इस योगविद्या का उल्लेख है और परवर्ती उपनिषदों में से कई का तो मुख्य प्रतिपाद्य विषय ही योग है। आगे संक्षेप में इन परवर्ती उपनिषदों की चर्चा का सुयोग हमें मिल सकेगा। प्रसिद्ध है कि आदि पुरुष हिरण्यगर्भ ने ही पहले-पहल मनुष्य जाति के उपकार के लिए इस विद्या का उपदेश किया था। 'योग-दर्शन' के प्रसिद्ध टीकाकार वाचस्पतिमिश्र ने लिखा है कि पतंजलि ने हिरण्यगर्भ द्वारा उपदिष्ट शास्त्र का ही पुनः प्रतिपादन किया था। इसीलिए योगि-याज्ञवल्क्य ने हिरण्यगर्भ को ही इस शास्त्र का आदि उपदेष्टा कहा है। (1.1.16 परतत्त्व वैशारदी)। विश्वास किया जाता है कि पतंजलि मुनि शेषनाग के अवतार थे। उनका योगदर्शन 'पातंजलिदर्शन' के नाम से प्रख्यात है। इस दर्शन की अनेक महत्त्वपूर्ण व्याख्याएँ लिखी गयी हैं जिनमें व्यास का भाष्य, विज्ञानुभिक्षु का वार्तिक, वाचस्पतिमिश्र की टीका, भोजदेव की वृत्ति और रामानन्द यति की 'मणिप्रभा' विशेष रूप से प्रसिद्ध और प्रचलित हैं। मूल 'पातंजल दर्शन' चार पादों (=चरणों), में विभक्त है। सारा ग्रन्थ सूत्र रूप में लिखा हुआ है और कुल सूत्रों की संख्या 115 है। चार पादों के नाम उनमें प्रतिपादित विषय के अनुकूल हैं। नाम इस प्रकार हैं—

1. समाधिपाद, 2. साधनपाद, 3. विभूतिपाद, 4. कैवल्यपाद।

पतंजलि मुनि ने चित्तवृत्ति के निरोध को ही योग कहा है। (1.1.2) भाष्यकार व्यास ने पाँच प्रकार के चित्त गिनाये हैं और बताया है कि इस प्रसंग में योग शब्द का अर्थ समाधि है। जब चित्त में रजोगुण का प्राबल्य होता है तो वह अस्थिर और बहिर्मुख हुआ रहता है और जब तमोगुण का प्राबल्य होता है तो वह विवेकशून्य हो जाता है, कार्य और अकार्य के विचार से वह हीन हो जाता है। प्रथम को (1) क्षिप्त चित्त कहते हैं और (2) द्वितीय को मूढ़। जब सत्त्वगुण की प्रधानता होती है तो वह दुःख के साधनों को छोड़कर सुख के साधनों की ओर प्रवृत्त होता है। इस प्रकार के चित्त को (3) विक्षिप्त कहते हैं। प्रथम दो तो योग के योग्य एकदम नहीं हैं, तीसरा कदाचित् स्थिर हो भी जाता है। किन्तु चित्त जब बाह्य विषयों से हटकर एकाकार

वृत्ति धारण करता है तो उसे (4) एकाग्र कहते हैं। यह एकाकार वृत्ति भी जब अन्य संस्कारों के साथ-साथ लय हो जाती है तो उस चित्त को (5) निरुद्ध चित्त कहते हैं। इन पाँच प्रकार के चित्तों के चार परिणाम बताये गये हैं। क्षिप्त और मूढ़ में व्युत्थान, विक्षिप्त में समाधि-प्रारम्भ, एकाग्र में एकाग्रता और निरुद्ध में निरोध-लक्षण परिणाम उपयोगी होते हैं। समाधि के लिए अन्तिम दो परिणाम बताये गये हैं। सभी प्रकार का निरोध योग नहीं है। प्रेम की अवस्था में क्रोध की और क्रोध की अवस्था में प्रेम की वृत्ति निरुद्ध होती है परन्तु इसे योग नहीं कह सकते। इसीलिए भाष्यकार व्यास ने बताया है कि योग शब्द से सूत्रकार का तात्पर्य उस प्रकार के निरोध से है जिसके होने से अविद्या आदि क्लेशराशि नष्ट होती है बुद्धि के लिए सात्त्विक निर्मल भाव की वृद्धि होती है और वह 'सहजावस्था' प्राप्त होती है जो वास्तविक चित्तवृत्ति-निरोध है। सूत्रकार ने इस प्रकार के योग (या समाधि) को दो प्रकार का बताया है, सम्प्रज्ञात और असम्प्रज्ञात। चित्त की एकाग्रतावस्था में सम्प्रज्ञात समाधि होती है और पूर्ण निरोधावस्था में असम्प्रज्ञात समाधि। सम्प्रज्ञाति समाधि में चित्त की सम्पूर्ण वृत्तियों का निरोध नहीं होता। बल्कि ध्येय रूप में अवलम्बित विषय को, आश्रय करके चित्तवृत्ति उस समय भी वर्तमान रहती है परन्तु असम्प्रज्ञात समाधि में सारी वृत्तियाँ निरुद्ध रहती हैं।

योगी को सम्प्रज्ञात समाधि के लिए तीन विषयों का अवलम्बन करना होता है—(1) ग्रहीता, (2) ग्रहण और (3) ग्राह्य। ग्राह्य विषय दो प्रकार के होते हैं, स्थूल और सूक्ष्म; ग्रहण का अर्थ है इन्द्रिय और ग्रहीता से बुद्धि और आत्मा के उस अविविक्त भाव से तात्पर्य है जिसे 'अस्मिता' कहते हैं। तीरन्दाज जिस प्रकार स्थूल निशाने को साधकर क्रमशः सूक्ष्म निशाना साधने का अभ्यास करता है, उसी प्रकार योगी भी पहले स्थूल विषयों को और क्रमशः सूक्ष्म विषयों को ध्यान का आलम्बन बनाता है। पहले वह (1) स्थूलग्राह्य अर्थात् पंचभूत फिर (2) सूक्ष्मग्राह्य अर्थात् पंचतन्मात्र फिर (3) ग्रहण अर्थात् इन्द्रिय और फिर सबके अन्त में (4) अस्मिता को अवलम्बन करके एकाग्रता की साधना करता है। इस प्रकार के भिन्नजातीय अवलम्बनों के कारण सम्प्रज्ञात समाधि भी चार प्रकार की होती है जिसकी चर्चा आगे की जा रही है।

परन्तु इस प्रसंग में ध्यान में रखने की बात यह है कि परम्परा से यह विश्वास किया जाता रहा है कि सांख्य और योग का तत्त्ववाद एक ही है और यद्यपि योगदर्शन के मूल सूत्रों से यह बात अब भी सिद्ध नहीं की जा सकी है तथापि व्याख्याकार लोग सांख्य के तत्त्ववाद को ही योग का तत्त्ववाद मानकर व्याख्या करते आये हैं। कभी-कभी दोनों मतों में पार्थक्य भी बताया गया है। सांख्य ईश्वर को नहीं मानता और योग दर्शन मानता है इसलिए योग को सेश्वरसांख्य कहा जाता है। हम आगे चलकर देखेंगे कि ऐसे सम्प्रदाय भी हैं जो सांख्य के तत्त्ववाद को स्थूल मानते हैं और योग को भी दूसरे दृष्टिकोण से देखते हैं। जो हो, ऊपर जिस स्थूल सूक्ष्म,

ग्राह्य और ग्रहण का प्रसंग है, उसकी व्याख्या सब ने सांख्य के तत्त्ववाद के अनुकूल ही की है। संक्षेप में, इसीलिए उस तत्त्ववाद की यहाँ चर्चा कर लेना ही उचित है।

सांख्य के मत से पुरुष अनेक हैं और प्रकृति उन्हें अपने मायाजाल में फँसाती है। पुरुष विशुद्ध चेतन स्वरूप, उदासीन और ज्ञाता है। जब तक उसे अपने इस स्वरूप का ज्ञान नहीं हो जाता तभी तक वह उसके जाल में फँसा रहता है। यह दृश्यमान् जगत् वस्तुतः प्रकृति का ही विकास है। प्रकृति, सत्त्व, रजस् और तमस् इन तीन गुणों की साम्यावस्था का ही नाम है। सारे दृश्यमान् जगत् को सांख्य शास्त्र प्रधानतः चार भागों में बाँटते हैं—(1) प्रकृति, (2) प्रकृति-विकृति, (3) विकृति और (4) न प्रकृति न विकृति। चौथा पुरुष है। वह न प्रकृति ही है और न उसका विकार ही (सांख्यकारिका 3)। बाकी तीन में प्रकृति तो अनादि ही है। पुरुष के साथ प्रकृति का जब संयोग होता है तो प्रकृति में विक्षोभ होता है, उसकी साम्यावस्था टूट जाती है, वह प्रकृति न होकर विकृति (=विकारशील) का रूप धारण करने लगती है। प्रकृति से महान् या बुद्धि तत्त्व उत्पन्न होता है, उससे अहंकार और उससे पंचतन्मात्र (अर्थात् शब्दतन्मात्र, स्पर्शतन्मात्र, रूपतन्मात्र, रसतन्मात्र और गन्धतन्मात्र) उत्पन्न हुए हैं। एक तरफ तो महान् या बुद्धि-तत्त्व मूल प्रकृति का विकार है और दूसरी तरफ अहंकार की प्रकृति भी है। इसी प्रकार अहंकार और पंचतन्मात्र भी एक तरफ तो क्रमशः महान् और अहंकार के विकार हैं और दूसरी तरफ क्रमशः पंचतन्मात्र और पंचमहाभूतों की प्रकृति भी हैं। इसीलिए सांख्यशास्त्री इन्हें (अर्थात् महान् अहंकार और पंचतन्मात्र, इन सात तत्त्वों को ('प्रकृति-विकृति' कहते हैं। इनसे पाँच ज्ञानेन्द्रिय (कान, त्वचा, आँख, रसना और नाक), पाँच कर्मेन्द्रिय (हाथ, पाँव, जीभ, वायु और उपस्थ) ये दस इन्द्रिय मन और पाँच महाभूत (अर्थात् पृथ्वी, जल, तेज, वायु और आकाश) उत्पन्न हुए हैं जो केवल विकृति हैं। इस प्रकार एक पुरुष, एक प्रकृति, सात प्रकृति-विकृतियाँ और 16 विकृतियाँ, कुल मिलाकर इन 25 तत्त्वों के प्रस्तार-विस्तार से यह सारी सृष्टि बनी है। योग में चित्त शब्द का व्यवहार अन्तःकरण के अर्थ में होता है। अन्तःकरण अर्थात् मन, बुद्धि और अहंकार। पुरुष (= आत्मा) स्वभावतः शुद्ध और निर्विकार है परन्तु अज्ञान के कारण अपने को चित्त से अभिन्न समझता है। किन्तु चित्त असल में प्रकृति का परिणाम होने के कारण जड़ है, चेतन पुरुष की छाया पड़ने के कारण ही वह चेतन की भाँति जान पड़ता है।

एकाग्रता के समय चित्त की अवस्था विशुद्ध स्फटिक मणि के समान होती है। स्फटिक के सामने जो वस्तु भी हो वही उसमें प्रतिबिम्बित होकर उसे अपने ही आकार का बना देती है। इसी प्रकार एकाग्रता की अवस्था में जो ध्येय वस्तु होती है वह चित्त में प्रतिबिम्बित होकर चित्त को अपने ही तरह का बना देती है अर्थात् उस हालत में ध्येय वस्तु के अतिरिक्त किसी अन्य वस्तु की सत्ता चित्त में नहीं रहती।

योगशास्त्र में इस प्रकार अवलम्बित विषय के रूप में चित्त के अनुरंजित या प्रतिबिम्बित होने को 'समापत्ति' कहा जाता है। यह समापत्ति केवल सम्प्रज्ञात समाधिनिष्ठ चित्त की स्वाभाविक अवस्था या धर्म है। इसी के भिन्न-भिन्न रूपों के अनुसार सम्प्रज्ञात समाधि चार प्रकार की होती है—(1) स्थूल विषयों के अवलम्बन से सिद्ध एकाग्रता को 'सवितर्क' (2) कुछ अधिक सूक्ष्म तन्मात्र आदि को अवलम्बन करके साधित एकाग्रता को 'सविचार', (3) उससे भी अधिक सूक्ष्म इन्द्रिय रूप विषय को अवलम्बन करके जो एकाग्रता सिद्ध होती है उसे 'सानन्द' और (4) बुद्धि के साथ आत्मा की अभिन्नतारूप भ्रान्ति—जिसे अस्मिता कहते हैं—को अवलम्बन करके जो एकाग्रता प्राप्त होती है उसे 'सास्मित' कहते हैं (1.17)। इन चारों प्रकार की अवस्थाओं में उस वस्तु के तत्त्व का ज्ञान होना आवश्यक है जिसे अवलम्बन किया गया है या किया जा रहा है। एक तत्त्व-साक्षात्कार किये बिना परवर्ती अवस्था में उचकना निषिद्ध है।

समुद्र में जिस प्रकार तरंगें उठा करती हैं उसी प्रकार चित्त में असंख्य वृत्तियाँ उठा करती हैं। शास्त्रकार ने उन्हें पाँच मोटे विभागों में बाँटकर समझाया है। (1) प्रमाण, (2) विपर्यय (मिथ्या ज्ञान), (3) विकल्प, (4) निद्रा और (5) स्मृति, ये पाँच प्रकार की वृत्तियाँ राग, द्वेष और मोह से अनुविद्ध होती हैं इसलिए क्लेशकर हैं। इसीलिए मुमुक्षु व्यक्ति को इनका निरोध करना चाहिए। अभ्यास और वैराग्य से यह बात सम्भव है। साधारण अवस्था में पुरुष (= आत्मा) का प्रकृत स्वरूप यद्यपि निर्विकार ही रहता है तथापि वह मोहवश अपने वास्तविक रूप से परिचित नहीं होता और 'वृत्तिसारूप्यता' को प्राप्त होता है। अर्थात् चित्त की जो वृत्ति जिस समय उपस्थित रहती है पुरुष उस समय उसी को अपना स्वरूप समझ लेता है। कोई भी विषय चाहे वह बाह्य हो या आन्तर, जब तक चित्तवृत्ति का विषय नहीं हो जाता तब तक पुरुष उसे ग्रहण नहीं कर सकता, और मुग्ध होने के कारण वह उन वृत्तियों से अपनी पृथक् सत्ता को अनुभव नहीं कर पाता। वैराग्य और दीर्घ अभ्यास के बाद वह अपने आपके स्वरूप को पहचानता है।

सम्प्रज्ञात समाधि में ध्येय-विषयक वृत्तियाँ चित्त में वर्तमान रहती हैं और बराबर ही अपने अनुरूप संस्कार-प्रवाह को उत्पन्न करती रहती हैं। असम्प्रज्ञात समाधि में ऐसी कोई वृत्ति नहीं रहती। हृदय में पुनः-पुनः वैराग्य के अनुशीलन से समस्त चित्तवृत्तियाँ निरुद्ध हो जाती हैं। भगवान् ने गीता में कहा है कि यद्यपि चंचल मन का वश करना कठिन है तथापि अभ्यास वैराग्य से उसे वश में किया जा सकता है। दृष्ट अर्थात् प्रत्यक्ष सुख और आनुश्रविक अर्थात् केवल शास्त्र से जाने जानेवाले स्वर्गादि सुख—इन दोनों प्रकार की भोगाभिलाषा की निवृत्ति को 'वैराग्य' कहते हैं। यह वैराग्य दो प्रकार का होता है—अपर वैराग्य और पर वैराग्य। अपर वैराग्य की चार सीढ़ियाँ हैं—(1) राग और द्वेषवश, जो इन्द्रियचाञ्चल्य होता है उसे रोकने की चेष्टा (यतमान संज्ञा) (2) राग और विराग के विषयों को अलग ठीक करना

(व्यतिरेक संज्ञा), (3) इन्द्रिय निवृत्ति के बाद केवल मन द्वारा विषयों की चिन्ता (एकेन्द्रिय संज्ञा) और अन्त में (4) मानसिक उत्सुकता को भी वश में करना (वशीकार संज्ञा)। सम्प्रज्ञात समाधि तक तो इस प्रकार के वैराग्य से ही प्राप्त हो जाती है। किन्तु वैराग्य की उत्कृष्ट अवस्था वह है (पर वैराग्य) जब द्रष्टा पुरुष, प्रकृति और बुद्धि आदि समस्त तत्त्वों से अपने को पृथक् समझ लेता है और समस्त त्रिगुणात्मक विषयों के उपभोग से वितृष्ण हो जाता है। इसी 'पर वैराग्य' के अनुशीलन से असम्प्रज्ञात समाधि सिद्ध होती है। यह समाधि चूँकि सम्प्रज्ञात समाधिकालीन ध्येय विषयक चिन्ता के विराम के कारण प्रत्यय (=पर वैराग्य) के पुनः-पुनः अनुशीलन या अभ्यास से होती है इसलिए सूत्रकार ने इसे 'विराम प्रत्ययाभ्यासपूर्य' कहा है। इसमें चित्तवृत्तियाँ तो निरुद्ध हो जाती हैं पर संस्कार फिर भी बच रहता है। बहुत दीर्घकाल तक बने रहने के बाद इन संस्कारों की कोई उद्बोधक सामग्री न मिलने से वे भी समाप्त हो जाते हैं। इसीलिए असम्प्रज्ञात समाधि को निरोध समाधि और निर्जीव समाधि भी कहते हैं। ऐसे भी योगी हैं जो ज्ञान का सम्यक् उद्रेक न होने के कारण प्रकृति, महान् या अहंकार को ही आत्मा मानकर निरोध समाधि का अभ्यास करते हैं। उनकी समाधि को 'भवप्रत्यय' का नाम दिया गया है। इसमें भ्रान्ति बनी रहती है इससे इसमें कैवल्यज्ञान (अर्थात् पुरुष या आत्मा का केवल पुरुष रूप में ही अवस्थान रूप ज्ञान) नहीं होता। असम्प्रज्ञात समाधि के उत्कृष्ट उपाय हैं श्रद्धा, वीर्य (उत्साह), स्मृत और योगांग। इन उपायों के द्वारा जो समाधि होती है वही 'उपाय प्रत्यय' कही गयी है। इस असम्प्रज्ञात समाधि की पूर्णता की अवस्था में द्रष्टा अर्थात् पुरुष (आत्मा) 'केवल' स्वरूप में अवस्थान करता है। यही कैवल्य प्राप्ति है।

सूत्रकार ने इस अवस्था की प्राप्ति के लिए एक और भी उपाय बताया है। ईश्वर प्रणिधान या ईश्वर में मन लगाना (1-23)। साधारण जीवों में जो पाँच प्रकार के क्लेश (अविद्या, अस्मिता, राग, द्वेष और अभिनिवेश) होते हैं; जो दो प्रकार के कर्म (धर्म और अधर्म) होते हैं; जो तीन प्रकार के विपाक (जन्म, आयु और भोग) होते हैं और जो पूर्व तक संस्कार होते हैं (आशय) उनसे ईश्वर रहित है। वह सर्वज्ञ है और इसीलिए अन्यान्य पुरुषों से विशेष है। अर्थात् साधारण पुरुष अविद्यादि क्लेशों के अधीन हैं, जन्म-मरण के चक्र में पड़े हुए हैं, पाप, पुण्य (धर्म-अधर्म) के वशवर्ती हैं और पूर्व-संचित वासनाओं के दास हैं। ईश्वर इनसे भिन्न अनन्त ज्ञान का आकार, दोषहीन, क्लेशशून्य, नित्यशुद्ध और नित्यमुक्त है। इसी ईश्वर का वाचक शब्द प्रणव या ओंकार है। इसके नाम के जप और नामी (ईश्वर) की चिन्ता करने से साधक का चित्त एकाग्र होता है और उसे आत्म-साक्षात्कार भी प्राप्त होता है। फिर उसके विघ्न भी दूर होते हैं। योग साधक के अनेक विघ्न होते हैं। उसे व्याधि हो सकती है जिससे शरीर रुग्ण होकर मन पर भी असर डाल सकता है, उसके चित्त में अकर्मण्यता या जड़ता आ सकती है (स्त्यान),

योग के विषय में सन्देह उपस्थित हो सकता है (संशय), प्रमाद और आलस्य हो सकते हैं। विषय भोग की तृष्णा पैदा हो सकती है (अविरति) विपरीत ज्ञान (भ्रान्तिदर्शन) हो सकता है, समाधि के अनुकूल चित्त की जो अवस्था होती है उसका अभाव हो सकता है (अलब्धभूमिकत्व), फिर ऐसा भी हो सकता है कि समाधि के अनुकूल अवस्था तो सुलभ हो गयी पर मन उस समय स्थिर नहीं हो सका। इन बातों से चित्त विक्षिप्त हो जाता है। ईश्वर प्रणिधान से इन विघ्नों की सम्भावना दूर हो जाती है। शास्त्रकार ने चित्त विशोधन के और भी कई उपाय बताये हैं, उनमें अभिमत वस्तु का ध्यान उल्लेख्य है (1.39)। यहाँ तक सूत्रकार ने ज्ञान पर ही जोर दिया है। इस 'पाद' या चरण में साधारण रूप से समाधि की बात ही होने के कारण उन्होंने इसका नाम 'समाधिपाद' दिया है।

दूसरे पाद का नाम है साधनपाद या क्रियायोग। क्रियायोग अर्थात् तपस्या, स्वाध्याय और ईश्वर प्रणिधान। इस क्रियायोग के दो उद्देश्य बताये गये हैं—समाधि-भावना और क्लेशों को क्षीण करना (क्लेशतनूकरण)। समाधि को हम पहले ही समझ आये हैं, क्लेश पाँच प्रकार के हैं, (1) अविद्या अर्थात् भ्रान्ति-ज्ञान—जो अनित्य है उसे नित्य समझना, जो जड़ है उसे चेतन समझना और जो अनात्मा है उसे आत्मा समझना; (2) अस्मिता अर्थात् अहंकार बुद्धि और आत्मा को एक ही मान लेना; (3) राग अर्थात् सुख और उसके साधनों की ओर खिंचाव; (4) द्वेष अर्थात् दुःख और दुःखजनक वस्तुओं के प्रति हिंसा वृत्ति और (5) अभिनिवेश अर्थात् नाना जन्मों के संस्कारवश मरणादि से त्रास। ये पाँचों क्लेश हैं पर अन्तिम चार की उत्पत्ति का कारण अविद्या ही है। ये अन्तिम चार प्रकार के क्लेश प्रसुप्त क्षीण विच्छिन्न या उदार अवस्थाओं में से किसी एक में ही एक समय रह सकते हैं। उदाहरणार्थ, शैशवावस्था में राग सुप्त रहता है, क्रोधावस्था में विच्छिन्न रहता है, रागविरोधी विचारों के समय क्षीण रहता है और उपयुक्त अवसर पर प्रबुद्ध या उदार होकर रह सकता है। अब, ये चारों क्लेश जिस अवस्था में भी क्यों न हों उनका मूल कारण अविद्या या गलत ज्ञान ही है। क्रियायोग की सहायता से योगी इन क्लेशों को क्षीण करता है और क्रमशः आगे बढ़कर प्रसंख्यान अर्थात् ध्यान रूप अग्नि से उन्हें भस्म कर देता है। यह उद्देश्य सिद्ध हो जाने पर प्रथम उद्देश्य—समाधिभावना—सहज ही सिद्ध हो जाता है क्योंकि जितने भी कर्म आशय और विपाक हैं वे सभी क्लेशमूलक हैं और क्लेशों के उच्छेद होने से उनका उच्छेद अपने आप हो जाता है।

योगदर्शन सम्पूर्ण शास्त्रार्थ को चार भागों में विभक्त करता है—हेय, हेयहेतु, हान और हानोपाय। दुःख और दुःखजनक पदार्थ हेय हैं और चूँकि अविद्या ही इस हेय वस्तु को जीव के सामने उपस्थित करती है और जीव गलती से उन्हें भोग्य और अपने को उनका भोक्ता समझकर उलझ जाता है इसलिए यह जो भोग्य-भोक्ता-भाव रूप संयोग है वही हेय-हेतु है। स्पष्ट ही अविद्या के कारण यह संयोग सम्भव होता

है, इसलिए वास्तविक हेयहेतु तो अविद्या ही है और विवेक ज्ञान ही इस हेयहेतु के ज्ञान का उपाय है क्योंकि उसी से आत्मा और अनात्मा का पार्थक्य ठीक-ठीक उपलब्ध होता है और अविद्या उच्छिन्न होती है। अविद्या के उच्छेद से दुःख की आत्यन्तिक निवृत्ति होती है। यही हेय-हान है। यही योग का चरम लक्ष्य है, यही कैवल्य है।

जब तक विवेकख्याति नहीं हो जाती तब तक योगांगों के अनुष्ठान से चित्त को विशुद्ध करने का उपदेश शास्त्रकार ने दिया है। (2/28) ये आठ हैं, यम, नियम, आसन, प्राणायाम और प्रत्याहार तथा धारणा, ध्यान और समाधि; प्रथम पाँच बाह्य हैं और अन्तिम तीन आन्तर। संक्षेप में इनका परिचय इस प्रकार है।

(1) यम, बाहरी और भीतरी इन्द्रियों के संयमन (वृत्ति-संकोचन) को कहते हैं। अहिंसा, सत्य, अस्तेय (= चोरी न करना) ब्रह्मचर्य और अपरिग्रह (किसी से कुछ न लेना) ये पाँच यम हैं। इन यमों (=संयमों) की विपरीत क्रियाओं—हिंसा, असत्य, अस्त्ये, वीर्यक्षय, परिग्रह—को वितर्क कहते हैं इनका फल दुःख और अज्ञान है (2) वितर्कों के दमन और संयमों की उपलब्धि के लिए शास्त्रकार ने पाँच प्रकार के नियम बनाये हैं—शौच (पवित्रता), सन्तोष, तप, स्वाध्याय और ईश्वर प्रणिधान। (3) योग साधन के लिए नाना प्रकार के आसन उपयोगी बताये गये हैं। आसन अर्थात् हाथ-पैर आदि का विशेष ढंग से सन्निवेश। परवर्ती योगग्रन्थों में आसनों की अनेक संख्याएँ बतायी गयी हैं परन्तु 'पातंजल दर्शन' ने स्थिर और सुखकर आसन (2/46) को ही योग-साधन का प्रकृष्ट उपाय बताया है। (4) श्वास को भीतर भरना (पूरक), उसे देर तक भीतर ही आबद्ध रखना (कुम्भक) और फिर बाहर निकालना (रेचक) प्राणायाम कहा जाता है। प्राण अर्थात् वायु के संयमन से मन का संयमन सहज होता है। (5) शब्दादि बाह्य व्यापारों से कान प्रभृति इन्द्रियों को हटाकर (प्रत्याहृत करके) पहले अन्तर्मुख करना होता है। उस अवस्था में बाह्य विषयों के साथ इन्द्रियों का कोई सम्पर्क नहीं होने से चित्त का सम्पूर्ण रूप से अनुकरण करते हैं, इन्द्रियों की इस प्रकार की अवस्था का नाम ही 'प्रत्याहार' है। इससे इन्द्रियों को वश में करना सम्भव होता है।

इन पाँच योगांगों की चर्चा करने के बाद-सूत्रकार ने दूसरा पाद समाप्त कर दिया है। बाकी तीन योगांगों का वर्णन विभूतिपाद नामक तीसरे पाद में किया है। ये पाँच बहिरंग साधन हैं क्योंकि कार्य सिद्धि से इनका बाहरी सम्बन्ध है। परन्तु धारणा, ध्यान और समाधि नामक योगांग साक्षात्सम्बन्ध से कार्य सिद्धि के हेतु हैं, इसलिए अन्तरंग साधन कहे गये हैं। इन गीतों को एक ही नाम 'संयम' दिया गया है। तीनों को एक ही साथ नाम देने का अभिप्राय यह है कि ये तीनों जब एक ही विषय को आश्रय करके होते हैं तभी योगांग होते हैं, अन्यथा नहीं। एक विषय की धारणा, दूसरे का ध्यान और तीसरे की समाधि को योग नहीं कह सकते। सो, नाना विषयों में विक्षिप्त चित्त को बलपूर्वक किसी एक ही वस्तु (जैसे श्रीकृष्ण की मूर्ति)

पर बाँधने को 'धारणा' कहते हैं; धरणा से चित्त जब कुछ स्थिर हो जाता है तो उस विषय की एकाकार चिन्ता (=प्रत्ययैकतानता) को 'ध्यान' कहते हैं (3/2) और यह ध्यान जब निरन्तर अभ्यास के कारण स्वरूप-शून्य सा होकर ध्येय विषय में आकार आभासित होता है (अर्थ-मात्र-निर्भासम्) तो समाधि कहा जाता है (3/3) प्रथम पाद में जिस सम्प्रज्ञात और असम्प्रज्ञात समाधि की चर्चा हुई है वह समाधि इससे भिन्न है। वह साध्य है, वह साधन है; वह फल है, वह उपाय है। उस स्थूल ग्राह्य, सूक्ष्म-ग्राह्य, ग्रहण और ग्रहीता भेद से अवलम्बित समाधि की अवस्था में 'संयम' (ध्यान-धारणा-समाधि) का विनियोग करना होता है। जहाँ तक सम्प्रज्ञात समाधि का सम्बन्ध हैं वही तक योग के आठ अंगों में से पाँच बहिरंग हैं और तीन अन्तरंग। असम्प्रज्ञात समाधि के लिए तो आठों ही बहिरंग हैं। जब मनुष्य समाधि की दशा में नहीं होता, अर्थात् जब वह व्युत्थान दशा में होता है, तो उस समय दर्शन, श्रवण आदि के द्वारा जिन विषयों का अनुभव करता है वे स्वयं नष्ट होने के बाद भी अपना संस्कार छोड़ जाते हैं और इसीलिए वे संस्कार निरन्तर स्मृति उत्पन्न करते रहते हैं। व्युत्थान अवस्था की भाँति समाधि अवस्था में भी संस्कार रहते ही हैं। सम्प्रज्ञात समाधि की अवस्था में यद्यपि चित्तवृत्तियाँ निरुद्ध रहती हैं तथापि संस्कार रहते हैं। चित्तवृत्तियों के निरोध से भी एक प्रकार का संस्कार पैदा होता है। व्युत्थान दशावाले संस्कारों को 'व्युत्थानज' और निरोध दशावाले संस्कारों को 'निरोधज' कहते हैं। इन दोनों का द्वन्द्व जारी रहता है; जो प्रबल होता है वही विजयी होता है। दीर्घ साधना के बाद साधक के निरोधज संस्कार प्रबल होकर व्युत्थानज संस्कारों को दबा पाते हैं। इस अवस्था को ग्रन्थकार ने 'निरोध परिणाम' कहा है (3/9)। यहाँ आकर योगी को नाना भाँति की विभूतियाँ प्राप्त होती हैं। स्वर्ग के देवतागण उसे नाना भाव से प्रलुब्ध करते हैं। सच्चे योगी इससे भटक जाते हैं, पर सच्चे योगी विचलित नहीं होते। वे उन विभूतियों के दर्शन से विस्मित भी नहीं होते, चंचल भी नहीं होते, और प्रलुब्ध भी नहीं होते। तीसरा पाद यहीं समाप्त होता है।

कैवल्यपाद के आरम्भ में ही सूत्रकार ने पाँच प्रकार की सिद्धियाँ बतायी हैं। (1) पूर्व जन्म के संस्कारों के कारण कुछ लोग कुछ विशेष सिद्धियाँ जन्म से लेकर ही पैदा होते हैं; फिर (2) रसायनादि औषधों की सहायता से भी अनेक प्रकार की सिद्धियाँ मिल जाती हैं। (3) ऐसा भी होता है कि यन्त्रबल से आकाशगमन प्रभृति सिद्धियाँ उपलब्ध हो जाती हैं; फिर (4) तपस्या से भी सिद्धिलाभ सम्भव है पर वास्तविक और परमसिद्धि तो (5) समाधि से कैवल्य-प्राप्ति ही है। बाकी सिद्धियों से लोक-प्रतिष्ठा चाहे जितनी मिले वे अधिकतर कैवल्य-प्राप्ति में बाधक ही होती हैं। समाधि से समस्त अनागत (अर्थात् भावी) कर्म दग्धबीज की भाँति निर्वीर्य और निष्फल हो जाते हैं, केवल प्रारब्ध कर्म बचे रह जाते हैं। कभी-कभी योगी लोग योगबल से अनेक कायाओं का निर्माण करके प्रारब्ध कर्म को शीघ्र ही भोग लेते हैं और उससे छुटकारा पा जाते हैं। ऐसा करने से आत्मा का जो बुद्धि से पार्थक्य है

उस विषय में योगी और भी दृढ़विश्वासपरायण हो जाते हैं; फिर तो योगी की आत्मा स्वतः ही विवेक की ओर उन्मुख होकर कैवल्य की ओर धावित होती है। वह समस्त इच्छाओं से—यहाँ तक कि परम अभिलषित विवेकख्याति से भी—विरत हो जाता है। उस हालत में वह धर्ममेघ नामक समाधि को प्राप्त होता है। सूत्रकार ने कहा है कि 'प्रसंख्यान' (= प्रकृति और पुरुष का विवेक-साक्षात्कार) के प्रति भी जब उसका आदरभाव नहीं होता तब उसे वह 'धर्ममेघ' समाधि प्राप्त होती है जो विवेक ख्याति का परम फल है (4/29)। उस समय केवल निरवच्छिन्न तत्त्व-साक्षात्कार रूपी धर्ममेघ की धारासार वर्षा होती रहती है और योगी समस्त क्लेशों और कर्मों से निवृत्त हो गया रहता है। उस समय त्रिगुणात्मिका प्रकृति के जो कर्त्तव्य प्रत्येक पुरुष (आत्मा) के लिए निर्दिष्ट होते हैं वे—भुक्ति और मुक्ति—समाप्त हो जाते हैं और पुरुष विशुद्ध स्वरूप (केवल-भाव) में अवस्थित हो जाता है। पुरुष के प्रति दोनों प्रकार के करणीय कर्म सिद्ध हो जाने से प्रकृति भी कृतकृत्य हो जाती है और अनादि काल का लिंग शरीर[1] चूँकि प्रकृति का परिणाम होता है, इसलिए वह भी विरत हो जाता है और सारा सूक्ष्म शरीर (लिंग शरीर) तत्तद् उपादानों में लीन हो जाता है। यही योग का परम प्रतिपाद्य है।

---

1. सांख्यकारिका (40) में बताया गया है कि प्रकृति के विकारस्वरूप तेईस तत्त्वों में अन्तिम पाँच तो अत्यन्त स्थूल हैं परन्तु बाकी अट्ठारहों तत्त्व मृत्यु के समय पुरुष के साथ-ही-साथ निकल जाते हैं। जब तक पुरुष ज्ञान प्राप्त किये बिना ही मरता रहता है तब तक ये तत्त्व उसके साथ-साथ लगे रहते हैं। इन अट्ठारहों तत्त्वों में से प्रथम तेरह (अर्थात् बुद्धि, अहंकार, मन और दसों इन्द्रिय) तो प्रकृति के गुण मात्र हैं, उनकी स्थिति के लिए किसी ठोस आधार की जरूरत होती है। बिना आधार वे रह नहीं सकते, वस्तुतः पंचतन्मात्रों को जो मृत्यु के समय आत्मा का अनुसरण करते बताया गया है वह इसीलिए कि ये तन्मात्र उक्त तेरह तत्त्वों को वहन करने का सामर्थ्य रखते हैं। ये अपेक्षाकृत ठोस हैं। जब तक मनुष्य, जीता होता है तब तक तो इन गुणों को उसका स्थूल शरीर आश्रय किये होता है, पर जब वह मर जाता है तब पंच तन्मात्र ही इन गुणों के वाहक होते हैं (सांख्यकारिका (41)। इस प्रकार शास्त्रकार का सिद्धान्त है कि मृत्यु के बाद पुरुष या आत्मा के साथ-ही-साथ एक लिंग-शरीर जाता है जो समस्त कर्मफलात्मक संस्कारों को साथ ले जाता है। इस लिंग-शरीर में जिन अट्ठारह तत्त्वों का समावेश है उसमें बुद्धितत्त्व ही प्रधान है। वेदान्ती लोग जिसे कर्म कहते हैं, उसी को सांख्य लोग बुद्धि का व्यापार, धर्म या विकार कहते हैं। इसी को सांख्यकारिका में 'भाव' कहा गया है। जिस प्रकार फूल में गन्ध और कपड़े में रंग लगा रहता है उसी प्रकार यह 'भाव' लिंग शरीर में लगा रहता है (सां. का. 42)।

11
गोरक्षनाथ का उपदिष्ट योगमार्ग

1. हठयोग

गोरक्षनाथ ने जिस हठयोग का उपदेश दिया है, वह पुरानी परम्परा से बहुत अधिक भिन्न नहीं है। शास्त्रग्रन्थों में हठयोग साधारणतः प्राण-निरोध-प्रधान साधना को ही कहते हैं। 'सिद्ध सिद्धान्त पद्धति' में 'ह' का अर्थ सूर्य बतलाया गया है और 'ठ' का अर्थ चन्द्र। सूर्य और चन्द्र के योग को ही 'हठयोग' कहते हैं।

हकारः कथितः सूर्यष्ठकारश्चन्द्र उच्यते।
सूर्याचन्द्रमसोर्योगात् हठयोगो निगद्यते।।

इस श्लोक की कही हुई बात की व्याख्या नाना भाव से हो सकती है। ब्रह्मानन्द के मत से 'सूर्य' से तात्पर्य प्राणवायु का है और चन्द्र से अपान वायु का। इन दोनों का योग अर्थात् प्राणायाम से वायु का निरोध करना ही हठयोग है। दूसरी व्याख्या यह है कि सूर्य इड़ा नारी को कहते हैं और चन्द्र पिंगला को (हठ. 3.15)। इसलिए इड़ा और पिंगला नाड़ियों को रोककर सुषुम्णा मार्ग से प्राणवायु के संचारित करने को भी हठयोग कहते हैं। इस हठयोग को 'हठसिद्धि' देनेवाला कहा गया है।[1] वस्तुतः हठयोग का मूल अर्थ यही जान पड़ता है कि कुछ इस प्रकार अभ्यास किया जाता था जिससे हठात् सिद्धि मिल जाने की आशा की जाती थी। 'हठयोग' शब्द का शायद सबसे पुराना उल्लेख गुह्य समाज में आता है, वहाँ बोधिप्राप्ति की विधि बता लेने के बाद आचार्य ने बताया है कि यदि ऐसा करने पर भी बोधि प्राप्त न हो तो 'हठयोग' का आश्रय लेना चाहिए।[2]

योगस्वरोदय में हठयोग के दो भेद बताये गये हैं। प्रथम में आसन, प्राणायाम तथा धौति आदि षट्कर्म का विधान है। इनसे नाड़ियाँ शुद्ध होती हैं। शुद्ध नाड़ी में पूरित वायु मन को निश्चल करता है और फिर परम आनन्द की प्राप्ति होती है। दूसरे भेद में बताया गया है कि नासिका के अग्र भाग में दृष्टि निर्बद्ध करके आकाश में कोटि सूर्य के प्रकाश को स्मरण करना चाहिए और श्वेत, रक्त, पीत और कृष्ण

---

1. प्राणतोषिणीः पृ.835
2. दर्शने तु कृतेऽप्येयं साधकस्य न जायते।
   यदा न सिद्ध्यते बोधिर्हठयोगेन साधयेत्।।

रंगों का ध्यान करना चाहिए। ऐसा करने से साधक चिरायु होता है और हठात् ज्योतिर्मय होकर शिवरूप हो जाता है। इस योग को इसीलिए हठयोग कहा गया है। यह सिद्धसेवित मार्ग है।[1]

कहते हैं कि हठयोग की दो विधियाँ हैं—एक तो गोरक्षनाथ की पूर्ववर्ती जिसका उपदेश मृकण्डुपुत्र (मार्कण्डेय) आदि ने किया था और दूसरी गोरक्षनाथ आदि द्वारा उपदिष्ट।[2] प्रधान भेद यह बताया जाता है कि पहली उन सभी आठ अंगों को स्वीकार करती है, जिन्हें पातंजल योग के प्रसंग में हम देख आये हैं और दूसरी केवल अन्तिम छह अंगों को[3], परन्तु यह भेद बहुत अधिक मान्य नहीं है। हठयोग के ग्रन्थों में अष्टांग योग की भी बात आती है और षडंग योग की भी। गोरक्ष-शतक में षड्ंगयोग की बात है और 'सिद्ध सिद्धान्त संग्रह' में अष्टांग योग की।[4]

हठयोग का अभ्यासी शरीर की बनावट से अपरिचित रहकर सिद्धि नहीं पा सकता। मेरुदण्ड जहाँ सीधे जाकर वायु और उपस्थ के मध्यभाग में लगता है वहाँ एक स्वयंभू लिंग है जो एक त्रिकोण चक्र में अवस्थित है। इसे अग्निचक्र कहते हैं। इसी त्रिकोण या अग्निचक्र में स्थित स्वयंभू लिंग को साढ़े तीन वलयों में लपेटकर सर्पिणी की भाँति कुण्डली अवस्थित है। यह कभी-कभी आठ वलयों में लपेटकर सोयी हुई भी बतायी गयी है (गो. 1,47)। यह ब्रह्माण्ड में व्याप्त महाकुण्डलिनी रूपी शक्ति का ही व्यष्टि में व्यक्त रूप है। यह शक्ति ही है जो ब्रह्मद्वार को रोध करके सोयी हुई है।[5] इसे जगाकर शिव से समरस कराना योगी का चरम लक्ष्य है। अन्यान्य विधियों से भी मोक्ष प्राप्त किया जाता है, परन्तु चाभी से जिस प्रकार ताला हठात् खुल जाता है उसी प्रकार कुण्डली के उद्बोधन से हठात् मोक्षद्वार अनायास ही खुल जाता है।[6] हठात् मोक्षद्वार खोलने की विधि बताने के कारण भी इस योग को 'हठयोग' कहते हैं। इस कुण्डली-उद्बोध की कई विधियाँ हो सकती हैं।

---

1. हठाज्ज्योतिर्मयोभूत्वा ह्यन्तरेण शिवो भवेत् ।
अताऽयं हठयोगः स्यात् सिद्धिदः सिद्धसेवितः। —प्राणतोषिणी, पृ.835
2. द्विधा हठः स्यादेकस्तु गोरक्षादिसुसाधितः।
अन्यो मृकण्डुपुत्राद्यैः साधितो हठसंज्ञकः।।
3. स.भ.स्ट.भाग. 6 में म.म.पं. गोपीनाथ कविराज का लेख देखिये।
4. गो.श.: 1/7; सि.सि.सं. : 2/49।
5. येन द्वारेण गन्तव्यं ब्रह्मद्वारमनामयम् ।
मुखेनाच्छाद्य तदद्वारं प्रसुप्ता परमेश्वरी।। —गो.श. 1/48।
6. उद्घाटयेत् कपाटं तु यथा कुञ्चिकया हठात् ।
कुण्डलिन्या ततो योगी मोक्षाद्वारं प्रभेदयेत्।। —वही 1/51।

शरीर में तीन ऐसी चीजें हैं जो परम शक्तिशाली हैं पर चंचल होने के कारण वे मनुष्यों के काम नहीं आ रहीं। पहली और प्रधान वस्तु है। (1) बिन्दु अर्थात् शुक्र। इसको यदि ऊपर की ओर उठाया जा सके तो बाकी दो भी स्थिर होते हैं। बाकी दो हैं, (2) वायु और (3) मन। हठयोगी का सिद्धान्त है कि इनमें से किसी एक को भी यदि वश में कर लिया जाय तो दूसरे दो स्वयमेव वश में हो जाते हैं। एक-एक संक्षेप में विचार किया जा रहा है। यहाँ इतना और कह रखना उचित है कि कभी-कभी एक चौथी वस्तु की भी चर्चा शास्त्र में आ जाती है। वह है, वाक् या वाणी।

'अमरौघ शासन' में (पृ.7) लिखा है कि मेरुदण्ड के मूल में सूर्य और चन्द्र के बीच योनि में स्वयंभू लिंग है जिसे पश्चिम लिंग कहते हैं। यही पुरुषों के शुक्र और स्त्रियों के रजः स्खलन का मार्ग है। यही काम, विषहर और निरंजन का स्थान है। वीर्य स्खलन की दो अवस्थाएँ होती हैं। इन दोनों के पारिभाषिक नाम प्रलयकाल और विषकाल हैं। इन दो अवस्थाओं में जो आनन्द होता है वह घातक है। एक का अधिष्ठाता काम है और दूसरी का विषहर। तीसरी अवस्था नानाभाव-विनिर्मुक्त सहजानन्द की अवस्था है, इसमें बिन्दु ऊर्ध्वमुख होकर ऊपर उठता है, तब यह सहज समाधि प्राप्त होती है जिसमें मन और प्राण अचंचल हो जाते हैं। ब्रह्मचर्य और प्राणायाम के द्वारा इस बिन्दु को स्थिर और ऊर्ध्वमुख किया जा सकता है। परन्तु इसके लिए आवश्यक है कि नाड़ियों को शुद्ध किया जाय। हठयोगी षट् कर्म के द्वारा वही कार्य करता है। इन शुद्धि की क्रियाओं का साधन ग्रन्थों में विस्तृत रूप से उल्लेख है।[1] इनमें धौति है, बस्ति है, नेति है, त्राटक है, नौलि है, कपालभाति—इन्हीं को षट्कर्म कहते हैं। नाड़ी के शुद्ध होने से बिन्दु स्थिर होता है, सुषुम्ना का मार्ग साफ हो जाता है, प्राण और मन क्रमशः अचंचल होते हैं और प्रबुद्ध कुण्डलिनी परमेश्वरी सहस्रार चक्र में स्थित शिव के साथ समरस हो जाती हैं और योगी चरम प्राप्तव्य पा जाता है। इस क्रिया के लिए ही योगी लोग उस वज्रोली मुद्रा का अभ्यास करते हैं जिसमें नाना विधियों से पुरुष स्त्री के रज को और स्त्री

---

1. इस प्रसंग में 'अमरौघ शासन' में निम्नलिखित श्लोक हैं जिसमें वज्रयानी साधकों के पारिभाषिक शब्दों का व्यवहार जान पड़ता है। इन शब्दों के सांवृत्तिक और पारमार्थिक अर्थ की बात हम कृष्णपाद (कानिपा) के प्रसंग में जान चुके हैं—

शक्तित्रविनिर्भिन्ने चित्ते बीजनिरंजनात् ।
वज्रपूजापदानन्दं यः करोति स मन्मथः।।
चित्ते तृप्ते मनोमुत्ति रूर्ध्वंमार्गाश्रितेऽनले।
उदानचलितं रेतो मृत्युरेखाविषं विदुः।।
चित्तमध्ये भवेद्यम्तु बालाग्रशतधाश्रये।
नानाभावविनिर्मुक्तः स च प्रोक्तो निरंजनः।।

—आ.शा. पृ.8

पुरुष के शुक्र को आकर्षण करके ऊर्ध्वमुख करती है।[1] यद्यपि यह साधना नाथमार्ग में प्रक्षिप्त जान पड़ती है पर अपने पारमार्थिक अर्थ में यह इस मार्ग में स्वीकृत थी। 'सिद्ध सिद्धान्त संग्रह' में एक सन्दिग्ध श्लोक है जो इस साधना के प्रकाश में कुछ स्पष्ट हो जाता है।[2] इसमें स्पष्ट रूप से कहा गया है कि इसके ज्ञानमात्र से सिद्ध मार्ग प्रकाशित हो जाता है। इस कथन का स्पष्ट अर्थ है कि केवल पारमार्थिक अर्थ में ही यह सिद्ध मार्ग में गृहीत है।

नाड़ीशुद्धि होने के बाद प्राणादि वायुओं का शमन सहज हो जाता है। नाना प्रकार के आसनों और प्राणायामों से सुषुम्ना मार्ग खुल जाता है। नाड़ियों को प्रधानतः दो भागों में विभक्त किया जा सकता है। दक्षिणाङ्ग में व्याप्त नाड़ियाँ सूर्य का अंग हैं और वाम भागवाली चन्द्रमा के अंग। इन दोनों के बीच सुषुम्ना है। जब नाना भाँति के अभ्यास से योगी चन्द्र और सूर्य मार्गों को बन्द कर देता है और उनमें बहनेवाली वायु शक्ति संयमित होकर योनिकन्द के मूल में स्थित सुषुम्ना की मध्यवर्तिनी ब्रह्मनाड़ी के मुख को खुला पाकर उस मार्ग से ऊपर उठती है तो वस्तुतः कुण्डलिनी ही उर्ध्वमुख होती है। प्राणायाम से कुण्डलिनी का उद्‌बोध सुकर हो जाता है।[3]

यह कुण्डलिनी जब उद्‌बुद्ध होती है तो प्राण स्थिर हो जाता है और साधक शून्य पथ से निरन्तर उस अनाहत ध्वनि या अनहद नाद को सुनने लगता है, जो अखण्ड रूप से निखिल ब्रह्माण्ड में निरन्तर ध्वनित हो रहा है। अनुभवी लोगों ने बताया है (हठ. 4-83-85) कि पहले तो शरीर के भीतर समुद्रगर्जन, मेघगर्जन

---

1. गो. पं.: पृ.53-55
2. संकोचनेन मणिकस्य परत्र तुर्ये दण्डध्वनैव चरमेण निवेश्य चित्तम् ।
   वज्रोदरे सगतिबन्धनभेदिदर्प्या भृगस्य चेद्विदुदिरे (?) खलु विंदुबंधः।।
   एषा वज्रोलिका प्रोक्ता सिद्धसिद्धान्तवेदिभिः।।
   ज्ञानादेव भवेदस्या सिद्धमार्गः प्रकाशितः।। —सि.सि. सं. 2/17-18
3. मूलकन्दोद्यतो वायुः सोमसूर्यपथोद्भवः।
   शक्त्याधारस्थितो याति ब्रह्मदण्डकभेदकः।। 1।।
   मूलकन्दे तुव्या शक्ति कुण्डलाकाररूपिणी।
   उद्‌गमावर्त वतोऽयंप्राण दत्युच्यते बुधैः।।2।।
   कन्ददण्डेन चोद्दण्डैर्भ्रामिता या भुजङ्गिनी।
   मूर्च्छिता सा शिवं वेत्तिप्राणैरेव व्यवस्थिता।।3।। —अमरौघ, पृ.11
   'अमरौघ शासन' में तीन श्लोक इसी प्रकार छपे हुए हैं। परन्तु जान पड़ता है किसी कारणवश तीसरी पंक्ति उलटी छप गयी है। उसे यदि चौथी पंक्ति मान लिया जाय और चौथी को तीसरी तो अर्थ अधिक स्पष्ट होता है। प्रथम तीन पंक्तियाँ प्राण की व्याख्या हैं और अन्तिम तीन पंक्तियाँ कुण्डली की।

और भेरी झर्झर आदि का-सा शब्द सुनायी देता है, फिर मर्दल, शंख, घण्टा और काहल की-सी आवाज सुनायी देती है, और अन्त में किंकिणी, वंशी और वीणा की झंकार सुनायी देने लगती है। परन्तु ज्यों-ज्यों साधक का चित्त स्थिर होता है त्यों-त्यों इन शब्दों का सुनायी देना बन्द होता जाता है, क्योंकि उस समय आत्मा अपने स्वरूप में क्रमशः स्थिर होता जाता है और फिर तो बाह्य विषयों से उसका सरोकार नहीं रह जाता।

इस प्रकार हठयोगी प्राणवायु को निरोध करके कुण्डलिनी को उद्‌बुद्ध करता है। उद्‌बुद्ध कुण्डली क्रमशः षट्‌चक्रों को भेद करती हुई सातवें अन्तिम चक्र सहस्रार में शिव से मिलती है। प्राणवायु ही इस उद्‌बोध और शक्ति संगमन का हेतु है इसलिए हठयोग में प्राण-निरोध का बड़ा महत्त्व है। षड्‌चक्रों के विषय में हम पहले संक्षेप में कह आये हैं। यहाँ भी उसका थोड़ा उल्लेख कर देना उचित है।

ऊपर जिस त्रिकोण चक्र की बात कही गयी है उसके ऊपर चार दलों के आकार का एक चक्र है जिसे मूलाधार चक्र कहते हैं, उसके ऊपर नाभि के पास स्वाधिष्ठान चक्र है जिसका आकार छह दलों के कमल का है, इस चक्र के ऊपर मणिपूरचक्र है और उसके भी ऊपर हृदय के पास अनाहत चक्र। ये दोनों क्रमशः दस और बारह दलों के पद्मों के आकार के हैं। इसके भी ऊपर कण्ठ के पास विशुद्धाख्य चक्र है जिसका आकार सोलह दल के पद्म के समान है। और भी ऊपर जाकर भ्रूमध्य में आज्ञा नामक चक्र है जिसके सिर्फ दो ही दल हैं। ये ही षट्‌चक्र हैं। इनमें सबके दलों की संयुक्त संख्या पचास है और यही समस्त स्वर और व्यंजनों की मिलित संख्या भी है। प्रत्येक दल पर एक-एक अक्षर की कल्पना की गयी है, प्रत्येक कमल की कर्णिका में कोई-न-कोई देवता और शक्ति निवास करती हैं। यह सब बातें साधकों के काम की हैं। इस अध्ययन में उनका विशेष प्रयोजन नहीं है। फिर भी अन्यान्य साधनाओं से तुलना करने के लिए और इस मार्ग के तत्त्ववाद को समझने के लिए पाठकों को इसकी आवश्यकता हो भी सकती है। यही सोचकर एक सारणी आगे दी जा रही है जिससे सारी बातों का खुलासा हो जायगा। इन षट्‌चक्रों का भेद करने के बाद मस्तिष्क में वह शून्य चक्र मिलता है जहाँ उद्‌बुद्ध कुण्डली को पहुँचा देना योगी का लक्ष्य है। यह सहस्रदलों के कमल के आकार का है, इसीलिए इसे सहस्रार भी कहते हैं। यही इस पिण्ड का कैलाश है, यहीं पर शिव का निवास है।[1] इस महातीर्थ तक ले जानेवाली नाड़ी सुषुम्ना को

---

1. अत ऊर्ध्वं दिव्यरूपं सहस्रारं सरोरुहम्
ब्रह्माण्डव्यस्तदेहस्थं बाह्ये तिष्ठति सर्वदा।
कैलाशोनाम तस्यैव महेशो यत्र तिष्ठति।

—शि. 5-151-152

चक्र	स्थान	दल-संख्या	वर्ण	तत्त्व और गुण	तत्त्व का रंग	मंडल का आकार	बीज और वाहन	देवता और वाहन	धातु शक्ति	लिंग और योनि	अन्यन्यत्त्व और इन्द्रिय	पीठ
1. मूलाधार	रीढ़ के अधोभाग में पायु और मुष्क मूल के मध्य	4	व,श,ष,स	पृथ्वी आकर्षण गंध	पीत	वर्गाकार	लं ऐरावत	ब्रह्मा हंस	डाकिनी	स्वयंभू त्रैपुर त्रिकोण	गंधतत्त्व घ्राणेन्द्रिय पैर	कामाख्या
2. स्वाधिष्ठान	मेरुदण्ड में मेढ़ के ऊपर	6	ब भ म य र ल	जल, संकोचन रस	श्वेत	अर्द्ध चन्द्र	व मकर	विष्णु गरुड़	रकिनी	...	रसतत्त्व रसना हाथ	
3. मणिपुर	मेरुदण्ड में नाभि के पास	10	ड ढ ण न त थ द ध प फ	तेज प्रसरण रूप	लाल	त्रिभुज	रं मेष	रुद्र वृषभ	लाकिनी	...	रूपतत्त्व, चक्षु, पायु	
4. अनाहत	हृदय के पास	12	क ख ग घ ङ च छ ज झ ञ ट ठ	वायु गति स्पर्श	धूम्र	षट् कोण	य कृष्ण मृग	ईश	काकिनी	वाण, त्रिकोण	स्पर्श, त्वचा उपस्थ	पूर्ण गिरि
5. विशुद्धाख्य	कंठ के पास	16	अ आ इ ई उ ऊ ऋ ॠ ऌ ॡ ए ऐ ओ औ अं अः	आकाश अवकाश शब्द	श्वेत	वृत्त	ह श्वेत हस्ती	सदाशिव	शाकिनी		शब्द कान वाक्	जाल घर
6. आज्ञा	भ्रुवों के बीच में	2	ह क्ष	मन	×	×	ओं	शंभु	हाकिनी	इतर, त्रिकोण	महत् सूक्ष्मप्रकृति हिरण्यगर्भ	उड्डि यान

इसीलिए शाम्भवी शक्ति कहा जाता है, क्योंकि वैसे तो प्राणवायु को वहन करनेवाली नाड़ियों की संख्या 72 हजार है पर असल में यह शाम्भवी शक्ति सुषम्ना ही सार्थक है; बाकी सब तो निरर्थक है।[1] इस प्रकार यह ठीक ही कहा गया है कि हठयोग असल में प्राणवायु के निरोध को कहते हैं और राजयोग मन के निरोध को।

किन्तु 'योग शिखोपनिषद्' में राजयोग अन्यभाव से वर्णित है। उक्त उपनिषद् में भी चार प्रकार के योग कहे गये हैं—मन्त्रयोग, हठयोग, लययोग और राजयोग। इनमें हमारा प्रकृत विषय हठयोग है। मन्त्रयोग में कहा गया है कि जीव के निश्वास-प्रश्वास में 'ह' और 'स' वर्ण उच्चरित होते हैं। 'ह' कार के साथ प्राणवायु बाहर आता और 'स' कार के साथ भीतर जाता है। इस प्रकार जीव सहज ही 'हं-सः' इस मन्त्र का जप करता रहता है। गुरुवाक्य जान लेने पर सुषुम्ना मार्ग में यही मन्त्र उलटी दिशा में उच्चरित हो 'सोऽहं' हो जाता है और इस प्रकार योगी 'वह' (सः) के साथ 'मैं' (अहम्) का अभेद अनुभव करने लगता है। इसी मन्त्रयोग के सिद्ध होने पर हठयोग के प्रति विश्वास पैदा होता है। इस हठयोग में हकार सूर्य का वाचक है और सकार चन्द्रमा का। इन दोनों का योग ही हठयोग है। हठयोग से जड़िमा नष्ट होती है और आत्मा परमात्मा का अभेद सिद्ध होता है। इसके बाद वह लय योग शुरू होता है जिसमें पवन स्थिर हो जाता है और आत्मानन्द का सुख

---

1. द्वासप्ततिसहस्राणि नाड़ीद्वाराणि पञ्जरे
सुषुम्णा साम्भवी शक्तिः शेषास्त्वेव निरर्थकाः।। हठ. 5।18

प्राप्त होता है।[1] इस लययोग की साधना से भिन्न अन्तिम मार्ग राजयोग है। योनि के महाक्षेत्र में जपा और बन्धूक पुष्पों के समान लाल रज रहा करता है। यह देवी तत्त्व है। इस रज के साथ रेत का जो योग है वही राजयोग है।[2] इससे अणिमा आदि सिद्धियाँ प्राप्त होती हैं। निश्चय ही यहाँ पारमार्थिक अर्थ में 'रज' और 'रेतस्' (शुक्र) का उल्लेख हुआ है। परन्तु शब्दों का प्रयोग अपूर्व तथा अर्थपूर्ण है। उपनिषद्ब्रह्मयोगी ने इसकी टीका में विशेष कुछ नहीं लिखा। सिर्फ इतना और भी जोड़ दिया है कि शिश्न मूल का 'रेतस्' शिवतत्त्व है।[3]

हमने ऊपर देखा है कि गोरक्षनाथ ने स्वयं कहा है कि जो व्यक्ति छह चक्र, सोलह आधार और दो लक्ष्य तथा व्योमपञ्चक को नहीं जानता वह सिद्धि नहीं प्राप्त कर सकता। षट् चक्र की बात ऊपर बतायी गयी है। आधार सोलह हैं—दृष्टि को स्थिर करनेवाला (1) पादांगुष्ठ, अग्नि को दीप्त करनेवाला (2) मूलाधार, संकोच विकास के अभ्यास द्वारा अपान वायु को वज्रगर्भनाड़ी में प्रवेश कराकर शुक्र और रज को आकर्षण करानेवाली वज्रोली के सहायक (3) गुह्याधार और (4) बिन्दुचक्र, मल-मूत्र और कृमि का विनाशक (5) नाड्याधार, नादोत्पादक (6) नाभिमण्डलाधार, प्राणवायु का रोधक (7) हृदयाधार, इड़ा पिंगला में प्रवहमान वायु को रोकनेवाला (8) कण्ठाधार और कण्ठमूल का वह (9) क्षुद्रघण्टिकाधार जिसमें दो लिंगाकार लोरें लटक रही हैं, जहाँ जिह्वा पहुँचाने से ब्रह्मरन्ध्र में स्थित चन्द्र मण्डल का झरता हुआ अमृतरस पीना सहज होता है। खेचरी मुद्रा का सहायक (10) ताल्वन्तधार, जिह्वा के अधोभाग में स्थित (11) रसाधार, रोगशामक (12) ऊर्ध्वदन्तमूल, मन को स्थिर करनेवाला (13) नासिकाग्र, ज्योति को प्रत्यक्ष करने में सहायक (14) नासामूल, सूर्याकाश में मन को लीन करनेवाला (15) भ्रूमध्याधार और (16) सोलहवाँ नेत्राधार जिसमें ज्योति प्रत्यक्ष अवभासित होती हैं। ये सब बाह्यालक्ष्य हैं। आन्तरलक्ष्य षट्चक्र हैं। दो लक्ष्य यही हैं। पाँच आकाश में इस प्रकार हैं—(1) श्वेत वर्ण ज्योति रूप आकाश, इसके भीतर (2) रक्तवर्ण ज्योति रूप प्रकाश है, इसके भी भीतर (3) धूम्रवर्ण महाकाश, फिर (4) नीलवर्ण ज्योति रूप तत्त्वाकाश है, और इसके भी भीतर विद्युत् के वर्ण का ज्योति रूप (5) सूर्याकाश है।[4]

---

1. योग शिखोपनिषत् (129-135)।
2. योनिमध्ये महाक्षेत्रे जपाबंधूसकन्निभम् ।
   रजो वसति जन्तूनां देवीतत्त्वं समावृतम्।।
   रजसो रेतसो योगाद्राजयोग इति स्मृतः।
   अणिमादि पदं प्राप्य राजते राजयोगतः।।
   योग शिखोपनिषत् 136-137।
3. राजयोगलक्षणमाह। योनीति। शशि (शिश्न 1) स्थाने रेतो वतते तद्धि शिवतत्त्वम् ।
4. सि.सि. सं. : द्वितीय उपदेश; गो.प.: पृ. 12-14

इस विविध ध्यानों को आसन, प्राणायाम और मुद्रा के अभ्यास से सिद्ध किया जाता है। मुद्रा का उद्देश्य शक्ति को ऊपर की ओर चलाना है, इसीलिए 'अमरौध शासन' में मुद्रा को 'सारणा' (=चलानेवाली) कहा गया है। अब, अगर विचार किया जाय तो जीव के जन्म-मरण का कारण इस सृष्टि-चक्र में पच-पचकर मरने का रहस्य सिर्फ यही है कि किसी अनादिकाल में शिव और शक्ति क्रमशः स्थूलता की ओर अग्रसर होने के लिए अलग-अलग स्फुटित हुए थे। शिव और शक्ति जिस दिन समरस होकर एकमेव हो जायेंगे उस दिन यह सारा प्रतीयमान सृष्टिचक्र अपने आप निःशेष हो जायगा। शक्ति कुण्डलिनी रूप में देह में स्थित है और शिव भी सहस्रार में विराजमान हैं। जन्म-जन्मान्तर के संचित मलों के भार से कुण्डलिनी दबी हुई है। एक बार यदि मनुष्य ध्यान धारणा के बल से वायु को संयमित करे और नाड़ियों को शोधकर पवित्र करे तो वह परम पवित्र सुषुम्ना मार्ग खुल जाय जिसके ब्रह्मरन्ध्र को ढककर परमेश्वरी कुण्डलिनी सोयी हुई है। वस्तुतः यह सृष्टि ही कुण्डली है। वह दो प्रकार की हैं—स्थूल और सूक्ष्म। साधारणतः स्थूलरूपा कुण्डलिनी को ही लोग जान पाते हैं, अज्ञान के बोझ से दबे रहने के कारण उसके सूक्ष्म रूप को नहीं जान पाते। सिद्धियाँ स्थूला कुण्डलिनी के ज्ञान से भी मिल जाती हैं परन्तु सर्वोत्तम ज्ञानरूपिणी—परा संवित् —जो साक्षात् महेश्वरी शक्ति है उसको पहचाने बिना परमपद नहीं मिलता। शक्ति जब उद्बुद्ध होकर शिव के साथ समरस हो जाती है—इसी को पिण्डाब्रह्माण्डैक्य भी कहते हैं—तो योगियों की परम काम्य कैवल्य अवस्थावाली सहजसमाधि प्राप्त होती है जिससे बढ़कर आनन्द और नहीं है। यह सब गुरु की कृपा से होता है, वेद पाठ से नहीं, ज्ञान से भी नहीं, वैराग्य से भी नहीं।[1] जो इस सहजसमाधि रूप परम विश्राम को पाना चाहे वह अच्छे गुरु के चरण कमलों की सेवा करे। उनकी कृपा होने से न परमपद ही दूर रहेगा और न शिव-शक्ति सामरस्य ही—

अनुबुभूषति यो निजविश्रमं
स गुरुपादसरोरुहमाश्रयेत् ।
तदनुसंसरणात् परमं पदं
समसीकरणं च न दूरतः।।—सि. सि. सं. 559

---

1. सृष्टिस्तु कुण्डली ख्याता सर्वभावगता हि सा।
बहुधा स्थूलरूपा च लोकानां प्रत्ययात्मिका।
अपरा सर्वगा सूक्ष्मा व्याप्तिव्यापक वर्जिता।
तस्या भेदं न जानाति मोहितः प्रत्ययेनतु।
ततः सूक्ष्मा परासंवित् मध्यशक्तिमहेश्वरी।। —सि.सि.सं. 4।30-32

2. गोरक्ष-सिद्धान्त

गोरक्षनाथ के नाम पर जितने भी ग्रन्थ पाये जाते हैं वे प्रायः सभी साधन-ग्रन्थ हैं। उनमें साधना के लिए उपयोगी व्यावहारिक तथ्यों का ही संकलन है। बहुत कम पुस्तकें ऐसी हैं जिनसे उनके दार्शनिक मत का, और सामाजिक जीवन में उसके उपयोग का प्रतिपादन हो। सरस्वती भवन टेक्स्ट सीरीज में 'गोरक्ष सिद्धान्त संग्रह' नाम की एक अत्यन्त उपयोगी पुस्तक प्रकाशित हुई है। पुस्तक अधूरी ही छपी है। इसके सम्पादक सुप्रसिद्ध विद्वान् म.म.पं. गोपीनाथ कविराज हैं। पुस्तक की संस्कृत हलकी, और स्थान-स्थान पर, अशुद्ध भी है। इसमें भी सन्देह नहीं कि पुस्तक हाल की लिखी है। फिर भी इसका लेखक बहुश्रुत जान पड़ता है। पुस्तक में पुरानी 58 पोथियों के प्रमाण संग्रह किये गये हैं।[1] उद्धृत पुस्तकों में से अनेक उपलभ्य नहीं हैं।

---

1. निम्नलिखित पुस्तकों के प्रमाण उद्धृत किये गये हैं—

1. सिद्ध सिद्धान्त पद्धति
2. अवधूत गीता
3. सूतसंहिता
4. ब्रह्मविंदुउपनिषद्
5. कैवल्योपनिषद्
6. तेजविंदूपनिषद्
7. अमनस्क
8. विवेकमार्तण्ड
9. ध्यानविन्दूपनिषद्
10. मुण्डक उपनिषद्
11. आत्मोपनिषद्
12. अमृतविंदु उपनिषद्
13. मनुस्मृति
14. उत्तरगीता
15. वायुपुराण
16. मार्कण्डेय पुराण
17. गीता
18. तन्त्रमहार्णव
19. क्षुरिका उपनिषद्
20. गोरक्ष उपनिषद्
21. बृहदारण्यक उपनिषद्
22. छान्दोग्य उपनिषद्
23. कालाग्निरुद्र उपनिषद्
24. ब्रह्मोपनिषद्
25. सर्वोपनिषद्
26. राजगुह्य

31. षोडशनित्यातन्त्र
32. षट्शाम्भव रहस्य
33. पद्मपुराण
34. महाभारत
35. कवेषय गीता
36. सनत्सूजातीय
37. बह्वच्ब्राह्मण
38. शिवउपनिषद्
39. माण्डूक्य उपनिषद्
40. भागवत
41. योगबी
42. कपिलगीता
43. गोरक्षस्तोत्र
44. कल्पद्रुम तन्त्र का गोरक्ष सहस्रनाम
45. सारसंग्रह
46. स्कन्दपुराण
47. रुद्रयामल
48. तारासूक्ति
49. कुलार्णव तन्त्र
50. वायु पुराण
51. सूत संहिता
52. आदिनाथ संहिता
53. ब्रह्मवैवर्त
54. शिवपुराण
55. परमहंस उपनिषद्
56. योगशास्त्र

यह तो कहना ही व्यर्थ है कि गोरक्षनाथ के पहले योग की बड़ी जबर्दस्त परम्परा थी जो ब्राह्मणों और बौद्धों में समान रूप से मान्य थी। इसका एक विशाल साहित्य था। नाना उपनिषदों में नाना भाग से योग की चर्चा हुई है और बौद्ध साधकों के पास तो काया योग का साहित्य अन्यान्य अंगों से कहीं बड़ा था। इन सबसे गोरक्षनाथ ने सार संग्रह किया होगा, परन्तु दुर्भाग्यवश उनके पूर्ववर्ती अनेक ग्रन्थ लुप्त हो गये हैं और यह जानने का हमारे पास कोई उपाय नहीं रह गया है कि कहाँ से कितना अमृत उन्होंने संग्रह किया था। अब भी योग साधना बतानेवाली उपनिषदें कम नहीं हैं।[1] यह कह सकना बड़ा कठिन है कि इनमें कौन-सी गोरक्षनाथ के पहले की लिखी हुई हैं और कौन-सी बाद की। डॉ. डायसन[2] ने कालक्रम से इन उपनिषदों को चार भागों में विभक्त किया है।

1. प्राचीन गद्य उपनिषद्
2. प्राचीन छन्दोबद्ध उपनिषद्
3. परवर्ती गद्य उपनिषद्
4. आथर्वण उपनिषद्

ये क्रमशः परवर्ती हैं। आथर्वण उपनिषदों में संन्यास उपनिषद्, योग उपनिषद्, सामान्य वेदान्त उपनिषद्, वैष्णव उपनिषद् तथा शैव और शाक्तादि उपनिषद् शामिल हैं। पता नहीं किस आधार पर डायसन ने इन सबको आथर्वण उपनिषद्

---

27. शक्ति संगम तन्त्र
28. हठ प्रदीपिका
29. सिद्धान्त बिन्दु
30. शाबरतन्त्र
57. श्रीनाथ सूत्र
58. अखण्ड खण्ड

1. मद्रास की अड्यार लाइब्रेरी से अ. महादेव शास्त्री ने सन् 1920 में 'योग उपनिषदः' नामक एक योग विषयक उपनिषदों का संग्रह प्रकाशित किया है। ये सभी उपनिषदें अष्टोत्तरशत उपनिषदों में प्रकाशित हो चुकी हैं; परन्तु शास्त्री जी के संस्करण में यह विशेषता है कि उसमें उपनिषद्ब्रह्मयोगी की व्याख्याएँ भी हैं। इस संग्रह की उपनिषदों के ये नाम हैं :

   1. अद्वयतारकोपनिषत्
   2. अमृतनादोपनिषत्
   3. अमृतविन्दूपनिषत्
   4. क्षुरिकोपनिषत्
   5. तेजोविन्दूपनिषत्
   6. त्रिशिखब्राह्मणोपनिषत्
   7. दर्शनोपनिषत्
   8. ध्यानविन्दूनिषत्
   9. नादविन्दूपनिषत्
   10. पाशुपतब्रह्मोपनिषत्
   11. ब्रह्मविद्योपनिषत्
   12. मण्डलब्राह्मणोपनिषत्
   13. महावाक्योपनिषत्
   14. योगकुण्डल्युपनिषत्
   15. योगचूड़ामण्युपनिषत्
   16. योगतत्त्वोपनिषत्
   17. योगशिखोपनिषत्
   18. वराहोपनिषत्
   19. शाडिल्योपनिषत्
   20. हंसोपनिषत्

2. फिलासफी आफ उपनिषत्स, पृ. 22-26

कहा है। उपनिषद्ब्रह्मयोगी ने 20 योगोपनिषदों में से एक को भी 'अथर्ववेद' से सम्बद्ध नहीं माना। परन्तु डायसन का यह कथन ठीक जान पड़ता है कि योग उपनिषद् परवर्ती हैं। यदि यह मान लिया जाय कि षडङ्ग योग गोरक्षनाथ आदि का प्रवर्तित है, आसनों की संख्या अधिक मानना हठयोगियों का प्रभाव है और नादानुसन्धान इन लोगों की ही विशिष्ट साधना है, तो निश्चयपूर्वक कहा जा सकता है कि इनमें कई उपनिषद् गोरक्ष परवर्ती हैं। 'अमृतनाद', 'क्षुरिका', 'ध्यानविन्दु' और 'योगचूड़ामणि' आदि उपनिषदों में षडंग योग की चर्चा है, 'दर्शनोपनिषद्' में नौ और 'त्रिशिख ब्राह्मण' में अट्ठारह आसन बताये गये हैं। 'ब्रह्मविन्दु' और 'ब्रह्मविद्या' आदि उपनिषदों में नादानुसन्धान का उल्लेख है, योगतत्त्व, योगशिखा और योगराज उपनिषदों में चार प्रकार के योग और प्राणापान समीकरण की विधि है। कई उपनिषदों में जालन्धर और उड्डियान बन्धों की चर्चा है। यह जोर देकर नहीं कहा जा सकता कि ये सारी उपनिषदें गोरक्षनाथ के बाद ही लिखी गयी हैं—कुछ में प्राचीनता के चिह्न अवश्य हैं—परन्तु इनमें से अधिकांश पर उसका प्रभाव पड़ा है, यह अस्वीकार नहीं किया जा सकता।

'गोरक्ष सिद्धान्त संग्रह' में 'प्रायः सभी मुख्य-मुख्य योगोपनिषदों के वाक्य प्रमाण रूप से उद्धृत किये गये हैं। कुछ ऐसी भी हैं जो इस संग्रह में उपलब्ध नहीं हैं। गोरक्ष, सर्वकालाग्नि और शिव उपनिषदें ऐसी ही हैं। अड्यार लाइब्रेरी ने 71 उपनिषदों का एक और उपनिषत्-संग्रह प्रकाशित किया था। उसमें 'शिवोपनिषत्' है पर और नहीं हैं। इस प्रकार 'गोरक्ष सिद्धान्त संग्रह' से उद्धृत वाक्य महत्त्वपूर्ण जान पड़ते हैं। जो हों, परवर्ती साधना साहित्य के अध्ययन के लिए यह पुस्तक बहुत उपयोगी है। उस पुस्तक के सिद्धान्तों को संक्षेप में यहाँ संग्रह किया जा रहा है।

ग्रन्थ के आरम्भ में ही गुरु की महिमा बतायी गयी है। गुरु ही समस्त श्रेयों का मूल है, इसलिए बहुत सोच-समझकर गुरु बनाना चाहिए।[1] एकमात्र अवधूत ही गुरु हो सकता है; अवधूत—जिसके प्रत्येक वाक्य में वेद निवास करते हैं, पद-पद में तीर्थ बसते हैं, प्रत्येक दृष्टि में कैवल्य विराजमान है, जिसके एक हाथ में त्याग है और दूसरे में भोग है और फिर भी जो त्याग और भोग दोनों से अलिप्त है। 'सूत संहिता' में कहा गया है कि वह वर्णाश्रम से परे है, समस्त गुरुओं का साक्षात् गुरु है, न उससे कोई बड़ा है न बराबर। इस प्रकार के पक्षपात-विनिर्मुक्त मुनीश्वर को ही अवधूत कहा जा सकता है, उसे ही 'नाथ पद' प्राप्त हो सकता है। इस अवधूत का परम पुरुषार्थ मुक्ति है जो द्वैत और अद्वैत के द्वन्द्व से परे है। 'अवधूत गीता' में कहा गया है कि कुछ लोग द्वैत को चाहते हैं, कुछ अद्वैत को; पर द्वैताद्वैतविलक्षण समतत्त्व को कोई नहीं चाहता। यदि सर्वगत देव स्थिर, पूर्ण और निरन्तर हैं तो यह

---

1. तुलनीय—सि. सि. सं. पंचम उपदेश

द्वैताद्वैत कल्पना क्या मोह नहीं है?[1] इसीलिए सिद्ध जालन्धर ने नाथ द्वैत और अद्वैत दोनों से परे—द्वैताद्वैतविलक्षण—कहकर स्तुति की है।[2]

यह मत अपने को वेदान्तियों, सांख्यों, मीमांसकों, बौद्धों और जैनों के मत से अपनी विशेषता प्रतिपादित करता है।[3] श्रुति इन लोगों के मत से साधिका नहीं है।[4] वेद दो प्रकार के माने गये हैं, स्थूल और सूक्ष्म। स्थूल वेद यज्ञयाग का विधान करते हैं। योगियों को इससे कोई वास्ता नहीं उनका मतलब तो केवल ओंकारमात्र से है। यह ओंकार ही सूक्ष्म वेद है।[5] पुस्तकी विद्या का इसमें बड़ा मजाक उड़ाया गया है।[6] और अद्वैत मत से नाथमत का उत्कर्ष दिखाया गया है। इस सिलसिले में एक मनोरंजक कहानी दी गयी है। शंकराचार्य अपने चार शिष्यों सहित नदी तीर पर बैठे थे। वहीं भैरव उनकी परीक्षा लेने के लिए कापालिक रूप में उपस्थित हुए और बोले कि ''आप तो अद्वैतवादी हैं, शत्रु और मित्र को समान भाव से देखते हैं, कृपया मुझे आप अपना सिर काट लेने दीजिये।'' शंकराचार्य चक्कर में पड़ गये। दोनों ओर आफत थी, देते हैं तो प्राण जाता है, नहीं देते तो अद्वैत मत स्वतः परास्त हो जाता है। उन्हें निरुपाय देखकर शिष्यों में से एक ने नृसिंह भगवान् को स्मरण किया। वे तुरन्त घटनास्थल पर पहुँच भैरव से भिड़ गये। तब भैरव ने कापालिक वेश परित्याग कर अपना रूप धारण किया और प्रसन्न होकर मेघमन्द्र स्वर में कहा—अहो, अद्वैतवाद आज पराजित हुआ, मैंने चालाक मल्ल की भाँति अपने शरीर की हानि करके भी प्रतिद्वन्द्वी को परास्त कर दिया। आओ युद्ध करो। शंकराचार्य इस ललकार का मुकाबला नहीं कर सके क्योंकि उनकी अद्वैत-साधना से संचित और क्रियमाण कर्म तो दग्धबीज की भाँति निष्फल हो जाते हैं परन्तु प्रारब्ध कर्म बने ही रहते हैं। एक कापालिकों का योगमार्ग ही ऐसा है जिसमें सभी कर्म भस्म हो जाते हैं। सो प्रारब्ध कर्मों के प्रताप से शंकर जड़ हो गये। तब जाकर उन्होंने समझा कि उत्तम मार्ग क्या है। इसी अवस्था में उन्होंने 'सिद्धान्त बिन्दु' की रचना की जो असल में नाथमत का ग्रन्थ है। इसी अवस्था में उन्होंने 'वज्र सूचिकोपनिषद्' भी लिखी।

---

1. अद्वैत केचिदिच्छन्ति द्वैतमिच्छन्ति चापरे।
समतत्त्वं न जानन्ति द्वैताद्वैतविलक्षणम् ।
यदि सर्वगतो देवः स्थिरः पूर्णो निरन्तरः।
अहो माया महामोहो द्वैताद्वैत विकल्पना।। पृ. 11
2. वन्दे तन्नाथतेजो भुवनतिमिरहं भानुतेजस्करं वा।
सत्कर्तुंव्यापकं त्वा पवनगतिकरं व्योमवन्निर्भरं वा।
मुद्रानादविशूलैर्विमलरुचिधरं खर्परं भस्ममिश्रं।
द्वैतं वाऽद्वैतरूपं द्वय उतपरं योगिनं शंकरं वा।।
3. देखिए ऊगर, पृ.1-2
4. पृ. 22-28; 75-76
5. पृ. 26
6. तुल.—
पढ़ा लिखा सुआ बिलाई खाया पण्डित के हाथि रह गयी पोथी। —गोरखबानी, पृ. 42

मुक्ति क्या है? मुक्ति वस्तुतः नाथस्वरूप में अवस्थान है। इसीलिए 'गोरक्ष-उपनिषद्' में कहा गया है। अद्वैत के ऊपर सदानन्द देवता है अर्थात् अद्वैतभाव ही चरम नहीं है, सदानन्दवाली अवस्था उसके ऊपर है। वह बाह्याचार के पालन से नहीं मिल सकती। इस मत के अनुसार शक्ति सृष्टि करती है, शिव पालन करते हैं, काल संहार करते हैं और नाथ मुक्ति देते हैं। नाथ ही एकमात्र शुद्ध आत्मा हैं, बाकी सभी बद्ध जीव हैं—शिव भी, विष्णु भी और ब्रह्मा भी (पृ.70)। न तो ये लोग द्वैतवादियों के क्रिया ब्रह्म में विश्वास रखते हैं न अद्वैतवादियों के निष्क्रिय ब्रह्म में। द्वैतवादियों के स्थान हैं, कैलास और वैकुण्ठ आदि, अद्वैतवादियों का माया-शबल ब्रह्मस्थान और योगियों का निर्गुण स्थान है पर बन्धमुक्ति रहित परमसिद्धान्तवादी अवधूत लोग निर्गुण और सगुण से परे उभयातीत स्थान को ही मानते हैं क्योंकि नाथ, सगुण और निर्गुण दोनों से अतीत परात्पर हैं। वे ब्रह्मा, विष्णु, इन्द्र, शिव, वेद, यज्ञ, सूर्य, चन्द्र, निधिनिषेध, जल, स्थल, अग्नि, वायु, दिक् और काल—सबसे पर स्वयं ज्योतिः स्वरूप एकमात्र सच्चिदानन्द मूर्ति हैं।

न ब्रह्मा विष्णुरुद्रौ न सुरपतिसुरा नैव पृथ्वी न चापो
नैवाग्निर्वापिवायुर्न च गगनतलं नो दिशो नैवकालः
नो वेदा नैव यज्ञा न च रविशशिनौ नो विधिर्नैविकल्पः
स्वज्योतिः सत्यमेकं जयति तव पदं सच्चिदानन्द मूर्ते।

—सिद्ध सिद्धान्त-पद्धति

3. प्रणव, सूक्ष्मवेद और परासंवित्

इस देश में निर्गुण ज्ञान-मार्ग की परम्परा बहुत पुरानी है। वेद की मूल संहिताओं में ही सगुण आत्मज्ञान और निर्गुण आत्मज्ञान के बीज उपलब्ध हो जाते हैं। परन्तु संहिताभाग में सगुण आत्मज्ञान पर अधिक बल है। वागम्भृणी के इस कथन में कि 'अहं विश्वेभिर्वसुभिश्चराम्यहमादित्यैरुत विश्वदेवैः' सर्वव्यापी ऐश्वर्य गुण सम्पन्न सगुण आत्मज्ञान है। इस प्रकार के अनेक वचन मूलसंहिताओं में खोजे जा सकते हैं जहाँ आत्मा को सर्वज्ञातृत्व, सर्वव्यापित्व और सर्वकर्तृत्व आदि धर्मों या गुणों से युक्त बताया गया है परन्तु उन्हीं दिनों निर्गुण आत्मज्ञान की भी प्रतिष्ठा हो चुकी थी। बाद में कपिल ऋषि ने इस निर्गुण आत्मज्ञान को विशुद्ध तत्त्वचिन्तनमूलक दर्शन का रूप दिया जिसे 'सांख्य' कहते हैं। सांख्य दर्शन इस देश का बहुत पुराना तत्त्वचिन्तनपरक शास्त्र है। कुछ लोग तो इसे सबसे पुराना दर्शन कहते हैं और महाभारत के शान्तिपर्व के निम्नलिखित श्लोक को अपने विश्वास के प्रमाण रूप में उद्धृत करते हैं।

ज्ञानं महद्यद्धि महत्सु राजन् वेदेषु सांख्येषु तथैव योगे।।
यच्चापि दृष्टं विविधं पुराणे सांख्यागतं तन्निखिलं नरेन्द्र।।

(हे राजन् ! बड़े लोगों में जो ज्ञान है, और जो पुराण, वेद, सांख्य और योगशास्त्र में उपदिष्ट है और जो ज्ञान विविध रूपों में पुराणों में पाया जाता है, वह सभी सांख्य से ही आया है।)

सांख्य और योग का तत्त्वदर्शन एक ही है। कपिल ने निर्गुण आत्मज्ञान को युक्ति-तर्क द्वारा प्रतिष्ठित किया था। उसे प्राप्त करने का उपाय बतनेवाला शास्त्र योग है। प्राचीन शास्त्रों से जान पड़ता है कि जो लोग तत्त्वनिदिध्यासन, मनन-चिन्तन आदि द्वारा निर्गुण आत्मज्ञान का साक्षात्कार करते थे वे 'सांख्य' कहलाते थे और जो तप, स्वाध्याय और अभ्यासवैराग्य द्वारा इस 'केवल' स्वरूप का साक्षात्कार करते थे वे योगी कहलाते थे। दोनों का तत्त्वज्ञान एक था। कुछ कहते हैं कि मूलसूत्रों से यह नहीं सिद्ध किया जा सकता कि सांख्य और योग का तत्त्ववाद हू-ब-हू एक ही हैं। जो भी हो, परम्परा से यही विश्वास किया जाता है कि ये दोनों तत्त्ववाद एक ही है। 'गीता' में भगवान् ने कहा है कि केवल बालबुद्धि के लोग ही सांख्य और योग को पृथक् मानते हैं, पण्डितजन ऐसा नहीं समझते। इस सांख्यमत में पुरुष अनेक हैं, प्रकृति उन्हें अपने बन्धन में बाँधती है। हैं दोनों ही अनादि। पुरुष विशुद्ध चेतनस्वरूप है, उदासीन है और ज्ञाता है। जब तक उसे अपने इस विशुद्ध स्वरूप का ज्ञान नहीं हो जाता तभी तक वह बन्धन में है। यह दृश्यमान् जगत् वस्तुतः प्रकृति का ही विकास है। प्रकृति में तीन गुण—सत्त्व, रजस्, तमस्—साम्यावस्था में रहते हैं। पुरुष के संयोग से यह साम्यावस्था विक्षुब्ध होती है और क्रमशः उस बन्धन रूप जगत् का विकास होता है। बुद्धि, मन, इन्द्रिय और भूतमात्र प्रकृति की ही विकृति हैं। गुणों की कमी-बेशी के कारण वे भिन्न रूपों में दिखायी दे रहे हैं। पुरुष कभी देह को, कभी मन को, कभी बुद्धि को अपना रूप मानता रहता है। ज्ञान होते ही वह इस गुणमयी प्रकृति से अलग होकर 'केवल' शुद्ध चेतन के रूप में आ जाता है। केवल रूप में बने रहने की इस अवस्था का ही नाम कैवल्य या मोक्ष है। योगशास्त्र में इसी 'केवल' रूप में स्थित होने की अवस्था को प्राप्त करने के उपाय बताये गये हैं।

इस अवस्था में चेतनस्वरूप पुरुष स्वयं ही स्वयं को प्रकाशित करता है। इसीलिए योगशास्त्र में उसे 'स्वप्रकाश' कहा जाता है। 'पातंजल' में पुरुष को द्रष्टा कहा गया है। द्रष्टा दृष्टिमात्र है, वह प्रत्ययानुपश्य है (2/20)। टीकाकारों ने 'दृष्टि' का अर्थ किया 'चित्' या स्वबोध। 'मात्र' प्रत्यय के प्रयोग से उसे सर्वविशेषणशून्य, सर्वधर्मशून्य कहा गया है : केवल, स्वबोधमात्र। सर्वविशेषणशून्य, सर्वधर्मशून्य जो बोध है वही द्रष्टा है। इसी विचार से आगे चलकर 'स्वसंवेदन' ज्ञान और ज्ञाता के विचारों का विकास हुआ है।

यह संसार द्रष्टा, दृश्य और दर्शन से या गृहीता, ग्राह्य और ग्रहण रूप से त्रिपुटीकृत है। योगशास्त्र में ग्रहीता और द्रष्टा में अन्तर बताया जाता है। द्रष्टा अविकारी ज्ञाता है, ग्रहीता विकारी। द्रष्टा और ग्रहीता एक जैसे तो हैं पर एक नहीं

हैं। ग्रहीता बद्ध या अज्ञानी जीव है। बद्ध जीव में कभी तो जानने की वृत्ति जागृत रहती है, कभी निरुद्ध। इसीलिए वह केवल 'ग्रहीता' कहा जाता है। मैं द्रष्टा हूँ, इस प्रकार की बुद्धि ही ग्रहीता है। परन्तु द्रष्टा सदा स्वद्रष्टा है। अपने को आप ही देखनेवाला। उसका ज्ञान उससे भिन्न नहीं है। वह स्वसंवेदन है। उपनिषदों में कहा गया है कि जो ज्ञाता है उसे कौन जान सकता है। वह स्वयं को जानता है, स्वयं ही वेदक है, स्वयं ही वेद्य, वहाँ ज्ञाता और ज्ञेय का भेद नहीं है—'विज्ञातारमरे केन विजानीयात्' 'नहि विज्ञातुर्विज्ञानेर्विपरिलोपोवर्तते—**(वृह. उप.)**।

इसी 'स्वसंवेद' शब्द से प्राकृत का 'सुसंवेद' बना है। 'सुसंवेद' ही आगे चलकर 'सुच्छंवेद' और 'सुच्छमवेद' के रूप में परिवर्तित हुआ। यह सुच्छमवेद संस्कृत में फिर से गृहीत हुआ। परवर्ती नाथपन्थियों ने अपने संस्कृतग्रन्थों में 'सूक्ष्मवेद' शब्द का व्यवहार किया है। 'सिद्ध सिद्धान्त संग्रह' में सूक्ष्मवेद और स्थूलवेद ये दो भेद किये गये हैं। (पृ. 22-27 और पृ. 75-76)। इस ग्रन्थ के अनुसार स्थूलवेद यज्ञ-याग का विधान करते हैं और सूक्ष्मवेद प्रणव या ओंकार है। क्योंकि ओंकार ही वेदों का सार है।

यही निर्गुण आत्मज्ञान है।

भारतवर्ष के सभी आस्तिक दर्शन और पुराण आदि शास्त्र अपने को वेद पर आधृत या श्रुतिसम्मत मानते हैं। वेदान्त शास्त्र वेद-सम्मत सिद्धान्तों का ही प्रतिपादन करता है। श्रुतियों में परात्परतत्त्व को समझाने के लिए अनेक प्रकार की अनुभूतियाँ दी गयी हैं। उनमें से किसी एक को मुख्य वक्तव्य या महावाक्य मानकर उसी के आलोक में शेष अनुभूतियों की व्याख्या करने के कारण अनेक वेदान्ती मत प्रसिद्ध हुए हैं—परन्तु सभी वेदान्ती मानते हैं कि मनुष्य का सबसे बड़ा लक्ष्य—परम पुरुषार्थ—इस दुःखमय जगत् से छुटकारा पाना—मोक्ष—है उनके मत से संसार दुःख रूप है और मोक्ष ब्रह्मस्वरूप ही है। कहा गया है कि जब मनुष्य जान जाता है कि वह क्या है, उसका स्वरूप ब्रह्म से अभिन्न है, तो उसका छुटकारा भी हो जाता है। वह जो छूट नहीं रहा है उसका कारण अज्ञान या गलत जानकारी है। इसी गलत जानकारी को 'अविद्या' कहते हैं। सही जानकारी का नाम परा विद्या है। इस सही जानकारी का एकमात्र विषय है—आत्मा या ब्रह्म का ज्ञान। इसीलिए वेदान्त शास्त्र को 'अध्यात्म विद्या' या 'ब्रह्मज्ञान' भी कहते हैं। जो वास्तविक ज्ञान है उसे परा संवित् कहते हैं।

संसार में ज्ञान के लिए तीन बातें वर्तमान रहती हैं। कोई जाननेवाला होता है (ज्ञाता), कुछ बात जानी जाती है (ज्ञेय) और कुछ जानकारी प्राप्त होती है (ज्ञान)। इस प्रकार संसार में ज्ञाता, ज्ञेय और ज्ञान पृथक्-पृथक् होते हैं। परब्रह्म की जानकारी इससे भिन्न प्रकार की है। वहाँ ज्ञाता, ज्ञेय और ज्ञान अलग नहीं होते। जो ज्ञाता है (आत्मा) वही ज्ञेय भी है (परंब्रह्म) और वही ज्ञान भी है (परा संवित्)। श्रुतियों में कहा है कि जो ब्रह्म को जानता है वह ब्रह्म ही होता है—ब्रह्मविद् ब्रह्मैव भवति।

और ब्रह्म क्या है? विशुद्ध चित्स्वरूप। सो, एक बार ठीक-ठीक ज्ञान प्राप्त हो जाने पर ज्ञाता, ज्ञान और ज्ञेय की भेदबुद्धि समाप्त हो जाती है। दूसरे शब्दों में कहें तो जो संवित् है, जो संवेत्ता है और जो संवेदन है वह सब एक ही हैं। परा संवित् की प्राप्ति केवल व्यवहार की भाषा है। परा संवित् स्व-संवेदन ज्ञान है। स्वयं स्वयं को देखना ही स्वसंवेद है। यही पराविद्या है, यही परासंवित् है। इसीलिए जिस परतत्त्व को वेदान्त में ब्रह्म कहा जाता है, और शैवगमों में शिव कहा जाता है, उसे 'स्वयं' नाम दिया जाता है—स्वयं स्वयं का प्रकाशक, स्वयं स्वयं का ज्ञाता और स्वयं स्वयं का ज्ञान—

कार्य-कारण-कर्तृत्वं यदा नास्ति कुलाकुलं।
अव्यक्तं परमं तत्त्वं स्वयं नाम तदा भवेत्।।

इस अभेदमूलक आत्मज्ञान ने आगे चलकर सांख्य योग में प्रथित निर्गुण आत्मज्ञान को प्रभावित किया है। आगमशास्त्रों में अनेक प्रकार से इस परासंवित् की महिमा बतायी गयी है। अनेक साधनाओं के बाद चित्तवृत्तियों का निरोध होता है, तब वस्तुतः ज्ञाता, ज्ञान और ज्ञेय का भेद समाप्त हो जाता है। वही महानन्दावस्था है। उसे केवल संवित्मात्र, स्वसंवेद्य, स्वप्रकाश, स्वप्रबोध आत्मतत्त्व साक्षात्कार होता है। फिर साधक नित्य अस्खलित भाव से उस अवस्था में स्थित हो जाता है और नानात्व का भेद-बुद्धि का, अवसान हो जाता है। 'सिद्ध सिद्धान्त पद्धति' में इसी भाव को बताने के लिए कहा गया है—

निजावेशात् सम्यङ् निविड़तम नैरुत्थ्यविधिवत् ।
महानन्दावस्थास्फुरति वितता काऽपि सततम् ।।
ततः संविन्नित्यामलसुख चमत्कारजनकः।
प्रकाशप्रोद्बोधो यदनुभवतो भेदविरहः।।

यह विद्या किसी शास्त्र के द्वारा नहीं समझायी जा सकती। अधिक-से-अधिक उसकी ओर इंगित किया जा सकता है। यह अनुभवैकगम्य है, स्वसंवेद्य है।

स्वसंवेदन ज्ञान ही सूक्ष्मवेद है—शब्दरूप में भी और अर्थरूप में भी। परन्तु नाथयोगी प्रणव या ओंकार को ही सूक्ष्मवेद मानते हैं। इसका क्या अर्थ है? आत्मज्ञान के लिए आवश्यक है कि अनात्म वस्तु का ठीक-ठीक स्वरूप समझ लिया जाय। अभेद का ज्ञान तभी हो सकता है जब ठीक-ठीक मालूम हो जाय कि यह प्रपञ्चात्मक भेद क्यों ऐसा दिखायी दे रहा है। इसके लिए शास्त्रों में इस भेदात्मक विश्व का कारण समझाया गया है। यह प्रपंच कैसे बना? बना तो क्या; अवभासित हो रहा है। इसकी भासमानता की क्या प्रक्रिया है।

कोई नहीं बता सकता कि परिदृश्यमान् विश्वप्रपञ्च कब शुरू हुआ। इसीलिए यह अनादि कहा जाता है। श्रुति से जाना जाता है कि सच्चिदानन्द परब्रह्म की इच्छा हुई कि, "मैं एक हूँ अनेक होऊँ"—"एकोऽहं बहुस्याम्"। क्यों उसे इच्छा हुई? उसे किस बात का अभाव था? कोई नहीं बता सकता। यह उसकी लीला है। यही

इच्छा प्रथम स्पन्द है। ज्ञान से इच्छा हुई और इच्छा ने क्रिया का रूप धारण किया। इस प्रकार ज्ञान-इच्छा-क्रिया का क्रम शुरू हो गया। वस्तुतः सारा जगत् ज्ञान-इच्छा क्रिया रूप में त्रिपुटीकृत है। शाक्त आगमों में इस त्रिपुटीकरणवाली शक्ति को ही 'त्रिपुरा' कहा गया है। ब्रह्म की यह एक शक्ति है। शैव आगमों में परब्रह्म को ही 'परंशिव' कहते हैं।

इस वेदवाक्य के आधार पर ही समस्त आस्तिक दर्शन सृष्टि-प्रपंच की व्याख्या करते हैं। ज्यों ही ब्रह्म में इच्छाशक्ति का आविर्भाव हुआ त्यों ही वह सगुण हो गया। सृष्टि का हेतु यह सगुण ब्रह्म ही है। वेदान्त इसी को अपरंब्रह्म कहता है और शैवागम अपरंशिव। यही प्रथमा कला का प्रादुर्भाव होता है; इसलिए शैवागम इसे 'सकल' परमात्मा कहते हैं। सकल अर्थात् कलायुक्त। सच्चिदानन्द-विभव परब्रह्म या परमशिव से सगुण अपरंब्रह्म या सकल परमेश्वर तक आने की स्थिति तक कितने ही रूपों की कल्पना की जा सकती है। पर (सुप्रीम) तत्त्व क्रमशः सूक्ष्म (सट्ल) और फिर क्रमशः स्थूल (ग्रॉस) रूप में व्यक्त हो रहा है। एक रूप से दूसरे तक पहुँचने को अन्तर्वर्ती अवस्थाएँ अनेक होंगी। अनन्त हो सकती हैं। साधना-मार्ग के यात्रियों ने अपने अनुभव अनेक प्रकार के बताये हैं। मूल बात यह है कि सगुण ब्रह्म या सकल परमात्मा में जो इच्छा हुई वह एक प्रकार का स्पन्द या कम्पन (वाईब्रेशन) है, उपनिषदों की भाषा में 'एजन' है। यह कहने की आवश्यकता नहीं कि शब्द या नाद कम्पन का ही मूर्तरूप है। इसलिए शैव और शक्ति आगमों में ब्रह्म की (या शिव की) इस इच्छा को 'नाद' कहते हैं। यह अत्यन्त सूक्ष्म है। मनुष्य अपने कानों से जो शब्द सुनता है वह स्थूल है बहुत स्थूल। केवल बौद्धिक दृष्टि से हम उस प्रथम सूक्ष्म स्पन्द की बात सोच सकते हैं। इच्छा ही नाद है। इच्छा के साथ क्रिया लगी है। क्रिया को ही बिन्दु कहते हैं। 'शारदातिलक' (1.7) में कहा गया है कि सच्चिदानन्द विभव शिव सकल (कला सहित, सगुण) परमात्मा के रूप में प्रकट हुए और उन्हीं की शक्ति से नाद उत्पन्न हुआ और नाद से बिन्दु की उत्पत्ति हुई—

सच्चिदानन्दविभवात् संकलांत् परमात्मनः।
आसीच्छक्तिस्ततो नादस्तमाद्विन्दुसमुद्भवः।

सकल परमात्मा की इस शक्ति को ज्ञानशक्ति कहते हैं। नाद इच्छाशक्ति है, विन्दु क्रियाशक्ति है। यही ज्ञान-इच्छा और क्रिया का त्रिकोण है। नाद या इच्छाशक्ति गति है, बिन्दु या क्रियाशक्ति स्थिति। गति और स्थिति मिलकर रूप या आकार प्रकट करते हैं।

यद्यपि यह परम सूक्ष्म तत्त्व है, स्थूल उच्चरित शब्द से उसका ठीक-ठीक तात्पर्य नहीं समझा जा सकता पर लाचारी यह है कि उसको मानस-पटल पर ले आने का साधन तो हमारे पास यही स्थूल शब्दोंवाली भाषा है। सो, जब हम उस तत्त्व को समझाने के लिए भाषा का प्रयोग करते हैं तो सारी बात उसमें अँटती नहीं। इसलिए ऐसे प्रसंगों में भाषा को साधनमात्र मानना चाहिए। उसकी सीमा में नहीं

उलझना चाहिए। यहाँ स्थूल शब्दों में इस बात को समझने का प्रयत्न किया जा रहा है। मान लीजिये प्रथम स्पन्द नादरूप में प्रकट हुआ। हमारे पास सबसे सूक्ष्म अक्षर अ-कार है। सबसे स्थूल ओष्ठ्य वर्णों का अन्तिम म-कार है जो ओष्ठों को तो शब्द कर ही देता है, नाक तक की सहायता लेता है। अब, हमारा जाना हुआ मूलस्वर या नाद अ-कार ही है। मान लीजिये, प्रथम स्पन्द 'अ' रूप में गतिशील हुआ। यदि सिर्फ गतिशील ही रहे तो कम्पन या स्पन्द नहीं होगा। स्थिति भी चाहिए। नाद ही गति है बिन्दु ही स्थिति है। गति और स्थिति का विलास ही जगत् है। सो गति रूप नाद सृष्टि के लिए आवश्यक है, उसके साथ बिन्दु भी। मकार अनुस्वार या चन्द्रबिन्दु रूप में ही तो बदलता है। अब 'अ' स्वर 'म्' व्यंजन से रुद्ध हुआ। कण्ठ से ओष्ठ तक उसे यात्रा करनी पड़ी और ओष्ठ बन्द हो गये। बन्द होते-होते वह 'उ' जैसा हो जायेगा। इस प्रकार अ-उ-म् प्रथम स्पन्द हुआ। पर समाप्त नहीं हुआ। यह तो कम्पन है, चलता ही रहेगा। एक बार उठकर बन्द हो गया तो फिर कम्पन कैसा? अ-उ-म् के इस अक्षरत्रय का मिलित रूप है 'ओम्'। स्थूलवर्णों से समझाया गया है, इसलिए इसके स्थूल उच्चारण पर ही ध्यान जायेगा। परन्तु यह समझाने का एक तरीका भर है। प्रथम विश्व-ब्रह्माण्डव्यापी स्पन्द (कास्मिक वाईब्रेशन) कुछ इसी प्रकार का—लेकिन अत्यन्त सूक्ष्म रूप में—होगा इसीलिए यह ओंकार विश्व का आरम्भ है। सगुणब्रह्म का यह नवरूप है। 'नव', 'नवीन' आदि शब्द बहुत अच्छे नहीं हैं। क्योंकि जो नया होता है वह पुराना भी हो जाता है। प्रथम नया स्पन्द कभी पुराना नहीं हुआ। वह प्रतिक्षण नित्य स्पन्दित हो रहा है। इसलिए केवल 'नव' कहना ठीक कहना नहीं है—वह 'प्रणव' है—'नवंनवं जायमान' है। स्वयंवेद्य ज्ञान का यह प्रथम व्यक्त रूप है। कोई आश्चर्य नहीं कि नाथ-साधकों ने इसे 'सूक्ष्मवेद' कह दिया। कबीरदास इस रहस्य को जानते थे। वे जानते थे कि जो आदि ओंकार को ठीक-ठीक जानता है वह सृष्टि और प्रलय के रहस्य को उस रहस्य के उस मूलकर्त्ता को जो लिखकर मिटाया करता है, जानता है। 'ज्ञान चौंतीसा' में इसीलिए उन्होंने कहा है—

ओं ओंकार आदि जो जाने। लिखि के मेटे सो सोई जाने।।

इसी आरम्भिक समष्टिव्यापिनी वाक् को 'श्रीमद्भगवद्गीता' में 'एकाक्षर ब्रह्म' कहा है। एक ही कम्पन या स्पन्द के रूप को स्पष्ट करने के लिए इसे 'एकाक्षर' कहा है। नाथ-साधक जब कहते हैं कि सारी सृष्टि ओंकार से हुई है तो वे शैव और वेदान्त दर्शनों की भाषा में बोलते हैं। परन्तु यह स्पष्ट है कि जिस स्वसंवेद्य अर्थ को इसके द्वारा प्रकट करना अभीष्ट था वह इसके द्वारा पूरा व्यक्त नहीं हुआ। स्वसंवेद्य ज्ञान में ज्ञातृ-ज्ञेय-भेद मिट गया रहता है पर ओंकार या एकक्षरात्मक स्पन्दन या एजन में वह भेद आरम्भ होता है। प्राकृत के शब्द का संस्कृतीकृत रूप 'सूक्ष्मवेद' नाथ-साधकों के यहाँ अर्थान्तर में संक्रमित हुआ है।

आगमों में ज्ञानशक्ति, इच्छाशक्ति और क्रियाशक्ति को ही बीज, नाद, विन्दु कहा गया है। आधिदैविक भाषा में कहें तो ये ही ब्रह्मा, विष्णु और शिव हैं। इस

त्रिधा विभाजित शक्तित्रय के अधिष्ठातृ देवता ही ब्रह्मा, विष्णु और शिव हैं। सृष्टि करने को उद्यत अपरंब्रह्म ही के ठीक पूर्व की निष्कलुष अवस्था को निरंजन कहा जाता है। निरंजन ही सकल परमात्मा या अपरंब्रह्म के रूप में अभिव्यक्त होता है।

परंब्रह्म या परशिव से अपरंब्रह्म या सकल परमात्मा तक की परिणति का व्यवहार में कोई विशेष उपयोग नहीं है। पर मध्यकाल के आगमों और निर्गुणमार्गी साहित्य में मध्यवर्ती अवस्थाओं की कल्पना की गयी है और उन कल्पनाओं के आधार पर अविकसित बुद्धि के अनुयायियों ने पौराणिक गप्प लिखे हैं। जैसा कि ऊपर बताया गया है परंब्रह्म से निरञ्जन तक की यात्रा की सैकड़ों अवस्थाओं की कल्पना की जा सकती है। कुछ की भी गयी है। उदाहरण के लिए नाथमत को लिया जाय। जब शिव में कार्यकरण का कर्तृत्व नहीं होता अर्थात् कार्यकरण के चक्र के संचालन कर्म से विरत हो जाते हैं तब वे कुल और अकुल के भेद से परे हो जाते हैं और अव्यक्तावस्था में विराजमान रहते हैं। इसलिए इस अवस्था में उन्हें शास्त्रकारगण 'स्वयं' कहकर स्मरण करते हैं।[1]

इस परमशिव को जब सृष्टि करने की इच्छा होती है तो इच्छायुक्त होने के कारण उन्हें 'सगुण' शिव कहा जाता है। पहले बताया जा चुका है कि यह इच्छा (=सिसृक्षा = सृष्टि करने की इच्छा) ही शक्ति है। अब इस अवस्था में परमशिव से एक ही साथ दो तत्त्व उत्पन्न होते हैं—शिव और शक्ति। वस्तुतः इन दोनों में कोई भेद नहीं है। यह शक्ति पाँच अवस्थाओं से गुजरती हुई स्फुरित होती है। (1) परमशिव की अवस्थामात्र धर्म से युक्त, स्फुरित होने की पूर्ववर्ती, और प्रायः स्फुरित होने की उपक्रान्त अवस्था का नाम 'निजा' है। इस अवस्था में शिव अपने अव्यक्त रूप में रहते हुए भी स्फुरणोन्मुखी शक्ति से विशिष्ट होकर रहा करते हैं। शिव की इस अवस्था का नाम 'अपरंपदम्' है। धीरे-धीरे शक्ति क्रमशः (2) स्फुरण की ओर उन्मुख होती है, फिर (3) स्पन्दित होती है, फिर (4) सूक्ष्म अहन्ता (=मैं-पन अर्थात् अलगाव का भाव) से युक्त होती है और अन्त में (5) चेतनशीला होकर अपने अलगाव के बारे में पूर्ण सचेत हो जाती है। ये अवस्थाएँ क्रमशः परा, अपरा, सूक्ष्मा और कुण्डली कही जाती है[2] इन अवस्थाओं में शिव भी क्रमशः परम, शून्य, निरञ्जन और परमात्मा के नाम से प्रसिद्ध होते हैं।[3] इस प्रकार निखिलानन्द सन्दोह

---

1. कार्यकारणकर्तृत्वं यदा नास्ति कुलाकुलम्।
अव्यक्तं परमं तत्त्वं स्वयं नाम तदा भवेत्।। —सि.सि.1/8 सन्त 1/4
2. निजा पराऽपरा सूक्ष्मा कुण्डली तासु पंचधा।
शक्तिचक्रक्रमेणैव जातः पिण्डः शिवे।। —सि.सि. सं. 1/13
3. ततोऽस्मितापूर्वमाविंमात्रं स्यादपरं परम् ।
तत्स्व सर्वेदनाभासमुत्पन्नं परमं पदम्।।
रवेच्छामात्रंततः शून्यं सत्तामात्रं निरंजनम् ।
तस्मात्ततः रवसाक्षादभूः परमात्मपदं मतम्।। वही, 1/14-15

शिव पाँच अवस्थाओं से गुजरते हुए प्रथम तत्त्व परमात्मा या सगुणशिव के रूप में प्रकट हुए और शक्ति भी पाँच अवस्थाओं से अग्रसर होती हुई द्वितीय तत्त्व कुण्डली या कुण्डलिनी के रूप में प्रादुर्भूत हुई। यह कुण्डली समस्त विश्व में व्याप्त शक्ति है, इसी की इच्छा से, इसी की सहायता से, शिव इस विश्वप्रपंच की उत्पत्ति, पालन और विलय में समर्थ होते हैं। यही परमात्मा और कुण्डली—शिव और शक्ति—प्रथम दो सूक्ष्म तत्त्व हैं। इनसे ही अत्यन्त सूक्ष्म 'परपिण्ड' की उत्पत्ति हुई है। इस प्रकार नीचे लिखी सारणी से शिव और शक्ति के स्फुरण का विकास स्पष्ट हो जायेगा—

स्वयं (पर) शिव

अपर-1	1-निजा
पर-2	2-परा
शून्य-3	3-अपरा
निरंजन-4	4-सूक्ष्मा
परमात्मन्-5	5-कुण्डली

इसी प्रकार की योजना अन्य आगमों में भी मिलती है। शब्द सब समय समान नहीं होते पर मतलब सबका एक ही होता है—परशिव का अपरशिव में परिणत होने के अनेक उपक्रम। इसी प्रकार कहा जा सकता है कि ब्रह्म या परतत्त्व के प्रथम उपक्रम को सहज नाम दिया जा सकता है। उसमें कोई भी वैशिष्ट्य नहीं आया परन्तु वैशिष्ट्य अंकुरित होने की प्रक्रिया शुरू हो गयी है। परब्रह्म का यह दूसरा रूप सहज है, तीसरा अंकुर। फिर अंकुर रूप में प्राप्त होने की स्थिति इच्छा कही जा सकती है। इच्छा होते ही अत्यन्त सूक्ष्म रूप से आरम्भिक इदन्ता और अहन्ता का योगसूत्र 'सोऽहं' वृत्ति की अभिव्यक्ति होगी और इससे इदं और अहं का अचिन्त्य ऐक्य स्वयं अभिव्यक्त होता रहेगा। स्रष्ट्युक्त परंब्रह्म निरंजन के पूर्व की अवस्था 'अक्षर'—जो अभी तक निज रूप से क्षरित नहीं हुई है कही जा सकती है। इस प्रकार से संग्रह श्लोक बनेंगे—

सहजानन्द विभवं यत्तत्त्व परतः परम्।
सकलत्वं गम्यमानं सहजं भावमास्थितम्।
अंकुरत्वं प्रजत्यस्मात् परेच्छा सम्प्रवर्तते।
इदताऽहन्तयोर्योग परं सोऽहमुदीर्यते।
अचिन्त्यरूपतां याति अक्षरं च ततोभवेत्।
तस्मात् सृष्ट्यै यतन् देवो निरंजन इहोच्यते।।

अर्थात् सहजानन्द परतत्त्व से क्रमशः सहज—अंकुर—इच्छा—सोऽहं—अचिन्त्य—अक्षर—निरञ्जन प्रादुर्भूत हुए। यही वह क्रम है जो ऊपर कबीर मनसूर में बताया गया है। कबीर मनसूर में वह अविकसित मस्तिष्क के अधिकारियों की दृष्टि में रखकर पौराणिक शैली में कहा गया है। आध्यात्मिक सत्य को आधिदैविक भाषा में कहनेवाली शैली को ही पौराणिक शैली कहा जाता है। इस शैली में इन, अपरंब्रह्म या निरञ्जन भाव तक की, अवस्थाओं को लोक-विशेष के रूप में कहा गया है और उन लोकों के अधिष्ठातृ-देवता के रूप में ब्रह्म के तत्तत् स्वरूप को बैठा दिया गया है। पुराणों में और संहिताओं में व्यापक रूप से इस शैली का प्रयोग मिलता है।[1]

योगसूत्र (1.27) में प्रणव अर्थात् ओंकार को ईश्वर का वाचक कहा गया है। भाष्यकार ने यह प्रश्न उठाया है कि यदि प्रणव ईश्वर का वाचक है और ईश्वर उसका वाच्य है तो यह वाच्य-वाचक सम्बन्ध किस प्रकार का है? क्या वह संकेतकृत है अथवा प्रकाश-प्रदीप की भाँति अवस्थित है? इसका शंका का तात्पर्य यह है : कुछ पदार्थ हैं जिनमें पद या नाम का संकेत किसी एक शब्द के द्वारा होता है; जैसे घट। घट शब्द कहने से घड़ारूप पदार्थ का बोध होता है परन्तु यदि घट शब्द का उच्चारण न किया जाये तो भी घड़ारूप पदार्थ ज्यों-का-त्यों बना रहता है। अर्थात् घट पद के बिना भी घट पदार्थ के ज्ञान में कोई बाधा नहीं उत्पन्न होती। परन्तु कुछ दूसरे पदार्थ ऐसे हैं जिनके लिए शब्दमय चिन्तन की आवश्यकता होती है। संकेत उसमें भी है किन्तु उस नाम का अर्थ तद्विषयक सम्पूर्ण सम्बन्धों के चिन्तन से ही अवगत हो सकता है; जैसे पिता। पिता एक सम्बन्ध-विशेष है। इसका अपने आपमें कोई अर्थ नहीं है। कोई व्यक्ति-विशेष किसी व्यक्ति-विशेष का पिता

---

1. उदाहरणार्थ विश्वनाथ सिंह की बीजक टीका (पृ.240) में उद्धृत 'सदाशिव संहिता' के ये वचन—
सौमित्रिरुवाच—
महर्लोकः क्षितेरुर्ध्वमेककोटिप्रमाणतः।
कोटिद्वयेन विख्यातो जनलोको व्यवस्थितः।
चतुष्कोटिप्रमाणं तु तपोलोको विराजितः।
उपरिष्टात्ततः सत्यमष्टकोटिप्रमाणतः।
आयुः प्रमाणं कौमारं कोटिषोड़शसम्भवम् ।
तद्ध्र्वोपरि संख्यातं भ्रमालोको सुनिष्ठितम् ।
शिवलोकस्तदूर्ध्व तु प्रकृत्या च समागतम् ।...
तदूर्ध्व सर्व सत्वानां कार्यकारणमानिनाम्
निलयं परमं दिव्यं महावैष्णवसंज्ञकम् ।....
यदूर्ध्वं तु परं दिव्यं सत्यलोकं व्यवस्थितम्
न्यासिनां योगिनां स्थानं भगवद्मान्वितात्मनाम् ।
महाशंभुमदतेऽत्र सर्वशक्ति समन्वितः।
तदूर्ध्वं तु स्वयं भातं गोलोकं प्रकृतेः परम् ।—इत्यादि

होता है। इसलिए पिता शब्दार्थ एक प्रकार के अनुव्यवसाय की अपेक्षा रखता है। पिता शब्द का अर्थ वस्तुतः प्रदीप और प्रकाश के समान है। जिस प्रकार प्रदीप होने से प्रकाश का भान होता है। उसी प्रकार किसी अन्य व्यक्ति के सम्बन्ध में पिता शब्द का शब्दार्थ ज्ञात होता है। शब्दमय चिन्तन के अभाव में पिता शब्द का अर्थ स्पष्ट नहीं होगा। इसीलिए भाष्यकार ने यह प्रश्न उठाया है कि प्रणव क्या ईश्वर का उसी प्रकार से वाचक है जिस प्रकार 'घट' पद 'घड़ा' पदार्थ का या इस शब्द का संकेत शब्दमय चिन्तन के द्वारा होता है जिस प्रकार पिता और प्रकाश शब्द का हुआ करता है। भाष्यकार का कहना है कि प्रणव अर्थात् ओऽम् शब्द ईश्वर का संकेत है—अवस्थित विषय के ले आने या प्रकाशन करने के अर्थ में इसके बाद दूसरा प्रश्न यह है कि प्रणव क्या उसी प्रकार का संकेत है जिस प्रकार अन्य पदार्थों के संकेत हुआ करते हैं? अनेक दार्शनिक सम्प्रदायों में शब्द और अर्थ का सम्बन्ध नित्य नहीं माना जाता। एक ही शब्द एक भाषा में एक अर्थ में प्रयुक्त होता है, दूसरी भाषा में दूसरे अर्थ में। फिर एक काल में एक ही भाषा में किसी शब्द का प्रयोग एक अर्थ में होता है और दूसरे काल में दूसरे अर्थ में। बहुत-से पदार्थों के नये नाम भी गढ़ लिये जाते हैं। ठीक है, लेकिन सब होने पर भी शब्द और अर्थ का संकेत केवल व्यक्तिगत इच्छा का विषय नहीं है, वह एक प्रकाश की सामाजिक स्वीकृति चाहता है। गुलाब के फूल को कोई यदि पद्म नाम चाहे तो नहीं दे सकता, क्योंकि अधिकांश मनुष्यों के चित्त में पद्म शब्द दूसरे अर्थ में संकेतित है। अब प्रश्न यह है कि यह प्रणव या ओऽम् क्या ईश्वर के पतंजलि मुनि ने संकेतिक कर दिया है या अन्य शब्दों की भाँति इसे भी सामाजिक स्वीकृति प्राप्त है। इसके उत्तर में भाष्यकार कहते हैं कि सम्प्रतिपत्ति की नित्यता के कारण शब्दार्थ का सम्बन्ध भी नित्य होता है, ऐसा आगमशास्त्र के जानकार लोग कहते हैं। सम्प्रतिपत्ति का अर्थ टीकाकारों ने समान व्यवहार की परम्परा बताया है। मन एक शब्द का जब एक अर्थ में व्यवहार करता है तब वह व्यवहार परम्परा शुरू होती है। जहाँ तक ओंकार का प्रश्न है वह अनादि काल से इसी अर्थ में व्यवहृत होता आ रहा है। इसलिए विभिन्न सर्गों में इसी अर्थ में व्यवहृत होने के कारण ओंकार शब्द ईश्वर का वाचक नित्यरूप से होता आया है। श्रुति में भी कहा है—'एतदालम्बनं श्रेष्ठं एतदालम्बनं परम्।' योगि याज्ञवल्क्य ने कहा है—

अदृष्टविग्रहो देवो भावग्राह्यो मनोमयः।
तस्योंकारः स्मृतोनाम तेनाहूतः प्रसीदति।।

अर्थात् परमेश्वर का रूप किसी ने देखा नहीं है। वे भाव के द्वारा ग्रहण किये जाते हैं और मनोमय हैं। ओंकार उनका नाम स्मरण किया जाता है क्योंकि उसके द्वारा आह्वान किये जाने पर वे प्रसन्न होते हैं कुछ लोगों का यह सिद्धान्त है कि अनादि परम्परा-क्रम से घट, पट इत्यादि शब्द अपने-अपने अर्थों में सिद्धवत् प्रयुक्त होते आ रहे हैं। इसलिए शब्द और अर्थ का सम्बन्ध नित्य मानना चाहिए। वे लोग

भाष्यकार के 'सम्प्रतिपत्ति' का अर्थ उसी प्रकार की नित्यता बताते हैं। परन्तु अधिकांश टीकाकारों को यह मत ग्राह्य नहीं। वस्तुतः भाष्यकार का आशय यही जान पड़ता है कि यह नित्यता युग-युगान्तर की सामाजिक स्वीकृति के कारण है। इसी को वे सदृश-व्यवहार परम्परा कहते हैं। इसीलिए योगभाष्य के टीकाकारों ने इसे कूटस्थ-नित्यता की भाँति न बताकर एक नया शब्द 'प्रवाह-नित्यता' बना लिया है। इसका तात्पर्य यह है कि भिन्न-भिन्न युगों के व्यवहार के प्रवाह में सदा इसका इसी अर्थ में प्रयोग होने के कारण यह 'प्रवाह-नित्य है।'

परन्तु भाष्यकार ने इस नित्यता के लिए आगमवादियों को प्रमाण रूप में उपस्थित किया है। आगमों में स्पष्ट कर दिया गया है कि ओंकार घट-पटादि की तरह संकेतख्यापक शब्द नहीं है, बल्कि वह स्वयं अर्थ ही है। प्रणव, समष्टिव्यापी स्पन्द या एजन का जो रूप रहा होगा, उसी का स्थूल नाद में ऐसा उच्चारण होता है। यह वाचक नहीं है, बल्कि वाच्य का स्थूल उच्चरित नादात्मक रूप है। इसका अर्थ समष्टिगत प्रथम स्पन्द है जो नित्य नवीन तरंगों को उत्पन्न कर रहा है। परमात्मतत्त्व की कुण्डली-शक्ति जिस रूप में तरंगित हो रही है उसी को स्थूल रूप में श्रोत्रग्राह्य बनाने का प्रयत्न ओंकार है और उसी को नेत्र ग्राह्य या दृग्विषय बनाने का प्रयत्न कुण्डलीदण्ड, अर्द्धचन्द्र और विन्दु रूप में, उपस्थापित स्थूल विग्रह (ॐ) एक मोटा प्रयत्न है। यह उस अर्थ में वाचक नहीं है जिस अर्थ में घट-पटादि तत्तत् पदार्थों के वाचक हुआ करते हैं। यह वाच्य का ही प्रत्यक्ष, स्थूल विग्रह है। इस प्रकार आगमशास्त्र ओंकार या प्रणव को सृष्ट्यर्थ उपक्रान्त परमेश्वर का रूप ही मानते हैं। स्थूल स्पन्द यह सम्पन्न शब्द और अर्थ दोनों ही है। इसीलिए वे ओंकार को वेद्य या वेदक न मानकर—वाच्य या वाचक न मानकर—वेद ही मानते हैं। इसी की नित्यता 'प्रवाह-नित्यता' नहीं है बल्कि 'स्वरूप-नित्यता' है। यह स्मरण रखने की बात है कि 'पातञ्जल योगसूत्र' के भाष्यकार ने प्रवाह-नित्यता शब्द का व्यवहार नहीं किया, यह टीकाकारों के मस्तिष्क की उपज है। इसी प्रकार 'सदृश-व्यवहार-नित्यता' भी टीकाकारों की ही देन है। भाष्यकार तो 'सम्प्रतिपत्ति-नित्यता' शब्द का व्यवहार करते हैं—"सर्गान्तरेष्वपि वाच्य-वाचक शक्त्यपेक्षस्तथैव संकेतः क्रियते सम्प्रतिपत्तिनित्यता नित्यः शब्दार्थ सम्बन्ध इत्यागमिनः प्रतिजानते (1. 27)।"

ऊपर जो आगमों के अनुसार प्रणव की व्याख्या की गयी है उसके प्रकाश में देखने से 'सम्प्रतिपत्ति का अर्थ स्पष्ट हो जाता है। इसका अर्थ है कि प्रणव का परमात्मत्वम के अर्थ में व्यवहार विशिष्ट रूप से प्रतिपन्न होने के कारण नित्य है। वह किसी के द्वारा किसी समय संकेतित नहीं हुआ, बल्कि युक्ति-तर्क के द्वारा तद्रूप-सिद्ध (प्रतिपन्न) होने के कारण विशेष रूप से स्वयं-सिद्ध है। परन्तु फिर भी सूत्रकार और भाष्यकार दोनों ने 'वाच्य-वाचक' शब्द का ही प्रयोग किया ही है। पुराणों में भी शिव को या परमात्मा को 'प्रणव-वाच्य' बताया गया है। टीकाकारों ने भी लिंग पुराण का यह वचन उद्धृत किया है—'शम्भो' प्रणव-वाच्यस्य भावना

तज्जपादपि।' इस प्रकार प्रणव को इन लोगों ने वाचक अवश्य स्वीकार किया है।

योगशास्त्र के अनुसार ईश्वर शुद्ध अर्थात् धर्माधर्म से रहित, प्रसन्न अर्थात् अविद्यादि क्लेशों से रहित, केवल अर्थात् मन, बुद्धि आदि से हीन, और इसीलिए अनुपसर्ग अर्थात् जाति, आयु तथा भोग से शून्य पुरुष विशेष है। वह आगमों के परमात्मतत्त्व से भिन्न है। इसलिए आगमों द्वारा वर्णित परमात्मतत्त्व पातञ्जल योग द्वारा प्रथित ईश्वरतत्त्व से स्वरूपतः भिन्न है। आगमों में ओंकार को सूक्ष्मवेद कहा गया है। इसका अर्थ स्पष्ट रूप से समझ लेना चाहिए।

जैसा कि ऊपर बताया गया है प्रत्येक वस्तु मोटे तौर पर तीन रूपों में प्रतिभाषित हुआ करती है—पर (Supreme), सूक्ष्म (Subtle) और स्थूल (Gross)। ज्ञान भी यद्यपि अपने मूलरूप में शुद्ध ज्ञान ही है तथापि लोक में यह भी मोटी जानकारी अपेक्षाकृत सूक्ष्म जानकारी और विशुद्ध जानकारी के रूप में प्रतिभासित होता है। जब हम किसी शब्द का वाच्य-वाचक-रूप में प्रयोग करते हैं तो यह भी एक जानकारी ही है। घट शब्द का अर्थ घड़ा है—यह एक मोटा ज्ञान है। कई बार ऐसा होता है कि कोई पद भी मालूम रहता है और उनका अर्थ भी मालूम रहता है। दोनों के सामने उपस्थित रहने पर भी उनका सम्बन्ध अज्ञात रहता है। उदाहरण के लिए कोविदार शब्द लीजिये। काव्य पढ़ने से और कोश में उसका अर्थ भी लिखा रहने से मुझे मालूम है कि यह किसी फूल का नाम है। मान लीजिये कि मैं किसी बगीचे में जाता हूँ। वहाँ कोविदार के पेड़ भी लगे हुए हैं और उनमें फूल भी हैं। वहाँ कोविदार पदार्थ मेरे सामने हैं। मुझे कोविदार पद भी मालूम है और कोविदार पदार्थ भी सामने है। परन्तु जब तक कोई जानकार आदमी नहीं बता देता कि इसी का नाम कोविदार है तब तक मुझे कोविदार पद और पदार्थ के सम्बन्ध का पता नहीं चलता। इससे स्पष्ट है कि पद और पदार्थ के अतिरिक्त एक और वस्तु है जो दोनों का मेल कराती है। यही प्रत्यय है। अर्थात् पद और पदार्थ को मिलानेवाला तत्त्व-द्रष्टा का चेतन मन है। जहाँ कहीं वाच्य और वाचक होगा वहीं चेतन-द्रष्टा का यह ज्ञान उपस्थित होना चाहिए। नहीं तो अर्थ की प्रतीति नहीं होगी। इस प्रकार यदि प्रणव को परमात्मा का वाचक माना जाये तो स्वीकार करना पड़ेगा कि किसी चेतनतत्त्व की प्रतीति भी इसके साथ सम्बद्ध है। लेकिन आगमों के अनुसार प्रणव या ओंकार सूक्ष्मवेद है अर्थात् ज्ञान ही है। वह ज्ञाता नहीं है, ज्ञेय भी नहीं है। वह स्वयं ज्ञान है। दूसरे शब्दों में ज्ञेय की प्रतीति का साधन है। स्थूल-ज्ञान से वह भिन्न है। वह सूक्ष्म ज्ञान है। इसलिए उसे वाचक नहीं कहा जा सकता । परन्तु उसमें भी ज्ञाता और ज्ञेय का भेद मिटा नहीं है। वहाँ भी ज्ञातृ-ज्ञेय-ज्ञान-भेद बना हुआ है। इस बात को आगमों में अनेक प्रकार से समझाया गया है। अ, उ और म इन तीन अक्षरों को कभी बीज, नाद और बिन्दु कहा गया है, कभी ज्ञान, इच्छा और क्रिया कहा गया है। ये स्थूल बीज, नाद और विन्दु से भिन्न, केवल भावरूप में वर्तमान होने के कारण सूक्ष्म हैं। यही कारण है कि आगमों में यज्ञ-याग का विधान

करनेवाले ध्वन्यात्मक वेद को स्थूलवेद कहा है। और यज्ञ-याग की साधनभूत सामग्रियों को रूप देनेवाले, भावरूप में वर्तमान ओंकार रूप समष्टिगत स्पन्द को सूक्ष्मवेद कहा है। यह भी साधन है। परज्ञान नहीं है, अपरज्ञान है। परज्ञान तो परासंवित् जहाँ ज्ञाता-ज्ञेय और ज्ञान एकमेव हो जाते हैं। वहाँ ज्ञान दृश्य या दर्शनमात्र है। वह द्रष्टास्वरूप भी है। इसीलिए परासंवित् इससे भी अधिक सूक्ष्म है। शैवगमों में इस परासंवित् की महिमा इस प्रकार बतायी गयी है—"प्रत्येक पिण्ड में वही चंचला परासंवित् रूपायित हो रही है। प्रत्येक मनोभाव में उसी परासंवित् का रूप स्फुरित हो रहा है और प्रत्येक बौद्धिक व्यापार में उसी परासंवित् का प्रकाश उद्भासित हो रहा है। इस प्रकार परासंवित् ही संसार के स्थूल और सूक्ष्म सभी पदार्थों के रूप, प्रकाश और बोध के रूप में प्रकाशित हो रही है।

12

गोरक्षनाथ के समसामयिक और परवर्ती सिद्ध

नाथपन्थ के चौरासी सिद्धों में से कई वज्रयानी परम्परा के सिद्ध हैं। ऐसा अनुमान किया जा सकता है कि इन उभय सामान्य सिद्धों में से कुछ तो गोरक्षनाथ के पूर्ववर्ती होंगे और कुछ समसामयिक! गोरक्षनाथ के अप्रतिद्वन्द्वी व्यक्तित्व और अप्रतिहत प्रभाव को देखते हुए यह अनुमान करना अनुचित नहीं है कि उनके बाद का कोई भी ऐसा व्यक्ति नाथ-परम्परा का सिद्ध नहीं माना गया होगा जो सम्पूर्ण रूप से उनका अनुयायी न हो। जिन सम्प्रदाय-प्रवर्तक सिद्धों की चर्चा हम पहले कर चुके हैं उनके अतिरिक्त निम्नलिखित सिद्धों के विषय में नाना मूलों से हम कुछ जानकारी संग्रह कर सके हैं। (अधिकांश में यह बातें दन्तकथाओं पर ही आधारित हैं पर कुछ बातें समसामयिक या परवर्ती ग्रन्थों से मिल जाती हैं।)

1. चौरंगीनाथ
2. चामरीनाथ
3. तन्तिपा
4. दारिपा
5. विरूपा
6. कामरी
7. कनखल
8. मेखल
9. धोबी
10. नागार्जुन
11. अचिति
12. चम्पक
13. ढैण्टस
14. चुणकरनाथ
15. भादे
16. कामरी
17. धर्मपापतंग
18. भद्रपा
19. सबर
20. सान्ति
21. कुमारी
22. सियारी
23. कमलकंगारि
24. चर्पटीनाथ

नीचे हम उनका संक्षिप्त परिचय दे रहे हैं—

1. चौरंगीनाथ–तिब्बती परम्परा में गोरक्षनाथ के गुरुभाई माने गये हैं।[1] इनकी लिखी कही जानेवाली एक पुस्तक—'प्राणसंकली'—पिण्डी के जैन ग्रन्थ भण्डार में

1. गंगा : पृ. 260

सुरक्षित है। इसमें इन्होंने अपने को राजा सालवाहन का बेटा, मच्छेन्द्रनाथ का शिष्य और गोरक्षनाथ का गुरुभाई बताया है। इस छोटी-सी पुस्तक से यह भी पता चलता है कि इनकी विमाता ने इनके हाथ पैर कटवा दिये थे। ये ही पंजाब की लोक कथाओं के पूरनभगत हैं जिनके विषय में हम आगे कुछ विस्तार पूर्वक लिखेंगे। चौरंगीनाथ की 'प्राण संकली' की भाषा शुरू में पूर्वी है पर बाद में राजस्थानी-जैसी हो जाती है। शुरू का अंश इस प्रकार है—

सत्य वदंत चौरंगीनाथ आदि अन्तरि सुनौ ब्रितांत सालवाहन घरे हमारा
जनत उतपति सतिमा झुट बोलीला।। 1।। ह अम्हारा भइला सासत पाप
कलपना नहीं हमारे मने हाथ पाव कटाय रलायला निरंजन बने सोष
सन्ताप मने परभेव सनमुष देषीला श्री मछंद्रनाथ गुरुदेव नमसकार करीला
नमाइला माथा ।। 2।। आसीरवाद पाइला अम्हे मने भइला हरषित होठ
कंठ तालुकारे सुकाईला धर्मना रूप मच्छंद्र-नाथ स्वामी।। 3।। मन जानै
पुन्य पाप मुष वचन न आवै मुषै बोलव्या कैसा हाथ रे दीला फल मुषे
पीलीला ऐसा गुसाईं बोलीला ।।4।। जीवन उपदेश भाषिला फल आदम्हे
विसाला दोष बुध्या त्रिषा बिसारला ।। 5।। नहीं मानै सोक धर धरम
सुमिरला अम्हे भइला सचेत के तम्ह कहारेवाले बोले पुछीला।। 6।।

स्पष्ट ही यह भाषा पूर्वी है। यदि 'प्राण-संकली' सचमुच चौरंगीनाथ की रचना है तो मानना पड़ेगा कि चौरंगीनाथ पूर्वी प्रदेश के रहनेवाले थे। मैं इस पुस्तिका का सम्पादन कर रहा हूँ। ऐसा जान पड़ता है कि इसमें पुराने अंशों के साथ नये अंश भी जोड़ दिये गये हैं। जितनी भी परम्पराएँ उपलब्ध हैं वे सभी पूरनभगत को स्यालकोट (पंजाब) से ही सम्बद्ध बताती हैं। 'तनजुर' में चौरंगिपा की एक पुस्तक है जिसका नाम है 'तत्त्व भावनोपदेश'। ठीक इसी नाम की एक पुस्तक गोरक्षपाद की भी बतायी जाती है। इतना यहाँ और उल्लेख योग्य है कि 'प्राण संकली' नामक एक छोटी-सी रचना भी गोरक्षनाथ की मानी जाती है। ऐसा जान पड़ता है कि चौरंगीनाथ नामक किसी पूर्व देशीय सिद्ध की कथा से पूरनभगत की कथा का साम्य देखकर दोनों को मान लिया गया है।

2. चामरीनाथ—सम्भवतः तिब्बती परम्परा के चौसठवें सिद्ध चँवरिपा के अभिन्न हैं जिन्हें मगधदेश का रहनेवाला घी-विक्रेता बनिया जाति में उत्पन्न और गोरक्षनाथ का परवर्ती बताया गया है।

3. तन्तिपा—तेरहवें वज्रयानी सिद्ध तन्तिपा हैं। इन्हें तिब्बती परम्परा में मगध देश का ब्राह्मण और जालन्धरपाद का शिष्य कहा जाता है। राहुल जी ने 'गंगा के पुरातत्त्वांक में एक स्थान पर इन्हें मगधदेशवासी ब्राह्मण (पृ. 221) लिखा है और दूसरी जगह अवन्ती देश का ताँती (पृ. 256)। नाम देखने से दूसरी ही बात ज्यादा विश्वसनीय जान पड़ती है। कभी-कभी इन्हें ढेण्ढणपाद से अभिन्न भी माना गया है जो ठीक नहीं जान पड़ता।

4. दारिपा–सम्भवतः वज्रयानी सिद्ध (नं.77) दारिकपा से अभिन्न हैं। इन्हें उड़ीसा का राजा बताया गया है। जब परम सिद्ध लुईपा (लूहिपा) उधर गये तो ये और इनके ब्राह्मण मन्त्री उनके शिष्य हो गये। गुरु ने इन्हें वेश्या दारिका (वेश्या की कन्या) की सेवा का आदेश दिया था। इस व्रत में उन्हें सफलता मिली। दारिका (लड़की) की सेवा करके सिद्धि पाने के कारण इन्हें 'दारिकपा' कहा जाने लगा। इनके निम्नलिखित पद से इनके राजा होने का तथा लुइपा का शिष्य होने का अनुमान किया जा सकता है :

राआ राआ राआ रे
अबर राअ मोहेर बाधा।
लुइ पाअ पए दारिक
द्वादश भुवनें लाधा।।

अर्थात्, "राजा तो मैं अब हुआ हूँ और राज्य तो मोह के बन्धन हैं। लुईपाद के चरणों का आश्रय करने से दारिक ने चौदहों भुवन प्राप्त कर लिया है।" महामहोपाध्याय पं. हरप्रसाद शास्त्री ने इन्हें बँगला का कवि माना है[1] और महापण्डित श्री राहुल सांकृत्यायन ने उड़िया का[2]। इनके लोकभाषा में लिखित कई पद प्राप्त हुए हैं। भाषा उनकी निस्सन्देह पूर्वी प्रदेशों की है लेकिन वह उस अवस्था में है जिसे आज की सभी पूर्वी भाषाओं का पूर्वरूप कहा जा सकता है। सहजयोगिनी चिन्ता इन्हीं की शिष्या थीं और घण्टापा शिष्य थे। 'तनजूर' में इनकी लिखी ग्यारह पोथियाँ संगृहीत हैं।

5. विरूपा–वज्रयानी सिद्ध तीसरे से अभिन्न। गोरक्षनाथ और कानिपा के समकालीन थे। सिद्ध नागबोधि के शिष्य थे। हरप्रसाद शास्त्री ने लिखा है कि वज्रयान और कालचक्रयान दोनों में इनकी पुस्तकें मान्य हैं। पुस्तकों में 'छिन्नमस्तासा धन', 'रक्तयमारि साधन' प्रसिद्ध हैं। इनकी चार पुस्तकें गान की हैं—'विरूपगीतिका', 'विरूप पदचतुरशीति', 'कर्मचण्डालिका', 'दोहाकोष गीति' और 'विरूपवज्र गीतिका'।[3] इनके अतिरिक्त 'अमृत सिद्ध मार्ग फलान्वितापवादक' और 'सुनिष्पंच तत्त्वोपदेश' भी इनके लिखे हैं।[4] इनका सिर्फ एक पद मूल रूप में उपलब्ध हुआ है जो बौ.गा.दो में और गंगा के पुरातत्त्वांक में भी संगृहीत है।

6. कामरी–यदि वज्रयानी सिद्ध पैंतालीस से अभिन्न हों तो जाति के लुहार थे।

7. कनखल–वज्रयानी सिद्धयोगिनी कनखला (नं.67) से अभिन्न जान पड़ती है। ये कृष्णाचार्यपाद (कानिपा) की शिष्या थीं। छपे 'वर्णरत्नाकर' में इनका नाम

---

1. बौ. गा. दो.: पृ. 30
2. गंगा : पृ. 251
3. बौ. गा. दो.: पृ. 28
4. गंगा : पृ. 250

केवल षल (खल) है जो सम्भवतः गलती से छपा है। इसका पूर्ववर्ती भाग (कन) कान्ह के नाम के साथ जुड़ गया है।

8. **मेखल**–सिद्धयोगिनी मेखलापा (नं.66) से अभिन्न जान पड़ती हैं। ये भी कानिपा की शिष्या थीं। कृष्णाचार्यपाद (कानिपा) के 'दोहा कोष पर मेखला नाम की संस्कृत टीका' सम्भवतः इन्हीं की लिखी हुई है। तिब्बत में ये छिन्नमस्ता देवी के रूप में पूजी जाती हैं।

9. **धोबी**–वज्रयानी सिद्ध अट्ठाईस से अभिन्न जान पड़ते हैं। सालिपुत्र (?) देश में धोबी कुल में उत्पन्न हुए थे।

10. **नागार्जुन**–महायान मत के प्रसिद्ध नागार्जुन से ये भिन्न थे। अलबेरुनी ने लिखा है कि एक नागार्जुन उनसे लगभग सौ वर्ष पहले वर्तमान थे। साधनमाला में ये कई साधनाओं के प्रवर्तक माने गये हैं। इन साधनाओं में कई बातों का खुलासा होता है। नागार्जुन, शबरपाद (सबर) और कृष्णाचार्य का काल भी मिल जाता है।

'साधनमाला' में कृष्णाचार्य की कुरुकुल्ला साधना का उल्लेख है। इस कुरुकुल्ला को ध्यानी बुद्ध की अभिव्यक्ति से उद्भूत बताया गया है। डॉ. विनयतोष भट्टाचार्य का अनुमान है कि कुरुकुल्ला की उपासना के प्रथम प्रवर्तक शबरपाद नामक सिद्ध हैं जिनका समय सप्तम शताब्दी सन् ईसवी का मध्यभाग है। ये नागार्जुन के शिष्य थे। नागार्जुन ने भी एक विशेष देवी 'एकजटा' की उपासना का प्रवर्तन किया था। 'साधनमाला' में बताया गया है कि इस एकजटा देवी की साधना को नागार्जुनपाद ने भोट देश (तिब्बत) से उद्धार किया था। इसी देवी का एक नाम 'महाचीन तारा' भी है। तारा की उपासना ब्राह्मण तन्त्रों में भी विहित है। 'साधनमाला' में कुरुकुल्ला के भी अनेक रूपों का वर्णन है जिनमें एक रूप है तारोद्भवा कुरुकुल्ला। इस प्रकार कुरुकुल्ला, एकजटा और तारा की उपासनाओं में कोई सम्बन्ध स्पष्ट ही मालूम होता है। डॉ. विनयतोष भट्टाचार्य ने 'परानन्द सूत्र की भूमिका' (पृ.10-11) में दिखाया है कि महाचीन तारा ने ही आगे चलकर हिन्दुओं की चतुर्भुजी तारा (जो दस महाविद्याओं में हैं) का रूप ग्रहण किया है। हिन्दू तन्त्रों की उग्रा, महोग्रा, वज्रकाली, सरस्वती, कामेश्वरी आदि देवियों को तारा की ही अभिव्यक्ति बताया गया है। दस महाविद्याओं की छिन्नमस्ता को बौद्ध वज्रयोगिनी का समशील बताया गया है और कहा गया है कि इसकी उपासना के भी मूल प्रवर्तक शबरपाद ही थे। ऐसा जान पड़ता है कि कृष्णपाद या कृष्णाचार्य इस देवी के उपासक थे। कृष्णाचार्य की शिष्या मेखलापा तिब्बत में छिन्नमस्ता के रूप में पूजी जाती हैं। इससे दो बातों का अनुमान होता है। प्रथम तो कृष्णाचार्य का समय निश्चित रूप से शबरपाद के बाद सिद्ध होता है और दूसरा यह कि परवर्ती शाक्त मत के विकास में इनका बहुत बड़ा हाथ है।

'प्रबन्ध चिन्तामणि' से पता चलता है कि नागार्जुन पादलिप्त सूरि के शिष्य थे और उनसे ही इन्होंने आकाश-गमन की विद्या सीखी थी। समुद्र में पुराकाल में पार्श्वनाथ की एक रत्नमूर्ति द्वारका के पास डूब गयी थी जिसे किसी सौदागार ने उद्धार किया था। गुरु से यह जानकर कि पार्श्वनाथ के पादमूल में बैठकर यदि कोई सर्वलक्षण समन्विता स्त्री पारे को घोंटे तो कोटिवेधीरस सिद्ध होगा। नागार्जुन ने अपने शिष्य राजा सातवाहन की रानी चन्द्रलेखा से पार्श्वनाथ की रत्नमूर्ति के सामने पारदमर्दन करवाया था। रानी के पुत्रों ने रस के लोभ से नागार्जुन को मार डाला था। इस कथा में कई ऐतिहासिक असंगतियाँ हैं पर इससे कुछ बातें स्पष्ट हो जाती हैं। (1) प्रथम यह कि नागार्जुन रसेश्वर सिद्ध थे (2) दूसरी यह कि गोरखपन्थियों की पारसनाथी शाखा के प्रवर्तक भी शायद वही हैं और (3) तीसरी यह कि वे पश्चिम भारत के निवासी थे। नागार्जुन को परवर्ती योगियों ने 'नागा अरजन्द' कहा है। इनके सम्बन्ध में अनेक किंवदन्तियाँ प्रचलित हैं। नाथपन्थ के बारह आचार्यों में इनकी गणना है।

एक परवर्ती सिद्ध नागनाथ के साथ भी कभी-कभी इनको मिलाकर दोनों को अभिन्न मान लिया जाता है।

11. अचिति–वज्रयानी सिद्ध अचिन्तिपा (नं.38) से अभिन्न। धनिरूप देश में लकड़हारे का काम करते थे। प्रसिद्ध है कि एक बार लकड़ी काटकर इन्होंने उसे एक नाग से बाँध लिया था। अपने आपमें इतने मस्त थे कि उन्हें पता ही नहीं चला कि नाग है या रस्सी। उपयुक्त शिष्य देखकर इन्हें जालन्धरनाथ के शिष्य कानिपा ने दीक्षा दी थी।

12. चम्पक–चम्पारण्य देश (आधुनिक चम्पारन) के निवासी थे। 'तनजूर' में इनका एक ग्रन्थ 'आत्मपरिज्ञान दृष्टि उपदेश' नाम से उपलब्ध है।

13. ढेण्टस–सम्भवतः ढेण्ढणपाद का नाम ही विकृत होकर ढेण्टस हो गया है। बौ.गा.दो. में इनका पद संगृहीत है।

14. चुणकरनाथ–डॉ. बड़थ्वाल ने उन्हें गोरक्षनाथ के समय का सिद्ध माना है। इनके कुछ पद हिन्दी में मिले हैं। इन पदों की भाषा को देखकर डॉ. बड़थ्वाल ने इन्हें चर्पटनाथ का पूर्ववर्ती समझा है। (योग प्रवाह, पृ. 72)

15. भादे–तिब्बती परम्परा में इन्हें श्रावस्ती का ब्राह्मण और कानिपा का शिष्य कहा गया है। जाति के चित्रकार थे। बौ. गा. दो. में इनका एक पद संगृहीत है।

16. कामरी–वज्रयानी सिद्ध कम्बलाम्बरपाद (कमरिपा) से शायद भिन्न नहीं है। ये बौद्ध दर्शन के बड़े मान्य पण्डित थे। प्रज्ञापारमिता दर्शन पर इनके चार ग्रन्थ भोट भाषा में प्राप्त हैं। सुप्रसिद्ध सिद्ध वज्रघण्टापाद के शिष्य और राजा इन्द्रभूति के गुरु थे। राहुल जी ने (गंगा, पृ. 252) इन्हें उड़ीसा देशवासी कहा है। हरप्रसाद शास्त्री इन्हें बँगला कवि समझते हैं। (पृ.37) वस्तुतः ये मगध में उत्पन्न ब्राह्मण थे

और दीर्घकाल तक उड्डियान में रहे थे। वज्रयान के ये प्रसिद्ध आचार्य और युगनद्ध हेरुक के उपासक थे।

17. धर्मपापतंग–जान पड़ता है कि धर्मपा और पतंग दो नाम हैं जो गलती से एक साथ पढ़ दिये गये हैं। इन्हीं का दूसरा नाम गुण्डरीपाद है जाति के लुहार थे। इनके पद बौ. गा. दो. में प्राप्य हैं।

18. भद्रपा–तिब्बती परम्परा के अनुसार मणिभद्र देश के ब्राह्मण थे। राहुल जी का अनुमान है कि मणिधर देश, बघेलखण्ड का मैहर है।

19. सबर–इस नाम के दो सिद्ध हो गये हैं। एक राजा धर्मपाल (769-809 ई.) के कायस्थ लूहिपा के गुरु और दूसरे दसवीं शताब्दी के सिद्ध। दोनों को एक-दूसरे से घुला-मिला दिया गया है। सबर के लिखे अनेक ग्रन्थ भोट अनुवाद में सुरक्षित हैं। (गंगा, पृ. 247) पण्डित हरप्रसाद शास्त्री ने इनकी पुस्तक वज्रयोगिनी साधन के आधार पर अनुमान किया है कि ये उड़ीसा के राजा इन्द्रभूति और उनकी कन्या लक्ष्मींकरा के दल के आदमी थे। इन लोगों ने उड़ीसा में वज्रयान का बड़ा प्रचार किया था (बौ.गा.दो. 29)। परन्तु प्रश्न यह है कि क्या सचमुच ही उड्डियान उड़ीसा ही है? इस बात का विचार हम पहले ही कर आये हैं। वज्रयोगिनी के सम्बन्ध में इनकी कई पुस्तकें हैं। इनके दो गान बौ.गा.दो. में संगृहीत हैं।[1] डॉ. भट्टाचार्य ने इन्हें नागार्जुन का शिष्य माना है। उनके मत से महायान मत में जो करुकुल्ला की साधना है उसके आदि प्रवर्तक यही हैं।

20. सान्ति (शान्ति)–वज्रयानी सिद्ध बारह से अभिन्न। इस नाम के अनेक सिद्ध हुए हैं (बौ.गा.दो., पृ. 29) परन्तु दसवीं शताब्दी में एक बहुत बड़े पण्डित विक्रमशिला बिहार के द्वाररक्षक पण्डित के रूप में नियुक्त थे। उनका नाम भी शान्तिपाद था। सम्भवतः नाथ सिद्ध यही होंगे। राहुल जी ने (गंगा., पृ. 258) लिखा है कि मगध देश में ब्राह्मणकुल में इनका जन्म हुआ था। ये इतने बड़े विद्वान् थे कि इन्हें लोग 'कलिकालसर्वज्ञ' कहा करते थे। बौद्धदर्शन पर इनके लिखे अनेक ग्रन्थ थे जो भोट अनुवाद में ही शेष रह गये हैं। राहुल जी ने लिखा है कि वज्रयानी सिद्धों में इतना जबर्दस्त पण्डित दूसरा नहीं हुआ।

21. कुमारी–सम्भवतः वज्रसिद्ध कुमारिपा से अभिन्न हैं।

22. सियारी–वज्रयानियों के एक सिद्ध का नाम शृगालीपाद है जो मगध के शूद्रकुल में उत्पन्न हुए थे और महाराज महीपाल (974-1026 ई.) के राज्यकाल में वर्तमान थे। सियारी और ये अभिन्न हो भी सकते हैं।

23. कमल कंगारि–जान पड़ता है ये दो सिद्ध हैं, गलती से हरप्रसाद शास्त्री महाशय ने एक में लिख दिया है। वज्रयानी सिद्धों में एक कमलपा या कपालपा हो

---

1. परानन्दसूत्र की प्रस्तावना : पृ. 10-11

गये हैं जो दसवीं शताब्दी में वर्तमान थे और सम्भवतः बंगाल में शूद्रकुल में उत्पन्न हुए थे। छपे हुए 'वर्णरत्नाकर' में कमल और कंगारी दो सिद्ध माने गये हैं।

24. चर्पटीनाथ–डॉ. मोहनसिंह ने पंजाब यूनिवर्सिटी लाइब्रेरी को 374 नं. की हस्तलिखित प्रति से चर्पटीनाथ के नाम पायी जानेवाली एक कविता अपनी पुस्तक के परिशिष्टि (पृ.20) में उद्धृत की है और इसका अंग्रेजी भाव भी दिया है। इसमें एक लक्ष्य करने योग्य बात यह है कि चर्पटीनाथ ने भेष के जोगी को बहुत महत्त्व नहीं दिया है, आत्मा का जोगी कहलाने को ही बहुमान दिया है।[1] इसके अन्त में बाह्याचार धारण करनेवाले अन्य सम्प्रदायों की व्यर्थता भी बतायी गयी है। जब काल की घटा सिर पर चढ़ आयेगी तो स्वेत या नील पट या लम्बी जटा, या तिलक या जनेऊ कुछ भी काम नहीं आयेगा। इन बाह्याचारों के साथ कान फाड़नेवालों को भी एक ही सुर में सावधान किया गया है।

इक सेति पटा इक नीलि पटा, इक तिलक जनेऊ लंबि जटा।
इक फीए एक मोनी इक कानि फटा, जब आवेगी कालि घटा।

इससे मिलता-जुलता पद हिन्दू विश्वविद्यालय की एक प्रति से डॉ. मोहनसिंह ने ही संग्रह किया है।[2] उसमें कान फाड़नेवालों की बात नहीं है, पर उन सिद्धों को सावधान किया गया है जो हठ करके तप करते है।

इह संसार कंटिओं की बाड़ी
निरख-निरख पगु धरना।
चरपटु कहै सुनहु रे सिधो
हठि करि तपु नहिं करना।।

श्री सन्त सम्पूर्णसिंह ने तरनतारन से 'प्राणसंगली' छपायी है उसमें चर्पटीनाथ तथा गुरु नानक देव की बातचीत छपी है। उसमें भी यह पद है—

इक पीत पटा इक लम्ब जटा, इक सूत जनेऊ तिलक ठटा।
इक जंगम कही औ भसम घटा, जउलइ नहीं चीनै उलटि घटा।।
तब चरपट सगले स्वांग नटा।

—अध्याय 76, पृ. 794

---

1. सुधु फटकि मनु गिआनि रता। चरपट प्रणिवै सिध मता।
वाहिरि उलटि भवन नहिं जाउ। काहे कारनि कानंनि का चीरा खाउ।
विभूति न लगाओ जिउतरि उतरिजाइ। खर जिउ धूड़ि लेटे मेरी बलाई।
सेली न बाँधो लेवों ना म्रिगानी। ओढउँ ना खिंथा जो होइ पुरानी।
पत्र न पूजो उड़ा न उठावो। कुत्ते की निआईं माँगने न जावो।
बासी करि के भुगति न खाओ। सिंधिआ देखि रिंगी न बजाओ।
दुआरि दुआरे धूआ न पाओ। भेखि का जोगी न कहावो।
आतिमा का जोगी चरपटनाउ।

2. पृ. 23

यहाँ प्रसंग से ऐसा जान पड़ता है कि चर्पटनाथ रसायन सिद्धि की खोज में थे और निराश हो चुके थे। इस पद का भाव यह है कि वेश बनाने से क्या लाभ, सभी वेश तब तक स्वांग मात्र हैं जब तक उनसे मृत्यु को जीतने में सहायता न मिले। यदि मृत्यु पर विजय ही नहीं मिली तो इन टण्टों से क्या लाभ? और मृत्यु पर विजय केवल रसायन से ही हो सकती है। सारी वार्त्ता रसायन के विषय में ही है।

इनके अतिरिक्त एक और अतिच्छिन्न हस्तलेख से भी कुछ अंश संग्रह करके डॉ. मोहनसिंह ने अपनी पुस्तक में छपाया है। इन सारे वाक्यों को पढ़ने से दो बातें बहुत स्पष्ट हैं : (1) चर्पटीनाथ बाह्य वेश के विरोधी थे और (2) कनफटा सम्प्रदाय में रहकर भी उसकी बाह्य-प्रक्रियाओं को नहीं मानते थे। यह प्रवृत्ति नाथमार्ग में कब आयी, यह विचारणीय है। 'वर्णरत्नाकर' में चर्पटीनाथ का नाम आने से इतना तो स्पष्ट है कि चौदहवीं शताब्दी के पहले वे अवश्य प्रादुर्भूत हो चुके थे। 'प्राणसंगली' के वार्त्तालाप से यह भी मालूम होता है कि वे रसायन-सिद्धि के अन्वेषक थे। इस पर से सिर्फ इतना ही अनुमान किया जा सकता है कि वे गोरक्षनाथ के थोड़े परवर्ती थे, सम्भवतः रसायनवादी बौद्ध सिद्धों के दल से आकर गोरक्षनाथ के प्रभाव में आये थे और अन्त तक बाह्य वेश के विरोधी बने रहे।

उनसठवें वज्रयानी सिद्ध का नाम भी चर्पटी है। तिब्बती परम्परा में उन्हें मीनपा का गुरु माना गया है। परन्तु नाथ-परम्परा में इन्हें गोरक्षनाथ का शिष्य माना जाता है। एक अनुश्रुति के अनुसार गोरक्षनाथ के आशीर्वाद से उत्पन्न हुए थे। मीन चेतन में इन्हें कर्पटीनाथ कहा गया है। इनके 'चतुर्भवाभिवासन क्रम' का तिब्बती अनुवाद प्राप्य है। रज्जबदास के 'सरबंगीग्रन्थ' में इन्हें चारणी के गर्भ से उत्पन्न बताया गया है। डॉ. बड़थ्वाल ने लिखा है कि चम्बा रियासत की राजवंशावली में इनकी चर्चा आती है। बोगेल और ओमेन ने बताया है कि चम्बा के राजप्रासाद के सामनेवाले मन्दिरों में चर्पट का मन्दिर है जो सूचित करता है कि अनुश्रुतियों का राजा साहिल्ल देत सचमुच ही चर्पट का शिष्य था (योग प्रवाह, पृ. 183 और आगे) इनके कुछ हिन्दी पद 'योग प्रवाह' में संगृहीत हैं।

2. परवर्ती सिद्ध

सं. 2014 वि. काशी नागरी प्रचारिणी सभा से 'नाथ सिद्धों की बानियाँ' नामक पुस्तक प्रकाशित हुई है (सं.—ह.प्र. द्विवेदी)। इसमें निम्नलिखित सिद्धों की कही जानेवाली वाणियाँ हैं—

(1) अजयपाल जी
(2) काणेरी (सती, पाव)
(3) गरीब जी
(4) गोपीचन्द जी
(5) घोड़ाचोली
(6) चरपटनाथ
(7) चौरंगीनाथ
(8) चौणकनाथ (चुणकरनाथ)

(9) जलन्ध्री पाव
(10) दत्त जी (दत्तात्रेय)
(11) देवल जी
(12) धूँधलीमाल जी
(13) नागार्जुन जी
(14) पार्वती जी
(15) पृथ्वीनाथ जी
(16) बालानाथ जी
(17) बालगुन्दाई
(18) भरथरी
(19) मच्छेन्द्रनाथ जी
(20) महादेव जी
(21) रामचन्द्र जी
(22) लषमण जी
(23) सतवन्ती जी
(24) सुकुल हंस जी
(25) हणवन्त जी

इनमें महादेव-पार्वती और रामचन्द्र जी के नाम से प्राप्त रचनाओं के वास्तविक रचयिता कौन हैं, यह कहना कठिन है। इन पदों में किसी सिद्ध ने इन देवताओं के उपदेश देशी भाषा में लिख लिये होंगे, शेष में से कुछ का पता विविध स्रोतों से चल जाता है। कुछ सिद्धों के बारे में बहुत-कुछ निश्चय रूप से कहा जा सकता है कि वे गोरक्षनाथ के समसामयिक रहे होंगे। मच्छन्द्रनाथ तो उनके गुरु ही थे, शेष में से चौरंगीनाथ, नागार्जुन, चुणकरनाथ और चर्पटीनाथ के बारे में जो सूचना प्राप्त है उनके आधार पर इन्हें गोरक्षनाथ का समसामयिक या थोड़ा परवर्ती माना जा सकता है।

इनमें चौरंगीनाथ, नागार्जुन, चुणकरनाथ, भरथरि, गोपीचन्द और चरपट या चरपटीनाथ के बारे में ज्ञात सामग्री का कुछ परिचय दिया जा चुका है। शेष के बारे में कुछ विचार किया जा रहा है।

1. काणेरी—इस संग्रह में काणेरी के कई पद हैं। कुछ लोग कानफा और काणेरी को एक ही सिद्ध मानते हैं। 'योगिसम्प्रदायाविष्कृति' में कृष्णपाद को ही कर्णरिपा या काणेरीनाथ कहा गया है। किन्तु प्रेमदास ने अपनी सिद्धवन्दना में इन दोनों को अलग-अलग सिद्ध समझा है। जान पड़ता है काणेरी के दीर्घ ईकारान्त रूप को देखकर परवर्ती काल में इन्हें स्त्रीसिद्ध मान लिया गया है। इनके नाम से पाये जानेवाले पद एक प्रति में सती काणेरी के नाम से मिलता है तो दूसरी प्रति में काणरी पाव के नाम से। कृष्णपाद, कान्हूपा, कानफा आदि नामों को मैंने एक ही माना है और उनके विषय में अन्यत्र विस्तार से लिखा है। ये जालन्धरपाद के विषय थे और गोरक्षनाथ के समसामयिक थे। चर्यापदों में इनके गान मिलते हैं और उन्होंने स्वयं अपने को कापालिक कहा है। वर्तमान नाथ पन्थ में इनके नाम का एक उप-सम्प्रदाय (वामारग, वाममार्ग) आज भी जीवित है परन्तु उसे आधा सम्प्रदाय ही माना जाता है। इनके दोहों का एक संग्रह दोहाकोष नाम से हरप्रसाद शास्त्री ने छपाया था उस पर मेखला नामक संस्कृत टीका भी मिलती है जो सम्भवतः इनकी शिष्या मेखला की लिखी हुई है।

2. गोपीचन्द—गोपीचन्द या राजा गोविन्दचन्द जालन्धर के नाम के शिष्य बताये जाते हैं। माता के उपदेश से इन्होंने अपनी दो सुन्दरी रानियों—उदुना और

पुदुना (उदयिनी और पद्मिनी)—को छोड़कर वैराग्य लिया था। रानियों ने इन्हें फिर से गृहस्थ धर्म में प्रवेश करने का आग्रह किया था परन्तु ये वैराग्य में दृढ़ रहे। गोपीयन्त्र या सारंगी के ये ही आविष्कर्त्ता माने जाते हैं।

3. भरथरी—भर्तृहरि का प्राकृत रूप है। भर्तृहरि संस्कृत साहित्य में बहुत परिचित हैं। उनके तीन शतक काव्यमर्मज्ञों के हृदय हार बने हुए हैं। 'वाक्यपदीय' नामक व्याकरण ग्रन्थ के भी ये रचयिता माने जाते हैं। सम्भवतः ये सन् ईसवी की सातवीं शती के पूर्व वर्तमान थे। क्योंकि इत्सिंग नामक चीनी यात्री ने जो 678-695 ई. तक बौद्ध देशों का भ्रमण करता रहा, इनके नाम और ग्रन्थों से परिचित था। ह्वेनसांग ने भी इनकी चर्चा की है। और इन्हें बौद्ध बताया है। परन्तु इनके ग्रन्थों को देखने से ये शैव ही जान पड़ते हैं। छठी-सातवीं शताब्दी की लोकभाषा के अन्य कवियों के लिखे हुए जो नमूने प्राप्त हैं, उनसे मिलान करने पर प्रस्तुत संग्रह में भरथरी के नाम से संगृहीत पदों की भाषा आर्वाचीन मालूम होती है। जान पड़ता है कि भर्तृहरि ने लोकभाषा में कुछ पद लिखे थे जिनकी भाषा क्रमशः बदलती गयी। नाथमार्ग में अनेक पुराने सम्प्रदायों के अन्तर्भुक्त हो जाने के बाद भर्तृहरि के ये पद भी नाथ सिद्धों के संग्रहों में गृहीत हो गये पर उनकी भाषा बहुत बदल गयी। हमारे संग्रह में उनका जो रूप उपलब्ध है वह पन्द्रह शताब्दी के पहले का नहीं हो सकता।

वैराग्य शतक में कई श्लोक अत्यन्त भ्रष्ट रूप में संगृहीत हैं। इनके भ्रष्ट रूप को देखकर कदाचित् भाषा विशेषज्ञों को कोई नयी बात सूझ जाये इस आशा से उन्हें ज्यों-का-त्यों संग्रह कर दिया गया है।

4. अजयपाल—(अजैपाल) डॉ. बड़थ्वाल ने इन्हें गढ़वाल का राजा माना है। इनकी रचनाओं में 'दीवान' पद मुसलिम दरबार के दीवानों की याद दिलाता है। 'तम्बा' (तम्बू कैम्प) भी इस अनुमान की पुष्टि करता है कि वे मुसलिम काल में ही पैदा हुए थे। पं. हरिकृष्ण रतूड़ी का मत है कि राजा अजयपाल ने ही राजराजेश्वरी और सत्यनाथ दोनों मन्दिरों की स्थापना संवत् 1512 के लगभग की जब राजधानी चाँदपुर से हटाकर देवलगढ़ में स्थापित हुई (योग प्रवाह, पृ. 202) इस प्रकार अजयपाल का समय पन्द्रहवीं शताब्दी में होना चाहिए। बड़थ्वाल जी का कहना है कि ये राजा थे, इसका एक प्रमाण यह है कि नाथसिद्धों में सिर्फ तीन ऐसे हैं जिन्हें नाथ या पाव जैसे आदरार्थक विशेषण सहित नहीं स्मरण किया गया, भरथरी, गोपीचन्द और अजैपाल। प्रथम दो राजा थे, इसलिए ये भी राजा रहे होंगे। परन्तु इसके विपरीत यह भी कहा जा सकता है कि जिस प्रकार भरथरी और गोपीचन्द को स्पष्ट रूप से राजा कहा गया है उस प्रकार अजैपाल को नहीं कहा गया, बल्कि 'बाबा अजयपाल' कहा गया है। इसलिए उनका राजा होना निश्चित नहीं है। मुझे बड़थ्वाल जी के मत में विशेष सार नहीं दिखता किन्तु इतना निश्चित जान पड़ता है कि ये चौदहवीं शताब्दी के बाद ही हुए होंगे। 'वर्णरत्नाकर' की सूची में इनका नाम नहीं है।

5. लक्ष्मण या लक्ष्मणनाथ—बालनाथ, बालगुन्दाई भी इन्हीं के नाम जान पड़ते हैं। अजयपाल की शताब्दी में एक पद इस प्रकार आता है।

"लषमण कहे हो बाबा अजयपाल तुम कुण आरम्भ थीरं"

इससे अनुमान होता है कि लषमण (लक्ष्मणनाथ) के ये गुरु थे।

परम्परा से प्रचलित है कि लषमणनाथ का ही नाम बालनाथ या बालापीर था।

नाथ सम्प्रदाय में जो आईपन्थ गोरक्षनाथ की शिष्या विमलादेवी द्वारा प्रवर्तित माना जाता है उसी सम्प्रदाय में थे। इनका पूरा नाम बालगोविन्द है। आईपन्थवाले नाम के साथ आई जोड़ते हैं। इसलिए इनका नाम बालगोविन्ददाई पड़ा जिसका संक्षिप्त रूप बालगुन्दाई हुआ। सम्भवतः ये तेरहवीं शताब्दी में वर्तमान थे। और करकाई और भूष्टाई के थोड़े परवर्ती थे। बालनाथ, लक्ष्मणनाथ और बालगुन्दाई से नाम से पाये जानेवाले कई पद समान हैं। इससे अनुमान किया जा सकता है कि ये तीनों नाम एक ही सिद्ध के हैं।

6. हणवन्त जी—इनके बारे में कुछ निश्चित नहीं मालूम। लेकिन ये धज सम्प्रदाय के प्रवर्तक माने जाते हैं। इनके दो शिष्य मगरधज और विविकिधज (मकरध्वज विवेकध्वज) 'वर्णरत्नाकर' की सिद्ध सूची में मिल जाते हैं। इससे अनुमान किया जा सकता है कि ये चौदहवीं शताब्दी के पहले ही हो चुके थे। रामभक्त हनुमान जी के साथ इनको अभिन्न मान लिया गया है जो नाम साम्य के कारण उत्पन्न भ्रान्ति मात्र है। इनके नाम से प्राप्त पदों में कुछ पद थोड़ा बदलकर कबीरदास के नाम पर भी चलते हैं। इससे भी यह सिद्ध होता है कि ये कबीरदास के पूर्ववर्ती थे।

हणवन्त की बानियों में पूर्वी भाषा के लक्षण दिखते हैं। ऐसा जान पड़ता है कि ये किसी पूर्वी प्रदेश के सिद्ध थे।

7. घोड़ाचौली—'हठयोग प्रदीपिका' में जिन सिद्धों के कालदण्ड का खण्डन करनेवाला बताया गया है उनमें घोड़ाचौली का भी नाम है। आईपन्थ के प्रसिद्ध सिद्ध चौलीनाथ ये ही जान पड़ते हैं। इस प्रकार ये चौदहवीं शताब्दी से बहुत पहले उत्पन्न हुए होंगे, ऐसा अनुमान किया जा सकता है। इनका समय सन् ईस्वी की बारहवीं शताब्दी के पूर्व माना जा सकता है। इस संग्रह में इसकी जो बानियाँ संगृहीत हैं उनमें रावल, पागल, वनखण्डी, आई पन्थ, पंखि (पंक) धूज या धज, गोपाल, इन पन्थों की चर्चा है। इससे जान पड़ता है कि इन पन्थों के आविर्भाव के बाद ही ये हुए होंगे। अपनी सबदी ये अपने को मच्छीन्द्र का दास कहा है।

8. धूँधलीमल और गरीबनाथ—'मुँहणोत नैणसीरी ख्यात' में बताया गया है कि ये गरीबदास के गुरु थे। लाखड़ी से 12 कोस की दूरी पर धीणोद है। वहाँ के अजयसर पर्वत पर धूँधलीमल रहते थे। इन्हीं के शिष्य गरीबनाथ थे। उनके आशीर्वाद से भीम कच्छ का राजा हुआ था। इनके शिष्य गरीबनाथ के शाप से धोधों का राज्य नष्ट हुआ था। प्रभासपाटन के एक शिलालेख से जाड़ेचा भीम का

समय संवत् 1442 (1387 ई.) है इसलिए धूँधलीमल और गरीबनाथ का समय भी ईसवी सन् की चौदहवीं शती का उत्तरार्द्ध होना चाहिए।

9. दत्त जी—दत्त जी दत्तात्रेय का विकृत रूप है। दत्तात्रेय की संस्कृत रचनाएँ प्रसिद्ध ही हैं। ऐसा जान पड़ता है कि किसी कम पढ़े-लिखे साधु ने संस्कृत श्लोकों को बुरी तरह बिगाड़कर और उनमें अपनी रचना जोड़कर चला दिया है। सम्भवतः इन पदों के लेखक पन्द्रहवीं शताब्दी में हुए थे क्योंकि 'रोजी' 'राजा' जैसे शब्द इन रचनाओं में प्राप्त होते हैं।

10. देवलनाथ—ये गरीबनाथ के पूर्ववर्ती थे। इनके विषय में विशेष कुछ नहीं मालूम है।

11. पृथ्वीनाथ—ये कबीर के परवर्ती थे क्योंकि इनकी रचनाओं में कबीर का नाम आता है। इस प्रकार ये सोलहवीं शताब्दी के आसपास हुए होंगे।

12. परबत सिद्ध—नाथ योगियों के प्राप्त वाणियों में नामों की विचित्र तोड़-मरोड़ है। कभी-कभी एक ही नाम को उच्चारण-विकृति के कारण भिन्न-भिन्न मान लिया गया है। ऐसा जान पड़ता है कि परबत सिद्ध (जो निश्चित रूप से चौदहवीं शताब्दी के पूर्ववर्ती हैं) बाद में उसी प्रकार 'पार्वती या पारबती' बना दिये गये जिस प्रकार काणेरी पाव 'सती काणेरी' हो गये। इसका एक कारण यह है कि 'परबत' शब्द का तृतीयान्त या सप्तम्यन्त पुराना रूप 'परबति' होता है। बाद में इस इकार ने इस सिद्ध को स्त्री सिद्ध सभझने की भ्रान्ति पैदा की है। इस संग्रह में परबत सिद्ध का एक 'भूगोल पुराण' दिया हुआ है। यह 'पुराण' पंजाब के एक सज्जन ने भेजा था। गुरु नानक द्वारा रचित बतायी जानेवाली 'प्राण संकली' (तरन तारन से प्रकाशित) में यह हू-ब-हू इसी रूप में है। इसीलिए इनके रचयिता के बारे में सन्देह होता है। परन्तु यह काफी पुरानी भाषा है। इसमें सन्देह नहीं। इससे खड़ीबोली का एक पुराना रूप प्राप्त होता है।

13-14. सुकुल हंस और सतवन्ती—के बारे में कुछ मालूम नहीं।

इस प्रकार इस संग्रह में जिन नाथसिद्धों की वाणियाँ संगृहीत हैं उनमें से अधिकांश चौदहवीं शताब्दी (ईसवी) के पूर्ववर्ती हैं। कुछ चौदहवीं शताब्दी के हैं और बहुत थोड़े उसके बाद के। भाषा की दृष्टि से इन पदों का महत्त्व स्पष्ट है। यद्यपि इन वाणियों के रूप बहुत-कुछ विकृत हो गये हैं, परन्तु भाषा का कुछ-न-कुछ पुराना रूप उनमें रह गया है। खड़ीबोली का तो इन पदों में बहुत अच्छा प्रयोग हुआ है। खड़ीबोली के धारा प्रवाहित प्रयोग का नया स्रोत इन पदों में पाया जायेगा।

13

परवर्ती सिद्ध-सम्प्रदाय में प्राचीन मत

1. सम्प्रदाय भेद

गोरक्षनाथ द्वारा प्रवर्तित योगि-सम्प्रदाय नाना पन्थों में विभक्त हो गया है। पन्थों के अलग होने का कोई-न-कोई भेदक कारण हुआ करता है। हमारे पास जो साहित्य है उस पर से यह समझना बड़ा कठिन है कि किन कारणों से और किन साधना-विषयक या तत्त्ववाद-विषयक मतभेदों के कारण ये सम्प्रदाय उत्पन्न हुए। गोरक्षनाथ के सम्प्रदाय की इस समय जो व्यवस्था उपलभ्य है उस पर से ऐसा मालूम होता है कि भिन्न-भिन्न सम्प्रदाय उनके अव्यवहित पश्चात् उत्पन्न हो गये। भर्तृहरि उनके शिष्य बताये जाते हैं, कानिपा उनके समकालीन ही थे, पूरनभगत या चौरंगीनाथ भी उनके गुरुभाई और समकालीन बताये जाते हैं, गोपीचन्द उनके समसामयिक सिद्ध कानिपा के शिष्य थे। इन सबके नाम से सम्प्रदाय चला है। जालन्धर नाथ उनके गुरु के सतीर्थ थे, उनका प्रवर्तित सम्प्रदाय भी गोरक्षनाथ के सम्प्रदाय के अन्तर्गत माना जाता है। इस प्रकार गोरक्षनाथ के पूर्ववर्ती समसामयिक और ईषत्परवर्ती जितने सिद्ध हुए उन सबके प्रवर्तित सम्प्रदाय गोरक्षपन्थ में शामिल हैं। इसका रहस्य क्या है?

हमने पहले ही लक्ष्य किया है कि वर्तमान नाथपन्थ में जितने सम्प्रदाय हैं वे मुख्य रूप से उन बारह पन्थों से सम्बद्ध हैं जिनमें आधे शिव के द्वारा प्रवर्तित हैं और आधे गोरक्षनाथ द्वारा। इनके अतिरिक्त और भी बारह (या अट्ठारह सम्प्रदाय) थे जिन्हें गोरक्षनाथ ने नष्ट कर दिया। उन नष्ट किये जानेवालों में कुछ शिव जी के सम्प्रदाय थे और कुछ स्वयं गोरक्षनाथ जी के। अर्थात् गोरक्षनाथ की जीवितावस्था में ही ऐसे बहुत-से सम्प्रदाय थे जो अपने को उनका अनुवर्ती मानते थे और उन अनधिकारी सम्प्रदायों का दावा इतना भ्रामक हो गया है कि स्वयं गोरक्षनाथ ने ही उनमें से बारह या अट्ठारह को तोड़ दिया! क्या यह सम्भव कि कोई महान् गुरु अपने जीवित काल में ही अपने मार्ग को भिन्न-भिन्न उपशाखाओं में विभक्त देखे और उनके मतभेदों को तो दूर न करे बल्कि उनकी विभिन्नता को स्वीकार कर ले? इस विचित्र आचरण का रहस्य क्या है?

गोरक्षनाथ का जिस समय आविर्भाव हुआ था वह काल भारतीय धर्म साधना में बड़े उथल-पुथल का है। एक ओर मुसलमान लोग भारत में प्रवेश कर रहे थे और दूसरी ओर बौद्धसाधना क्रमशः मन्त्र-तन्त्र और टोने-टोटके की ओर अग्रसर हो रही थी। दसवीं शताब्दी में यद्यपि ब्राह्मणधर्म सम्पूर्णरूप से अपना प्राधान्य स्थापित कर चुका था तथापि बौद्धों, शाक्तों और शैवों का एक बड़ा भारी समुदाय ऐसा था जो ब्राह्मण और वेद के प्राधान्य को नहीं मानता था। यद्यपि उनके परवर्ती अनुयायियों ने बहुत कोशिश की है कि उनके मार्ग को श्रुतिसम्मत मान लिया जाये परन्तु यह सत्य है कि ऐसे अनेक शैव और शाक्त सम्प्रदाय उन दिनों वर्तमान थे जो वेदाचार को अत्यन्त निम्नकोटि का आचार मानते थे और ब्राह्मण-प्राधान्य एकदम नहीं स्वीकार करते थे।

हमारे आलोच्य काल के कुछ पूर्व शैवों का पाशुपत मत काफी प्रबल था। ह्वेनसांग ने अपने यात्रा-विवरण में इसका उल्लेख बारह बार किया है। 'वैशेषिकदर्शन' के टीकाकार प्रशस्तपाद शायद पाशुपत ही थे। बाणभट्ट ने अपने ग्रन्थों में इस मत की चर्चा की है। परन्तु यह मत वेदबाह्य ही माना जाता था। शंकराचार्य ने[1] अपने 'शारीरिक भाष्य' में इसका खण्डन किया है। 'लिंग पुराण' में पाशुपत मत को तीन प्रकार का बताया गया है—वैदिक, तान्त्रिक और मिश्र। वैदिक लोग लिंग, रुद्राक्ष और भस्म धारण करते थे, तान्त्रिक लोग तप्त-लिंग और शूल आदि का चिह्न धारण करते थे और मिश्र पाशुपत समान भाव से पंचदेवों की उपासना किया करते थे। 'वामन-पुराण' में शैव, पाशुपत, कालामुख और कपाली की चर्चा है। अनुश्रुति के अनुसार 28 शैव आगम और 170 उपागम थे। इन आगमों को निगम (अर्थात् वेद) के समान, और उनसे भिन्न स्वतन्त्र प्रमाण रूप में स्वीकार किया गया है। काश्मीर का शैव-दर्शन इन आगमों से प्रभावित है। वैसे तन्त्र-शास्त्र में निगम का अर्थ वेद माना भी नहीं जाता। 'आगम' शाक्त तन्त्रों में उस शास्त्र को कहते हैं जिसे शिव ने देवी को सुनाया था और 'निगम' वह है जिसे शिव को स्वयं देवी ने ही सुनाया था। इस प्रकार ये सम्प्रदाय स्वयं भी वेदों को बहुत महत्त्व नहीं देते थे और वैदिक मार्ग के बड़े-बड़े आचार्य भी उन्हें अवैदिक समझते थे। हमने कौल-साधना के ब्राह्मण-विरोधी स्वर का थोड़ा परिचय पिछले अध्यायों में पाया है।

क्रमशः ब्राह्मण मत प्रबल होता गया और इस्लाम के आने के बाद सारा देश जब दो प्रधान प्रतिस्पर्द्धी धार्मिक दलों के रूप में विभक्त हो गया तो किनारे पर पड़े हुए अनेक सम्प्रदायों को दोनों में से किसी एक को चुन लेना पड़ा। अधिकांश लोग ब्राह्मण और वेद-प्रधान हिन्दू-सम्प्रदाय में शामिल होने का प्रयत्न करने लगे। कुछ सम्प्रदाय मुसलमान भी हो गये। दसवीं-ग्यारहवीं शताब्दी के बाद क्रमशः वेदबाह्य

1. सा चेयं वेदवाह्येश्वरकल्पनाऽनेकप्रकारा।...माहेश्वरास्तु मन्यन्ते कार्यकारणयोग-विधिदुःखान्ताः पञ्चपदार्थाः पशुपतिनेश्वरेण पशुपाशविमोक्षणोपायदिष्टाः पशु-पतिरोश्वरो निमित्तकारणमितिवर्णयन्ति...इत्यादि। 'शारीरिक भाष्य' 2-2-37।

सम्प्रदायों की यह प्रवृत्ति बढ़ती गयी कि अपने को वेदानुयायी सिद्ध किया जाये। शैवों ने भी ऐसा किया और शाक्तों ने भी। परन्तु कुछ मार्ग इतने वेदविरोधी थे कि उनका सामंजस्य किसी प्रकार इन मतों में नहीं हो सका। वे धीरे-धीरे मुसलमान होते रहे। गोरक्षनाथ ने योगमार्ग में ऐसे अनेक मार्गों का संघटन किया होगा। हमने ऊपर देखा है कि उनके गुरु और गुरुभाई तथा गुरु सतीर्थ कहे जानेवाले लोगों का मत भी उनका सम्प्रदाय माना जाने लगा है। इस पुस्तक में हमने जालन्धरनाथ, मत्स्येन्द्रनाथ और कृष्णपाद के प्राप्य ग्रन्थों से उद्धरण देकर उनके मतों का साधारण परिचय दिया है। स्पष्ट ही वे लोग वेदों की परवा करनेवाले न थे। इन सबके शिष्य और अनुयायी, भारतीय धर्मसाधना के उस उथल-पुथल के जमाने में गोरक्षनाथ के नेतृत्व में संघटित हुए। परन्तु जिनके आचरण और विश्वास इतने दूर विभ्रष्ट थे कि वे किसी प्रकार योगमार्ग का अंग बन ही नहीं सकते थे, उन्हें उन्होंने स्वीकार नहीं किया। शिव जी के द्वारा प्रवर्तित जो सम्प्रदाय उनके द्वारा स्वीकृत हुए वे निश्चय ही बहुत पुराने थे। एक सरसरी निगाह से देखने पर भी स्पष्ट हो जायेगा कि आज भी उन्हीं सम्प्रदायों में मुसलमान योगी अधिक हैं जो शिव द्वारा प्रवर्तित और बाद में गोरक्षनाथ द्वारा स्वीकृत थे।

कहने का तात्पर्य यह है कि गोरक्षनाथ के पूर्व ऐसे बहुत-से शैव, बौद्ध और शाक्त-सम्प्रदाय थे जो वेदबाह्य होने के कारण न हिन्दू थे और न मुसलमान। जब मुसलमानी धर्म प्रथम बार इस देश में परिचित हुआ तो नाना कारणों से देश दो प्रतिद्वन्द्वी, धर्मसाधनामूलक दलों में विभक्त हो गया। जो शैवमार्ग और शाक्तमार्ग वेदानुयायी थे, वे बृहत्तर ब्राह्मणप्रधान हिन्दू समाज में मिल गये और निरन्तर अपने को कट्टर वेदानुयायी सिद्ध करने का प्रयत्न करते रहे। वह प्रयत्न आज भी जारी है। उत्तर भारत में ऐसे अनेक सम्प्रदाय थे जो वेदबाह्य होकर भी वेदसम्मत योगसाधना या पौराणिक देव-देवियों की उपासना किया करते थे। ये अपने को शैव, शाक्त और योगी कहते रहे। गोरक्षनाथ ने उनको दो प्रधान दलों का पाया होगा—(1) एक तो वे जो योगमार्ग के अनुयायी थे, परन्तु शैव या शाक्त नहीं थे, दूसरे (2) वे जो शिव या शक्ति के उपासक थे—शैवागमों के अनुयायी थे—परन्तु गोरक्षसम्मत योगमार्ग के उतने नजदीक नहीं थे। इनमें से जो लोग गोरक्षसम्मत मार्ग के नजदीक थे उन्हें उन्होंने योगमार्ग में स्वीकार कर लिया, बाकी को अस्वीकार कर दिया। इस प्रकार दोनों ही प्रकार के मार्गों से ऐसे बहुत-से सम्प्रदाय आ गये जो गोरक्षनाथ के पूर्ववर्ती थे परन्तु बाद में उन्हें गोरक्षनाथ माना जाने लगा। धीरे-धीरे जब परम्पराएँ लुप्त हो गयीं तो उन पुराने सम्प्रदायों से मूल प्रवर्तकों को भी गोरक्षनाथ का शिष्य समझा जाने लगा। इस अनुमान को स्वीकार कर लेने पर वह व्यर्थ का वाद-समूह स्वयमेव परास्त हो जाता है जो गोरक्षनाथ के काल-निर्णय के प्रसंग से पण्डितों ने रचा है। इन कथाकथित शिष्यों के काल के अनुसार वे कभी आठवीं शताब्दी के सिद्ध होते हैं, कभी दसवीं, कभी ग्यारहवीं और कभी-कभी तो पहली दूसरी शताब्दी के भी!!

ऊपर का मत केवल अनुमान पर ही आश्रित नहीं है। कभी-कभी एकाध प्रमाण परम्पराओं के भीतर से निकल भी आते हैं। शिव और गोरक्षनाथ द्वारा प्रवर्तित सम्प्रदायों की परम्परा स्वयमेव एक प्रमाण है, नहीं तो यह समझ में नहीं आता कि क्यों कोई महागुरु अपने जीवितकाल में ही अनेक सम्प्रदायों का संगठन करेगा? सम्प्रदाय मतभेद पर आधारित होते हैं और गुरु की अनुपस्थिति में ही मतभेद उत्पन्न होते हैं, गुरु के जीवितकाल में होते भी हैं तो गुरु उन्हें दूर कर देते हैं। परन्तु प्रमाण और भी है। 'योगिसम्प्रदायाविष्कृति' (पृ. 419-20) में लिखा है कि धवलगिरि से लगभग 80-90 कोस की दूरी पर पूर्व दिशा में, वर्तमान त्रिशूल गंगा के प्रभवस्थान पर्वत पर वाममार्गी लोगों का एक दल एकत्रित होकर इस विषय पर विचार कर रहा था कि किस प्रकार हमारे दल का प्रभाव बढ़े। बहुत छानबीन के बाद उन्होंने देखा कि आजकल श्री गोरक्षनाथ जी का यश चारों ओर फैल रहा है, यदि उनसे प्रार्थना की जाये कि वे हमें अपने मार्ग का अनुयायी स्वीकार कर लें तो हम लोगों का मत लोकमान्य हो जाये। उन्होंने इसी उद्देश्य से उन्हें बुलाया। सब-कुछ सुनकर श्री गोरक्षनाथ जी ने कहा कि—"आप यथार्थ रीति से प्रकट कर दें कि अपनी प्रतिष्ठा चाहते हैं या प्रतिष्ठा की उपेक्षा कर अपने अवलम्बित मार्ग की वृद्धि करना चाहते हैं। यदि प्रतिष्ठा चाहते हैं तो आप अन्य सब झगड़ों को छोड़कर केवल योगक्रियाओं से ही सम्बन्ध जोड़ लें। इसके अतिरिक्त यदि (अपने पहले से ही) गृहीत मत को पुष्टि करना चाहते हैं तो हम (यह) नहीं सह सकते कि साधुओं का कार्य जहाँ मुमुक्षुजनों को सन्मार्ग पर चढ़ा देना है वहाँ वे उन विचारों को कुत्सित पथ में प्रविष्ट करने के लिए कटिबद्ध हो जायँ।" वाममार्गियों ने—जिन्हें लेखक ने यहाँ 'कपाली' लिखा है—दूसरी बात को ही स्वीकार किया और इसीलिए गुरु गोरक्षनाथ ने उनकी प्रार्थना अस्वीकृत कर दी। यह पुराने सम्प्रदाय को अपने मार्ग में स्वीकार न करने का प्रमाण है।

पुराने मार्ग को स्वीकार करने का भी उदाहरण पाया जा सकता है। प्रसिद्ध है कि गोरक्षनाथ जी जब गोरक्षवंशी (आधुनिक कलकत्ते के पास) आये थे तो वहाँ काली जी से उनकी मुठभेड़ हो गयी थी। काली जी को ही हारना पड़ा था और उनके समस्त शाक्त शिष्य गोरक्षनाथ के योगमार्ग में शामिल हो गये। तभी से गोरक्ष-सम्प्रदाय में काली पूजा प्रचलित हुई। इन दिनों सारे भारतवर्ष में नाथपन्थी लोगों में काली की पूजा प्रचलित है। यह कथा 'योगिसम्प्रदायाविष्कृति' (पृ. 194-199) में दी हुई है परन्तु लेखक की सुधारक मनोवृत्ति ने इतना जोड़ दिया है कि काली ने योगियों से मांसादि की बलि नहीं लेने की प्रतिज्ञा की थी। लेखक को इस बात का बड़ा खेद है कि आजकल, 'जिह्वास्वादन के वशीभूत योगिवेशधारी ठगिया और प्रपंची लोग" उस नियम का उल्लंघन कर रहे हैं! इस विषय की अधिक चर्चा करने के पहले एक बार आधुनिक पन्थों और पुराने पन्थों के सम्बन्ध पर विचार कर लिया जाये। संक्षेप में देखा जाये कि किस प्रकार मुख्य पन्थों का सम्बन्ध शिव और

गोरक्षनाथ द्वारा प्रवर्तित पुराने सम्प्रदायों के साथ स्थापित किया जाता है। नीचे का ब्योरा उसी सम्बन्ध को बताने के लिए दिया जा रहा है। इसे तैयार करने में मुख्य रूप से ब्रिग्स साहब की पुस्तक का सहारा लिया गया है, परन्तु अन्य मूलों से प्राप्त जानकारियों को भी स्थान दिया गया है।

(1) शिव के द्वारा प्रवर्तित प्रथम सम्प्रदाय भुज के कण्ठरनाथी लोगों का है। कण्ठरनाथ के साथ अन्य किसी शाखा का सम्बन्ध नहीं खोजा जा सका है।

(2) और (3) शिव द्वारा प्रवर्तित पागलनाथ और रावल सम्प्रदाय परस्पर बहुत मिश्रित हो गये हैं। ध्यान देने की बात है कि गोरखपुर में सुनी हुई परम्परा के अनुसार पागलनाथी सम्प्रदाय के प्रवर्तक पूरनभगत या चौरंगीनाथ हैं। ये राजा रसालू के वैमात्रेय भाई माने जाते हैं। ज्वालामुखी के माननाथ राजा रसालू के अनुयायी बताये जाते हैं, इसलिए कभी-कभी माननाथ और उनके अनुवर्ती अर्जुन नागा या अरजननंगा को भी पागलपन्थी मान लिया जाता है, वस्तुतः अरजननंगा नागार्जुन का नामान्तर है। फिर अफगानिस्तान के रावल—जो मुसलमान योगी हैं—दो सम्प्रदायों को अपने मत का मानते हैं—(1) मादिया और (2) गल। गल को ही पागलपन्थी कहते हैं। इस प्रकार इन दोनों शाखाओं से पागलपन्थ का सम्बन्ध स्थापित होता है। इन लोगों को रावल गल्ला भी कहते हैं। इनका मुख्य स्थान रावलपिण्डी में है—जो एक परम्परा के अनुसार पूरनभगत और राजा रसालू के प्रतापी पिता गज की पुरानी राजधानी थी। गजनी के पुराने शासक भी ये ही थे और गजनी नाम भी इनके नाम पर ही पड़ा था। गजनी का पुराना हिन्दू नाम 'गजवनी' था। बाद में गज ने सियालकोट को अपनी राजधानी बनाया था। रावलों का स्थान पेशावर रोहतक और सुदूर अफगानिस्तान तक में है।

(4) पंख या पंक से निम्नलिखित सम्प्रदाय सम्बद्ध माने जा सकते हैं—

(i) **सतनाथ या सत्यानाथी–**जिनकी प्रधान गद्‌दी पुरी में और जिनके अन्य स्थान मेवा थानेश्वर और करनाल में हैं। ये ब्रह्मा के अनुवर्ती कहे जाते हैं।

(ii) **धर्मनाथ–**जो कोई राजा थे और बाद में योगी हो गये थे।

(iii) **गरीबनाथ–**जो धर्मनाथ के साथ ही कच्छ गये थे।

(iv) **हाड़ीभरग**[1] (?)

---

1. पागलबाबा के कथनानुसार मैंने इन्हें सतनाथ से सम्बद्ध समझा है। परन्तु ब्रिग्स ने रसेल और हीरालाल (ट्रा.का.से.प्रो.) के आधार पर इनका सम्बन्ध किसी सन्तनाथ से बताया है। मैं यह ठीक नहीं कर सका कि सतनाथ और सन्तनाथ एक ही हैं या भिन्न-भिन्न।

(5) शिव के पाँचवें सम्प्रदाय मारवाड़ के 'बन' से किसी शाखा का कोई सम्बन्ध नहीं मालूम हो सका।

(6) गोपाल या राम के—

(i) **सन्तोषनाथ–**ये ही सम्भवतः इसके मूल प्रवर्तक हों। 'कौलावली निर्णय' और 'श्यामा रहस्य' के मानव गुरुओं में मत्स्येन्द्रनाथ, गोरक्षनाथ आदि के साथ इनका भी नाम है।[1]

(ii) जोधपुर में दासगोपालनाथियों का सम्बन्ध बताया जाता है।

(7) **चाँदनाथ कपिलानी–**

(i) गंगानाथ

(ii) कायानाथ–(परन्तु आगे देखिये)

(iii) कपिलानी–अजयपाल द्वारा प्रवर्तित।

(iv) नीमनाथ

(v) पारसनाथ दोनों जैन हैं।

(8) हेठनाथ—

(i) लक्ष्मणनाथ–कहते हैं, ये ही प्रसिद्ध योगी बालानाथ थे। (योग प्रवाह, पृ. 186) इसकी दो शाखाएँ हैं—

(ii) दरियापन्थ–हरद्वार के चन्द्रनाथ योगी ने[2] इनको नाटेश्वरी (नाटेसरी) सम्प्रदाय का माना है और अलग स्वतन्त्र पन्थ होने में सन्देह उपस्थित किया है। परन्तु टिला में उद्‌भूत स्वतन्त्र सम्प्रदाय के रूप में भी इसकी ख्याति है। दरियापन्थी साधु क्वेटा और अफगानिस्तान तक में हैं।

(iii) नाटेसरी–अम्बाला और करनाल के हेठ तथा करनाथ के बाल जातिवाले इसी शाखा के हैं।[3]

कुछ लोग कहते हैं, राँझा इसी सम्प्रदाय में थे। डॉ. बड़थ्वाल के मत से बालानाथ बालयती थे इसलिए उन्हें ही लक्ष्मणनाथ कहते हैं। पंजाब में बालानाथ का टीला प्रसिद्ध है।

(iv) जाफ़र पीर–अपने को ये लोग राँझा और बालकेश्वरनाथ के अनुयायी (या सम्बद्ध) मानते हैं, इसलिए इनका सम्बन्ध नाटेसरी

---

1. कौलावली तन्त्र, पृ. 76
2. यो. सं. आः पृ. 461
3. ब्रिग्स : पृ. 64-65

सम्प्रदाय से जोड़ा भी जा सकता है। कभी-कभी इनका सम्बन्ध सन्तोषनाथ से भी जोड़ा जाता है।[1] ये लोग मुसलमान हैं।

(9) **आई पन्थ से चोलीनाथ–**'हठयोग प्रदीपिका' के घोड़ाचूली सिद्ध से इस सम्प्रदाय का सम्बन्ध होना सम्भव है। घोड़ाचूली परम्परा के अनुसार गोरक्षनाथ के गुरुभाई थे। इनकी कुछ हिन्दी रचनाएँ भी मिली हैं। (यो. प्र., पृ. 68-70)

(i) **आई पन्थ का सम्बन्ध करकाई और भूष्टाई**[2] दोनों से बताया जाता है। पागलबाबा के मत से करकाई ने ही आई पन्थ का प्रवर्तन किया था। ये दोनों गोरक्षनाथ के शिष्य थे। हरद्वार के आईपन्थी अपने को पीर पारसनाथ का अनुयायी बताते हैं।[3] आई देवी (=माता) की पूजा करने के कारण ये लोग आईपन्थी कहलाये। ये लोग गोरक्षनाथ की शिष्या विमला देवी को अपनी मूल प्रवर्तिका मानते हैं। पहले ये लोग अपने नाम के आगे आई जोड़ा करते थे, नाथ नहीं। पर नरमाई के शिष्य मस्तनाथ जी के बाद ये लोग भी अपने नाम के आगे 'नाथ' जोड़ने लगे।

(ii) **मस्तनाथ–**ये लोग 'बाबा' कहे जाते हैं। गलती से कभी 'बाबा' अलग सम्प्रदाय मान लिया जाता है।[4]

(iii) **माई पन्थ** (?)

(iv) **बड़ी दरगाह** दोनों ही मस्तनाथ के शिष्य हैं। बड़ीवाले मांस-

(v) **छोटी दरगाह** मदिरा नहीं सेवन करते छोटीवाले करते हैं।

(10) वैराग पन्थ, रतननाथ

(i) **वैराग पन्थ–**भरथरी या भर्तृहरि द्वारा प्रवर्तित।

(ii) **माई नाथ (?)–**एक अनुश्रुति के अनुसार माईनाथ—जो अनाथ बालक थे और मेवों द्वारा पाले-पोसे गये थे—भरथरी के अनुयायी थे।

(iii) **प्रेमनाथ**

(iv) **रतननाथ–**भर्तृहरि के शिष्य पेशावर के रतननाथ जो बाह्य मुद्रा नहीं धारण करते थे। कभी टोके जाने पर छाती खोल के मुद्रा दिखा दी थी—ऐसी प्रसिद्धि है। दरियानाथ से भी इनका सम्बन्ध

---

1. वही, पृ. 72
2. आई पन्थवाले पहले अपने नाम के आगे आई जोड़ते थे, इसलिए ये लोग आई के अनुयायी ही होंगे, प्रवर्तक नहीं ।
3. ब्रिग्स : पृ. 65
4. यो. सं. आ. : पृ. 462

बताया जाता है। मुसलमान योगियों में इनका बड़ा मान है। इनके नाम से सम्बद्ध तीर्थ काबुल और जलालाबाद में भी हैं।

(v) **कायानाथ या कायमुद्दीन**–कायानाथ के शरीर के मल से बना हुआ, बालक कायानाथ बाद में चलकर सिद्ध और सम्प्रदाय प्रवर्तक हुआ।

(11) जैपुर के पावनाथ—

(i) **जालन्धरिपा**

(ii) **पा-पन्थ (?)**

(iii) **कानिपा**–गोपीचन्द इसी शाखा के सिद्ध हैं। गोपीचन्द का ही नाम सिद्ध संगरी है। सँपेरे इनको अपना गुरु मानते हैं।[1]

(iv) **आमारग (?)**

(12) धजनाथ—

(i) **धजनाथ**–महावीर हनुमान के अनुयायी बताये जाते हैं। प्रसिद्धि है कि सिंहल में जब मत्स्येन्द्रनाथ भोगरत थे उस समय उनका उद्धार करने गोरक्षनाथ गये थे। उनसे हनुमान की लड़ाई हुई थी।[2] बाद में हनुमान को उनका प्रभाव मानना पड़ा था। चौदहवीं शताब्दी के एक नाथ सिद्धों की सूची में 'धज' नामधारी दो सिद्धों का उल्लेख है।[3] विविकिधज और मगरधज। प्रसिद्धि है कि मकरध्वज हनुमान के पुत्र थे। सम्भवतः विविकिधज और मगरधज इस पन्थ से सम्बद्ध हों। कहते हैं इनका स्थान सिंहल या सीलोन में है। परन्तु यह भूल है। आगे देखिये। डॉ. बड़थ्वाल ने लिखा है कि हनुमन्त वस्तुतः वक्रनाथ नामक योगी का ही नामान्तर है।

ऊपर इन योगियों के मुख्य-मुख्य स्थानों का उल्लेख किया गया है वस्तुतः सारे भारतवर्ष में इनके मठ और अखाड़े हैं। अंगना (उदयपुर), आदिनाथ (बंगाल), काद्रिमठ (मद्रास), गम्भीरमठ (पूना), गरीबनाथ का टिला (सारमौर स्टेट), गोरक्षक्षेत्र (गिरनार), गोरखवंशी (दमदम, बंगाल), चन्द्रनाथ (बंगाल), चंचुल-गिरिमठ (मद्रास प्रान्त), त्र्यम्बक मठ (नासिक), नीलकण्ठ महादेव (आगरा), नोहरमठ (बीकानेर), पंचमुखीमहादेव (आगरा), पाण्डुधुनी (बम्बई), पीर सोहर (जम्मू),

---

1. प्रसिद्धि है कि जब जालन्धरनाथ को कानपा कुएँ से नहीं निकाल सके तो गोरक्षनाथ ने उनकी सहायता की। गुरु के उद्धार-महोत्सव में लोगों को मनोवांछित भोग दिया गया। किसी नवीन भक्त ने नाथ का प्रभाव देखने की गरज से मन-ही-मन सर्प की कामना की और पत्तल में सर्प आ गया। उसी अभिशप्त शिष्य के अनुयायी सँपेरे हुए जो कानबेलिया कहे जाते हैं। किसी-किसी ने इन्हें अलग सम्प्रदाय कहा है (तुल. यो. सं. आ, पृ. 337-38)।
2. यो. सं. आ. : पृ. 163।
3. बो. गा. दो. पृ. 36।

परवर्ती सिद्ध-सम्प्रदाय में प्राचीन मत

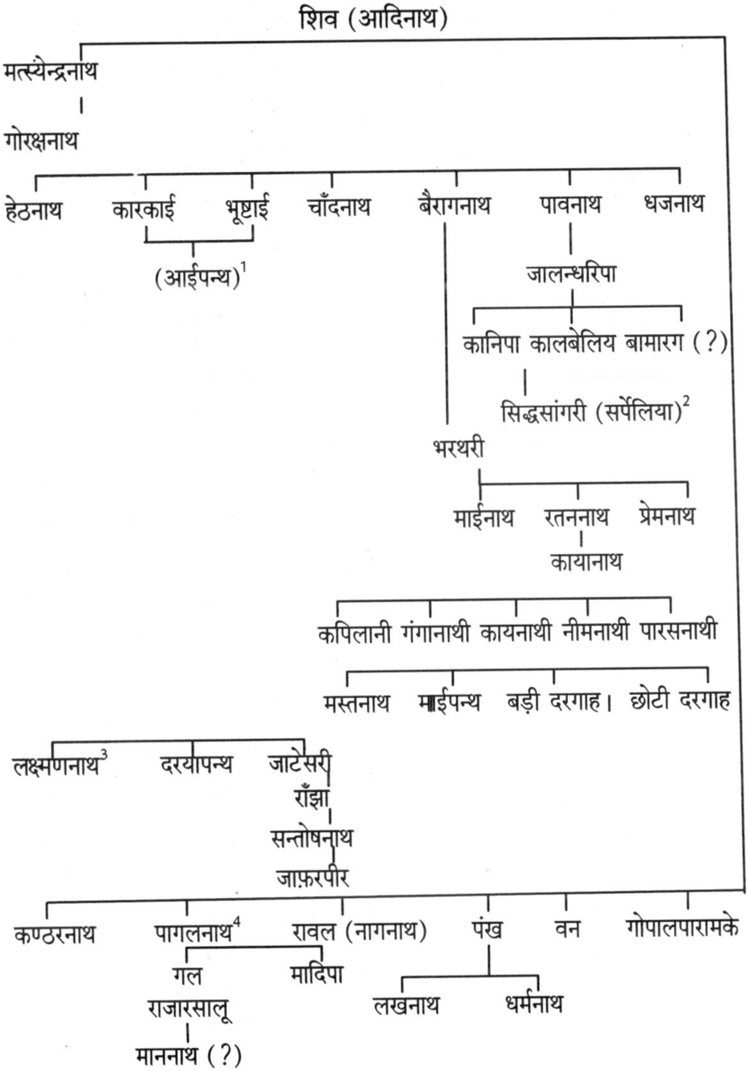

---

1. कोई-कोई केवल कारकाई सम्प्रदाय से ही आईपन्थ की उत्पत्ति मानते हैं।
2. कालबेलिय किसी-किसी के मत से अलग-अलग सम्प्रदाय नहीं है। सिद्धसांगरी ही कालबेलिय कहलाते हैं।
3. कालान्तर में लक्ष्मणनाथ से ही दरियानाथ और नाटेसरी की उत्पत्ति है।
4. किसी परम्परा के अनुसार सम्पूर्ण पागलनाथ जी शाखा रावलों की उयशाखा है।

बत्तीस रसाला (सतारा), भर्तृगुफा (ग्वालियर), भर्तृगुफा (गिरनार), मंगलेश्वर (आगरा), मदानादमन्दिर (बर्दवान, बंगाल), महामन्दिरमठ (जोधपुर), योगि गुहा (दिनाजपुर), योगिभवन (बगुड़ा, बंगाल), योगिमठ (मेदिनीपुर), लादुवास (उदयपुर), हाड़ीभरगनाथ का मन्दिर (मैसूर), हिंगुआमठ (जैपुर) आदि इनके मठ हैं जो समूचे भारतवर्ष में विस्तृत हैं।[1] यह नहीं समझना चाहिए कि जिस पन्थ का जो मुख्य स्थान है उसके अतिरिक्त और कोई स्थान उनके लिए आदरणीय नहीं है। वस्तुतः सभी पन्थ सब स्थानों का सम्मान करते हैं। ऊपर के विवरण से चार्ट पृष्ठ 169 द्वारा पन्थों का प्रसार जाना जाता है :

ध्यान से देखा जाये तो गोरक्षनाथ के प्रवर्तित सम्प्रदायों में कई नाम परिचित और पुराने हैं। कपिलानी अपना सम्बन्ध कपिलमुनि से बताते हैं और इनका मुख्य-स्थान गंगासागर में है, जहाँ कपिलमुनि का आश्रम था। कपिलमुनि 'सांख्यशास्त्र' के प्रवर्तक माने जाते हैं। सांख्य और योग का घनिष्ठ सम्बन्ध हमने पहले ही लक्ष्य किया है। 'भागवत' में कपिलमुनि योग और वैराग्य के उपदेष्टा के रूप में प्रसिद्ध हैं। 'सांख्यशास्त्र' को निरीश्वर योग कहते हैं। और 'योगदर्शन' को सेश्वर सांख्य। ऐसा जान पड़ता है कि कपिलमुनि के अनुयायी जो निरीश्वरवादी योगी थे, गोरक्षनाथ के मार्ग में बाद में आ मिले थे। चाँदनाथ सम्भवतः वह प्रथम सिद्ध थे जिन्होंने गोरक्षमार्ग को स्वीकार किया था। नसी शाखा के नीमनाथी और पारसनाथी नेमिनाथ और पार्श्वनाथ नामक जैन तीर्थङ्करों के अनुयायी जान पड़ते हैं। जैनसाधना में योग का महत्त्वपूर्ण स्थान है। नेमिनाथ और पार्श्वनाथ निश्चय ही गोरक्षनाथ के पूर्ववर्ती थे। उनका यह सम्प्रदाय गोरक्षनाथ योगियों में अन्तर्भुक्त हुआ है। कहना व्यर्थ है कि जैनमत वेद और ब्राह्मण की प्रधानता नहीं मानता। भरथरी के वैरागपथ पर आगे विचार किया जा रहा है। पावनाथ के जालन्धरपाद सम्भवतः वज्रयानी सिद्ध थे। उनकी जितनी पोथियाँ मिली हैं वे सभी वज्रयान की हैं और उनके शिष्य कृष्णपाद की साधना का परिचय तो हमें मिल ही चुका है। कृष्णपाद ने स्वयं अपने को कापालिक कहा है, परन्तु कापालिक का अर्थ सब समय शैवकापालिक ही नहीं होता। जो हो, इसमें तो कोई सन्देह नहीं कि जालन्धरपाद का पूरा-का-पूरा सम्प्रदाय बौद्ध वज्रयान से सम्बद्ध था। धजनाथ के विषय में आगे विचार किया जा रहा है। वे ही सभी पन्थ भिन्न-भिन्न धर्मसाधनाओं से सम्बद्ध होने पर भी योगमार्गी अवश्य थे।

आईपन्थवाले विमलादेवी के अनुयायी माने जाते हैं। आई अर्थात् माता। ये लोग अपने नाम के सामने नाथ न जोड़कर आई जोड़ा करते थे। करकाई और भूष्टाई का वस्तुतः नाथपन्थी नाम कर्कनाथ और भूष्टनाथ (शम्भुनाथ ?) होना

1. श्री अक्षयकुमार वंद्योपाध्याय : गम्भीरनाथ प्रसंग, पृ. 51-53

चाहिए। माता की पूजा देखकर अनुमान होता है कि वे किसी शाक्तमत से गोरक्षनाथ के योगमार्ग में अन्तर्भुक्त हुए होंगे। विमलादेवी गोरक्षनाथ की शिष्या बतायी जाती है परन्तु नित्याह्निकतिलक में एक महाप्रभावशालिनी सिद्धा विमलादेवी का नाम है, जो मत्स्येन्द्रनाथ की मतानुवर्तिनी रही होंगी। उन्होंने गोरक्षनाथ से दीक्षा भी ली हो तो आश्चर्य नहीं। हस्तिनापुर में कोई वैश्य जाति के सेठ थे, नाम था शिवगण। उनकी पुत्री का नाम विनदेवी था। गुप्तनाम श्री गुप्तदेवी था। एक बार भेरी के शब्द से इन्होंने बौद्धों को वित्रासित किया। तब से इनकी कीर्त्ति का नाम बौद्धत्रासिनी (बोधत्रासनी) माता पड़ गया। जब उनका जन्म हुआ तो स्त्रीरूप में उत्पन्न हुई थीं पर अधिकार-काल में पुरुष-मुद्रा में दिखीं और बलपूर्वक अधिकार दखल किया। परन्तु पशु लोग (पाखण्डी) उन्हें स्त्रीरूप में ही देखते थे। इनके दस नाम हैं—

विमला च शिखा चैव विदेषी (च) सुशोभना।
नागकन्या कुमारी बंधारणी पयोधारणी
रक्षाभद्रा समाख्याता देव्या नामानि वै दश।
नामान्येतानि यो वेत्ति सोऽपि कौलाहौ (?) भवेत्।[1]

यह कह सकना कठिन है कि यही विमलादेवी आईपन्थ की पूजनीया विमला देवी हैं या नहीं। मैंने अनुसन्धित्सु पाठकों का ध्यान आकर्षण करने के लिए इस बात को यहाँ लिख दिया।

स्पष्ट ही, गोरक्षनाथ द्वारा प्रवर्तित कहे जानेवाले पन्थों को पुराने सांख्ययोगवादी, बौद्ध, जैन, शाक्त सभी हैं। सबकी एकमात्र सामान्यधर्मिता योग मार्ग है।

शिव के द्वारा प्रवर्तित सम्प्रदाय भी गोरक्षनाथ के पूर्ववर्ती होना चाहिए। इन्हें स्वीकार करके भी गोरक्षनाथ ने जब अपने नाम से इन्हें नहीं चलाया तो कुछ-न-कुछ कारण होना चाहिए। मेरा अनुमान है कि ये लोग मन्त्र-तन्त्र को करते होंगे पर हठयोग सिद्धियों से कोई सम्बन्ध नहीं रखते होंगे। यह लक्ष्य करने की बात है कि शिव द्वारा प्रवर्तित कहे जानेवाले सम्प्रदायों का प्रसार अधिकतर काश्मीर, पश्चिमी पंजाब, पेशावर और अफगानिस्तान में है, जहाँ अत्यन्त प्राचीनकाल से शैवमत प्रबल था। ज्ञान की वर्तमान अवस्था में इससे कुछ अधिक कहना सम्भव नहीं हैं।

इस प्रकाश में कुछ उलझी हुई समस्याओं का विचार किया जाये।

2. रावल-शाखा

1. रावलसम्प्रदाय योगियों की बड़ी भारी शाखा है। कभी-कभी कहा गया है कि यह रावल शब्द संस्कृत के 'राजकुल' शब्द का अपभ्रंश है। प्राचीनकाल के तीन

1. कौलज्ञान निर्णय, भूमिका, पृ. 70-71

राजवंशों ने यह विरुद धारण किया था—(1) मेवाड़ के राजकुल ने[1] (2) आबू के परमारों ने[2] और (3) जालोर के चौहानों ने[3]। और किसी राजघराने ने यह विरुद धारण किया था या नहीं यह नहीं मालूम हो सका है। परन्तु रावल शब्द से सबसे अधिक प्रसिद्धि चित्तौड़ के बाप्पा रावल ही को मिली थी। इस पर से यह अनुमान होता है। कि रावलपन्थ का किसी राजकुल से सम्बन्ध रहा होगा। यह ध्यान देने की बात है कि केवल बप्पा के साथ यह शब्द अपने अपभ्रंश रूप में चलता है, अन्यान्य लेखों में संस्कृत 'राजकुल' शब्द का ही व्यवहार है। बाप्पा से गुरु-गोरक्षनाथ के मिलन की प्रसिद्धि कई विद्वानों ने लिखी है। इस प्रसिद्धि के आधार पर गोरक्षनाथ का समय निर्णय करने का प्रयास भी किया गया है।

महामहोपाध्याय पं. गौरीशंकर हीराचन्द ओझा ने अपने 'राजपूताने के इतिहास' में बाप्पा का समय सन् ईसवी की आठवीं शताब्दी का पूर्वभाग निश्चित किया है। महाराणा कुम्भा के समय जो 'एकलिंगमाहात्म्य' नामक पुस्तक लिखी गयी, उसमें लिखा है कि पुराने कवियों ने कहा है कि संवत् 810 वि (ई. सन् 753) में एकलिंग का वर पाया हुआ प्रथम राजा बाप्पा हुआ।[4] ओझा जी ने इस वर्ष को बाप्पा के राज्य-त्याग का संवत् सिद्ध किया है। बप्पा इसके पूर्व ही सिंहासनासीन हो गये थे।[5] परन्तु बाप्पा सम्बन्धी प्रसिद्धियों के प्रसंग में ओझा जी ने गोरक्षनाथवाली प्रसिद्धि को कोई चर्चा नहीं की है। बाप्पा और उनके गुरु के सम्बन्ध में जितनी प्रसिद्धियाँ हैं, उनमें बाप्पा के गुरु का नाम हारीतऋषि या हारीत राशि बताया गया है, जो लकुलीश पाशुपत सम्प्रदाय के कोई सिद्ध पुरुष थे। फ्लीट ने सन् 1907 में एक प्रबन्ध लिखा था जिसमें एकलिंग जी के मन्दिर को लकुलीश सम्प्रदाय का सिद्ध किया था।[6] एकलिंग मन्दिर में एक लेख पाया गया है जो सन् 971 ई. का लिखा है। इस लेख से इस मन्दिर की स्थिति बहुत पुरानी सिद्ध हो जाती है और ऐसा माना जा सकता है कि बाप्पा ने ही इस मन्दिर की प्रतिष्ठा करायी होगी। इधर

---

1. रावलाख्यां पदवी दधानो बाप्पाभिधानः सरराज राजा।

   —राजप्रशस्ति महाकाव्य, सर्ग 3

2. एवमिथं व्यवस्था श्री चंद्रागतीपति राजकुल श्रीसोमसिंह देवेन...

   —आबू पर देलवाड़ा के मन्दिर का प्रशस्ति-लेख

3. महाराजकुल श्रीसामन्तसिंह देव कल्याण विजयराज्ये...इत्यादि

   —सांचोर का शिलालेख

4. उक्तं च पुरातनैः कविभिः

आकाशचन्द्र दिग्गजसंख्ये संवत्सरे वभूवाछः।

श्री एकलिंगशंकरलब्धवरी वाप्पभूपालः।

5. राजपूताने का इतिहास; पृ. 412

6. जर्नल आफ रायल एसियाटिक सोसाइटीः 1907 : पृ. 420

बाप्पा का एक सोने का सिक्का भी अजमेर से मिला है जो घिस जाने पर तौल में 66 रत्ती के करीब है। इस सिक्के का जो विवरण प्रकाशित हुआ है।[1] उससे यह निश्चित रूप में सिद्ध हो जाता है कि बाप्पा रावल वस्तुतः ही लकुलीश पाशुपत मत के अनुयायी थे। इसके सामने की तरफ (1) वर्तुलाकार माला के नीचे 'श्री बोप्प' लिखा हुआ है। (2) माला के पास बायीं ओर एक त्रिशूल है (3) त्रिशूल की दाहिनी ओर दो पत्थरों की बेदी पर एक-एक शिवलिंग है जो बाप्पा के इष्टदेव एकलिंग जी का सूचक है, (4) इसकी दाहिनी ओर नंदी हैं और (5) लिंग तथा नदी के नीचे प्रणाम करते हुए बाप्पा का अधलेटा अंग है। पीछे की तरफ भी एक गौ खड़ी है 'जो बाप्पा के प्रसिद्ध गुरु लकुलीश सम्प्रदाय के कनफड़े साधु (नाथ) हारीतराशि की कामधेनु होगी जिसकी सेवा बाप्पा ने की थी, ऐसी कथा प्रसिद्ध है।[2] इस सिक्के के चिह्न सूचित करते हैं कि बाप्पा लकुलीश[3] पाशुपत-सम्प्रदाय के शिष्य थे। बाप्पा का सिक्का और उनके विषय में उपलब्ध प्रसिद्धियाँ दोनों ही इस बात का पक्का प्रमाण हैं कि लकुलीश सम्प्रदाय के बड़े भक्त थे। प्रायः भिन्न-भिन्न सम्प्रदाय के भक्त राजगण अपने नाम के साथ सम्प्रदाय वाचक शब्द जोड़ा करते थे। बुद्ध के उपासक अपने को परम सौगत, विष्णु के उपासक परम भागवत और शिव के उपासक परम माहेश्वर जोड़ा करते थे। क्या रावल या महारावल शब्द भी सम्प्रदायवाचक है।

'आथर्वशिर उपनिषद्' में पाशुपतों के विशिष्ट पारिभाषित शब्दों के पाये जाने से पण्डितों ने अनुमान किया है कि अवान्तर उपनिषत्काल में इस सम्प्रदाय का जन्म हो चुका था।[4] इस सम्प्रदाय के ऐतिहासिक संस्थापक का नाम लकुलीश या नकुलीश था। इनका जन्म बड़ौदा राज्य के कायावरोहण (कायारोहण, कारबान्, बड़ौदा राज्य में हुआ था ऐसा कहा जाता है।[5] 'शिवपुराण' में कारवण माहात्म्य है जो लकुलीश के जन्म-ग्राम की महिमा बताने के लिए लिखा गया है। लकुलीश की मूर्तियाँ

---

1. नागरी प्रचारिणी पत्रिकाः भाग-1 पृ. 241-85 में म.म.पं. गौरीशंकर हीराचन्द ओझा का लेख
2. राजपूताने का इतिहास : पृ. 415-416
3. 'इस समय उस सम्प्रदाय का माननेवाला कोई नहीं रहा, यहाँ तक कि लोग बहुधा उस सम्प्रदाय का नाम भी भूल गये हैं, परन्तु प्राचीन काल में उसके अनुयायी बहुत थे जिनमें मुख्य साधु (कनफड़े, नाथ) होते थे। उस सम्प्रदाय का विशेष वृत्तान्त शिलोलेखो तथा 'विष्णुपुराण', 'लिंगपुराण' आदि में मिलता है। लकुलीश उस सम्प्रदाय का प्रवर्तक होना चाहिए। उनके मुख्य चार शिष्यों के नाम कुशिक, गर्ग, मित्र और कौरुष्य मिलते हैं। एकलिंगजी के पुजारी कुशिक की परम्परा में से हारीतराशि बाप्पा का गुरु माना जाता है। इस सम्प्रदाय के साधु निहग होते थे, गृहस्थ नहीं और मूंड़कर चेला बनाते थे। उनमें जाति-पाँति का कोई भेद न था।''—राजपूताने का इतिहास (पृ. 416) में ओझा जी की टिप्पणी।
4. पं. बलदेव उपाध्याय : विश्वभारती पत्रिका खण्ड 1, पृ. 245
5. म.म.पं. गौरी हीराशंकर ओझा : राजपूताने का इतिहास, पृ. 410

राजपूताना, गुजरात, मालवा आदि में पायी गयी हैं। इन मूर्तियों की बाह्य वेशभूषा भी उन्हें अन्य मूर्तियों से स्पष्ट रूप से विशिष्ट बना देती है। माथे पर बना केशकलाप, एक हाथ में बीजपूरक का फूल और दूसरे में लगुड़ (लाठी) इन मूर्तियों की विशेषता है। लगुली अर्थात् लकुटि धारण करने के कारण ही लकुलीश की लकुलीशता है।[1] मथुरा में उपलब्ध शैवस्तम्भ तथा उस पर उत्कीर्ण शिलालेख के अध्ययन से लकुलीश का समय विक्रम के दो सौ वर्ष बाद ठहरता है। यह वही युग है जिसमें कुषाणवंशीय नरेश हुविष्क को सुवर्ण मुद्राओं पर लकुटधारी शिव की मूर्तियाँ मिलती हैं।[2]

लकुलि, लगुलि (=लाठी?) आदि शब्दों का रूप ही सूचित करता है कि वे देशी शब्दों के संस्कृत रूप हैं। लकुलीश पाशुपतमत प्रधानतया निचले स्तर के लोगों में बहुत प्रचलित था। वैदिक और भागवत लोग शुरू-शुरू में इस मत को सिर्फ अवैदिक ही नहीं मानते थे, कि इसके माननेवालों को पापयोनि में उत्पन्न भी मानते थे। 'भागवत' में एक स्थान पर इनको सच्छास्त्र परिपन्थी कहा गया है और पापव्रतियों को इस दीक्षा में प्रवेश करने का अभिशाप दिया गया है।[3] रावल वस्तुतः इसी 'लाकुल' शब्द का रूपान्तर है। सातवीं शताब्दी के पहले ये लोग कुछ सम्मान पाने लगे थे क्योंकि इनमें कुछ असाधारण प्रतिभाशाली विद्वान् पैदा हो गये थे। आठवीं शताब्दी में बाप्पा ने जब रावल उपाधि धारण की तो वस्तुतः उन्होंने अपने को अपने विशिष्ट सम्प्रदाय का अनन्य भक्त सिद्ध करना चाहा था। इस बात के निश्चित प्रमाण हैं कि गोरक्षनाथ के सम्प्रदाय में रावल या लाकुल पाशुपत मिल गये थे। भाण्डारकर ने लिखा है कि सन् 943 से आरम्भ करके सन् 1285 ई. तक की प्रशस्तियों में शैव मात्र को लकुलीश कहा गया है।[4] सन् 1287 का एक लेख सोमनाथ में प्राप्त हुआ है जिसमें गोरक्षनाथ का नाम लकुलीश के साथ लिखा गया है।[5] यह भी लक्ष्य करने की बात है कि धर्मनाथ के विषय में एक अनुश्रुति इस प्रकार की है कि वे पेशावर से धिनोधर आये थे और चारणदेवी नामक विधवा के

1. विश्वभारती पत्रिका : खण्ड 1, पृ. 245
2. वही : पृ. 279
3. भवब्रतधरा ये च ये च तादन् समनुव्रताः
   पाखण्डिनस्ते भवन्तु सच्छास्त्रपरिस्थितः
   नष्टशौचा मूडधियों जटाभस्माख्यिवारिणः
   विशन्तु शिवदीक्षायां यत्र दैवं सुरातवम्।। —भागवत, 4/2
4. रायल एशियाटिक सोसाइटी को बम्बई शाखा के जर्नल (जिल्द 22, पृ. 151 और आगे) में डॉक्टर डी.आर. भाण्डारकर ने लिखा है राजपूताने के अनेक मन्दिरों में उन्होंने लकुटधारी शिवमूर्तियाँ देखी हैं। ये सभी द्विभुज मूर्तियाँ और उनके एक हाथ में लकुट है। इन द्विभुज मूर्तियों को देखकर भाण्डारकर ने यह अनुमान किया है कि ये मूर्तियाँ किसी ऐसे सिद्ध की स्मारिका हैं जो बाद में चलकर शिव का अवतार मान लिये गये थे। लकुलीश यही सिद्ध थे।
5. ब्रिग्स पृ. 240

हाथ में से पुनर्वार पैदा हुए थे और इस पुनरुद्भूत सिद्ध का नाम 'रावल पीर' पड़ा था। 'रावल पीर' शब्द ही 'लाकुल गुरु' की याद दिलाता है। इस पर से मेरा अनुमान है कि रावल नाम से प्रसिद्ध योगियों की समूची शाखा वस्तुतः लकुलीश पाशुपत सम्प्रदाय की उत्तराधिकारी है। इन लोगों में जाति-पाँति का बन्धन पहले भी नहीं था इसलिए वे लोग क्रमशः मुसलमान होते गये। शुरू-शुरू में जब गोरक्षनाथ ने शैव और योगमूलक सम्प्रदायों का संगठन किया होगा तो इन्हें सम्प्रदाय में इसलिए स्वीकार किया होगा कि उन दिनों ये शास्त्रज्ञ सम्प्रदाय की प्रतिष्ठा पा गये थे। इनमें योग-प्रक्रिया भी पर्याप्त मात्रा में थी। गोरक्षनाथ के पन्थ में आने के बाद, जैसा कि हुआ करता है, इन लोगों के सम्प्रदाय में गोरक्षनाथ लकुलीश के अवतार मान लिये गये होंगे और बाप्पा रावल के साथ गोरक्षनाथ के सम्बन्ध की कहानी चल पड़ी होगी।[1]

इस प्रसंग में एक उल्लेख योग्य तथ्य की चर्चा करना असंगत नहीं है। सोमनाथ में उपलब्ध चित्रप्रशस्ति में दाता का नाम उलूकराज लिखा हुआ है। भाण्डारकर ने लिखा है कि शिव के दो अवतारों के नाम उलूक थे और इस प्रशस्ति के उलूक वैसे ही किसी शैव सम्प्रदाय के उपासक होंगे। परन्तु फ्लीट ने 'वायुपुराण' या 'लिंग पुराण' में कोई ऐसा प्रमाण नहीं पाया।

अब भी, उलूक कौन थे इस विषय में पण्डितों ने तरह-तरह के अनुमान किये हैं। 'महाभारत' (सभापर्व 27.5) में लिखा है कि जब अर्जुन उत्तर देश जय करने गये थे 'उलूक' नाम की एक जाति से उनका सामना हुआ था। ये लोग सम्भवतः 'उल्लू' टोटेमवाली जाति के थे। अब लक्ष्य करने की बात है कि संस्कृत में उलूक का पर्याय 'कौशिक' भी है। क्यों कौशिक शब्द उलूक का वाचक हो गया इसका कोई संगत कारण अभी तक नहीं बताया जा सका है। परन्तु उलूक लकुलीश सम्प्रदाय के शैव थे। लकुलीश के साक्षात् शिष्य का नाम 'कुशिक' था। 'उलूक' जाति के लोग इन्हीं कुशिक की परम्परा में पड़ने के कारण 'कौशिक' कहे जाते होंगे। पुरानी परम्परा के भूल जाने पर 'कौशिक' शब्द उलूक पक्षी का पर्याय समझ लिया गया है। इस व्याख्या से 'उलूक' जाति सम्बन्धी बाद का एक युक्तिसंगत निर्णय हो जाता है! शकुनि के एक भाई का नाम भी 'उलूक' था। इस पर से फ्लीट ने अनुमान किया है कि 'उलूक' जाति या तो उसका वंशज है या फिर 'उलूक' कोई

---

1. इस विषय में अनुसन्धित्सु पाठकों की जानकारी के लिए एक और बात का उल्लेख कर देना आवश्यक है। रावल अपने को नागनाथ का अनुयायी कहते हैं। लकुलीश की मूर्तियों को अभी तक इतना महत्त्वपूर्ण नहीं समझा गया है कि उनके चित्र प्रकाशित हों, इसलिए उन मूर्तियों की विशेषता के विषय में कुछ कह सकता कठिन है। परन्तु डॉ. वर्गीज ने एलोरा (वेरूल) की गुफाओं में एक शिव के योगी चित्र का अंकन प्रकाशित किया है उसमें शिव बायें हाथ में लाठी लिए हुए पद्म पर समासीन हैं और पद्म नागों के फण पर है। फ्लीट ने इसको लकुलीश मूर्ति माना है। इससे रावलों के नागनाथी होने पर कुछ प्रकाश पड़ सकता है।

जाति ही है। शकुनि गान्धार के राजा थे इसलिए उलूकों का स्थान उधर ही हो सकता है। यह लक्ष्य करने की बात है कि रावलों के प्रधान पीठ अब भी अफगानिस्तान में ही अधिक हैं।

'सर्वदर्शन संग्रह' में कणाद-दर्शन को ही औलूक्य दर्शन कहा गया है। इस नाम के कारण टीकाकार ने दो बताये हैं। एक तो यह कि कणाद उलूक ऋषि के वंशज थे। दूसरा वह कि शिव जी ने उलूक का रूप धारण करके कणाद मुनि को छह पदार्थों के ज्ञान का उपदेश दिया था। कणाद का वैशेषिक दर्शन प्रसिद्ध है। 'सर्वदर्शन' संग्रह' में किसी प्राचीन ग्रन्थ का एक श्लोक उद्धृत करके बताया गया है कि किस दृढ़ता से ये लोग शिव के साक्षात्कार को मुक्ति (दुःख निवृत्ति) का उपाय मानते थे। जिस दिन आदमी आसमान को इस प्रकार ढँक लेंगे जिस प्रकार चमड़े से कोई बर्तन ढँका जाता है उसी दिन वे शिव को जाने बिना भी दुःख का अन्त पा जायेंगे![1] अर्थात् शिव को जाने बिना परमसुख का मिलना असम्भव है। आगमों को पढ़कर महेश्वर के गुण को सुनना, सुने हुए को अनुमान से ठीक-ठीक समझना और समझे हुए को ध्यानाभ्यास से मन में बार-बार अनुभव करना—तीन प्रकार से अपनी बुद्धि को शिव में लगाने से उद्यमयोग प्राप्त होता है।[2] औलुक्य लोगों का यही विश्वास है!

3. पूरन भगत और राजा रसालू

पूरन भगत (चौरंगीनाथ) और राजा रसालू—सारे पंजाब में और सुदूर अफगानिस्तान तक में पूरन भगत और राजा रसालू की कहानियाँ प्रसिद्ध हैं। ये दोनों ही स्यालकोट के राजा सालवाहन (शालिवाहन) के पुत्र बताये जाते हैं। कहते हैं, पूरन भगत अन्त में बहुत बड़े योगी हो गये थे और चौरंगीनाथ नाम से प्रसिद्ध हुए। मियाँ कादरयार की लिखी हुई एक पंजाबी कहानी पर 'संगपूरन भगत' गुरुमुखी अक्षरों में छपी है। कहानी का सारांश इस प्रकार है।

पूरनभगत उज्जयिनी के राजा विक्रमादित्य के वंशज थे। उनके बापदादों ने स्यालकोट के थाने पर अधिकार कर लिया था। इनके पिता का नाम सलवान (सालवाहन-शालिवाहन) था। जन्म के बाद ज्योतिषी के आदेशानुसार पूरन बारह वर्ष तक एकान्त में रखे गये थे। इस बीच राजा ने लूण नामक एक चमार की युवती से शादी कर ली। एकान्तवास के बाद पूरन अपने माँ बाप से मिले। उन्होंने सहजभाव से विमाता को 'माँ' कहकर पुकारा, इस पर गर्विणी नयी रानी का यौवनभाव आहत हुआ। उसने कई अपप्रस्ताव किये। अन्त में पूरनभगत के सरल स्वभाव से उसकी

---

1. यदाचर्यंवदाकाशं वेष्टयिक्ष्यन्ति मानवाः।
   तदा शिवमविज्ञाय दुःखस्यान्तो भविष्यति।। —स.द.सं., पृ. 21
2. आगमेनानूमानेन ध्यानाभ्यासबलेन च।
   त्रिफा प्रकल्पयन प्रज्ञां लभते योगमुत्तमम्।। —वही, पृ. 21

उद्दामता अत्यन्त प्रबल हो उठी। ईर्ष्या से अन्धी होकर इस रानी ने राजा से उल्टी-सीधी लगाकर पूरन के हाथ-पैर कटवाकर और आँखें फुड़वाकर कुएँ में डलवा दिया। इस कुएँ से गुरु गोरक्षनाथ ने उनका उद्धार किया। गुरु के आशीर्वाद से उनके हाथ-पैर और आँखें फिर से मिलीं। जब वे नगर लौटकर गये और उनके पिता को इस छल का पता लगा तो राजा ने कठोर दण्ड देना चाहा पर पूरन ने निषेध किया। पूरन की माँ रो-रोकर अन्धी हो गयी थी। पूरन की कृपा से उन्हें आँखें मिलीं और उन्हीं के वरदान से पुत्र भी हुआ। पिता ने आग्रहपूर्वक उन्हें राजसिंहासन देना चाहा पर पूरन ने अस्वीकार कर दिया। अन्त में वे गुरु के पास लौट गये और बड़े भारी सिद्ध हुए। हाथ-पैर कट जाने के कारण वे चौरंगी हुए थे। इसीलिए इनका नाम चौरंगीनाथ हुआ। स्यालकोट में अब भी वह कुआँ दिखाया जाता है जहाँ पूरन भगत को फेंका गया था।

पूरन भगत की यह कहानी यो.सं.आ. में भी दी हुई है (पृ. 372)। वहाँ स्यालकोट का नाम शालीपुर दिया हुआ है। सम्भवतः ग्रन्थकार ने स्याल का शुद्ध संस्कृत रूप 'शालि' समझा है। परन्तु वास्तव में पुराना नाम 'साकल' है।

राजा रसालू पूरन भगत के वैमात्रेय भाई थे। इनके समय को लेकर पण्डितों ने अनेक अनुमान भिड़ाये हैं। सन् 1884 ई. में टेम्पुल ने खोज करके देखा कि राजा रसालू का समय सन् ईसवी की आठवीं शताब्दी हो सकता है। उनके अनुमान का आधार यह था कि पंजाब की दो जाट जातियाँ—सिद्ध और संसी—अपने को इनके वंश का बताती हैं। सिद्ध लोग अपना सम्बन्ध जैसलमेर के संस्थापक जैसल नामक राजपूत राजा से बताते हैं। इस राजा की मृत्यु सन् 1168 ई. में हुई थी और इसने जैसलमेर की स्थापना सन् 1159 ई. में की थी। संसी लोग और भी पुराने काल से अपना सम्बन्ध बताते हैं। वे अपने को सालवाहन के पिता राजा गज के वंशधर मानते हैं। टाड ने लिखा है कि राजा गज से गजनी के सुलतान की लड़ाई हुई थी। अन्त तक गज हार गया था। और पूरब की ओर हटने को बाध्य हुआ था। उसी ने स्यालकोट की स्थापना की थी। बाद में उसने गजनी को भी अपने अधिकार में कर लिया था। यह सातवीं शताब्दी के अन्त की घटना है और इस प्रकार राजा रसालू का काल आठवीं शती होता है। अरबी-इतिहास लेखकों ने आठवीं शताब्दी के प्रतापी हिन्दू राजा की बहुत चर्चा की है। उसके नाम को नानाभाव से लिखा है। एक दूसरा प्रमाण भी इस विषय में संग्रह किया जा सका है। रिसल नामक एक हिन्दू राजा के साथ मुहम्मद कासिम ने सिन्ध में सन्धि की थी। सन्धि का समय आठवीं शताब्दी का प्रारम्भिक भाग है। इस प्रकार टेम्पुल ने अनुमान किया है कि रिसल असल में रसालू ही होगा और उसका समय आठवीं शताब्दी के आदिभाग में होना चाहिए।[1] कुछ पण्डितों ने तो राजा शालिवाहन को शकसंवत् का प्रवर्तक माना है।

1. ब्रिग्स : पृ. 239-241

डॉ. हचिंसन ने इन्हें पँवार राजपूत माना है। ये इनके मत से यदुवंशी राजपूत थे और रावलपिण्डी—जिसका पुराना नाम गजपुरी है। इनकी राजधानी थी। बाद में सीथियनों से घोर युद्ध के बाद इन्हें पूरब की ओर हटना पड़ा। तभी स्यालकोट में इनकी राजधानी हुई। ब्रिग्स साहब ने इन सब बातों पर विचार करके यही निष्कर्ष निकाला है कि यह सब कहानियाँ केवल यही सिद्ध करती हैं कि राजा रसालू के समय में सीमान्त पर हिन्दुओं और विधर्मियों का जबर्दस्त संघर्ष चल रहा था। और इसीलिए पूरन भगत और राजा रसालू का समय वस्तुतः ग्यारहवीं शताब्दी के पूर्व में ही होना चाहिए।[1]

स्पष्ट ही है कि राजा रसालू या पूरनभगत को ग्यारहवीं शताब्दी में खींच ले आने का कोई स्पष्ट प्रमाण नहीं है। केवल अनुमान के बल पर समस्त प्रकार की परम्पराओं और ऐतिहासिक सच्चाइयों के विरुद्ध कोई निर्णय करना साहस मात्र है। परम्पराएँ और ऐतिहासिक प्रमाण स्पष्टरूप से पूरनभगत और राजा रसालू को गोरक्षनाथ के पूर्व ले जाते हैं। इसका एकमात्र समाधान यही हो सकता है कि वस्तुतः ही ये दोनों गोरक्षनाथ के पूर्ववर्ती हैं। उनके द्वारा प्रवर्तित या समर्थित शैव साधकों में कुछ योगाचार रहा होगा जिसे गोरक्षनाथ ने नये सिरे से अपने मत में शामिल कर लिया होगा। उनको गोरक्षनाथ का शिष्य बतानेवाली कहानियाँ परवर्ती हैं। गोरक्षनाथ अपने काल के इतने प्रसिद्ध महापुरुष हुए थे कि उनका नाम अपने पन्थ के पुरोभाग में रखे बिना उन दिनों किसी को गौरव मिलना सम्भव नहीं था। जो लोग वेद विमुखता और ब्राह्मणविरोधिता के कारण समाज में अगृहीत रह जाते, वे उनकी कृपा से ही प्रतिष्ठा पा सकते थे।

इस प्रकार पूर्ववर्ती सम्प्रदाय का नवोदित शक्तिशाली सम्प्रदाय में अन्तर्भुक्त होना अनहोनी बात नहीं है। परवर्ती इतिहास में इसके अनेक प्रमाण है। चैतन्यदेव के नवोदित भक्तिमार्ग में अनेक तान्त्रिकमत प्रवेश कर गये थे। नित्यानन्द के साथ बहुत बड़ा अर्द्धबौद्ध दल उस सम्प्रदाय में आ गया था। सूरदास गऊघाट पर रहा करते थे और शिष्य बनाया करते थे। महाप्रभु वल्लभाचार्य से जब वे प्रभावित हुए तो समस्त शिष्य वल्लभ सम्प्रदाय में प्रविष्ट हो गये। कबीरदास के पन्थ में अनेक पूर्ववर्ती योगी जातियाँ शामिल हो गयी थीं—यह हम अपनी 'कबीर' नामक पुस्तक में दिखा चुके हैं। यह लक्ष्य करने की बात है कि रावल लोग—जो वस्तुतः लाकुल या लकुलीश सम्प्रदाय के पाशुपत थे—अपना सम्बन्ध राजा रसालू से बताते हैं और उनकी एक प्रधान शाखा—गल या पागलपन्थी—चौरंगीनाथ को अपना मूल प्रवर्तक मानते हैं। चौरंगीनाथ पूरनभगत का ही नामान्तर बताया जाता है।

---

1. ब्रिग्स : पृ. 239-241

4. पुरी के सतनाथ

यह भी शिव द्वारा प्रवर्तित पंक या पंख की शाखा से सम्बद्ध बताया जाता है। धरमनाथ इसी सम्प्रदाय के थे जिनके विषय में प्रसिद्धि है कि रावल पीर के रूप में पुनर्बार अवतरित हुए थे। इन दिनों भी पुरी के सतनाथी लोग अपने को अन्यान्य सम्प्रदायों से कुछ विशिष्ट मानते हैं। सन् 1924 में पुरी महन्त ने ब्रिग्स साहब को बताया था कि वे लोग कपड़े से लिपटा हुआ जो एक तृणदण्ड रखते हैं, वह उनका विशेष चिह्न है।[1] इसे वे लोग 'सुदर्शन' कहते हैं। हमने पहले ही लक्ष्य किया है कि लगुलि या लाठी लकुलीश की विशेषता है। ब्रिग्स साहब को भी इस दण्ड को देखकर सन्देह हुआ है कि यह लकुलीश सम्प्रदाय का अवशेष होगा[2] लकुलीश सम्प्रदाय में किस प्रकार का लगुड़ धारक किया जाता था, उसका आभास हुविष्क की सुवर्ण मुद्राओं से मिल जाता है।[3] लकुट शिव क्यों धारण करते हैं। इस मत के अनुसार समस्त बद्धजीव 'पशु' हैं और शिव एकमात्र स्वतन्त्र पशुपति हैं। पशुओं अर्थात् बद्धजीवों का नियमन ही लकुट या लगुल धारण करने का उद्देश्य है। इस प्रसंग में यह उल्लेख योग्य है कि दीर्घकाल से गोरक्षपन्थी योगी एक प्रकार का दण्ड या डण्डा धारण करते आ रहे हैं। कबीरदास ने भी इस डण्डे को लक्ष्य किया था और मलिक मुहम्मद जायसी ने भी।[4]

यह खूब सम्भव है कि जिसे सतनाथी साधु 'सुदर्शन' कहते हैं वह लाकुलीशों के लकुल का अवशेष हो। तेरहवीं-चौदहवीं शताब्दी तक सतनाथी धरमनाथ को 'रावल' समझा गया था। इस पर से भी यह अनुमान पुष्ट होता है कि सतनाथी शाखा भी पाशुपतों की ही कोई शाखा होगी जो बाद में गोरक्षनाथ के प्रभाव में आयी होगी।

शिव के अन्यान्य सम्प्रदायों के बारे में विशेष कुछ ज्ञात नहीं हो सका है किन्तु अधिक शोध करने पर उनका भी सम्बन्ध किसी-न-किसी पुराने शैव सम्प्रदाय से अवश्य सिद्ध होगा।

---

1. ब्रिग्स : पृ. 124
2. वही : पृ. 22 टिप्पणी
3. जे.एफ. फ्लीट ने रायल एशियाटिक सोसाइटी के सन् 1907 ई. के जर्नल (पृ. 421 की पाद टिप्पणी) में लिखा है कि लकुल 'खट्वांग' नामक शिव के शस्त्र का पर्याय होगा। 'खट्वांग' खटिया के पाये के आकार का शस्त्र होता था। जो बहुत कुछ गदा के समान ही समझा जाना चाहिए। यह लक्ष्य करने की बात है कि दक्षिण के पह्लव राजा लोग अपनी पताकाओं पर खट्वांग का चिह्न व्यवहार किया करते थे। फ्लीट ने कहा कि यदि लकुल और खट्वांग एक ही हों तो इन पह्लवों को भी लकुल-सम्प्रदाय का अनुयायी समझना चाहिए।
4. कंथा पहिरि डंड कर गहा। सिद्ध होइ कहँ गोरख कहा।।
   मुंदरा स्रवन कण्ठ जपमाला। कर उपदान कांध बघछाला।।—पद्मावती, पृ. 238

पाठकों को यह जानने की इच्छा हो सकती है कि लकुलीश मत के मान्य सिद्धान्त क्या थे?[1] अभी तक इस सम्प्रदाय का उल्लेख योग्य एक ही ग्रन्थ अनन्तशयन संस्कृत ग्रन्थमाला में कौण्डिन्यकृत 'पञ्चार्थ भाष्य' के साथ प्रकाशित हुआ है। इन पाशुपतों के अनुसार पाँच ही पदार्थ होते हैं, कारण, कार्य, योग, विधि और दुःखान्त। इनमें (1) कारण तो साक्षात् पशुपति अर्थात् शिव ही हैं, (2) कार्य तीन हैं, (i) बद्धजीव जिसे 'पशु' कहा जाता है। (ii) उसका ज्ञान (विद्या) और (iii) उसे परतन्त्र बनानेवाली जड़ वस्तु (कला)। जो पशु (जीव) शरीर और इन्द्रियों को धारण किये रहता है वह 'सांजन' कहलाता है और जो इनसे मुक्त हो गया होता है वह निरञ्जन। (3) चित्तद्वार से आत्मा और ईश्वर के संयोग को योग कहते हैं और (4) बाह्य आचारों की विधि। विधि दो प्रकार की होती है, व्रत और द्वार। भस्मस्नान, भस्मशयन, उपहार, जप, प्रदक्षिणा आदि व्रत हैं। इन लोगों की विधियों में नाचना, गाना, अट्टहास करना, स्त्री का स्वाँग करना, अनर्गल बकना, लोकनिन्दित कार्य करना, उच्छिष्टभक्षण आदि का भी उल्लेख है। (5) दुःखान्त दुःख से परनिवृत्ति या मोक्ष को कहते हैं, जो योग और विधि द्वारा प्राप्त होता है। 'सर्वदर्शन संग्रह' में इनके मत की विस्तृत चर्चा है। वहाँ बताया गया है कि ये लोग वैष्णवों की बतायी हुई मुक्ति को सर्वदुःख से निवृत्ति नहीं मानते क्योंकि वैष्णव लोगों का विश्वास है कि आत्मा मुक्त होने पर भी विष्णु का सेवक बना रहता है। इसका अर्थ यह हुआ कि उसकी पारतन्त्र्य दुःख से निवृत्ति नहीं हुई। पर इनके मत मुक्त होने पर जीव परमेश्वर के गुण से युक्त होकर उन्हीं के समान हो जाता है।[2]

5. योगमार्गीय शाखा

गोरक्षनाथ के प्रवर्तित छह मार्ग बताये जाते हैं। इनमें जिन पन्थों का पुराना परिचय प्राप्त है, वे मुख्यतः योगमार्गीय हैं। उनमें कई प्रकार की पुरानी साधनाओं के भग्नावशेष अब भी पाये जा सकते हैं। इनमें वाममार्गी, शाक्त, बौद्ध और सम्भवतः वैष्णवयोगपरक सम्प्रदाय अन्तर्भुक्त हुए हैं। कुछ इनमें ऐसे हैं, जिनका कोई पुराना सम्बन्ध नहीं खोजा जा सका। परन्तु अधिकांश ऐसे हैं जिनका पुराना सम्बन्ध आसानी से सिद्ध किया जा सकता है। अब यह बात अविदित नहीं रही कि नवीं शताब्दी के पहले लगभग सभी सम्प्रदायों में योगमार्ग और तान्त्रिक क्रियाओं का प्रचार हो गया था। क्या वैष्णव और क्या शैव, सभी में मन्त्र, मुद्रा, योग, चक्र

1. हिन्दी पाठक निम्नलिखित प्रबन्ध पढ़ सकते हैं :
   (1) नागरी प्रचारिणी पत्रिका, भाग 1, पृ. 256-57 में पं गौरीशंकर हीराचन्द ओझा की टिप्पणी
   (2) विश्वभारती पत्रिका (खण्ड 1, पृ. 242-249) में सं. पं. बलदेव उपाध्याय का लेख
2. स.द.सं. : पृ. 161

आदि की उपासना प्रचलित हो गयी। शैव और वैष्णव दोनों ही सम्प्रदायों में आगमों और संहिताओं की प्रामाण्यता स्वीकृत हुई। आगम तीन प्रकार के हैं, वैष्णवागम या संहिताएँ, शैवागम और शाक्त-आगम या तन्त्र। हमें पूर्ववर्ती अध्यायों में शैव और शाक्त आगमों का परिचय थोड़ा-बहुत मिल चुका है। इस स्थान पर प्रसंग प्राप्त वैष्णव-संहिताओं की संक्षिप्त चर्चा कर लेने से आगे कही जानेवाली बात कुछ अधिक स्पष्ट होगी।

वैष्णवागम दो प्रकार के हैं : 'पाञ्चरात्र संहिताएँ' और 'वैखानससूत्र'। दक्षिण में अब भी ऐसे बहुत-से मन्दिर हैं जहाँ वैखानस सहिताओं का व्यवहार होता है; परन्तु प्राचीन काल में और अधिक होता था। कहते हैं, रामानुजाचार्य के हस्तक्षेप से वैखानस संहिताओं का व्यवहार उठ गया और उनके स्थान पर पाञ्चरात्र संहिताओं का प्रचार बढ़ा। तिरुपति के वेंकटेश्वर मन्दिर तथा कांजीवरम् के कई मन्दिरों में अब भी वैखानस संहिताएँ व्यवहृत होती हैं। पाञ्चरात्र संहिताओं और वैखानस संहिताओं की व्यवहार विधि में अन्तर है। अप्पयदीक्षित का कहना है कि पञ्चरात्र मत अवैदिक है और वैखानस मत वैदिक। सो, पाञ्चरात्र मत का अभ्युत्थान इस युग की प्रधान विशेषता है। श्रेडर ने अपने महत्त्वपूर्ण ग्रन्थ 'इण्ट्रोडक्शन टु दि पाँचरात्र ऐण्ड अहिर्बुध्न्य संहिता' में कहा है कि यद्यपि बहुत-सी संहिताएँ बाद में बनी हैं परन्तु इनमें बारह प्राचीन संहिताएँ निश्चित रूप से नवीं शताब्दी के पहले बन चुकी थीं और कुछ का अस्तित्व तो सन् ईसवी के पूर्व भी था।

इन संहिताओं में शैव आगमों की भाँति ही चार विषयों का प्रतिपादन है—(1) ज्ञान अर्थात् ब्रह्म, जीव तथा जगत् के पारस्परिक सम्बन्धों का निरूपण, (2) योग अर्थात् मोक्ष के साधनीभूत योगक्रियाओं का वर्णन; (3) क्रिया अर्थात् देवालय के निर्माण, पूजन, मूर्ति प्रतिष्ठा आदि विषयों के विधान और (4) चर्या अर्थात् नित्य और नैमित्तिक कृत्य, मूर्तियों तथा यन्त्रों की पूजापद्धति और पर्वविशेष के उत्सवादि।[1] इनमें चर्या का वर्णन ही बहुत अधिक हुआ करता है। बाकी में क्रिया, ज्ञान और योग की चर्चा हुआ करती है। बहुत कम संहिताओं में चारों पदों पर ध्यान दिया गया। 'पाद्मतन्त्र' एक ऐसी संहिता है जिसमें सभी पाद भलीभाँति आलोचित हैं। पर इसमें भी योग के लिए ग्यारह पृष्ठ, ज्ञान के लिए पैंतालीस, क्रिया के लिए दो सौ पन्द्रह और चर्या के लिए 346 पृष्ठ हैं।[2] इसी से संहिताओं का प्रधान वक्तव्य विषय समझा जा सकता है। वस्तुतः ये प्रधान विषय क्रिया और चर्या ही हैं। इसीलिए संहिताओं को वैष्णवों का कल्पसूत्र कहा जाता है। शास्त्रीय विभाग को छोड़ दिया जाये तो इनमें मन्त्र, यन्त्र, मायायोग, योग मन्दिर निर्माण, प्रतिष्ठान

---

1. भारतीय दर्शन : पृ. 463
2. श्रेडर : इण्ट्रोडक्शन टु दि पाञ्चरात्र ऐण्ड अहिर्बुध्न्य संहिता, पृ. 22

विधि, संस्कार (आह्निक), वर्णाश्रम धर्म और उत्सव, इन्हीं दस विषयों का विस्तार अधिक है![1] यह विषय सूची ही स्पष्ट कर देती है कि संहिताओं में तान्त्रिक पद्धति और योग की प्रधानता है। प्रकृत प्रसंग यह है कि हमारे आलोच्य काल में वैष्णव-सम्प्रदाय में योगक्रिया का प्रवेश हो गया था। और इन योग और तन्त्रमूलक शास्त्रों को अवैदिक भी बताया जाने लगा था। इसी प्रकार बौद्ध, जैन आदि मार्गों में भी योग क्रिया का प्रवेश हुआ था। इनमें निश्चय ही स्तर-भेद वर्तमान था। कुछ शाखाएँ ऐसी थीं जो सम्प्रदाय के वैदिकता-प्रवण मार्ग से दूर विक्षिप्त हो गयी थीं और योग क्रियाओं को अधिकाधिक अपनाने लगी थीं। गोरक्षनाथ के मार्ग में इन्हीं सम्प्रदायों का सम्मिलन हुआ था। आगे भिन्न-भिन्न मार्गों का संक्षिप्त परिचय दिया जा रहा है।

(1) भर्तृहरि—गोरक्षनाथ के एक अन्य पन्थ का नाम वैराग्य पन्थ है। भरथरी या भर्तृहरि इस पन्थ के प्रवर्तक हैं। भर्तृहरि कौन थे, इस विषय में पण्डितों में नाना प्रकार के विचार हैं परन्तु पन्थ का नाम वैराग पन्थ देखकर अनुमान होता है कि 'वैराग्य शतक' नामक काव्य के लेखक भर्तृहरि ही इस पन्थ के मूल प्रवर्तक होंगे। ये बातें सम्भव हैं—(1) या तो भर्तृहरि ने स्वयं कोई पन्थ चलाया हो और उसका नाम वैराग्य मार्ग दिया हो या (2) बाद में किसी अन्य योगमार्ग ने 'वैराग्य शतक' में पाये जानेवाले वैराग्य शब्द को अपने नाम के साथ जोड़ लिया हो। 'वैराग्य-शतक' के लेखक भर्तृहरि ने दो और शतक लिखे हैं, 'शृंगार शतक' और 'नीति शतक'। इन तीनों शतकों को पढ़ने से भर्तृहरि की जिन्दादिली और अनुभवीपन खूब प्रकट होते हैं। चीनी यात्री इत्सिंग ने लिखा है कि भर्तृहरि नामक कोई राजा था जो सात बार बौद्ध संन्यासी बना और सात बार गृहस्थ आश्रम में लौट आया। वैराग्य और शृंगार शतकों में भर्तृहरि के इस प्रकार के संशयित भावावेगों का प्रमाण मिलता है। सम्भवतः शतकों के कर्त्ता भर्तृहरि इत्सिंग के भर्तृहरि ही हैं। उनका समय सप्तम शताब्दी के पूर्वभाग में ठहरता है। कहानी प्रसिद्ध है कि अपनी किसी रानी के अनुचित आचरण के कारण ये विरक्त हुए थे। 'वैराग्य शतक' के प्रथम श्लोक से इस कहानी का सामंजस्य मिला लिया जा सकता है! परन्तु इसी भर्तृहरि से गोरक्षनाथ के उस शिष्य भर्तृहरि को जो दसवीं शताब्दी के अन्त में हुए होंगे अभिन्न समझना ठीक नहीं है। यदि 'वैराग्य शतक' के कर्त्ता भर्तृहरि गोरक्षनाथ के शिष्य थे तो क्या कारण है कि सारे शतक में गोरक्षनाथ का नाम भी नहीं आया है? यही नहीं, गोरक्षनाथ द्वारा प्रवर्तित हठयोग से 'वैराग्य शतक' के कर्त्ता परिचित नहीं जान पड़ते। मेरा इस विषय में यह विचार है कि भर्तृहरि दो हुए हैं, एक तो 'वैराग्य शतक' वाले और दूसरे उज्जैन के राजा जो अन्त में जाकर गोरक्षनाथ के शिष्य हुए

1. श्रेडर : इण्ड्रोडक्शन टु दि पाञ्चरात्र ऐण्ड आनिर्बुध्न्य संहिता, पृ. 26

थे। भर्तृहरि का वैराग्य-मत गोरक्ष द्वारा अनुमोदित हुआ और बाद में परिवर्ती भर्तृहरि के नाम से चल पड़ा। इस मत को भी गोरक्षद्वारा 'अपना' मत माना जाना इसीलिए हुआ होगा कि कपिलायानी शाखा तथा नीमनाथी पारसनाथी—शाखा की भाँति इनमें योगक्रियाओं का बहुल प्रचार होगा। द्वितीय भर्तृहरि के विषय से आगे कुछ विचार किया जा रहा है। यह विचार मुख्य रूप से दन्तकथाओं पर आश्रित है। इसके विषय में नाना प्रकार की कहानियाँ प्रचलित हैं। मुख्य कथा यह है कि ये किसी मृगीदल-बिहारी मृग को मारकर घर लौट रहे थे। तब मृगियों ने नाना प्रकार के शाप देना शुरू किया और वे नानाभाव से विलाप करने लगीं, दयार्द्र राजा निरुपाय होकर सोचने लगा कि किसी प्रकार यह मृग जी जाता तो अच्छा होता। संयोगवश गुरु गोरक्षनाथ यहाँ उपस्थित हुए और उन्होंने इस शर्त पर कि मृग के जी जाने पर राजा उनका चेला हो जायेगा, मृग को जिला दिया। राजा चेला हो गया। कहते हैं गोपीचन्द की माता मयनामती (मैनावती) इनकी बहन थीं।

हमारे पास 'विधना क्या कर्तार' का बनाया हुआ 'भरथरी चरित्र' है जो दूधनाथ प्रेस, हावड़ा से छपा है। इस पुस्तक के अनुसार भरथरी या भर्तृहरि उज्जैन के राजा इन्द्रसेन के पौत्र और चन्द्रसेन के पुत्र थे। वैराग्य ग्रहण करने के पूर्व राजा सिंहलदेश की राजकुमारी सामदेई से विवाह करके वहीं रहता था। वहीं मृग का शिकार करते समय उसकी गुरु गोरक्षनाथ से भेंट हुई थीं। हम पहले ही विचार कर चुके हैं कि योगियों का सिंहलदेश वस्तुतः हिमालय का पाददेश है, आधुनिक सीलोन नहीं।

एक और कहानी में बताया जाता है कि भर्तृहरि अपनी पतिव्रता रानी पिंगला की मृत्यु के बाद गोरक्षनाथ के प्रभाव में आकर विरक्त हुए और राज्य अपने भाई विक्रमादित्य को दे गये। उज्जैन में एक विक्रमादित्य (चन्द्रगुप्त द्वितीय) नामक राजा सन् 1706 से 1126 तक राज्य करता रहा।[1] इस प्रकार भर्तृहरि ग्यारहवीं शताब्दी के मध्यभाग के ठहरे। एक दूसरी कहानी में रानी पिंगला को राजा भोज की रानी बताया गया है। राजा भोज का राज्यकाल 1018 से 1060 ई. बताया गया है।[2] एक दूसरे मूल से भी भर्तृहरि मयनामती और गोपीचन्द का सम्बन्ध स्थापित किया जा सका है। पालवंश के राजा महीपाल के राज्य में ही, कहते हैं, रमणवज्र नामक वज्रयानी सिद्ध ने मत्स्येन्द्रनाथ से दीक्षा लेकर शैव मार्ग स्वीकार किया था। यही गोरक्षनाथ हैं। पालों और प्रतीहारों (उज्जैन के) का झगड़ा चल रहा था। कहा जाता है कि गोविन्दचन्द्र महीपाल का समसामयिक राजा था और प्रतीहारों के साथ उसका सम्बन्ध होना विचित्र नहीं है।[3]

---

1. ब्रिग्स : पृ. 244
2. ट्रा.का. सें. प्रो. : जिल्द 2, पृ. 403 और ब्रिग्स, पृ. 244
3. ब्रिग्स : म.म.पं. हर प्रसाद शास्त्री के आधार पर

(2) गोपीचन्द और मयनामती—गोपीचन्द और मयनामती (मयनावती) की कहानी सारे भारतवर्ष में पायी जाती है। गोपीचन्द बंगाल के राजा मानिकचन्द के पुत्र थे। मानिकचन्द का सम्बन्ध पालवंश से बताया जाता है जो सन् 1095 ई. तक बंगाल में शासनारूढ़ था। इसके बाद ये लोग पूर्व की ओर हटने को बाध्य हुए थे। कुछ पण्डितों ने इस पर से अनुमान किया है कि ये ग्यारहवीं शताब्दी के आरम्भ में हुए होंगे। गोपीचन्द का ही दूसरा नाम गोविन्दचन्द्र है। हमने मत्स्येन्द्रनाथ का समय निर्धारित करने के प्रसंग में तिरुमलय में प्राप्त शैललिपि पर से इनका समय ग्यारहवीं शताब्दी के आस-पास होना पहले भी अनुमान किया है। गोपीचन्द मयनामती के पुत्र थे जो किसी हाड़ी सिद्ध की शिष्या बतायी जाती हैं। ये हाड़ी सिद्ध जालन्धरनाथ ही थे, ऐसी प्रसिद्धि बंगाल में पायी जाती है। सिन्ध में गोपीचन्द पीर पटाव नाम से मशहूर हैं। पीर पटाव की मृत्यु सन् 1209 ई. में हुई थी। 'तुफतुल किरान' में पीरपटाव की कहानी दी हुई है। यह कहानी गोपीचन्द को 12वीं शताब्दी में पहुँचाती है। परन्तु पीर पटाव गोपीचन्द ही थे या नहीं, यह निश्चयपूर्वक कहना कठिन है। जो हो इसमें सन्देह नहीं कि गोपीचन्द बंगाल के राजा थे। इतिहास में यह शायद अद्वितीय घटना है जब माता ने पुत्र को स्वयं वैराग्य ग्रहण करने को उत्साहित किया हो। गोपीचन्द की कहानियाँ इस प्रकार हैं—

(1) गोपीचन्द बंगाल के राजा थे, भर्तृहरि की बहन मैनावती इनकी माता थीं। गोरक्षनाथ ने जिस समय भर्तृहरि को ज्ञानोपदेश दिया था, उसी समय मैनावती ने भी गोरक्षनाथ से दीक्षा ली थी। वह बंगाले के राजे से ब्याही गयी थीं। इसके एक पुत्र गोपीचन्द और एक कन्या चन्द्रावली ये दो सन्तानें थीं। चन्द्रावली का विवाह सिंहलद्वीप के राजा उग्रसेन से हुआ था। पिता की मृत्यु के बाद जब गोपीचन्द बंगाले का राजा हुआ तो उसके सुन्दर कमनीय रूप को देखकर मैनावती के मन में आया कि विषयसुख में फँसने पर इसका यह शरीर नष्ट हो जायेगा। इसीलिए उसने पुत्र को उपदेश दिया कि, "बेटा, जो शाश्वत सुख चाहता है तो जालन्धरनाथ का शिष्य होकर योगी हो जा।" जालन्धरनाथ संयोगवश वहाँ आये हुए थे। गोपीचन्द राजपाट छोड़ योगी हो कदलीवन में चले गये। पीछे से अपनी बहन चन्द्रावली के अत्यन्त अनुरोध पर उसे भी योगी बनाया (सु.च., पृ. 251)।

(2) दुर्लभचन्द्र के गोविन्दचन्द्रेर गीता का कथा-सार—जालन्धरिपाद या हाड़िपा शिव के शापवश पाटीका-भुवन (या मेहारकुल) में राजा गोविन्दचन्द्र और उनकी सिद्धा माता मयनामती के घर नीच कर्म किया करते थे। मयनामती ने अपने पुत्र को उपदेश दिया कि इस हाड़ी का शिष्य बनकर महाज्ञान प्राप्त करो और अमर हो जाओ। राजा ने पहले तो नीच जाति से दीक्षा लेना स्वीकार नहीं किया। राजा ने माता से पूछा कि तुमको अगर सिद्धि प्राप्त है तो पिता जी क्यों मर गये। रानी ने बताया कि किस प्रकार पति को बचाने के लिए लौहकपाट-बद्ध-गृह में बन्द करके पहरा देती रही, किस प्रकार यमदूत बार-बार आकर रानी की सिद्धि के भय से लौट

गये, फिर किस प्रकार एक सप्ताह बाद राजा के अत्यन्त आग्रह से वे भोजन बनाने के लिए वहाँ से हटीं और मौका देखकर यमदूत वहाँ से पति को ले गये। फिर रानी भ्रमरी बनकर यमपुर गयीं। यम ने कहा कि अनजली मिट्टी ले आओ तो तुम्हारे पति को जिला दूँ। पर वह गगा के गर्भ में है जिससे सब जीव बचे हुए हैं। रानी ने उस मिट्टी को लेना उचित नहीं समझा और पति नहीं बच सके। गोरक्षनाथ ने रानी को जलते जतुगृह में प्रवेश करने को कहा। वहाँ से वह साफ निकलीं। फिर तो राजा माता की सिद्धि देखकर दीक्षा लेने को राजी हो गया। हाड़िपा या जालन्धरिपाद ने शिष्य करने में आपत्ति दिखायी। पर राजा ने छोड़ा नहीं। बाद में नगर में से भिक्षा माँग लेने को शर्त पर राजी हुए। राजा सारे नगर मारा फिरा पर जालन्धरिपाद के माया-प्रभाव से उसे किसी ने भिक्षा नहीं दी—अपनी प्रियतमा रानियाँ उदुना और पुदुना ने भी नहीं। अन्त में माता मयनामती ने ही भिक्षा दी, पर गुरु ने उसे भी मायाबल से उड़ा दिया। हैरान राजा गोविन्दचन्द्र गुरु के पास खाली हाथ लौटे। गुरु ने कहा, दूसरे देश से भिक्षा ले आओ। शिष्य गुरु के साथ ही देशान्तर जाने को राजी हुआ। झोली ले भभूत रमा करके गुरु के साथ राजा-शिष्य निकल पड़ा। मस्ताने गुरु ने दक्षिण देश की किसी वीरांगना के घर राजा को कुछ कौड़ियों पर बन्धक रखा। उसने राजा से प्रेम करना चाहा और प्रत्याख्यात होकर कष्ट देने लगी। इधर उदुना पुदुना रानियों ने अपनी वियोग-कथा को तोते-मैनों के पंखों में बाँधकर उड़ाया। वे सर्वत्र उड़ते हुए उस स्थान पर भी पहुँचे जहाँ राजा गोविन्दचन्द्र बन्दी थे। उनका समाचार तोते-मैनों ने रानियों को दिया, रानियों ने सास मयनामती को, मयनामती ने गुरु जालन्धरिपाद को। इधर उस हीरा नामक वीरांगना ने राजा को भेड़ा बना दिया। गुरु वहाँ पहुँचे। कौड़ियाँ लौटाकर उन्होंने बन्धक माँगा। हीरा ने कहा कि वह आदमी तो मर गया। पर गुरु ने ध्यान बल से समझ लिया। हुंकार छोड़ते ही भेड़े का बन्धन टूटा और राजा भी मनुष्य हुए। इस बार शिष्य को लेकर गुरु यमलोक में गये। वहाँ पर राजा ने अपने दुष्कर्मों का हिसाब देखा तो योगी होने का पक्का निश्चय कर लिया। गुरु ने अब राजा को महाज्ञान दिया। राजा महाज्ञान पाकर घर लौटे और रानियों को योगविभूति दिखाने लगे। हाड़िपा ने जब यह जाना तो महाज्ञान हर लिया। अब राजा कोई भी चमत्कार नहीं दिखा सके। रानियों ने हँसकर कहा बड़े भारी गुरु हैं तुम्हारे। जादू और टोना भर जानता है वह आदमी। राजा ने विश्वास किया और दूसरे ही दिन हाड़िपा को पकड़वा मँगाया। उस समय वे ध्यानस्थ थे। उसी अवस्था में राजा ने उन्हें भूमि में गड़वा दिया।

इधर हाड़िपा के शिष्य कानुपा ने गोरक्षनाथ के मुख से जो अपने गुरु का संवाद पाया तो बालक योगी का रूप धारण करके गोविन्दचन्द्र की राजधानी में पहुँचे। योगी का प्रवेश वहाँ निषिद्ध था। कोतवाल ने इस शिशु योगी को पकड़कर रानी उदुना के सामने पेश किया। बालक योगी ने बताया कि मैं गुरुहीन होकर भटक रहा हूँ। मैं योग भला क्या जानूँ और रानी के बन्धन से मुक्त हुए। तब

कानुपा राजा के पास गये और एक हुंकार छोड़ा। सोलह सौ हाड़िपा के शिष्य उपस्थित हुए। राजा ने योगियों को भोजन कराना शुरू किया। भला योगियों का पेट कैसे भरता। अन्त में राजा ने उन्हें सिद्ध समझा और असली परिचय पाकर भीत हुआ। राजा को हाड़िपा के क्रोध से रक्षा करने के लिए कानुपा ने तीन पुतलियाँ बनायीं। खोदकर हाड़िपा को जब निकाला गया तो उन्होंने क्रोधभरी दृष्टि से तीन बार गोविन्दचन्द्र को देखना चाहा तीनों बार कानुपा ने पुतलियाँ दिखायीं जो जलकर भस्म हो गयीं। फिर गुरु कुछ शान्त हुए तब राजा गोविन्दचन्द्र ने क्षमा माँगी। अबकी बार वे सच्चे योगी हुए। कान में शंख का कुण्डल और शरीर में भस्म रमाकर देशान्तर के लिए चल पड़े। रानियों ने जो विलाप शुरू किया तो उन्हें प्रस्तरमूर्ति में रूपान्तरित कर दिया। अबकी बार वे सचमुच अमर हुए और माता मयनामती प्रसन्न हुईं।

(3) मयनामती गान का सारांश—एक बार गोरक्षनाथ राजा तिलकचन्द्र के घर गये। वहीं बालिका शिशुमती को महाज्ञान का उपदेश दिया। यही रानी मयनामती हुई। इसका विवाह राजा मानिकचन्द से हुआ। रानी ने मानिकचन्द को महाज्ञान का उपेदश करना चाहा पर वे स्त्री को गुरु बनाने की राजी नहीं हुए। राजा ने अन्त में मयनामती को घर से निकाल दिया। वे 'फेरुसा' नगर में चली गयीं। मानिकचन्द ने चार पटरानियों और 180 सामान्य भार्याओं के साथ विहार करने में काल बिताया। मृत्यु के समय उन्हें होश आया और रानी मयनामती को बुलवाया। जब तक रानी राजा के आदेश से हीरामाणिक्य खचित सुवर्ण श्रृंगार में गंगा का जल ले आने को गयीं तब तक यमदूत राजा का प्राण ले भागे। रानी ने यमदूतों से बहुत लड़ाई की, पर पति को नहीं बचा सकीं। उस समय उनके गर्भ में गोविन्दचन्द्र या गोपीचन्द थे। पैदा होकर यही लड़का राजा हुआ। पर वास्तविक शक्ति रानी के ही हाथ में रही। गोविन्दचन्द्र ने बड़ा होकर साभार (वर्तमान ढाका में) के राजा की उदुना नामक कन्या से विवाह किया। द्वितीय कन्या पुदुना दहेज में मिली।

भट्टशाली द्वारा सम्पादित 'मयनामती के गान' में ऐसा आभास पाया जाता है कि दाक्षिणात्य राजा राजेन्द्र चोल ने अपनी एक कन्या गोविन्दचन्द्र को देकर सन्धि स्थापित की थी। रानी मयनामती ने देखा कि 18 वर्ष की उमर में यदि गोविन्दचन्द्र संन्यास नहीं लेता है तो उसको उन्नीसवें वर्ष में मृत्यु निश्चित है। फलतः रानियों को रोती-विलपती छोड़ हाड़िपा गुरु जालन्धरिपाद से दीक्षा लेकर राजा 12 वर्ष के लिए प्रव्रजित हुए। रानी ने जब हाड़ि से दीक्षा लेने की बात कही तो राजा ने बहुत प्रतिवाद किया यहाँ तक कि हाड़ी के साथ रानी के गुप्त प्रेम और अपने पिता को विष प्रयोग से मार डालने का अभियोग भी लगाया। पर रानी ने रोकर कहा कि हाड़ी और वे होनों ही गोरक्षनाथ के शिष्य हैं। अस्तु राजा संन्यासी हुआ और दक्षिण देश की हीरा नामक वेश्या ने उससे प्रेम करना चाहा। प्रत्याख्यात होने पर उसने उसे नाना प्रकार के कष्ट दिये। एक दिन पानी भरते समय राजा को ज्ञात हुआ कि 12 वर्ष बीत गया और अपना जाँघ चीरकर रक्त से एक पत्र लिखकर कबूतर के

पर में बाँधकर उड़ा दिया। कबूतर ने उस खबर को यथास्थान पहुँचा दिया। तब गुरु हाड़ि ने आकर राजा का उद्धार किया। राजा दीर्घकाल बाद जब राजधानी लौटे तो अन्तःपुर गये। वहाँ रानी उदुना उन्हें पहचान न सकीं। अपरिचित को अन्तःपुर में जाते देख कुत्ता ललकार दिया और हाथी से कुचलवा देने का आदेश दिया। दोनों ने राजा को पहचानकर सिर झुका लिया। तब रानी ने उन्हें पहचाना और राजा सिंहासनासीन हुए। (दीनेशचन्द्र सेन के 'बंगभाषा ओ साहित्य' (पृ. 55-57) में दी हुई कथा के आधार पर संकलित।)

(4) डॉ. मोहनसिंह ने अपनी पुस्तक में पंजाब यूनिवर्सिटी लाइब्रेरी में संगृहीत कई हस्तलिखित प्रतियों के आधार पर 'उदास गोपीचन्द, गाथा, गोरखपद' नाम से एक अंश छापा है जो गोपीचन्द और उनकी माता मयनामती (मैनावती) के संवाद के रूप में है। माता ने पुत्र को योगी वेश में देखकर बहुत दुःख अनुभव किया। इस पर पुत्र ने याद दिलाया कि तुम्हारे ही उपदेश से मैंने यह वेश लिया है और जब मैं इस मार्ग में रम गया तो तुम पछताती हो। संवाद के बाह्य रूप से ही स्पष्ट रूप में मालूम होता है कि यह गोपीचन्द का अपना लिखा हुआ नहीं है। उनके मत को व्यक्त करने के लिए किसी ने बाद में लिखा है। भाषा भी नयी है। फिर भी इस संवाद में से गोपीचन्द के मत को समझने में सहायता तो मिल ही सकती है। संवाद में गोरक्षनाथ को गोपीचन्द का गुरु बताया गया है।

म.म.पं. गोपीनाथ कविराज ने[1] गोपीचन्द और जालन्धरनाथ के संवाद रूप में कुछ संस्कृत वाक्य उद्धृत किये हैं। ऐसा जान पड़ता है कि ये वाक्य किसी पुरानी हिन्दी कविता की संस्कृत छाया है। एक पद है, 'बसतौ स्थीयते तदा कन्दर्पो व्याप्नुते। बने स्थीयते तदा क्षुत् सन्तापयति।' संस्कृत वाक्य में कोई तुक नहीं मिला परन्तु हिन्दी में यदि इसे 'व्यापै—सन्तापै' मान लिया जाये तो तुक मिल जाता है। छन्द भी हिन्दी बन्ध में ठीक उतरता है। सारा संवाद 'गोरखमछीन्द्र बोध' के अनुकरण पर लिखा हुआ परवर्ती है। संवाद के रूप में सिद्धों की बातचीत के रूप में पायी जानेवाली रचनाएँ सन्देहमूलक हैं। उन पर से किसी सिद्धान्त पर पहुँचना सब समय ठीक नहीं।

6. रसेश्वर मत

हमने ऊपर देखा है कि हठयोग में प्राणायाम का विशेष महत्त्व है। परन्तु हठयोग के ग्रन्थों में तीन चाञ्चल्य धर्मी तत्त्वों का उल्लेख है जिनमें से किसी एक को वश में लाने से अभीष्ट सिद्धि होती है। ये हैं: (1) प्राण (2) मन और (3) बिन्दु प्रथम दो के संयमन-विधि की चर्चा हम पहले भी कर चुके हैं। तीसरे की एक अत्यन्त विचित्र और परम उपकारी परिणति हुई है, यहाँ उसी का उल्लेख किया जा रहा है। बिन्दु का अर्थ शुक्र है। ऐसा जान पड़ता है कि इसके अधोगति को

---

1. सं.भ.स्ट. : छठा भाग, 1927

कालाग्नि कहते थे[1] ऊर्ध्वगति को 'कालाग्निरुद्र'।[2] नाना यौगिक क्रियाओं से बिन्दु को ऊर्ध्वगामी करने का विधान है। उर्ध्वरेता के प्राण और मन अचंचल हो जाते हैं तथा कुण्डलिनी-शक्ति उद्बुद्ध होकर ऊर्ध्वगामिनी होती है। यह 'कालाग्नि-रुद्रीकरण' योगमार्ग की एक महत्त्वपूर्ण साधना थी। 'कालाग्नि रुद्र' नामक एक उपनिषद् भी है परन्तु इससे उपर्युक्त 'कालाग्नि रुद्र' का कोई सम्बन्ध नहीं मालूम होता। केवल इससे इतना ही जाना जाता है कि कालाग्नि रुद्र कोई देवता हैं, इनसे सनत्कुमार ने प्रश्न किया था कि भस्म धारण का तत्त्व क्या है? ऐसा जान पड़ता है कि जिस प्रकार बिन्दु के अधःपतन के देवता विषहर, नन्दिनीवृत्ति के देवता काम और स्थिरीभाव के देवता निरंजन है[3] उसी प्रकार ऊर्ध्वगमन के देवता कालाग्नि रुद्र हैं। सम्भवतः वज्रयानियों के कालाग्नि ही नाथ-सिद्धों के विषहर हैं। जो हो, बिन्दु के ऊर्ध्वगमन से अमरत्व प्राप्ति हठयोग की एक महत्त्वपूर्ण साधना है। इसी का एक रूप है स्त्री के रज को आकर्षण करके बिन्दु के साथ मिलाकर उसका ऊर्ध्वपातन। यह वज्रोलिका मुद्रा कही जाती है।

इसी साधना का भौतिक रूप में भी विकास हुआ है। पारा शिव का वीर्य है और अभ्रक पार्वती का रज।[4] इन दोनों के मिश्रण को यन्त्र-विशेष से ऊर्ध्वपातित करने से शरीर को अमर बनानेवाला रस तैयार होता है।[5]

किसी प्राचीन ग्रन्थ से एक श्लोक उद्धृत करके 'सर्वदर्शन संग्रह' में बताया गया है कि चूँकि पारद (पारा) संसार-सागर को पार करा देता है इसीलिए यह 'पारद' कहा जाता है। सन्देह हो सकता है कि मुक्ति तो देह त्याग के बाद होती है, देह को अजर-अमर बना देनेवाला रसायन कैसे मुक्ति दे सकता है? उत्तर में कहा गया है कि वस्तुतः यह शंका वही लोग करते हैं जो यह नहीं जानते कि पारद और अभ्रक कोई मामूली वस्तु नहीं हैं वे हर और गौरी के शरीर के रस हैं, इनके शुद्ध प्रयोग से मनुष्य शरीर त्याग किये बिना ही दिव्य देह पाकर मुक्त हो जाता है और समस्त मन्त्रसमूह उसके दास बन जाते हैं।[6] अभ्रक और पारद के मिलने से जो रस

---

1. कृष्णपाद के 'दोहा कोष' के चौदहवें दोहे में 'कालाग्नि', शब्द आता है। उसकी संस्कृत टीका (मेखला) में कहा है कि 'कालानिग्नश्च्युत्यवस्था'। बौ. गा. दो. पृ. 128
2. उर्ध्वं स्वभावो यः पिण्डे स स्यात् कालाग्निरुद्रकः—सि.सि. सं. 3/5
3. अ म रौ घ शा स न : पृ. 8
4. अभ्रकस्तववीजं तुम मम वीजं तु पारदः
अनयोर्मिलनं देवि मृत्युदारिद्र्यनाशनम्।। स.व.सं., पृ. 224
5. पारद की तीन दशा कही गयी है—मूर्च्छित, मृत और बद्ध। ये ही प्राण की भी दशाएँ हैं। रससिद्धों ने कहा है कि ये दोनों ही मूर्च्छित होकर व्याधि हरते हैं, मृत होकर जिला देते हैं और बद्ध होकर अमर कर देते हैं—'मूर्च्छितों हरति व्याधीन् मृतो जीवयति स्वयम्। बद्धश्चामरतां नेति रसो वायुश्च भैरवि।'
6. ये चात्यक्तशरीरा हरगौरीसृष्टिजां तनुं प्राप्ताः।
मुक्तास्ते रससिद्धा मन्त्रगणः किंकरो येषाम्।। रसहृदय 1/7

उत्पन्न होता है वह मृत्यु और दरिद्रता का नाश करता है। 'रसेश्वर सिद्धान्त' में राजा सोमेश्वर, गोविन्द भगवत्पादाचार्य गोविन्दनायक, चर्वटि, कपिल, व्यालि, कापालि, कन्दलायन तथा अन्य अनेक ऐतिहासिक पुरुषों का इस रस-सिद्धि से जीवनमुक्त सिद्ध होना बताया गया है।[1]

इस रसेश्वर मत का हठयोग से घनिष्ठ सम्बन्ध है। परमेश्वर (शिव) ने एक बार देवी से कहा था कि कर्मयोग से पिण्ड धारण किया जा सकता है। यह कर्मयोग दो प्रकार का होता है—(1) रसमूलक और (2) वायु का प्राणमूलक। रस और वायु दोनों में ही यह विशेषता है कि मूर्च्छित होने पर वे व्याधि को दूर करते हैं, मृत होने पर जीवन देते हैं और बद्ध होने पर आकाश में उड़ने योग्य बना देते हैं।[2] रस पारद का नाम है, क्योंकि वह साक्षात् शिव के शरीर का रस है—मम देहरसो यस्मात् रसस्तेनायमुच्यते।

रसग्रन्थों में इसके स्वेदन, मूर्च्छन, पातन, निरोधन, मारण आदि की विधियाँ विस्तारपूर्वक बतायी गयी हैं। आज भी भारतीय चिकित्साशास्त्र में रस का प्रचुर प्रयोग होता है। अमर बना देनेवाला रसायन तो शायद किसी को नहीं मालूम पर पारद की अमोघ शक्ति का आविष्कार करके इन सिद्धों ने भारतीय चिकित्साशास्त्र को अपूर्व रूप में समृद्ध किया है। रसायन-चिकित्सा भारतीय आयुर्वेद की अपनी विशेषता है और संसार की चिकित्सा पद्धति में बेजोड़ वस्तु है। सुप्रसिद्ध विद्वान और चिकित्सक महामहोपाध्याय श्री गणनाथ सेन ने लिखा है। आयुर्वेद के रसायन तन्त्र के आविष्कारक हैं रसवैद्य या सिद्ध सम्प्रदाय। "ये लोग कई सौ वर्ष पहले पारदादि धातु घटित चिकित्सा का विशेष प्रवर्तन किया था। आर्षकाल में लोहा और शिलाजीत प्रभृति धातुओं का थोड़ा-बहुत व्यवहार था जरूर, परन्तु पारदादि का आभ्यन्तर प्रयोग प्रायः नहीं था। रसवैद्य सम्प्रदाय ने पहले पहल पारद के सर्व रोग-निवारक गुण का आविष्कार किया। इस सम्प्रदाय का गौरव एक दिन इतने ऊँचे उठा था कि एकमात्र पारद से चतुर्वर्ग फल लाभ होता है, इस प्रकार का एक दार्शनिक मत उद्भूत हुआ था जो 'रसेश्वर दर्शन' नाम से प्रसिद्ध है। माधवाचार्य ने 'सर्वदर्शन संग्रह' में इसका उल्लेख किया है। आजकल प्रचलित आयुर्वेद में इस मन्त्र का इतना जबर्दस्त प्रभाव है कि आज के आयुर्वेदशास्त्र को ऋषियुग का आयुर्वेद नहीं कह सकते।...कहा जाता है कि इस रस सम्प्रदाय का मत आदिनाथ महादेव का उपदिष्ट है और आदिनाथ, चन्द्रसेन, नित्यानन्द, गोरक्षनाथ, कपालि,

---

1. स.द.सं. : पृ. 204
2. कर्मयोगेण देवेशि प्राप्यते पिण्ड धारमण् ।
   रसश्च पवनश्चेति कर्मयोगो द्विधास्मृतः।।
   मर्च्छितो हरति व्याधीन् मृतो जीवयति स्वयम्।
   बद्धः खेचरतां कुर्यात् रसो वायुश्च भैरवि।। स.द.सं., पृ 204

भालुकि, माण्डव्य आदि योगियों ने योगबल से इसकी स्थापना की थी।"[1]

अनेक नाथपन्थी सिद्धों के लिखे हुए रसग्रन्थ आज भी वैद्यों में प्रचलित हैं। सिद्धनागार्जुन के 'नागार्जुनतन्त्र' और 'रसरत्नाकर' (अमुद्रित), नित्यनाथ का 'रसरत्नाकर' ('रसखण्ड' और 'रसेन्द्रखण्ड कलकत्ते से तथा इन दोनों सहित 'रसायनखण्ड' अर्थात् सम्पूर्ण ग्रन्थ आयुर्वेद ग्रन्थमाला, बम्बई से मुद्रित) और 'रसरत्नमाला' (अमुद्रित) शालिनाथ की 'रसमंजरी' काकचण्डीश्वर का कहा जानेवाला 'काक चण्डेश्वरी मततन्त्र' और मन्थान भैरव का 'रसरत्न' आयुर्वेद शास्त्र के महत्त्वपूर्ण ग्रन्थ माने जाते हैं। चर्पटनाथ के रससिद्ध होने की बात पहले ही कही जा चुकी है।

गोरक्षनाथ भी रसायनविद्या के आविष्कारक माने जाते हैं परन्तु उनके नाम से प्रचलित कोई इस विषय का ग्रन्थ नहीं मिला। 'प्राणसंकली'[2] नामक जो छोटी-सी पुस्तिका गोरखबानी में छपी है उसमें केवल शरीर संस्थान का वर्णन है। प्राण-संकली शब्द का अर्थ है प्राणों का कवच। इस पर से अनुमान किया जा सकता है कि इसमें शरीर रक्षा विषयक सिद्धियों का वर्णन होगा। श्री सन्त सम्पूरन सिंह जी ने तरनतारन से एक 'प्राण संगली' ग्रन्थ प्रकाशित किया है।

यह गुरु नानकदेव का कहा गया है। परन्तु पंजाबी के सुप्रसिद्ध विद्वान् कवि चूड़ामणि भाई सन्तोषसिंह जी ने इस बात को अस्वीकार किया है। उन्होंने 'श्री गुरु प्रताप सूरजग्रन्थ' में लिखा है कि 'प्राण संगली' की सबसे पुरानी प्रति 'पुरातनजनम साखी' में मिलती है जो षष्ठ गुरु के समय की लिखी हुई मालूम पड़ती है। इसमें 'प्राण संगली' इस प्रकार शुरू होती है:—

उनमन सुन्न सुन्न सम कहीए।
उनमन हरख सोग नहीं रहीए।

इसमें 22 पौड़ियाँ (छन्द-विशेष) हैं। परन्तु जो लिखी हुई प्रतियाँ देखने में मिली हैं उनमें 13 अध्याय हैं। यथा—(1) सुन्न महल की कथा (2) परम तत्त्व (3) प्राण पिण्ड (4) हाटका (5) नौ नाड़ी (6) पंचतत्त्व (7) योग मार्ग (8) काल वाच निर्योग (9) आसा-योग-वैराग (10) ओनम सुन्न (11) निर्योग भक्ति (12) गुरु स्तुति (13) सच खण्ड की युक्ति (14) श्री सन्त सम्पूर्ण सिंह जी की टीका सहित हिन्दी में छपी हुई 'प्राण-संगली' के इक्कीस अध्याय हैं। वे इस प्रकार हैं—(1) ओऽम्कार सबका मूल, (2) नौ नाड़ी, (3) पंच तत्त्व (4) सुन्न महल (5) परम तत्त्व (6) अ. प्रवान पिण्ड, आ. सिद्ध गोष्ट (7) योग मार्ग (8) रंग-

---

1. आयुर्वेद परिचय, (विश्व-विद्या संग्रह, शान्तिनिकेतन, 1350 बंगाब्द) पृष्ठ 12-13
2. मच्छेन्द्रनाथ के शिष्य चौरंगीनाथ लिखित बतायी जानेवाली एक और 'प्राण-संकली' नामक पुस्तक पट्टी के जैन मन्दिर में सुरक्षित है।

माला-योग-निधि (9) हाटका (10) निर्वाण (11) उदास-कर्म-योग वैराग (12) योग-वैराग-सचखण्ड की जुगत (13) गोष्ट रामानन्द (14) शून और उत्पत्ति (15) सतगुरु स्तुति (16) काल-वाच-निर्योग-भक्ति (17) कलावतीबानी (18) निर्योग भक्ति (19) छोटी रत्नमाला (20) बड़ी रत्नमाला (21) जीव की नसीहत के योग्य उपदेश।[1]

'प्राण संगली' श्री गुरु नानक जी ने शिवनाम के निमित्त दी थी, ऐस कहा जाता है। क्या यह वही है? कहना कठिन है, क्योंकि उस गुरु जी ने जल में विसर्जन कर दिया था। सम्भव है पीछे इसका उद्धार किया गया हो लेकिन श्री गुरु ग्रन्थसाहिब में इसका समावेश न होना यही प्रमाणित करता है कि यह ग्रन्थ गुरुवाणी का दरजा नहीं रखता। बारीकी के साथ देखने से और दोनों की तर्ज का मिलान करने से यह अन्तर सुस्पष्ट हो जाता है, 'प्राण संगली' उदासी सन्तों की रचनाओं के अधिक नजदीक पड़ती है। 'ग्रन्थ साहिब' में उसका समावेश न होने से ही यह सिद्ध होता है कि गुरु अर्जुनदेव जी ने इसे नानक जी की वाणी नहीं समझा, नहीं तो उनके द्वारा इसकी उपेक्षा असम्भव थी। जान पड़ता है प्रचलित घटिया बानियों से गुरुबानी का प्रभेद सुस्पष्ट रखने के उद्देश्य से ही अर्जुनदेव जी 'ग्रन्थ-साहिब' के संकलन कार्य में प्रवृत्त हुए। सम्भव है 'प्राण संगली' को देखकर ही उन्हें ऐसा करने का विचार सूझा हो। इसमें कोई सन्देह नहीं कि 'प्राण संगली' योग और रसायन का ग्रन्थ है। इसमें सिद्ध चरपटनाथ और गुरुनानक से बातचीत के रूप में विविध रसायनों का उल्लेख है। बहुत सम्भव है गुरु गोरक्षनाथ की 'प्राण संगली' कोई बड़ी पुस्तक थी, यह ग्रन्थ उसी के अनुकरण पर लिखा गया हो।

इस प्रकार गोरक्ष सम्प्रदाय में रसेश्वर मत भी अन्तर्भुक्त हुआ है। सम्भवतः सिद्धों का यह सबसे महत्त्वपूर्ण दान है।

7. वैष्णव योग

गोरक्षनाथ के सम्प्रदायों में कपिलानी या कपिलायन शाखा वैष्णव योग की पुरानी परम्परा पर आश्रित होने से वैष्णव योग कही जा सकती है। कपिलमुनि विष्णु के अवतार थे। दसवीं शताब्दी में कपिलायनयोग किस रूप में वर्तमान था, इसका आभास 'भागवतपुराण' से मिल सकता है। कपिल भगवान् ने अपनी माता देवहूति को इस योग का उपदेश दिया था। 'भागवत' के तृतीय स्कन्ध के छब्बीसवें अध्याय से लेकर कई अध्यायों तक इसका विस्तृत वर्णन है। छब्बीसवें अध्याय में सांख्यशास्त्र के तत्त्ववाद का वर्णन है, फिर सत्ताईसवें अध्याय से योग का वर्णन है। संक्षेप में भागवत में उपदिष्ट मत का सारांश यह है :

---

1. गुरुप्रताप सूरज ग्रन्थ, पृ. 2043 की पादटीका का हिन्दी रूपान्तर।

"परम पुरुष परमात्मा निर्गुण है; सुतरां अकर्त्ता और अविकार है। सूर्य जल में प्रतिबिम्बित होने पर भी वास्तव में जल का धर्म जो चंचलता व हिलना है, उसमें लिप्त नहीं होता। वैसे ही यह पुरुष देह में स्थित होने पर भी प्रकृति (माया) के गुणों से उत्पन्न जो सुख दुःख आदि हैं उनमें लिप्त नहीं होता।

हे मातः! वही एक निर्गुण आत्मा प्रकृति आदि चौबीस गुण समूर (सत्त्वोगुण युक्त मन आदि, रजोगुण युक्त इन्द्रियादि, तमोगुण युक्त पंचभूतादि, द्वारा सज्जित होकर अहंकारमय होता है। उसी अहंकार में मूढ़ होकर अपने को ही प्रकृति कार्यों का कर्त्ता मानता है। अतएव आवारा होकर प्रासंगिक कर्म के दोष से सत् (देव) असत् (तिर्यक्) मिश्र (मनुष्य) योनियों में उत्पन्न होकर संसार पदवी को प्राप्त होता है। (अर्थात् जन्म-मरण के दुःख से पीड़ित होता है। (27-1-3)

यम आदि योग-मार्गों का अभ्यास करता हुआ श्रद्धापूर्वक मुझमें सत्य भक्तिभाव करे, मेरी कथाओं का श्रवण करे, सब प्राणियों को एक दृष्टि से देखे, किसी से बैर न करे असत्संग न करे, ब्रह्मचर्य और मौन (प्रयोजन भर बोलना) रहे, धर्म करे और उसे ईश्वरार्पण कर दे।

जो मिल जाये उसी में सन्तुष्ट रहे, उतना ही भोजन करे जिससे शरीर स्वस्थ रहे, मुनिव्रत का अवलम्बन करे, एकान्त में रहे, शान्त स्वभाव धारण करे, सबसे मित्रभाव रखे, दया और धैर्य धारण किये रहे। प्रकृति और पुरुष का तत्त्व दिखानेवाले ज्ञान का ग्रहण कर इस देह अथवा इसके संगी स्त्री पुत्रादि में 'मैं हूँ—मेरा है' इस असत् आग्रह को त्याग दे। बुद्धि के जाग्रत, स्वप्न, सुषुप्ति इन अवस्थाओं को निवृत्त करके तुरीय अवस्था में स्थित हो। सबमें अपने को, और अपने में सबको देखे, तब वह आत्मदर्शी पुरुष आत्मा से परमात्मा को प्राप्त होता है। जैसे चक्षुस्थित (चक्षु के अधिष्ठाता) सूर्य (व तेज) द्वारा सूर्य का दर्शन होता है (अर्थात् चक्षु-स्थित सूर्य द्वारा आकाश स्थित सूर्य की प्राप्ति होती है वैसे ही पूर्वोक्त नियम के पालन से अहंकारयुक्त आत्मा द्वारा शुद्ध आत्मा अर्थात् परमात्मा की प्राप्ति होती है) इस अवस्था को प्राप्त पुरुष ब्रह्म को प्राप्त होता है। वह ब्रह्म निरुपाधि अर्थात् चिह्न रहित है तथा असत् अहंकार में सत्‌रूप से भासित होता है। वह ब्रह्म सत् अर्थात् प्रधान का अधिष्ठान है, और असत् जो माया का कार्य है, उसके नेत्र के सदृश प्रकाशक है। कारण और कार्य दोनों में आधार रूप से अनुस्यूत है एवं अद्वय अर्थात् परिपूर्ण है। (भागवत 27.6—11)

संसारी जीव के देह में सर्वत्र ही ब्रह्म विराजमान है। उस ब्रह्म के तीन आवरण हैं। एक आवरण देह, इन्द्रिय और मन आदि हैं। दूसरा आवरण अहंकार है। इन्द्रियमय देह में आत्मा का तेज जितना है उसकी अपेक्षा अहंकार वा चैतन्यमय देह में अधिक है। तृतीय आवरण प्रकृति है। आत्मा की प्रभा देखना हो तो वह आत्मा प्रकृति में जाज्वल्यमान रूप से देख पड़ता है। अर्थात् प्रथम (आत्मगत) आत्म बिम्ब को देहादिगत जानना होगा फिर आत्मसत्ता को अहंकारगत बोध करना होगा, फिर

वह दर्शक स्वभावगत प्रकृति से व्याप्त आत्मा का दर्शन कर सकने पर शुद्धब्रह्म के देखने में समर्थ होगा। इस सुषुप्ति अवस्था में सूक्ष्मपंचभूत, इन्द्रिय, मन, बुद्धि इत्यादि तन्द्रा व निद्रा द्वारा असन्तुल्य अव्याकृत प्रकृति में लीन, अर्थात् जड़ता को प्राप्त होने पर यह आत्मा विनिद्र अर्थात् ज्ञानरहित व जड़तारहित एवं अहंकारहीन होकर अपने स्वरूप अर्थात् सच्चिदानन्द ब्रह्म को प्राप्त होता है। उस समय यह आत्मा साक्षीरूप से अवस्थित होकर अपनी उपाधि (अहंकार) के नष्ट होने पर स्वयं नष्ट न होने पर भी अपने को नष्ट जानता है। जैसे धन के नष्ट होने पर आपही मानों नष्ट हो गये, इस प्रकार आतुर होते प्रायः लोग देख पड़ते हैं। (भागवत 27, 12-15) अपने धर्म का भक्तिपूर्वक यथाशक्ति आचरण, विरुद्ध वा निषिद्ध धर्म (अधर्म) विवृत्त होना, जो प्रारब्ध वा दैववश प्राप्त हो उसमें सन्तोष, आत्मतत्त्व के जाननेवाले ज्ञानियों के चरणों की सेवा-पूजा। ग्राम्य अर्थात् धर्म, अर्थ, काम इस त्रैवर्गिक धर्म से निवृत्त मोक्षदायक धर्म में रति; शुद्ध एवं मित (जितने में योगाभ्यास करने में कोई विक्षेप न हो उतना ही) भोजन करना; बाधारहित निर्जन स्थान में रहना। हिंसा (शारीरिक, वाचिक, मानसिक हिंसा, अर्थात् दूसरे को मन, वाणी और काया से पीड़ित करना) न करना, सत्य बोलना, अन्यायपूर्वक पर-धन न ग्रहण करना, जितनी वस्तु की आवश्यकता है उतनी वस्तु का संग्रह रखना। ब्रह्मचर्य रहना, और तप, शौच (बाह्य व आन्तरिक), स्वाध्याय (वेदपाठ), परमपुरुष का पूजन करना। मौन (प्रयोजन से अधिक न बोलना) रहना, आसन जीतकर स्थिर भाव से स्थिर होना, फिर धीरे-धीरे क्रम से प्राणवायु को जीतना, इन्द्रियों को मन द्वारा विषयों से हटाकर अन्तःकरण में लीन करना। मूलाधार आदि प्राण के स्थानों में किसी एक स्थान में मन सहित प्राण को स्थित करना, भगवान् की लीलाओं का मन में ध्यान करना, एवं मन को समाधि (एकाग्रता) में लगाना। इन सम्पूर्ण एवं इनके अतिरिक्त अन्य व्रत आदि उपायों से असत् (विषय) मार्ग में लगे हुए दुष्ट मन को क्रमशः बुद्धि द्वारा योग-साधन में लगाना चाहिए एवं आलस्य त्यागकर प्राणवायु को जीतना चाहिए।

(यम, नियम और आसन, इन तीन योग के अंगों को क्रमशः कहकर अब प्राणायाम आदि अंग कहते हैं। तदनन्तर किसी पवित्र-स्थल में आसनजित् व्यक्ति आसन बिछावे। उस आसन पर स्वस्तिकासन से अथवा जिस आसन से सुखपूर्वक बैठ सके उस आसन से बैठकर शरीर को सीधा करके प्राणायाम का अभ्यास करे। पहले पूरक (बाहर के वायु को भीतर भरना) कुम्भक (उस वायु को भीतर रोकना) रेचक (उस वायु को बाहर निकाल देना) इस तीन प्रकार के प्राणायाम से अनुलोम वा प्रतिलोम क्रम से चित्त को ऐसा शुद्ध करे, जिससे वह अपने चंचलता दोष को त्यागकर एकदम शान्त हो जाये। जैसे वायु और अग्नि के ताव से सोना अपने मल को त्याग देता है वैसे ही बारम्बार प्राणायाम द्वारा श्वासजय करने से योगी का भी मन शीघ्र ही निर्मल हो जाता है। इसके अनन्तर समाधि के द्वारा स्वरूप, प्राणायामादि जो चार कार्य मनुष्य को करना चाहिए उन्हें कहते हैं—प्रथम प्राणायाम

द्वारा कफ, पित्त आदि शरीर के दोषों को दूर करे, फिर धारणा, (वायु के साथ मन को स्थिर करना) से किल्विष अर्थात् पातक को नष्ट करे, फिर प्रत्याहार (सबसे हटाकर चित्त को ईश्वर में लगाना) से संसर्ग अर्थात् विषय-वासना को नष्ट करे, एवं ध्यान से राग-द्वेष आदि का त्याग करे। इन सातों अंगों के पश्चात् अन्तिम आठवाँ अंग समाधि (स्थिर मन की अपर ओर प्रवृत्त होने की निवृत्ति) है। इस प्रकार जब मन भली-भाँति निर्मल और योग द्वारा एकाग्र हो तब नासिका के अग्रभाग में दृष्टि स्थिर रखकर भगवान् को इस प्रकार की सुन्दर मूर्ति का ध्यान करे। (भागवत 27-1-2)

मातः! इस भाँति ध्यान की आसक्ति से योगी को हरि में प्रेम होता है, भक्ति से हृदय परिपूर्ण होकर द्रवित हो जाता है। आनन्द के मारे रोम खड़े हो जाते हैं! दर्शन की उत्कण्ठा के कारण नेत्रों में आनन्द के आँसू भर आते हैं। इस प्रकार मन वाणी से न ग्रहण करने योग्य निराकार हरि के ग्रहण करने को वंशी सदृश उपायस्वरूप उस साधक का चित्त क्रमशः ध्येय पदार्थ (अर्थात् उस कल्पित हरि के रूप) से वियुक्त हो जाता है, अर्थात् सम्पूर्ण विषयों से अतीत हो जाता है। (भागवत 27-34)

जननि ! इस संसार में प्राणी जैसे धन और पुत्र को अति स्नेहवश अपना मानकर भी अपने से विभिन्न जानता है, वैसे आत्मज्ञानीजन शरीरादि को आत्मा से अलग देखते हैं। जैसे काष्ठ की ज्वलन्त अवस्था धूम, अग्नि, शिखा ये तीनों ही अग्नि से उत्पन्न जान पड़ते हैं, पर अग्नि काष्ठ से और इन अवस्थाओं से भी अलग है। उसी प्रकार साक्षी आत्मा भी अग्नि के सदृश पंचतत्त्व इन्द्रिय, अन्तःकरण और जीव से अलग है। जीवात्मा से ब्रह्मात्मा वा परमात्मा पृथक् है। इसी भाँति प्रधान (माया स्वरूप तत्त्व समूह) से उनका प्रवर्तक साक्षी परमात्मा अलग है।[1] (वही 27-38—40)।"

यही कपिल मुनि के उपदिष्ट योग का सारांश है। यह सांख्य-तत्त्ववाद पर आश्रित पातंजल योग का प्राणायाम प्रधान रूप है। प्राणायाम की महिमा इस योग में उसी प्रकार प्रतिष्ठित है जिस प्रकार हठयोग में। केवल इसमें भक्ति का मिश्रण है। इस प्रकार के योगमार्ग का कपिलायन सम्प्रदाय गोरक्षनाथ के झण्डे के नीचे आ खड़ा हुआ। निश्चय ही यह गोरक्षनाथ से पूर्ववर्ती है। इस प्रकार वैष्णव योग की साधना भी इस मार्ग में अन्तर्भुक्त हुई है।

8. शाक्त उपादान और अन्य सम्प्रदायों के अवशेष

योगियों में शाक्त उपासना पूरी मात्रा में है। प्रायः सभी पीठों में शक्ति की उपासना की जाती है और उसमें मन्त्र, बीज, यन्त्र, कवच, न्यास और मुद्राओं का

1. पं. रूपनारायण पाण्डेय का अनुवाद शुकोक्ति सुधासागर से!

उसी प्रकार प्रयोग होता है जिस प्रकार तान्त्रिक साधना में। हिंगलाज और ज्वालामुखी की देवियाँ योगियों की परम उपास्या हैं। काशी आदि तीर्थों में भैरव के मन्दिर हैं और उनकी उपासना तान्त्रिक विधियों से होती है। यद्यपि गोरक्षनाथ ने कहीं भी मदिरा के सेवन का विधान नहीं किया तथापि 'भैरों का प्याला' योगियों में नितान्त अपरिचित वस्तु नहीं है। परन्तु जो लोग मांस मदिरा की उपासना करते हैं उन्हें वृहत्तर योगि समाज हीन ही समझता है। श्री चन्द्रनाथ योगी ने बड़े खेद के साथ योगि समाज की इन कुप्रवृत्तियों का उल्लेख किया है। उन्होंने श्री नाथ जी को सम्बोधन करते हुए लिखा है कि 'खेद है कि आपकी सन्तति आधुनिक योगि समाज में अधिकांश ऐसे मनुष्य प्रविष्ट हो गये हैं जिन्होंने अपने नेत्रों के ऊपर पट्टी बाँध ली है...और अभक्ष्यास्वादन में लोलुप हुए उसके ग्रहणार्थ हस्त प्रसृत कर आपकी आज्ञा को उपेक्षित करते हैं। बल्कि यही नहीं कि वे नीच-से-नीच शब्दवाच्य पुरुष स्वयं ही ऐसा करते हों, प्रत्युत अपनी चाटूक्तियों से अवरुद्ध हुए भोले-भाले सेवकों को भी उन अभक्ष्य पदार्थों के ग्रहणार्थ विवश करते हैं और उनको भयानक वाक्य सुनाते हैं कि, "वाह यह तो भैंरू का वा देवी का खाजा है, इसको स्वीकार न करोगे तो भैंरू वा देवी तुम्हारे ऊपर प्रसन्न नहीं होंगे और तुम्हारा अनुष्ठान निष्फल जायेगा। अहो अविद्ये...जिस योगी नामधारी के ऊपर तेरी छाया पड़ती है वह चाहे पृथ्वी उलट-पुलट हो जाये पर, जिसके मुख पर भैंरू का प्याला सुशोभित नहीं हुआ वह सच्चा योगी नहीं है—यह कहता हुआ कुछ भी आगा-पीछा नहीं देखता।"[1] इन्होंने ही आगे चलकर लिखा है—"यम-नियम आदि आठ साधनों से शून्य रहते हुए योगियों के ऐसे कृत्य हैं कि बलि जन्त्र मन्त्र से देवी, भैरव आदि को प्रसन्नकर उच्चाटन मारण आदि क्रियाओं को प्राप्त करना, ध्यान लगाने की सुगमता के हेतु मादक चीजों का सेवन करना, क्रिया करते-करते शरीर दुर्बल होने पर सबल बनाने के भ्रम से मांसादि अग्राह्य वस्तु का ग्रहण करना। आज़कल बाल सुन्दरी आदि की उपासना में समय नष्ट करते हुए योगी अपने-आपको कृत-कृत्य समझकर मनमानी चीज खाते तथा मनमानी वस्तु व्यवहार करते हैं।[2]

परन्तु कैसे कहा जाये कि 'कुलद्रव्य' का सेवन इस मार्ग में था ही नहीं। स्वयं 'आदिनाथ संहिता' ही कहती है कि जो कौलिकों की, कुलमार्ग की, कुलद्रव्य की और कुलांगना की निन्दा करता है, उससे द्वेष रखता है, उपहास करता है, असूया करता है, शंका करता है, मिथ्या कहता है, वह पुत्र पत्नी समेत शाकिनी-मुख से पतित होता है। उसका रक्त, उसका मांस और उसकी त्वचा चामुण्डा का आहार

---

1. गो.सं. आ.: पृ.415
2. वही : पृ. 440

होता है। योगिनियाँ और भैरवियाँ उसका हड्डी चबा जाती हैं।[1] शाक्तों का कुलार्णवतन्त्र स्पष्ट रूप से उस दिशा तक को नमस्कार करने योग्य घोषित करता है जिधर श्रीनाथ का चरण-कमल गया हो, क्योंकि पादुका से बड़ा कोई मन्त्र नहीं है, (श्री गुरु नाथ) से बड़ा कोई देव नहीं है, शाक्त मार्ग से बढ़कर कोई मार्ग नहीं है और कुलपूजन से बढ़कर कोई पुण्य नहीं है।[2]

सो; यह आचरण नया नहीं है, काफी पुराना है। ऐसे ही योगियों का लक्ष्य करके 'हठयोग प्रदीपिका' में कहा गया है कि वही योगी कुलीन कहलाता है जो नित्य 'गोमांस' का भक्षण करता रहता है और ऊपर से 'अमर वारुणी' का पान करता रहता है। और योगी तो कुल-घातक हैं क्योंकि 'गो' का अर्थ जिह्वा है और उसे उलटकर तालु देश में ले जाने को ही 'गोमांस लक्षण' कहते हैं। निस्सन्देह यह महापातक को नाश करनेवाला है। ब्रह्मरन्ध्र के पास, सहस्त्रार पद्म के मूल में जो योनि नामक त्रिकोणाकार शक्तिकेन्द्र है, वही चन्द्रमा का स्थान है, उसी से अमृत रस चुआ करता है, योगी की ऊर्ध्वगा जिह्वा उसी अमृत रस का पान करती है, वही अमर वारुणी है।[3] इसमें जिन्हें कुलघातक कहा गया है वे ऐसे ही योगी रहे होंगे जो देवी का 'खाजा' और 'भैरूं का प्याला' सँभाले रहते होंगे।

वस्तुतः गोरक्षनाथ के नेतृत्व में ही वाममार्गी शाक्त साधकों का एक दल जो काया योग में विश्वास करता था, योगिसमाज के अन्तर्भुक्त हुआ था। उसकी अपनी क्रिया-पद्धति का अवशेष यह आचार है। कालक्रम से परम्परा के नष्ट होने के वह अपने विशुद्ध पार्थिव रूप में जीता रह गया है।

परन्तु यह नहीं समझना चाहिए कि गोरक्षनाथ के प्रवर्तित योग-मार्ग में शक्ति का स्थान एकदम नहीं था। उन दिनों शैव और शाक्त साधनाएँ परस्पर एक-दूसरे

---

1. कौलिकान् कुलमार्ग च कुलद्रव्यं कुलांगना।
ये द्विषन्ति जुगुप्सन्ते निन्दन्ति च हसन्ति च।।
ये सूयन्ते च शंकन्ते मिथ्येति प्रवदन्ति ये।
ते शाकिनीमुखे यान्ति सदारसुतबांधवाः।।
पिबन्ति शोणितं तस्य चामुण्डा मांसमुत्वचः।
अस्थीनि चर्वयन्तत्यस्य योगिन्यो भैरवीगणाः।।—गो. सि.सं., पृ. 47 में उद्धृत।।

2. श्रीनाथचरणाम्भोजं यस्यां दिशिविराजते।
तस्यै दिशे नमस्कुर्याद् भक्तया प्रतिदिनं प्रिये।।
न पादुकात् परो मन्त्रो न देवः श्रीगुरोः परः।
न हि शाक्तात् परो मार्गो न पुण्यं कुलपूजनात्।।—गो. सि. सं. पृ. (पृ. 46) में उद्धृत।

3. गोमांसं भक्षयेन्नित्यं पिवेदमरवारुणी।
कुलीनं तमहं मन्ये इतरे कुलघातकाः।।
'गो' शब्दे नोदिता जिह्वा तत्प्रवेशो हि तालुनि।
गोमांस भक्षणं तत्तु महापातक नाशनम्।।
जिह्वाप्रवेशसंभूतः वह्निनोत्पादितः खलु।
चन्द्रात्स्त्रवति यः सारः स स्यादमरवारुणी।।—हठ.3. 46-48

से गुँथी हुई थीं। शिव और शक्ति का अभेद सिद्धान्ततः गोरक्षनाथ के मत में मान्य था। पिण्ड में ब्रह्माण्ड व्यापिनी परासंवित् ही कुण्डलिनी के रूप में स्थित है जिसका उद्बोधन हठयोग का प्रधान लक्ष्य है। वे विश्वास करते थे कि शिव के भीतर ही शक्ति का वास है और शक्ति के भीतर ही शिव का निवास है, दोनों एकमेक होकर अनुस्यूत हैं। पिण्ड की साधना के मूल में यही शिव और शक्ति का अभेद रूपी सामरस्य है। हठयोग पिण्ड पर आधारित है और पिण्ड केवल परासंवित् रूपा आदि शक्ति का निवास है। चन्द्रमा और चन्द्रिका में जिस प्रकार का कोई अन्तर नहीं उसी प्रकार शिव-शक्ति अभिन्न है।[1] वस्तुतः जीवमात्र में वही सृष्टि विधात्री परासंवित् स्फुटित हो रही है, तत्त्व-तत्त्व में परम रचना-चतुरा वही परासंवित् प्रकाशित हो रही है, ग्रास-ग्रास में—प्रत्येक भोग्य पदार्थ में—चटुल-चंचला लम्पटा वही परासंवित् उद्भासित होकर विहार कर रही है, और प्रकाश के प्रत्येक तरंग में वही महामहिमा शालिनी देवी उच्छलित हो रही है—जगत् वस्तुतः उसी का स्वरूप है :

सत्त्वे सत्त्वे सकलरचना संविदेका विभाति।
तत्त्व तत्त्वे परमरचना संविदेका विभाति।।
ग्रासे ग्रासे बहलतरला लम्पटा संविदेका।
भासे भासे भजति भवता वृंहिता संविदेका।।—सि.सि. सं. 4/39

हमने अनेक स्थलों पर पहले ही वज्रयान, योगिनीकौलमार्ग, तन्त्रयान जैन मत आदि की चर्चा की है, इसलिए उनका विस्तार करना यहाँ उचित नहीं समझा गया।

---

1. उक्तं च—
शिवस्याभ्यन्तरे शक्तिः शक्तेरभ्यन्तरे शिवः।
अन्तरं नैव पश्यामि चंद्रचंद्रिकयोरिव।
नाना शक्तिस्वरूपे सर्व पिण्डाश्रयत्वतः।
पिण्डाधार इतीष्टाख्या सिद्धान्त इति धीमताम्।।
—सि. सि. सं. 4-37-38

14

लोकभाषा में सम्प्रदाय के नैतिक उपदेश

संस्कृत में योगियों के जो भी ग्रन्थ उपलब्ध हैं वे साधारण तौर पर साधनमार्ग के ही व्याख्यापरक ग्रन्थ हैं। उनसे योगियों के दार्शनिक और नैतिक उपदेशों का आभास बहुत कम मिलता है। हिन्दी में गोरक्षनाथ के नाम से जो अनेक पद और सबदी आदि प्रचलित हैं उनमें भी साधनमार्ग की व्याख्या की गयी है पर उनमें योगियों के धार्मिक विश्वास, दार्शनिक मत और नैतिक स्वर का परिचय अधिक स्पष्ट भाषा में मिलता है, इस दृष्टि से इन हिन्दी रचनाओं का विशेष महत्त्व है।

हिन्दी की बहुत-सी रचनाएँ संवाद रूप में मिलती हैं। ऐसा जान पड़ता है कि दो महात्माओं के संवाद के रूप में अपने दार्शनिक मत और धार्मिक विश्वास को प्रकट करने की यह पद्धति नाथपन्थियों का अपना आविष्कार है। इस पद्धति ने परवर्ती सन्त साहित्य को खूब प्रभावित किया था और संवाद रूप में अनेक ऐसे ग्रन्थ लिखे गये जिनका उद्‌देश्य सम्प्रदाय के विश्वास और मत का प्रचार है। 'मछीन्द्र गोरखबोध' जिसे संक्षेप में 'गोरखबोध' कहा जाता है ऐसा ही संवाद ग्रन्थ है। इसमें गोरक्षनाथ के अनेक प्रश्नों का उत्तर मत्स्येन्द्रनाथ ने दिया है। यद्यपि यह ग्रन्थ गोरक्षनाथ-लिखित माना जाता है तथापि इसे हम मत्स्येन्द्रनाथ के सिद्धान्त का व्याख्याता ग्रन्थ ही कह सकते हैं। गोरक्षनाथ ने स्वयं इस प्रकार का कोई ग्रन्थ लिखा होगा, ऐसा विश्वास न करना ही उचित है। यह बहुत बाद का ग्रन्थ होगा। लेकिन इसमें आत्मा, मन, पवन, नाद, बिन्दु, सुरति और निरति आदि के स्वरूप पर बहुत सुन्दर प्रकाश डाला गया है और इसे परवर्ती योगी-सम्प्रदाय का विश्वास ख्यापक ग्रन्थ आसानी से माना जा सकता है। 'गोरषदत्त गुष्टि', 'गोरष गणेश गुष्टि', 'महादेव गोरष गुष्टि', 'नरवैबोध' आदि रचनाएँ इसी श्रेणी की हैं। इन्हें बहुत प्राचीन और गोरक्षनाथ की स्वलिखित पुस्तक मानने का आग्रह नहीं होना चाहिए। परन्तु इन ग्रन्थों का महत्त्व अवश्य ही बहुत अधिक है। यह आवश्यक नहीं कि इनमें जो विचार प्रकट किये गये हैं वे भी नये हों। हो सकता है कि ये परम्परा लब्ध पुरातन ज्ञान का ही नया रूप हो। रचना नयी होने से ज्ञान नया नहीं हो जाता।

गोरक्षनाथ के नाम पर जो पद मिले हैं वे कितने पुराने हैं, यह कहना कठिन है। इन पदों में से कई दादूदयाल के नाम पर, कई कबीर के नाम पर और कई नानक देव के नाम पर पाये गये हैं। कुछ पद लोकोक्ति का रूप धारण कर गये हैं,

कुछ ने जोगीड़ों का रूप लिया है और कुछ लोक में अनुभव सिद्ध ज्ञान के रूप में चल पड़े हैं। इन पदों में यद्यपि योगियों के लिए ही उपदेश हैं, अतएव इनमें भी उसी प्रकार की साधनामूलक बातें पायी जाती हैं जो इस प्रकार की सभी रचनाओं का मुख्य प्रतिपादन है पर बहुत-से पद ऐसे हैं जिनसे लेखक के नैतिक विश्वास का पता चलता है।

जिस ज्ञान का उपदेश इस प्रकार के साहित्य में दिया गया है उसके लिए गुरु का होना परम आवश्यक माना गया है, इस मार्ग में निगुरे की गति नहीं है—

गुरु की जै गहिला निगुरा न रहिला।
गुरु बिनं ग्यांन न पाईला रे भाईला।।

—गोरखबानी, पृ. 128

गुरु और शिष्य में अन्तर इतना ही है कि गुरु के पास अधिक तत्त्व होता है और चेले के पास कम। अधिक तत्त्ववाले से कम तत्त्ववाले को सदा ज्ञान ग्रहण करना चाहिए। इन ज्ञान को पा लेने के बाद शिष्य के लिए यह आवश्यक नहीं कि गुरु के पीछे-पीछे भटकता ही फिरे। मन में जँचे तो साथ रह सकता है, न जँचे तो अकेला ही रह सकता है—

अधिक तत्त ते गुरु बोलिये हींण तत्त तें चेला।
मन मानै तो संगि रमौ नहीं तो रमौ अकेला।।

—गोरखबानी, पृ. 55

योगी के लिए मन की शुद्धता और दृढ़ता आवश्यक है। उसे रात-दिन चलते रहने की और नाना तीर्थों में भटकते फिरने की एकदम जरूरत नहीं है। क्योंकि पन्थ चलने से पवन की साधना रुक जाती है और नाद, बिन्दु और वायु की साधना शिथिल हो जाती है। फिर जिसका विश्वास है कि सम्पूर्ण तीर्थ घट के भीतर ही है वह भला कहाँ भरमाता फिरेगा?—

पंथि चलै चलि पवनां तूटै नाद बिंद अरु वाई।
घट ही भीतरि अठसठ तीरथ कहाँ भ्रमै रे भाई।।

—गोरखबानी, पृ. 55

मन यदि चंगा है तो कठौती में गंगा है। बन्धन को अगर दूर कर दिया गया तो समस्त जगत् का गुरुपद अनायास मिल जाता है—

अवधू मन चंगा तो कठौती ही गंगा।
बांध्या मेल्हा तो जगत्र चेला।

—वही, पृ.53

हँसना खेलना कोई निषिद्ध कार्य नहीं है। मूल बात है चित्त की दृढ़ता। मनुष्य को इस मूल तथ्य को नहीं भूलना चाहिए। फिर तो हँसने-खेलने में कोई बुराई नहीं है। काम और क्रोध में मन न आसक्त हो, चित्त की शिथिलता उसे बहकने न दे तो हँसने-खेलने और गाने-बजानेवाले आदमी से नाथ जी प्रसन्न ही होते हैं—

हसिबा षेलिबा रहिबा रंग। कांम क्रोध न करिबा संग।।
हसिबा षेलिबा गाइबा गीत। दिढ़ करि राषि आपना चीत।।
हसिबा षेलिबा धरिबा ध्यांन। अहनिसि कथिबा ब्रह्म गियांन।।
हषै षेलै न करै मन भंग। ते निहचल सदा नाथ के संग।।

—वही, पृ. 3-4

योगी को वाद-विवाद के बखेड़े में नहीं पड़ना चाहिए। जिस प्रकार अड़सठ तीर्थ अन्त तक समुद्र में ही लीन हो जाते हैं उसी प्रकार योगी को गुरु मुख की वाणी में ही जीर्ण हो जाना चाहिए।

कोई बादी कोई विवादी जोगी कौ बाद न करनां
अठसठि तीरथ समंदि समावैं यूँ जोगी को गुरुमुषि जरनां।

—वही, पृ. 5

योगी जल्दबाजी करके सिद्धि नहीं पा सकता। उसे सोच-समझकर बोलना चाहिए, फूँक-फूँककर चलना चाहिए, धीर भाव के एक-एक पग धरना चाहिए। गर्व करना उसके लिए बहुत बुरी बात है। उसका व्यवहार सहज होना चाहिए। यह नहीं कि जहाँ-तहाँ फट-फटाकर बोल उठे, धड़-धड़ाकर चला जाये और उचकता कूदता निकल जाये। धैर्य उसकी सबसे बड़ी साधना है।

हबकि न बोलिबा ठबकि न चलिबा
धीरै धरिबा पावं।
गरबं न करिबा सहज रहिबा
भणत गोरष रावं।। वही, पृ. 11

योगी बड़ी विकट साधना करता है। उसका मन यदि थोड़ा भी प्रलोभनों से अभिभूत हुआ तो उसका पतन निश्चित है। इसीलिए वह समस्त विकारों के जीतने की साधना करता है। धीर वह है जिसका चित्त विकारों के होते हुए भी विकृत न हो। कालिदास ने कहा था कि, "विकार हेतौ सतिविक्रियन्ते येषां न चेतांसि त एव धीराः" और गोरषनाथ ने कहा है कि—

नौ लष पातरि आगे नाचैं पीछैं सहज अषाड़ा।
ऐसे मन लै जोगी षेलै तब अन्तरि बसै भँडारा।।

—वही, पृ. 217

विकारों के भीतर से निर्विकार तत्त्व का साक्षात्कार पा लेना निस्सन्देह कठिन साधना है। योगी यही करता है। अंजन अर्थात् विकारों के भीतर निरंजन अर्थात् विकारहीन शिव को उसी प्रकार पा लेना जिस प्रकार तिल में से कोई तेल निकाल लेता है, योगी का लक्ष्य है। मूर्त जगत् के भीतर अमूर्त परम तत्त्व का स्पर्श पाने के पश्चात् ही योगी की वह निरन्तर क्रीड़ा शुरू होती है जो चरम आनन्द है। गोरक्षनाथ ने कहा है—

अंजन मांहि निरंजन भेट्या,
तिल मुष भेट्या तेलं।
मूरति मांहि अमूरति परस्या,
भया निरन्तरि षेलं।।

—वही, पृ. 217

योगी का आचरण ही वस्तुतः प्रधान वस्तु है, कथनी नहीं। बड़ी-बड़ी बातें बघारना उचित नहीं है। गोरक्षनाथ के नाम पर चलनेवाले अनेक पदों में शील की महिमा बतायी गयी है। केवली योगी ही नहीं, शीलवान् गृही भी पवित्र बताया गया है—

सहज सील का धरै सरीर।
सो गिरती गंगा का नीर।।

—वही, पृ. 17

एक पद में शिष्य ने गुरु से पूछा है कि उसका आचरण कैसा हो। वह यदि बन जाता है तो क्षुधा सताती है, नगर में जाता है तो माया व्यापती है, भर-पेट खाता है तो मन में विकार उत्पन्न होता है। यह कठिन समस्या है कि यह जल-बिन्दु-विनिर्मित काया सिद्ध कैसे हो?

स्वामी वन षंडिजाउँ तो षुध्या व्यापै
नग्री जाउ त माया।
भरि भरि, षाउँत बिंद बियापै,
क्यों सीझत जलब्यंद की काया।।

—वही, पृ. 12

गुरु ने मध्यममार्ग का उपदेश दिया। खाने पर टूट न पड़ना, बिन खाये भी न रहना, दिन-रात अन्तर की ब्रह्म-अग्नि का रहस्य चिन्तन करना, किसी बात पर आग्रह न रखना, एकदम निकम्मा भी न हो जाना—ऐसा ही गोरक्षनाथ कह गये हैं—

धाये न षाइबा भूषे न मरिबा,
अहनिसि लेबा ब्रह्म अगनि का भेवं।
हठ न करिबा षड्या न रहिबा,
यूँ बोल्या गोरष देवं।।

—वही, पृ. 12

योगी लोग गृही को बहुत ही दयनीय जीव समझते हैं। उनकी कुछ ऐसी धारणा है कि काम-क्रोध का दास ही गृही होता है। एक बार जो गृहस्थाश्रम के बन्धन में बँध गया वह ज्ञान की बात करने का भी अधिकारी नहीं रहा। गृहस्थ का ज्ञान, नशेबाज का ध्यान, बूचे का कान, वेश्या का मान और वैरागी का माया बटोरना, इनके मत में समान भाव से निरर्थक हैं।

गिरही को ग्यांन अमली को ध्यांन,
बूचा को कांन, वेश्या को मांन,
वैरागी अर माया स्यूँ हाथ—
या पाँचाँ 'को एकै साथ।।

—वही, पृ.77

क्योंकि गृही पाशबद्ध जीव है, उसे ज्ञान में अधिकार नहीं :

गिरह होय करि कथैग्यांन,
अमली होय करि धरै ध्यांन।
बैरागी होय करै आसा,
नाथ कहै तीनों षासा पासा।।

—वही, पृ. 77

इस मत में पूर्ण ब्रह्मचर्यमय जीवन का आदर्श है। गृही में यह आदर्श नहीं है। बिन्दु के संयमन से बड़ी सिद्धि मिलती है। पर दुर्भाग्यवश यह शरीर भी विन्दु विनिर्मित है, अतएव अशुद्ध है। योगी लोग इसकी अपवित्रता के प्रति भी पर्याप्त सचेत हैं। जब तक माता-पिता का दिया हुआ यह धातुमय शरीर मिटा नहीं दिया जाता तब तक नाथ-पद तक पहुँचना असम्भव है। यह असम्भव नहीं है। मन को गुरुमुख करने से और काया को अग्निमुख करने से इस शरीर की अपवित्रता मिटायी जा सकती है और नाथ-पद तक पहुँचा जा सकता है।

मनमुषि जाता गुरुमुषि लेहु,
लोही मास अगनि मुषि देहु।
मात पिता की मेटौ धात,
ऐसा होइ बुलावै नाथ।।

—वही, पृ. 61

क्योंकि साधना के द्वारा इस जड़-शिला के समान अकिंचन शरीर को सिद्धि योग्य बनाया जा सकता है। नाद और बिन्दु अपने आप में जड़-प्रस्तर के समान ही तो हैं, पर उनका उचित उपयोग किया जाये तो वे सिद्धों के साथ मिला देने में समर्थ हैं। नाद-बिन्दु का नाम जपते रहने से यह काम नहीं होगा, यह तो उचित साधना का विषय है :

नाद नाद सब कोई कहै, नादहिं ले को बिरला रहै।
नाद बिन्द है फीकी शिला, जिहिं साध्या ते सिधैं मिला।।

—वही, पृ.61

गोरक्षनाथ विशुद्ध ब्रह्मचारी को ही इस मार्ग का पथिक स्वीकार करते हैं। नाद और बिन्दु दोनों का संयम आवश्यक है :

यंद्री का लड़बड़ा, जिभ्या का फूहड़ा।
गोरष कहै ते परतषि चूहड़ा।।

काछ का जती मुखा सती।
सो सत पुरुष उतमी कथी।।

—वही, पृ.52

इस प्रकार नाद (वाणी) और बिन्दु (वीर्य) को संयमित रखनेवाला पुरुष साक्षात् शिवरूप हो जाता है।

धन जोबन की करै न आस,
चित्त न राषै कांमिनी पास।
नादबिन्द जाकै घटि करै,
ताकी सेवा पारबती करै।

परन्तु इसके लिए मद्य, भाँग, धतूरा आदि नशे की चीजों का सेवन करना अनुचित है। पर निन्दा और नशीली वस्तुओं का सेवन इन दो बातों को नरक का हेतु माना गया है—

जोगी होई पर निंद्या झषै। मद मांस अरु भागि जो भषै।
इकोतर सै पुरिषा नरकहिं जाई। सति सति भाषंत श्री गोरष राई।

—वही, पृ.56

अवधू मांस भषन्त दया धरम का नास।
मद पीवत तहाँ प्रांण निरास।।
भांगि भषंत ग्यांन ध्यांन षोवंत।
जम दरबारी ते प्रांणी रेवंत।।

—वही, पृ.57

इस प्रकार इस मार्ग में कठोर ब्रह्मचर्य, वाक्संयम, शारीरिक शौच, मानसिक शुद्धता, ज्ञान के प्रति निष्ठा, ब्राह्य आचरणों के प्रति अनादर, आन्तरिक शुद्धि और मद्यमांसादि के पूर्ण बहिष्कार पर जोर दिया गया है। हिन्दी में पाये जानेवाले पदों में यह स्वर बहुत स्पष्ट और बलशाली है। इस स्वर ने परवर्ती सन्तों के लिए आचरणशुद्धि प्रधान, पृष्ठभूमि तैयार कर दी थी। सन्त साधकों को बहुत-कुछ बनी बनायी भूमि मिली थी। इस मार्ग की सबसे बड़ी कमी इसकी शुष्कता और गृहस्थ के प्रति अनादर का भाव है। इस कमजोरी ने इस मार्ग को नीरस, लोक-विद्विष्ट और क्षयिष्णु बना दिया था। फिर भी इसका दृढ़ कण्ठस्वर उत्तर भारत के धार्मिक वातावरण को शुद्ध और उदात्त बनाने में बड़ा सहायक सिद्ध हुआ है। इस दृढ़ कण्ठस्वर ने यहाँ की धार्मिक साधना में कभी भी गलदश्रु भावुकता और ढुलमुलपन नहीं आने दिया। उत्तर भारत के साहित्य में भी इनके कारण दृढ़ता और आचरण शुद्धि भुलायी नहीं जा सकी है।

15
उपसंहार

गोरक्षनाथ अपने युग के सबसे महान् धर्मनेता थे। उनकी संगठन-शक्ति अपूर्व थी। उनका व्यक्तित्व समर्थ धर्मगुरु का व्यक्तित्व था। उनका चरित्र स्फटिक के समान उज्ज्वल, बुद्धि भावावेश से एकदम अनाविल और कुशाग्र तीव्र थी। उनके चरित्र में कहीं भी भावविह्वलता नहीं है। जिन दिनों उन्होंने जन्मग्रहण किया था उन दिनों भारतीय धर्मसाधना की अवस्था विचित्र थी। शुद्ध जीवन सात्त्विक वृत्ति और अखण्ड ब्रह्मचर्य की भावना उन दिनों अपनी निम्नतम सीमा तक पहुँच चुकी थी। गोरक्षनाथ ने निर्मम हथौड़े की चोट से साधु और गृहस्थ दोनों की कुरीतियों को चूर्ण विचूर्ण कर दिया। लोक-जीवन में जो धार्मिक चेतना पूर्ववर्ती सिद्धों से आकर उसके पारमार्थिक उद्‌देश्य से विमुख हो रही थी उसे गोरक्षनाथ ने नयी प्राणशक्ति से अनुप्राणित किया। किसी भी रूढ़ि पर चोट करते समय उन्होंने दुर्बलता नहीं दिखायी। वे स्वयं पण्डित व्यक्ति थे। पर यह अच्छी तरह जानते थे कि पुस्तक लक्ष्य नहीं साधन है। उन्होंने किसी से भी समझौता नहीं किया, लोक से भी नहीं, वेद से भी नहीं, परन्तु फिर भी उन्होंने समस्त प्रचलित साधना मार्ग से उचित भाव ग्रहण किया। केवल एक वस्तु वे कहीं से न ले सके। वह है भक्ति। वे ज्ञान के उपासक थे और लेशमात्र भावालुता को भी बर्दाश्त नहीं कर सकते थे। और यदि सचमुच ही भाग और विभाग कल्पित हैं, कल्प और विकल्प मिथ्या हैं, संसार मृगमरीचिका है, श्रुतियाँ परम तत्त्व के विषय में भिन्न विचार प्रकट करती हैं और एक अखण्ड सच्चिदानन्द ही सत्य हैं तो भावावेश का स्थान कहाँ है? क्यों मनुष्य उस तत्त्व की उपलब्धि के लिए मचलने का अभिनय करें क्यों उसे प्रसन्न और अनुकूल करने के लिए यजन-पूजन करें?—

अविवेक विवेक विबोध इति अविकल्प विकल्प विबोध इति।
यदि चैक निरन्तर बोध इति किमुरोदिषि मानस सर्वसम।
बहुधा श्रुतयः प्रवदन्ति मते विददातरयं मृगतोय समः।
यदि चैक निरन्तर सर्वशिवः किमु रोदिषि मानसः सर्वसमः।
सविभक्ति विभक्तिविहीन परं अत्युकायनिकायविहीन परम् ।
यदि चैक निरन्तर सर्व शिवः यजनंच कथंस्तवनंच कथम् !—अवधूत गीता

—यही गोरक्षनाथ के उपदेशों का सच्चा रुख है। यह नहीं कि यही उनके वाक्य हैं बल्कि यह कि यही उनके द्वारा उपदिष्ट साधना का स्वर है—भावावेग

विनिर्मुक्त, शुद्धबुद्धिमूलक ज्ञानमार्ग। इस ज्ञान के निष्कर्ष को उन्होंने सदा सामने रखा। वह निष्कर्ष क्या है, इसकी चर्चा अन्यत्र हो चुकी है। यथासाध्य हमने विविध उपलब्ध तथ्यों के आधार पर उसको समझने का प्रयत्न किया है। परन्तु वह केवल बुद्धि-विलास नहीं है, वह साधना का विषय है। दीर्घ आयास के बाद उसे प्राप्त किया जाता है। उसमें शुद्ध गुरु की आवश्यकता होती है। इस साधन मार्ग में निगुरे को कोई स्थान नहीं है। फिर भी हमने यह जो प्रयत्न किया है उसका कारण यह है कि हमने अपने को नितान्त असहाय निगुरा नहीं समझा। सिद्धों की कुछ वाणी अब भी हमारे बीच है, वह महामन्त्र अब भी साधनाकाश में उड़ रहा है, अब भी वह उपयुक्त उर्वरा भूमि की प्रतीक्षा कर रहा है। उसको समझने का प्रयत्न अश्लाघ्य नहीं है। वह महामन्त्र ही हमारा गुरु है। वह गुरु ही सच्चिदानन्द का पद है, वही सबके ऊपर सदा विराजमान है क्यों उस पद को अवाच्य समझा जाये, क्यों उस तत्त्व को अचिन्त्य माना जाये, इसलिए वह जो है सो बना रहे। हम उसे गोरक्षनाथ का साक्षात् तेजः स्वरूप मानते हैं। उस ज्योतिर्मय नाथ तेज की जय हो, वही हमारा गुरु है।

अवाच्यमुच्येत कथं पदं तत्
अचिन्त्यमप्यस्ति कथं विचिन्तये।
अतो यदस्त्येव तदस्ति तस्मै
नमोस्तु कस्मै बत नाथ तेजसे।।

—गो.सि.सं., पृ. 52

सहायक ग्रन्थों की सूची

1. अद्वयवज्रसंग्रह—गायकवाड़ ओरिएण्टल सीरीज, नं. 40, बड़ौदा, 1927 ई.
2. अमरौघशासनम् —सिद्धगोरक्षनाथ-विरचित; महामहोपाध्याय पं. मुकुन्दराम शास्त्री द्वारा सम्पादित, काश्मीर संस्कृत ग्रन्थावलि, ग्रन्थांक 20, बम्बई 1918
3. अष्टोत्तरशतोपनिषद :—निर्णयसागर प्रेस, बम्बई, चतुर्थ संस्करण 1932
4. इ.ए.—इण्डियन एण्टिक्वैरी
5. इ.रे.ए.—इनसाइक्लोपीडिया आव् रेलिजन ऐण्ड एथिक्स
6. कबीर—हजारीप्रसाद द्विवेदी, बम्बई हिन्दी ग्रन्थ रत्नाकर, 1942
7. कबीर ग्रन्थावली—बाबू श्यामसुन्दरदास बी.ए. द्वारा सम्पादित और काशी नागरी प्रचारिणी सभा द्वारा प्रकाशित, प्रयाग 1928
8. कल्याण—गोरखपुर,
   (1) शिवांक (2) योगांक (3) शक्ति-अंक (4) साधना-अंक
9. कैटोलागस कैटोलोगोरम—थियोडोर आफ्रेख्ट, लिपजिंग 1896
10. कौ. ज्ञा. नि.—कौलज्ञान निर्णय, डॉ. प्रबोधचन्द्र बागची द्वारा सम्पादित, कलकत्ता, संस्कृत सीरीज, नं. 3 कलकत्ता, 1904
11. कौ.मा.रं.—कौलमार्गरहस्य (बँगला), स्व. सतीशचन्द्र विद्याभूषण कलकत्ता, 1335 बंगाब्द
12. कौलावली निर्णय—तान्त्रिक टेक्स्ट्स, जिल्द 14, आर्थर एबेलेन द्वारा सम्पादित, कलकत्ता
13. गंगा—पुरातत्त्वांक, श्री राहुल सांकृत्यायन के लेख
14. गम्भीरनाथ प्रसंग (बँगला)—श्री अक्षयकुमार बंद्योपाध्याय—लिखित फेनी नवाखाली, बंगाब्द 1332
15. गढ़वाल का इतिहास—श्री हरिकृष्ण रतूड़ी, देहरादून, 1928
16. गीतारहस्य—स्व. लोकमान्य बालगंगाधर तिलक, (स्व. माधराव सप्रे का अनुवाद)
17. गो.पं.—गोरक्ष-पद्धति, पं. महीधर शर्मा के भाषानुवाद सहित, बम्बई, सं. 1990 वि.
18. गोपीचन्द (उर्दू)—पण्डित कवि कालीदास साहब गुजरानवाला, लाहौर 1944
19. गोपीचन्देर गान—दो जिल्द, श्री विश्वेश्वर भट्टाचार्य द्वारा संकलित और कलकत्ता विश्वविद्यालय द्वारा प्रकाशित; प्रथम संस्करण
20. गोरक्षनाथ ऐण्ड मिडिएवल हिन्दू मिस्टिसिज्म—डॉ. मोहनसिंह लिखित, लाहौर, 1937
21. गोरखबानी—डॉ. पीताम्बर दत्त, बड़थ्वाल-सम्पादित, हिन्दी साहित्य सम्मेलन द्वारा प्रकाशित, प्रयाग 1999 वि.
22. गोरक्षनाथ ऐण्ड कनफटा योगीज—दे. ब्रिग्स

23. गो.सि.सं.—गोरक्ष सिद्धान्त संग्रह, म.म.प. गोपीनाथ कविराज द्वारा सम्पादित, सरस्वती भवन टेक्स्ट्स, नं. 18, काशी 1925

24. ग्लासरीज ऑव् दी ट्राइब्स ऐण्ड कास्ट्स, आव् दि पंजाब ऐण्ड दि नार्थ-वेस्टर्न प्राविन्सेज—एच.ए.रोज़, जि. 3, लाहौर 1914 ई.

25. घेरण्ड संहिता—सेक्रेड बुक ऑव, दि हिन्दूज, प्रयाग 1895

26. चर्याचर्य विनिश्चय—बौ.गा.दो. में संगृहीत

27. ज. डि. ले.—जर्नल ऑव् दि डिपार्टमेण्ट आफ लेटर्स, 28वाँ जिल्द (कलकत्ता विश्वविद्यालय, 1934)—में डॉ. प्रबोधचन्द्र बागची द्वारा सम्पादित निम्नलिखित ग्रन्थ—(1) तिल्लोपाद का दोहाकोष (2) सरहपाद का दोहाकोष (3) कण्डहपाद का. (4) सरहपादीय दोहासंग्रह, (5) प्रकीर्ण दोहा-संग्रह। इसकी अन्य जिल्दों का भी यथास्थान उल्लेख है।

28. जायसी ग्रन्थावली—पं. रामचन्द्र शुक्ल-सम्पादित, काशी, 1924

29. ज्ञानसिद्धि—गायकवाड़ ओरिएण्टल सीरीज नं. 44, बड़ौदा 1929

30. ज्ञानेश्वर चरित्र—पं. लक्ष्मण रामचन्द्र पंगारकर द्वारा लिखित और पं. लक्ष्मण नारायण गर्दे द्वारा अनुवादित, गोरखपुर सं. 1990

31. ट्रा. का. सें.प्रो.—दि ट्राइब्स ऐण्ड कास्ट्स ऑव् सेण्ट्रल प्राविन्सेज आव् इण्डिया, ई. बी. रमेल और रायबहादुर हीरालाल सम्पादित, चार जिल्दों में, लन्दन, 1916

32. ट्रा. का.—ट्राइब्स ऐण्ड कास्ट्म आव् दि नार्थ वेस्टर्न प्राविन्सेज ऐण्ड अवध, विलियम क्रुक, कलकत्ता 1869

33. तारानाथ—गेशिष्टे देस् बुद्धिस्मुस् इन इण्डियन आउस देम् तिबेतिशेन् युबेर सेट्स् फन् उन्तन् शिभेर (जर्मन भाषा में तारानाथ नामक तिब्बती ऐतिहासिक के ग्रन्थ का अनुवाद, जिसके आवश्यक अंश का अंग्रेजी अनुवाद, लेखक (ह.द्वि.) के लिए डॉ. एरेन्सन ने कर दिया था।) सेण्टपीटर्सबर्ग, 1869

34. दि इण्डियन बुद्धिस्ट आईकोनेग्राफी मेनली बेस्ड अपॉन दि साधनमाला ऐण्ड अदर कांग्रेट तान्त्रिक टेक्स्ट्स। बी. भट्टाचार्य द्वारा लिखित आक्सफोर्ड, 1924

35. दि पीपुल ऑफ इण्डिया—हर्बर्ट रिजली, कलकत्ता 1908

36. दि सर्पेण्ट पावर—आर्थेर एबेलन लिखित लन्दन 1919

37. दि सेन्सस आव इण्डियन 1921, 1931

38. नागर-सर्वस्व—पद्मश्री विरचित और तनसुखराम शर्मा द्वारा सम्पादित बम्बई 1921

39. पदुमावती—बिब्लोथिका इण्डिका, न्यू सीरीज नं. 1172 जी. ए. ग्रियर्सन और सुधाकर द्विवेदी द्वारा सम्पादित, कलकत्ता 1907

40. परशुरामकल्पसूत्र—रामेश्वरकृत टीका सहित, गायकवाड़ ओरिएण्टल सीरीज में प्रकाशित और बी.ए. महादेव शास्त्री द्वारा सम्पादित

41. परसंगपूरनभगत (गुरुमुखी)—मियाँ कादरयार कृत लाहौर 1944

42. पारानन्द सूत्र—गायकवाड़ सीरीज 56 बड़ौदा, 1931 ई.

43. पूरन भगत (उर्दू)—पण्डित कवि कालिदास साहब शायर, गुजरानवाल द्वारा लिखित लाहौर 1944
44. प्र.चि.—प्रबन्ध चिन्तामणि—हजारीप्रसाद द्विवेदी द्वारा अनुवादित और मुनि श्री जिनविजय जी द्वारा सम्पादित, सिन्धी जैन ग्रन्थमाला, अहमदाबाद कलकत्ता, 1940
45. प्रज्ञोपायविनिश्चय सिद्धि—गायकवाड़ ओरिएण्टल सीरीज 44, बड़ौदा, 1929
46. प्राणसंगली—सन्त सम्पूरन सिंहजी द्वारा सम्पादित, तरनतारन, पंजाब
47. डायसन—दि सिस्टम ऑफ वेदान्त, पी.डायसन शिकागो 1912
48. बाँगला साहित्येर इतिहास (बँगला)—श्री डॉ. सुकुमार सेन, कलकत्ता, 1940
49. बागची—देखो कौ. ज्ञा. नि.
50. ब्रह्मसूत्रम् —शांकरभाष्यसहित, पं. वासुदेव लक्ष्मण शास्त्री पाणशीकर सम्पादित बम्बई, 1927
51. ब्रिग्स—गोरक्षनाथ ऐण्ड कनफटा योगीज, श्रीजार्ज बेस्टन ब्रिग्स, लिखित, कलकत्ता, 1938
52. बौ.गा.दो—बौद्ध गान ओ दोहा (बंगाक्षरों में मुद्रित) स्व. प. हरप्रसाद शास्त्री—सम्पादित, कलकत्ता, 1324 बंगाब्द
53. भरथरी चरित्र—(नौ खण्ड) हावड़ा, 1942 ई.
54. भारतवर्ष में जाति भेद—श्री क्षितिमोहन सेन, कलकत्ता, 1940
55. भारतवर्षीय उपासक सम्प्रदाय (बँगला)—श्री अक्षयकुमार दत्त, कलकत्ता 1314 बंगाब्द (द्वितीय संस्करण)
56. भारतीय दर्शन—पं. बलदेव उपाध्याय, एम. ए. लिखित, द्वितीय संस्करण काशी 1945 ई.
57. भ्रमरगीत सार—पं. रामचन्द्र शुक्ल—सम्पादित, बनारस, 1999 सं.
58. महार्थमंजरी—गोरक्षा पर पर्याय महेश्वर विरचित, काश्मीर संस्कृत ग्रन्थावलि ग्रन्थांक 20
59. मालतीमाधवम् —जगद्धर कृत टीकासहित, एम. आर. काले द्वारा सम्पादित, बम्बई, 1928
60. मिडिएवल मिस्टिसिज़्म आव् इण्डिया—श्री क्षितिमोहन सेन, सन् 1935
61. योग उपनिषद् :—अड्यार लाइब्रेरी, अ. महादेव शास्त्री-सम्पादित, अड्यार, 1920
62. योगदर्शन (बंगाक्षरों में)—कापिलमठ संस्करण, कलकत्ता विश्वविद्यालय द्वारा प्रकाशित
63. योगप्रवाह—पीताम्बरदत्त बड़थ्वाल द्वारा लिखित, श्री सम्पूर्णानन्द द्वारा सम्पादित, काशी सं. 2003
64. यो.सं.आ. —योगिसम्प्रदायाविष्कृतिः चन्द्रनाथ योगी, अहमदाबाद, 1924
65. राजपूताने का इतिहास—म.म.पं. गौरीशंकर हीरानन्द ओझा लिखित अजमेर
66. ल नेपाल (फ्रेंच भाषा में)—नेपाल का इतिहास, सिलवां लेवी, पेरिस, 1905
67. बामकेश्वर तन्त्रान्तर्गत नित्याषोडशिकार्णवः—श्री भास्कररायोनीत सेतुबन्ध—व्याख्यानसहितः आनन्दाश्रम संस्कृत ग्रन्थावली 56 पूना, 1908 ई.

68. विश्वभारती पत्रिका (हिन्दी)—हजारीप्रसाद द्विवेदी सम्पादित, शान्तिनिकेतन, बंगाल
69. वैष्णविज्य शैविज्म ऐण्ड अदर माइनर रिलिजियस सिस्टम्स—आ. जी. भाण्डारकर; स्ट्रएवर्ग, 1913
70. शक्ति एण्ड शाक्त (द्वितीय संस्करण)—जान बुडरफ मद्रास, 1920
71. शारदातिलक तन्त्रम् —आर्थर एवेलन द्वारा सम्पादित कलकत्ता, 1933
72. शिवसंहिता—पाणिनि ऑफिस, इलाहाबाद 1914
73. श्री गुरुप्रताप सूरज ग्रन्थ (गुरुमुखी)—कविचूड़ामणि भाई सन्तोषसिंह जी, द्वितीय संस्करण श्री बीरसिंह जी द्वारा सम्पादित, 1935 ई.
74. श्री गुह्यसमाजतन्त्र—गायकवाड़ सीरीज नं. 53, बड़ौदा 1931 ई.
75. श्रेडर.—इण्ट्रोडक्शन टु पांचरात्र ऐण्ड अहिर्बुध्न संहिता, अड्यार, 1912
76. स.द.स.—सर्वदर्शन संग्रह, सायणमाधवाचार्यप्रणीत म. म. वासुदेवशास्त्री अभ्यंकर सम्पादित पूना, 1924 ई.
77. सहजाम्नाय पंजिका—बौ. गा. दो. में संगृहीत
78. साधनमाला—गायकवाड़ ओरिएण्टल सीरीज नं. 26 और 41 बड़ौदा
79. सि.सि.सं.—सिद्ध सिद्धान्त संग्रह, म.म.पं. गोपीनाथ कविराज सम्पादित, सरस्वती भवन टेक्स्ट्स 13, काशी, 1925 ई.
80. सु.च.—सुधाकरचन्द्रिका, पदुमावती (ऊपर दे.) पर म. म. पं. सुधाकर द्विवेदी की हिन्दी टीका
81. स्टडीज इन दि तन्त्र—पार्ट 1, डॉ. प्रबोधचन्द्र बागची, कलकत्ता, 1939
82. हठ.—हठयोगप्रदीपिका, पाणिनि आफिस, इलाहाबाद, 1915 ई.
83. हिन्दुत्व—स्व. रामदास गौड़, ज्ञानमण्डल, काशी सं. 1997 वि.

नामानुक्रमणिका

(मोटे अक्षरों में छपे शब्द पुस्तकों के नाम हैं)

विषयानुक्रमणिका

●●●

●●●